番禺年鉴

PANYU YEARBOOK

2016

广州市番禺区地方志编纂委员会

方志出版社
Publishing House of Local Records

图书在版编目（CIP）数据

番禺年鉴. 2016 / 广州市番禺区地方志编纂委员会编. -- 北京：方志出版社，2016.11
ISBN 978-7-5144-2185-9

Ⅰ. ①番… Ⅱ. ①广… Ⅲ. ①番禺区—2016—年鉴
Ⅳ. ① Z526.54

中国版本图书馆 CIP 数据核字（2016）第 281793 号

番禺年鉴（2016）

编　　者：广州市番禺区地方志编纂委员会
责任编辑：黄　彦

出 版 人：冀祥德
出 版 者：方志出版社
地址　北京市朝阳区潘家园东里 9 号（国家方志馆 4 层）
邮编　100021
网址　http://www.fzph.org
发　　行：方志出版社发行中心
电话（010）67110500
经　　销：各地新华书店
印　　刷：广州市一龙印刷有限公司

开　　本：787×1092　1/16
印　　张：20
字　　数：511 千
版　　次：2016 年 11 月第 1 版　2016 年 11 月第 1 次印刷
印　　数：0001～2000 册

ISBN 978-7-5144-2185-9　定价：100.00 元

编辑说明

1.《番禺年鉴》是由中共广州市番禺区委、广州市番禺区人民政府主办，番禺区各有关部门共同参与编纂的大型资料性工具书，创办于1995年，每年出版，国内外公开发行。其宗旨是以经济建设为中心，全面、系统、翔实地载录番禺地区经济、社会的基本面貌和发展情况，为各界人士了解和研究番禺提供基本资料。

2.《番禺年鉴（2016）》的编辑，是以马克思主义理论和中国特色社会主义理论体系为指导，坚持辩证唯物主义和历史唯物主义方法论进行编纂的。着重反映2015年番禺区政治、经济、社会的发展状况，以及社会经济统计资料、重要文献与大事记、专载等，共设15个篇目，94个类目，589个条目。全书约42万字。

3.《番禺年鉴（2016）》主要数据均由撰稿单位提供或源自统计公告；个别与《番禺统计年鉴（2016）》不符数据以及未收入的数据，以《番禺统计年鉴（2016）》为准；数据对比除特别说明外均为与2015年对比；条目标题统一用黑体加【】表示，个别包含多个方面资料的条目则在段落间加插楷体标题提示，以便查阅。

4. 为使本书文字描述简洁，书中省去了部分前冠“番禺”及“2015年”，凡书中未注明之“区”均指番禺区，未注明之时间均为“2015年”。未注明之“省”“市”均指广东省和广州市。

《番禺年鉴》编辑部

2016年11月

目　录

·组织工作·

·直属机关党工委工作·

·老干部工作·

·党校教育培训·

·宣传工作·

·创建文明城市·

·统战工作·

·对台工作·

·民主党派·

·港澳　侨务　外事·

群众团体

·番禺区总工会·

·共青团番禺区委员会·

·番禺区妇女联合会·

·番禺区残疾人联合会·

·番禺区华侨联合会·

·番禺区工商业联合会·

·番禺区贸促委·

·信 访·

·人民武装·

经济发展

·工 业·

·农 业·

·农业技术推广·

·商业服务业·

·供销商业·

·旅 游·

·外经贸与口岸·

·审计工作·

·国土资源和城市规划·

·住房和建设·

·城市管理·

·农村建设·

·环 保·

·水 务·

·交 通·

·基本建设投资管理

·气象工作·

·民政工作·

·人力资源与社会保障·

科教文卫体

·科技和信息化·

·教　育·

·广州番禺职业技术学院·

·文化广电新闻出版·

·体育·

·卫生计划生育·

·档案地方志·

·广播电视·

·番禺日报·

镇街概貌

·沙湾镇·

·石碁镇·

·新造镇·

·南村镇·

·化龙镇·

·大石街·

·洛浦街·

·石壁街·

·钟村街·

·大龙街·

文献 文摘

·2015 年广州市番禺区国民经济和社会发展统计公报·

·十五期间发展成就·

洛浦街沙溪岛城市风光　（杨达超摄影）

工作剪影

番禺年鉴·2016

1 月 29 日，番禺区 2015 年各界人士迎春茶话会

2 月 10 日，区委书记、区人大常委会主任卢一先（右）检查广州南站春运工作

2月12日，区政协主席谭应华（左二）在石碁镇调研农村饮用水供应工作

4月9日，住建部部长陈政高（左四）在广州市领导陈建华（左五）、陈如桂（左六），区领导何汝诚（左二）陪同下，考察超算中心

4 月 14 日，区长何汝诚（左三）到区总工会开展区工人文化宫建设项目工作调研

4 月 27 日，区长何汝诚（左三）到区政务服务中心调研

5月8日，区召开计划生育工作会议。图为区委书记、区人大常委会主任卢一先（左一），区长何汝诚（左二）为计生工作取得突出成绩的单位颁奖

5月17日，区长何汝诚（左三）在巨大创意产业园听取企业负责人汇报园区规范发展情况

5月28日，区长何汝诚（左三）陪同市局级干部培训班考察番禺区文化产业工作

6月1日，番禺区举行区长和“小区长”见面会，区委书记、区人大常委会主任卢一先（前排左四），区长何汝诚（前排右二），区人大常委会副主任王淑萍（前排左二），副区长麦洁萍（前排左一）等参加活动

6月20日，2015年番禺区第十五届“莲花·金龙财富广场杯”“禺山·金龙财富广场杯”龙舟赛在市桥河举行，区委书记、区人大常委会主任卢一先（右）向龙舟赛总赞助商广东珠钢投资管理有限公司董事长陈昌先生颁发纪念品

7月2日，区长何汝诚（左二）调研市桥河水更清行动计划各项工程及七沙水闸建设工程进展情况

7月7日，区领导卢一先（左四）、陈德俊（左二）、吴惠恒、张力仁到石楼镇海鸥岛调研乡村生态旅游开发工作

7月17日，市委副秘书长、市委政研室主任沈奎（前排左三）率市委“十三五“规划建议起草工作组到番禺区调研

7 月 20 日，中共番禺区区委召开全面深化改革联络工作会议

7 月 24 日，省委常委、市委书记任学锋（左四），市委常委、市委秘书长陈国（左二），副市长谢晓丹一行调研万博商务区

8月14日，香港番禺乡亲联合会番禺联络处在市桥（海内外）联谊会大厦举行揭牌仪式

8月20日，石碁镇凌边举行第二届凌边乞巧文化节开幕仪式暨乞巧巡游活动

8月26日，国务院第十督查组到番禺区督查安全生产工作

8月31日，区委常委、区公安分局局长黎宇轩（左三）带领相关职能部门检查化学品危险仓库

9 月 1 日，广州市人大常委会执法检查组开展《广州市妇女权益保障规定》执法检查座谈会

9 月 16 日，区长何汝诚（右二）到沙头街横江村调研

10月5日，区委书记卢一先（左二），区委常委、区委办主任吴惠垣（左三）到石碁镇金山村指导龙卷风灾后应急救灾工作

11月6日，广州市副市长王东（左三）参观广州大学城创新成果交易会，区领导卢一先、林伟长等相关领导陪同

10 月 7 日，区长何汝诚（右三）到石碁镇视察灾后恢复工作

10 月 15 日，区委常委、区委组织部部长霍阳（右二）到沙头街横江村调研软弱涣散党组织整顿工作

10月17日，区委书记、区人大常委会主任卢一先（左二）出席广州市浩洋电子有限公司“国家文化产业示范基地”揭牌仪式

10月18日，香港番禺市桥（海内外）联谊会在番禺宾馆举行第六届职员就职典礼暨助学敬老会员联欢大会

10 月 22 日，2015 广东粤曲私伙局大赛颁奖晚会在沙湾文化中心举行

10 月 28 日，番禺区与高校对接工作会议暨签约仪式在广州大学城举行

10 月 30 日，《沙湾往事》在香港首演

11 月 3 日，市政协主席苏志佳（右二）考察浩洋电子有限公司

11 月 5 日，区政协主席李广杭（左四），区政协副主席郑葆红（左六）等在香港霍英东集团拜会霍震霆（左五）、霍震寰（左三）等知名乡亲

11 月 5 日，石碁镇举行以“融合共赢”为主题的 2015 石碁镇招商推介会

11 月 6 日，由区委、区政府，广东科学中心联合主办的广州大学城创新成果交易会在广东科学中心开幕

11 月 22 日，全国政协副主席何厚铧（右五），区领导卢一先（右四）、何汝诚（左四）、李广杭（右二）、严宗活（右一）、简锡波（左一）等出席番禺区何添颐养园大楼落成典礼

12 月 2 日，国家档案局副局长、中央档案馆副馆长胡旺林（左四）一行在省档案局局长莫震、市档案局局长何伍爱的陪同下，在番禺区调研档案工作

12 月 3 日，“2015 年第二届广州番禺珠宝文化节”在 2015 广州国际美食节主会场开幕

12 月 4 日，番禺区在市桥星海公园举办 2015 年"12·4"国家宪法日主题宣传活动

12 月 7 日，区委统战部在海伦堡创意产业园举办番台港澳四地企业家交流活动

12月16日，区委常委、区委组织部长霍阳（左三）带领区检查考核组，到桥南街检查落实党风廉政建设“两个责任”暨廉洁番禺建设情况

12月22日，番禺区政府与美国美中硅谷协会在广州大学城国家数字家庭应用示范产业基地举行超谷科技园开业仪式暨2015国际青年创新创业论坛

德兴大桥两岸城市风光　（杨达超摄影）

番禺概貌

基本情况

番禺区位于广州市中南部，地处在珠三角和穗港澳地理中心位置，总面积529.94平方公里，辖6镇10街，户籍人口85.6万人，登记在册来穗人员123.4万人。番禺区围绕建设广州时尚创意宜居新区的总目标，大力实施"创新引领、双轮驱动"发展战略，全区经济社会健康快速发展。2015年实现地区生产总值1608.78亿元，增长8.5%，在中国市辖区投资潜力百强中排名第三。

番禺是华南枢纽之城。区内拥有亚洲最大的高铁客运枢纽站——广州南站，汇聚5条高铁、3条城际轨道、5条城市轨道，日均到发旅客数达26.31万人次，是名副其实的"华南第一门户"。以广州南站为中心，番禺构建起四通八达的综合交通网络，一个半小时可达珠三角主要城市，10小时可达国内主要城市。番禺围绕广州南站规划建设面积达36平方公里的广州南站商务区，推动广州南站从交通枢纽向区域经济枢纽转变。广州南站商务区已成为粤桂黔三省区共建高铁经济带合作平台，正积极推进泛珠合作发展论坛暨经贸洽谈会永久会址与合作园区建设。番禺还拥有国家一类口岸莲花山港，开通了直达香港的货运、客运航线。

番禺是岭南文化之城。自秦代设县至今，番禺已有2200多年历史，是岭南文化重要发源地、广东音乐之乡、岭南画派发源地。历史上涌现出广东音乐"何氏三杰"，岭南画派代表人物高剑父、高奇峰、陈树人，"人民音乐家"冼星海等文化名人；拥有余荫山房、留耕堂及莲花山古采石场等513处历史文化古迹；孕育了荣获中国民间艺术最高奖"山花奖"的鳌鱼舞、飘色、乞巧、醒狮等民间艺术。番禺还是著名的美食之都，历来有"食在广州、味在番禺"的美誉。近年来，番禺以打造新岭南文化示范区为目标，成功举办广州国际美食节、星海艺术节、民俗文化节等一系列重大文化活动，获得广东省民间文化艺术之乡称号。

番禺是时尚产业之城。番禺经济活跃，产业基础扎实、特色明显。汽车产业方面，形成了以广汽传祺为龙头，集汽车研发、生产、物流和零部件生产等于一体的汽车产业集群。商贸业方面，规划建设番禺大道五星商旅带、万博商务区等重大平台，2015年实现社会消费品零售总

市桥石桥公园 （杨达超摄影）

市桥河水道两岸风光 （杨达超摄影）

额1030.22亿元，增长11.1%。旅游业方面，拥有AAAAA级景区长隆旅游度假区，以及莲花山旅游区、宝墨园、岭南印象园、广东科学中心等AAAA级景区，2015年接待游客3502.47万人次，实现旅游总收入358.56亿元。番禺还是全国最大的珠宝首饰生产制造基地，生产珠宝产品占香港市场70%，2014年在国内首次承办“金伯利”进程全体大会和珠宝文化节，广东省珠宝玉石交易中心和广州钻石交易中心均设在番禺。动漫游戏、灯光音响独树一帜，动漫游戏机产品占全国60%市场份额，“锐丰音响”“浩洋灯光”等品牌是北京奥运会、上海世博会产品主要供应商。

番禺是创业创新之城。区内有华南地区科教和创新资源最为集中的广州大学城，聚集12所高校、20余万师生，拥有全球运算速度最快的超级计算机“天河二号”。番禺以大学城为核心规划建设面积73平方公里的广州国际创新城，成为科技部与广东省共建“国家现代服务业国际创新园”、中欧新型城镇化伙伴关系首批合作项目，并纳入国务院《珠江—西江经济带发展规划》。番禺还拥有包括创造“三资融合”模式的番禺节能科技园在内的多个民营科技园区，形成“一城多园”创新经济发展格局。全区现有科技型企业2000多家、企业研发机构158个、国家高新技术企业191家，创新创业氛围日益浓厚。

番禺是开放活力之城。番禺历代为通商口岸，是“海上丝绸之路”起点之一，开放包容成为番禺的城市精神内涵。番禺是著名的侨乡，100多万侨胞遍布全球，有华人华侨社团40多个，其中有13个是百年侨社，侨商侨领众多，为全区开展对外交流合作搭建起了重要桥梁。番禺以构建全方位开放型城市为方向，与美国、德国、韩国10多个国家的城市建立友好城市关系，对外开放与交流合作的力度不断加大。全区外向型经济发达，深入推动“三互”大通关建设，出口实现“零等候”。全区现有外资企业2000多家，

2015 年实现进出口总额 183.4 亿美元，开放型经济发展水平不断提升。

2015 年，在超强厄尔尼诺事件背景下，番禺区天气气候呈现出气温高、开汛晚、强对流天气频繁、台风少的特征，极端天气气候事件增多。

2015 年番禺区平均气温 23.8℃，较常年平均值偏高 1.2℃，为有气象记录以来最暖年。夏季高温日数显著偏多，6 月、11 月平均气温均创历史新高；年内极端最高气温 37.8℃，极端最低气温 7.1℃，无霜冻记录。由于入夏早（2015 年 4 月 15 日）、入秋晚（2015 年 11 月 22 日），创下近 10 年最长夏天 221 天的纪录以及更创下了有气象记录以来最晚入秋的纪录。

2015 年降水量 1788.7 毫米，较常年偏多 1 成。年内各月雨量多寡不均。5 月是年内降水最多月份，为 497.8 毫米，位居历史同期第三位；12 月雨量 121.2 毫米，是常年的 4 倍多，位于历史第四位，其中 12 月 9 日出现罕见冬季暴雨，区气象局观测站录得 61.5 毫米的日雨量，创下 12 月最大日雨量记录。2015 年开汛日为 5 月 5 日，比常年偏迟 27 天，为近 37 年最晚。

2015 年严重影响或登陆广东热带气旋有 2 个，分别是 1510 号“莲花”和 1522 号“彩虹”（“彩虹”是 1949 年以来 10 月登陆我国最强台风），没有正面袭击番禺区的台风。在台风“彩虹”外围环流触发下，10 月 4 日下午 17 时左右，南村镇、石碁镇出现猛烈龙卷风，共造成 3 人死亡、134 人受伤，多间房屋屋顶被掀翻，部分地区停电。10 月份出现龙卷风在番禺区是有资料记录以来首例。

（编辑部）

番禺儿童乐园 （郭锦华摄影）

石楼海鸥岛游客服务中心　（杨达超摄影）

大事记

番禺年鉴·2016

1 月

1日，区团委、区民政局、区人口和计生局、区监察局和区青年联合会在番禺广场为78对新人举行“缘定禺山，真爱永恒”番禺区第十七届青年集体婚礼。

7日，省安监局局长黄晗一行到番禺区进行安全生产督导检查。

19日，番禺区举行2015年番禺区历届各级劳动模范迎春茶话会。

19日，番禺区十六届人大常委会在区行政办公中心召开第二十九次会议。

20日，番禺区工商联（总商会）在番禺宾馆举行番禺民营企业互联网之路高峰论坛暨2015年年会。

21日，番禺区在国防训练基地举行军警民迎春联欢晚会暨争创“省双拥模范区”和“市双拥标兵区”五连冠再动员大会。

22日，番禺区第五届优秀来穗人员“金雁之星”表彰大会在区会议中心召开。

26日，区委书记、区人大常委会主任卢一先率区拥军慰问团慰问广州警备区和区人武部官兵。

29日，番禺区在番禺大厦举办各界人士迎春茶话会。

29日，中共番禺区委召开全面深化改革领导小组第三次会议。

2 月

3日，番禺区举办2015年度番禺区归侨侨眷迎春茶话会。

9日，番禺区社区精神康复综合服务中心在岐山医院举行揭牌仪式，正式投入使用。

11日，番禺区政协召开十三届十八次常委会议。

13日，中共广州市番禺区委十二届六次全体会议在区会议中心召开。

15日，第二十一届广州市园林博览会（番禺展区）在石楼镇莲花水乡开幕。

15日，中共广州市番禺区第十二届纪律检查委员会召开第五次全体会议。

3 月

1日，位于广州大学城的南汉二陵博物馆动工建设。

3—4日，韩国首尔市松坡区议会代表团到访番禺区。

5日，番禺区各界妇女代表在区会议中心隆重集会，纪念“三八”国际劳动妇女节105周年。

9日，莲花山工业园区党委、莲花山工业园区纪委同时挂牌成立。

10日，番禺区十六届人大常委会召开第三十次会议。

10日，番禺区政协召开十三届三十六次主席会议。

10日，番禺区炎黄文化研究会在宝墨园举行2015年新春聚会。

11日，番禺区召开推进政府职能转变和机构改革工作会议。

12日，番禺区组团前往香港举行春茗活动。

13日，2015年企业家活动日暨首届番禺经济人物颁奖典礼在英东体育馆隆重举行。

13日，番禺区党政领导班子与企业家在区会议中心召开座谈会，共商经济发展大计。

18日，番禺区组团前往澳门举行春茗活动。

21日，番禺区在石碁镇文化中心会堂举行番禺区道德讲堂暨2014年度番禺好人事迹分享会。

25—27日，台湾台南市山上区农会参访团到番禺区参观考察。

27日，番禺区十六届人大常委会召开第三十一次会议，决定副区长何汝诚为代理区长。

4 月

2日，番禺区十六届人大常委会召开第三十二次会议。

3日，番禺区召开2015年第二季度防范重特大安全事故暨安全生产、道路交通、消防安全工作视频会议。

7—9日，番禺区政协第十三届第七次会议召开，李广杭当选区政协主席。

番禺中心医院　（杨达超摄影）

8—10日，番禺区第十六届人民代表大会第五次会议召开，何汝诚当选区长。

13日，欧洲广东华人华侨总会访问团到访番禺区。

14日，市“两建”工作考核组检查考核番禺区2014年度“两建”工作情况。

15日，番禺区在全区范围内组织开展2015年“清洁番禺”春季统一行动。

15日，番禺区召开农村工作会议。

17日，香港番禺乡亲联合会会员联欢暨助学活动在香港举行。

17日，番禺区召开登革热防控工作视频会议。

23日，番禺区在会议中心召开重大项目建设工作会议。

24日，区委、区政府在区国防教育训练基地举行领导干部“军事日”活动。

27日，番禺区十六届人大常委会召开第三十四次会议。

29日，番禺区召开2015今年第一季度经济分析会议。

30日，番禺区庆祝“五一”国际劳动节大会在区会议中心大会堂举行。

5月

1日，位于沙湾古镇安宁广场的广东音乐馆举行开馆仪式，番禺区第三届民俗文化节启动。

8日，番禺区召开政务服务综合改革现场会议。

13日，中共番禺区委、区检察院举行涉农领域党风廉政建设和职务犯罪预防专项活动。

22日，番禺区召开“三严三实”专题教育工作会议。

22日，番禺区纪念“五四”运动96周年大会在区会议中心举行。

28日，番禺区人大常委会对番禺区贯彻实施《中华人民共和国食品安全法》情况进行执法检查。

28—29日，番禺区政协组织港澳委员回乡开展调研视察活动。

29日，番禺区召开全区综合治水动员大会。

31日，番禺区举行“岭南

水乡·阳光童年”“六一”国际儿童节主题庆祝活动。

6 月

7—9 日，德国企业代表考察团到番禺区开展考察交流活动。

12 日，番禺区召开严查严控违法建设专项整治工作会议，部署查控违法建设工作。

16 日，纪念人民音乐家冼星海诞辰 110 周年暨“2015 星海文化大家谈”活动在广州大学城中山大学东校区举行。

19 日，省安监局局长黄晗率队到番禺区视察安全生产执法监察标准化建设工作情况。

19 日，番禺大罗塘珠宝首饰商会在沙头街举行成立大会。

20 日，2015 年番禺区第十五届“莲花·金龙财富广场杯”“禺山·金龙财富广场杯”龙舟赛在市桥河举行。

7 月

1 日，中共番禺区委全面深化改革领导小组召开第四次会议。

10 日，番禺区科工商信局与番禺海关、番禺出入境检验检疫局签署在“三互”通关合作协议及合作备忘录。

15 日，区委中心组召开“三严三实”专题教育学习研讨会。

16 日，番禺区召开创建干净整洁平安有序城市环境动员会。

17 日、23 日、30 日，番禺区分别举行副处级以上领导干部“三严三实”专题教育第一期、第二、第三轮训班。

20 日，香港百川汇社团 120 多名青年企业家组成的考察访问团到广州国际创新城参观访问。

28 日，中共番禺区人民武装工作委员会第一次全体（扩大）会议暨 2015 年征兵工作会议在区会议中心召开。

29 日，番禺区委、区政府举行庆祝中国人民解放军建军 88 周年军政茶话会。

市桥河两岸　　（廖海滨摄影）

8 月

7 日，番禺区召开 2015 年上半年经济分析会议。

8 日，番禺区实施商事主体（企业、个体工商户）开业审批服务“一口式”办理方式。

14 日，香港番禺乡亲联合会回乡访问区委、区政府，并举行联谊交流活动。

18 日，番禺区厂商会在番禺宾馆召开第七届会员代表大会，选举产生了以王锦荣为主席、庄炳武为会长的新一届理事会。

26 日，国务院第十督查组到番禺区督查安全生产工作。

27 日，番禺区召开“清洁番禺”工作现场会。

28 日，沙头街中心幼儿园落成。

31 日，番禺区十六届人大常委会召开第三十七次会议。

9 月

7—8 日，韩国首尔市松坡区政府代表团到番禺区参观访问。

8 日，国家卫计委、人社部、安监总局和全国总工会等九部委督查组到番禺区督查职业病防治规划（2009—2015 年）实施情况。

9 日，番禺区在会议中心大会堂举行庆祝第 31 个教师节大会。

9 日，番禺区召开 2015 年村（社区）第一书记专题培训班交流座谈会。

10 日，番禺区欢送 2015 年度新兵应征入伍。

10 日，中共番禺区委全面深化改革领导小组召开第五次会议。

17 日，番禺区召开社会治理综合整治动员大会。

20 日，番禺区义工联召开第九次代表大会选举产生区义工联新一届理事会。

23 日，番禺区委中心组举行“三严三实”专题教育第二专题学习研讨活动，围绕“严以律己”展开学习讨论。

28 日，番禺区政府与美中硅谷协会签署战略合作框架协议。

29 日，番禺区人大常委会组成人员视察番禺区综合治水工作情况。

30 日，番禺区在植地庄抗日战斗烈士纪念碑举行公祭烈士活动。

10 月

12 日，番禺区在会议中心召开来穗人员服务管理工作领导小组会议暨“干净整洁平安有序”出租屋创建工作会议。

14 日，番禺区正处级领导干部领导力提升专题研修班在省委党校开班。

16 日，番禺区在广州长隆国际会展中心举行“共创、共享、共赢”万博商务区招商推介会。

18 日，香港番禺市桥（海内外）联谊会在番禺宾馆举行第六届职员就职典礼暨助学敬老会员联欢大会。

20 日，“2015 广东粤曲私伙局大赛”总决赛在沙湾文化中心举行。

22 日，2015 广东粤曲私伙局大赛颁奖晚会在沙湾文化中心举行，番禺区共获得包括优秀组织奖在内的 11 项大奖。

27 日，番禺区召开 2015 年前三季度经济分析会。

28 日，番禺区召开区委理论学习中心组“三严三实”专题教育第三专题学习会，围绕“严以用权”主题开展学习研讨。

28 日，番禺区与部分高校签署《番禺区镇街与高校合作共建协议书》。

29 日，番禺区社会治理综合整治第一次联席会议在区会议中心召开。

11 月

2 日，番禺区在区会议中心组织收看省、市传达学习贯彻党的十八届五中全会精神大会。

2 日，番禺民生卡银医通持卡就医项目启动。

5 日，番禺区召开创新驱动发展大会，发布《广州市番禺区工业转型升级攻坚战三年行动实施方案（2015—2017 年）》。

5日，番禺区召开广州南站地区环境综合整治工作领导小组第一次联席会议。

10日，番禺区在区会议中心组织收看省委举行的中央宣讲团党的十八届五中全会精神报告会。

10—11日，广州市人大代表番禺联组开展集中视察活动。

13日，番禺区召开应急管理暨安全生产、交通安全、消防安全工作会议，部署应急管理和安全工作。

18日，番禺区新儿童活动中心揭牌成立。

20日，番禺区召开环境整治工作会议，对持续深入开展“清洁番禺”工作进行再动员、再部署、再落实。

22日，番禺区何添颐养园何添大楼举行落成庆典仪式。

26日，番禺区在区会议中心举行港澳“六会”乡亲拜会区委区政府座谈会。

26—27日，番禺区在亚运城消防中队开展全区镇（街）专职消防队、村（居）、重点单位微型消防站业务技能大比武活动。

27日，番禺区统一在区政府门户网站和各职能部门、镇街网站上向社会主动公开区政府及各职能部门、镇街2014年度部门决算、“三公”经费及会议费信息。

2015年广州国际美食节在番禺大道广州国际美食文化广场开幕。

12 月

3日，“2015年第二届广州番禺珠宝文化节”在2015广州国际美食节主会场拉开帷幕。

9日，番禺区召开社会治理综合整治第二次联席会议。

16日，省政府督查组到番禺区开展安全生产大检查“回头看”及综合督查工作。

17日，中国少年先锋队广州市番禺区第四次代表大会，在区星海青少年宫星海剧院召开。

18日，番禺区召开“十三五”规划专家学者征求意见座谈会。

18日，番禺区“三农”金融服务全面合作框架协议签订。

19日，旅港番禺会所成立129周年会庆活动在香港举行。

21日，国务院安委会第10督查组，对番禺区开展安全生产大检查“回头看”督查。

22日，番禺区政府与美国美中硅谷协会在广州大学城国家数字家庭应用示范产业基地举行超谷科技园开业及项目入园签约仪式暨2015年国际青年创新创业论坛活动。

26日，中共番禺区委召开第十二届委员会第七次全体会议。

30日，番禺区在区会议中心举办“民族一家亲·共圆中国梦”迎新年文艺汇演活动。

31日，前锋净水厂扩建三期工程通水试运行。

金山湖 （郭锦华摄影）

番禺广场

（杨达超摄影）

党政机关

中共番禺区委员会

【区委常委会议】 1月9日，区委十二届第92次常委会议。会议听取区2014年计生工作情况汇报，审议《区安委办关于审核我区2014年度党政领导班子及领导干部安全生产责任制考评结果的请示》《番禺区国民经济和社会发展第十三个五年规划编制工作方案》《关于召开广州市番禺区第十六届人民代表大会第五次会议有关事项的请示》《关于召开区政协十三届七次会议的请示》《关于补选区十六届人大常委会委员的请示》《关于增补区政协委员的请示》，区人大常委会、区政协党组书面汇报2014年工作情况，研究有关人事任免。

1月27日，区委十二届第93次常委会议。会议传达贯彻全市组织部长会议精神，审议《关于健全党员干部直接联系服务群众常态化工作机制的实施意见》《番禺区发展和改革局关于2014年番禺区经济社会发展主要指标预计完成情况和2015年预期目标建议的请示》《2015年番禺区政府投资项目计划》《关于提请审议和报送〈广州市番禺区人民政府职能转变和机构改革方案〉的请示》《2015年番禺区十件民生实事》《广州市番禺区人民政府办公室关于永隆地块和番发东泓商务大厦的情况报告》《关于召开中共广州市番禺区第十二届纪律检查委员会第五次全体会议的请示》，研究有关人事任免。

2月9日，区委十二届第94次常委会议。会议传达贯彻中央、省、市纪委全会精神，全国、全省宣传部长会议和市宣传文化工作会议精神；审议《在中共广州市番禺区委十二届六次全体会议上的报告》《在中共广州市番禺区委十二届六次全体会议上的讲话》《中国共产党广州市番禺区第十二届委员会第六次全体会议决议（草案）》《番禺区垃圾处理综合实施方案》《火烧岗垃圾填埋场综合整治、技术改造与清除垃圾山总体实施方案》《广州市番禺区2014年预算执行情况和2015年预算草案的报告》《在中共广州市番禺区第十二届纪律检查委员会第五次全体会议上的工作报告》《关于十二届区纪委五次全会开展“三述”活动工作方案》《番禺区关于落实党风廉政建设党委主体责任和纪委监督责任的意见》《中共广州市番禺区委组织部关于递补中共广州市番禺区第十二届委员会委员的请示》《关于对部分区党代表停止执行代表职务和终止代表资格的请示》；研究有关人员处分。

3月6日，区委十二届第96次常委会议。会议审议《政府工作报告》《2015年番禺区重点建设项目计划》《2015年番禺区重点建设预备项目计划》《番禺区2014年国民经济和社会发展计划执行情况与2015年计划草案报告》《中共广州市番禺区委办公室关于印发2015年区委政治协商计划的通知》，传达贯彻上级信访维稳、防邪工作会议精神，听取十二届区纪委五次全会述职述廉述德活动情况报告，研究有关人事任免。

3月20日，区委十二届第97次常委会议。会议传达贯彻全国“两会”精神，全国、省、市统战工作、民族工作和香港专项工作会议精神，审议《关于我区办公用房整改落实情况的报告》《广州市番禺区体育局关于举办广州市番禺区第十五届“莲花杯”“禺山杯”龙舟赛的请示》《关于推荐2015年广东省劳动模范（先进工作者）和先进集体候选对象的建议》，听取关于开展区优秀人才资助工作的情况报告、关于2014年度基层评议机关活动情况及评议结果的报告。

4月3日，区委十二届第99次常委会议。会议传达贯彻省、市矛盾排查化解工作会议、全市信访工作会议精神，审议《番禺区公务用车制度改革工作方案》《关于加快推进中国国际酒类商品交易中心项目的报告》，研究有关人事任免。

4月17日，区委十二届第100次常委会议。会议传达贯彻上级对台工作会议精神，听取关于贯彻落实省、市镇街领导干部驻点普遍直接联系群众工作推进会精神的情况报告，审议《番禺区2014年度扶贫开发“双到”工作总结和2015年度工作计划》《番禺区对口帮扶五华县2014年度工作总结和2015年度工作计划》《番禺区——五华县对口帮扶2015年度工作计划》《番禺（五华）产业转移工业园建设情况报告》《关于成立广州市民卡信息系统有限公司有关事宜的请示》，研究有关人事任免。

4月30日，区委十二届第101次常委会议。会议传达贯彻习近平总书记重要批示和传达上级保密、密码工作会议精神的情况汇报，区委常委、副区长2015年第一季度工作情况作书面报告，审议《关于落实省委第十巡视组巡视回访反馈意见的整改工作方案》《纪念冼星海诞辰100周年暨番禺区第九届星海艺术节系列活动工作方案》《番禺区统计局等四个单位关于审定2014年镇街经济发展奖励方案的请示》，研究有关人事任免。

5月15日，区委十二届第102次常委会议。会议传达贯彻市委书记任学锋听取省委巡视组巡视番禺区相关情况汇报的会议精神，审议《中共广州市番禺区委组织部关于转出中共广州供电局有限公司番禺供电局委员会组织关系的请示》《中共广州市番禺区委组织部关于调整部分基层党（工）委设置的请示》，研究有关人事任免。

6月5日，区委十二届第104次常委会议。会议传达贯彻市创新科技大会精神，审议番国资文〔2015〕142、143号文件，研究有关人事任免和人员处分。

6月19日，区委十二届第105次常委会议。会议传达贯彻中央统战工作会议精神、全市民族工作会议精神、市文明委全会暨创建工作联席会议精神、市加快工业经济发展座谈会精神，审议番国资文〔2015〕148号文件、《关于成立区人民武装工作委员会的请示》《关于成立中国共产党番禺区市桥街中片社区委员会、西片社区委员会的请示》，研究优秀乡镇（街道）、村（社区）、“两新”组织党组织书记推荐人选名单。

7月3日，区委十二届第107次常委会议。会议审议《番禺区发展和改革局关于申请国开行棚户区改造贷款工作的请示》《关于调整区领导及纪委副书记联系镇、街的方案》，听取关于调整机关事业单位军转干部工资待遇的情况报告，研究有关人事任免。

7月16日，区委十二届第108次常委会议。会议审议《区水务局关于番禺区河涌综合整治任务调整暨今明两年综合治水工作计划的报告》《区发展改革局区经贸促进局区财政局区招商办关于审定印发番禺区2015年度促进镇街经济发展奖励方案的请示》《区发展和改革局关于建设银行番禺支行作为广州国际创新城南岸起步区新造路等项目融资合作单位的请示》《区教育局关于建设番禺中学九年一贯制校区相关问题的请示》及其补充说明、《调整十二届区委常委分工的方案》《2015年党风廉政建设暨廉洁番禺建设任务分工》《广州市番禺区深入纠正“四风”防止问题反弹专项整治工作实施方案》，书面听取区委常委、副区长以及区人大常委会党组、区政协党组2015年上半年工作情况汇报，研究有关人事任免。

7月31日，区委十二届第109次常委会议。会议传达贯彻市委常委（扩大）会议关于上半年经济运行情况的会议精神，市委市政府关于登峰街、石井街社会治理工作现场会精神，市委任学锋书记到番禺区调研指示精神，市委垃圾处理工作专题会议精神；听取番禺区上半年信访工作情况报告；审议《小谷围街道办事处关于推进穗石村全迁7个生产队独立设村有关问题的请示》。

8月14日，区委十二届第110次常委会议。会议传达贯彻全省深化社会矛盾化解和基层治理工作视频会议精神，传达学习2015年上半年省、市纪检监察工作总结会议精神；传达上级关于安全生产的重要指示精神，研究部署全区安全生产工作；听取全区落实省委巡视组回访反馈意见整改工作的情况汇报，听取关于举办2015广东粤曲私伙局大赛的工作安排情况；审议《关于增补中共广州市番禺区第十二次代表大会代表的请示》《关于成立广州市番禺区食品药品监督管理局党委及纪委的请示》以及有关单位职数设置、编制配备问题，研究有关人事任免。

9月11日，区委十二届第111次常委会议。会议传达贯彻市委任学锋书记调研市美丽乡村建设工作指示精神，审议《番禺区承办2015年广州国际美食节工作方案》《中共广州市番禺区委广州市番禺区人民政府关于加快创新驱动发展的实施意见》《区国资局转呈广州市番禺信息技术投资发展有限公司关于发行永续债券以及中期票据的请示》《关于建议调整区政协委员和区政协常务委员会委员的请示》，听取关于成立番禺区反邪教协会的情况汇报。

9月25日，区委十二届第112次常委会议。会议听取1—8月全区经济运行情况，审议《区发展改革局区科工商信局区财政局关于审定2015年一季度和上半年镇街经济发展奖励方案的请示》《关于市委保密委对我区贯彻落实〈“十二五”广州市保密事业发展规划〉情况检查验收的报告》《关于申报番禺区老干部活动中心列入参照公务员法管理范围的请示》《关于补选中共番禺区第十二次代表大会代表结果的报告》。

10月15日，区委十二届第113次常委会议。会议传达贯彻省市领导检查抗灾救灾工作主要指示精神，总结全区抗灾救灾工作；传达广州市关于番禺区、南沙区区划调整工作会议精神；传达学习广州市第三期领导干部党纪政纪法纪培训班暨落实“两个责任”工作推进会精神；审议《关于广州市番禺区2015年1—9月预算执行情况和2015年预算调整方案的报告》《区国资局转呈广州市番禺交通建设投资有限公司关于发行短期融资券的请示》；研究有关人事任免。

11月6日，区委十二届第114次常委会议。会议传达贯彻党的十八届五中全会精神，书面汇报区委常委、副区长前三季度工作情况，播放广州市明察暗访实录片，听取区贯彻落实全省整顿软弱涣散党组织工作交流会精神的情况汇报，审议《中共广州市番禺区委组织部关于桥南街辖内4个行政村成立党委和纪委的请示》《广州市番禺区财政局关于审定番禺区党政机关事业单位“三公”经费管理办法的请示》《番禺区非人大常委会任命领导干部法律知识任职资格考试制度》、《番禺区领导干部述职述廉述法三位一体考核制度》《关于提请审议2014年度绩效考核结果的请示》，研究有关人事任免。

12月5日，区委十二届第116次常委会议。会议传达贯彻中央、省、市政法工作有关会议精神，省委十一届五次全会、市委十届七次全会精神；播放区环境整治暗访片，研究部署全区环境整治工作；听取关于区直各单位、各镇街办公用房整改落实情况的报告；审议《中共广州市番禺区委十二届七次全会工作方案》《关于给予区属公立医院定额补助等事项的请示》《关于对我区机关事业单位租赁岗位合同工管理办法有关事项进行修订的请示》《关于提请审定区工商职业技术学校所挂牌子更改名称问题的请示》《番禺区关于开展党员领导干部“八小时以外”活动监督管理试点工作的方案》；研究有关人员处分和人事任免。

12月24日，区委十二届第117次常委会议。会议传达贯彻市纪委农村基层党员干部违纪违法线索集中排查工作情况汇报会议精神；播放区环境整治暗访片，研究部署全区环境整治工作；审议《中共广州市番禺区委关于制定国民经济和社会发展第十三个五年规划的建议》《中共广州市番禺区委关于开展以案治本工作的实施方案》《广州国际创新城开发建设指挥部关于广州国际创新城新谷隧道（原金光东隧道）工程实施方案的请示》；听取关于广州市番禺信息技术投资发展有限公司万贝项目物业转让方案的汇报；研究有关人员处分和人事任免。

【高质量文稿信息辅助领导决策】 2015年，区委办公室聚焦区委中心工作，全力以文辅政，完成区委十二届六次、七次全会等重要会议文稿材料起草工作，起草和审核各类文稿563篇，共108万字。高标准完成“三严三实”、番禺顺德共建同城化合作示范区等重大活动的综合文稿服务以及向省委、市委主要领导汇报材料的起草任务。经广泛调研，起草《中共广州市番禺区委关于制定全区国民经济和社会发展第十三个五年规划的建议》，滚动开展“番禺区承接南沙自贸区辐射”、“建设番禺智库和完善决策咨询机构体系”等一批重点课题。

全年共向省、市委办公厅报送信息1695条，被采用127条，信息采用量在全市135个信息直报点中名列前茅。编发《番禺信息》22期8万多字。其中《我区迅速妥善处置龙卷风事件情况报告》等多篇信息得到市委、区委主要领导批示，《番禺区深入实施创新驱动发展战略，助推广州大学城打造国际“创新之城”》《番禺区抢抓机遇积极承接南沙自贸区辐射》等多篇重要信息在全市转发。

（区委办政研室）

【督查细化分工突出重点】2015年，区委督查室为保证区委决策部署的贯彻落实，共办理领导批示件415件；发出各类督办通知书47份，涉及299项工作。为有效落实区委各项工作部署，区委督查室着力健全工作机制、创新工作方法，提升督查的精度和力度，强化督查的韧劲和实效。细化责任分工，对《市委常委会2015年工作要点》涉及到的工作和番禺区承办的市委市政府重点工作、对区委十二届六次全会确定的重要任务以及对区政府需要区委协调的工作进行任务分解，细化责任，明确节点，制定督查清单，建立工作台账，实施动态跟踪和定期通报，推动各项工作落实。突出重点工作，在全区办公用房整改工作中，通过“反复查”“回头看”等方法强力督查，确保全面过关；在环境综合整治工作中，牵头制定考核方案，创新采用微信督办、区级巡查等方式，推动环境面貌在较短时间内有明显提升。健全工作机制，根据省、市部署要求，建立重要节日和敏感时期值班督查和一线巡查制度，保持重要时段、敏感时期督查力度不减、效果不降。

（区委督查室）

【保密工作通过上级检查】2015年，番禺区保密局积极创新保密管理模式，保密监督检查制度化、规范化、常态化以及经常性保密技术检查等措施筑牢全区保密安全防线。完成《“十二五”时期广州市番禺区保密事业发展规划》和《广州市番禺区“六五”保密法治宣传教育规划》的各项工作任务，通过市委保密委的检查验收；对区内保密重点要害部位进行环境安全保密检查，及时排查安全隐患；开展保密法制宣传教育，全年共举办8场次专题宣传教育活动，6382人接受保密教育；区保密工作岗位培训班，167人参加培训并取得保密工作岗位证书。

（区保密局）

【区委党史研究】 2015年，区委党史研究室重点开展与抗战胜利70周年相关的党史研究。在纪念建党94周年、抗战胜利70周年和冼星海诞辰110周年等时点，把反映番禺抗战事迹13万多字的材料以及1万多字的冼星海事迹等材料报送省委党史研究室《红广角》、《广州党史》、《番禺工作》、《番禺日报》等登载；编辑制作《番禺革命斗争史图片展》，以及《番禺红色之路》DVD宣传片，分别在植地庄战斗遗址—植氏宗祠、原广游二支队直属队驻地—沙湾镇涌边村陈氏祖祠以及原中共番禺县工委和粤赣湘边纵队番禺独立团团部旧址石碁镇塱边村—容庵梁公祠等作长期展出和播放。密切与老游击战士沟通联系，对禺南武工队的革命史料进行核实和完善。

（区委党史研究室）

番禺区人大常委会

【区十六届人大六次会议】2015年，番禺区区人大常委会共召开会议16次，听取和审议专项工作报告27项，作出决议、决定38项，组织执法检查1次。

4月26—28日召开番禺区十六届人大第六次会议。会议分别听取和审议区政府、区人大常委会、区法院、区检察院的年度工作报告，审议和批准广州市番禺区国民经济和社会发展第十三个五年规划纲要、区2015年国民经济和社会发展计划执行情况与2016年计划安排草案的报告、区2015年预算执行情况和2016年预算草案的报告。

【重视促进经济增长】 2015年，番禺区人大常委会高度重视全区经济发展情况。紧扣区

4月8—10日，番禺区召开区第十六届人民代表大会第五次会议
（区人大办供稿）

委经济工作部署，支持区政府应对经济下行压力、推进改革创新、构建高端高质高新现代产业体系、促进产业集群集约集聚的保经济平稳健康发展措施。根据全区上半年预算执行情况和全年收入预测，及时批准预算调整方案，支持政府发挥财政资金在经济社会发展中的杠杆作用。进一步完善全口径预算监督机制，对部分部门预算进行审查，督促政府及有关部门切实完善预算编制，强化预算管理。发挥各工作委员会、人大代表的作用，专题听取规划纲要编制情况汇报，广泛收集意见建议，参与区“十三五”规划纲要编制工作，为“十三五”发展打根基。通过听取专题汇报、组织代表视察、开展专题调研等形式，督促政府盘活国有资产，深化国有企业改革；以推进经济转型升级为着力点，围绕推进村级工业园转型升级开展调研，视察区内科技创新工作、留学人员创业基地建设、“五湖四海”水产交易中心升级改造，支持政府积极谋划发展新思路。

【着力推动民生改善】 区人大常委会关注重大事项和重点建议的落实。根据过去8年综合治水的成效和存在问题，审议和批准政府提交的《番禺区河涌综合整治任务调整方案暨今明两年综合治水工作计划》，重点跟踪督办丹山河水系、七沙水闸等综合治水重点工程工作情况，力促综合治水这一重大事项落到实处。通过满意度测评、视察、暗访等形式，督促《关于整体开发城北公园及星海青少年宫资源，建设中心城区北部群众活动中心的建议》《关于加快我区厨余垃圾处理点建设的建议》《关于加快管道燃气建设，以提高村居覆盖面的建议》等重点建议办理。

全过程跟踪2015年度区十件民生实事的推进情况，成立专项小组加强跟踪监督。通过抽检、明查暗访等方式，对《食品安全法》实施情况进行检查，督促有关部门强化安全监管，形成依法有序的食品安全监管体系。组织视察区内社会组织管理、民营养老机构运营、特殊教育、职业教育和公共体育设施建设等，监督有关部门落实惠民政策。督促政府有关部门加快光明大桥、南浦三桥、莲花山渔港等基础设施建设。

【加强行政司法监督】 区人大常委会督促政府巩固和深化法治政府示范区建设工作，为经济社会发展提供良好的法治环境和保障；贯彻落实中共中央《关于全面推进依法治国若干重大问题的决定》，推进依法治区重点工作。审议区人民法院关于未成年人审判工作情况报告，区检察院关于反贪污贿赂工作、惩治和预防医疗卫生领域职务犯罪情况报告，支持“两院”稳步推进司法体制改革，探索健全司法工作新机制。

【人事任免】 2015年，番禺区人大常委会任免地方国家机关工作人员110人次，接受辞职20人。

【代表议案及建议】 区十六届人大五次会议及闭会期间，共收到代表提交的建议137件，至12月，已全部办复。6月23日，番禺区第十六届人大常委会第三十五次会议将《关于加快管道燃气建设，以提高村居覆盖面的建议》确定为区十六届人大五次会议的重点建议，并交区人民政府办理。依照《重点建议办理试行办法》，常委会圆满办结《关于整体开发城北公园及星海青少年宫资源，建设中心城区北部群众活动中心的建议》，督促《关于加快我区厨余垃圾处理点建设的建议》进一步完善办理方案，《关于加快管道燃气建设，以提高村居覆盖面的建议》取得阶段性进展，力推重点建议办理到位。

【提高代表素质】 为提高全区各级人大代表的素质，邀请专家全面解读“全面推进依法治国的新蓝图”；针对开展全口径预算审查监督工作组织专业培训；组织代表赴全国人大深圳培训基地进行专题培训；依托省人大和市人大培训平台加强理论业务培训。全年共组织各级人大代表300多人次参加培训活动8次。

结合“两代表一委员”进社区活动，进一步优化人大代表联络站布局，新增10个代表社区联络站。形成接访、约访、走访、回访、视察、调研相结合的人大代表进社区新模式，全年各级人大代表共775人次参加了进社区活动，接待群众711人次，收集群众意见建议340件。加强对各代表小组的沟通指导，改进集中视察议题确定和组织形式，全区16个人大代表小组围绕区中心工作、区域发展状况、民生关切问题开展视察，共提出关于经济、社会、民生、环保、城建等方面的建议意见43条。

【常委会“三严三实”教育】 2015年，按照市委、区委部署要求，结合人大工作实际，区人大常委会开展“三严三实”专题教育，促进作风持续改进。常委会大胆创新和改进监督工作，首次将监督政府工作从区内延伸到区外，组织常委会组成人员到贵州独山县和梅州五华县监督扶贫帮扶工作，进一步拓展人大监督工作的深度和广度。开展全口径预算审查监督工作，紧贴人民群众关注的十件民生实事和重点建议推进情况开展满意度测评，增强监督的刚性和实效。组织全区各镇、街人大学习中央《关于加强县乡人大工作和建设的若干意见》精神，全面梳理基层人大工作和建设存在的问题和困难，每季度召开镇街人大工作座谈会，及时了解、解决基层人大工作中存在的困难和问题，推进全区人大工作协同发展。

（区人大办）

9月29日，区人大常委会组成人员视察番禺区综合治水工作情况

（区人大办供稿）

番禺区人民政府

【区政府常务会议】 2015年，番禺区人民政府组织常务会议41次，讨论事项442项。主要包括：

1月5日，十六届政府第148次常务会议。会议审议并原则同意区交通局提交的《番禺区公交站场规划建设“四年行动”（2014—2017年）工作实施意见》，区交通局和番禺规划分局对《广州市新一轮轨道交通（2015—2025年）建设规划研究方案（送审稿）》提出的意见，区财政局提交的《广州市番禺区财政局关于2015年财政预算编制工作设想的请示》，区发展改革局提交的《番禺区发展和改革局关于审定番禺区政府投资管理试行办法的请示》和《番禺区发展和改革局关于审定番禺区物联网产业集群发展研究报告及实施意见的请示》，区知识产权局提交的《区知识产权局关于以区政府名义印发〈广州市番禺区专利发展资金管理办法〉的请示》；审议了区教育局提交的《广州市番禺区教育局关于实施星海青少年宫区域环境整治工程的请示》，区交通局提交的《广州市番禺区交通局关于审定广州国际创新城交通专项规划研究的请示》和市公安边防支队提交的《关于立项建设番禺船艇大队部新营区的请示》。

1月13日，十六届政府第149次常务会议。会议审议并原则同意番禺规划分局提交的《2014-2016年番禺区建设方案》，区教育局提交的《广州市番禺区教育局关于送审番禺区学前教育三年行动计划暨规范化幼儿园督导验收后整改计划的函的请示》，区国资局提交的《关于全区水务一体化第二批镇街供水企业资产评估和收购兑价问题的请示》，区人力资源和社会保障局提交的《番禺区人力资源和社会保障局关于采取政府购买服务经办2015年我区城乡居民医保的请示》；审议了区土地开发中心提交的《区土地开发中心关于将存量土地移交给区国资局管理的请示》，区国土房管分局提交的《市国土房管局番禺区分局关于落实局属事业单位分类改革相关事项的请示》；传达《中共广州市委办公厅广州市人民政府办公厅关于印发〈广州市关于进一步加强党政机关工作人员问责工作的意见〉的通知》；研究并初步确定2015年区政府重点工作分类督查项目，要求加强督查督办。

1月19日，十六届政府第150次常务会议。会议审议并同意区招商办提交的《广州市番禺区人民政府关于申请组建中国国际酒类商品交易中心项目的函》和《建设中国国际酒类商品交易中心项目合作框架协议》，区编委会提交的《关于提请审议和报送〈广州市番禺区人民政府职能转变和机构改革方案〉的请示》。

1月20日，十六届政府第151次常务会议。会议听取区人口计生局汇报全区2014年人口和计划生育情况及2015年工作计划；审议并原则同意区发展改革局提交的《番禺区发展和改革局关于2014年番禺区经济社会发展主要指标预计完成情况和2015年预期目标建议的请示》和《番禺区发展和改革局关于审定2015年番禺区政府投资项目计划的请示》，区政府办提交的《2015年番禺区十件民生实事备选项目第二轮征求意见汇总表》，区国土房管分局提交的《关于2014年度土地执法卫片整治工作的请示》，区基建办提交的《区基建办关于番禺儿童公园—儿童乐园工程艺术造型深化项目问题的请示》，区交通局提交的《广州市番禺区交通局关于审定区政协主席会议建议案办理工作方案（送审稿）及进展情况的请示》和区财政局提交的《广州市番禺区2014年预算执行情况和2015年预算草案的报告》；审议区法制办提交的《广州市番禺区人民政府法制办公室关于公布2015年政府重大行政决策事项和重大行政决策听证事项目录的请示》。

1月26日，十六届政府第152次常务会议。会议审议并原则同意区政府办提交的《政府工作报告（讨论稿）》，区发展改革局提交的《番禺区发展和改革局关于审定番禺区2015年重点建设项目和重点建设预备项目计划的请示》，区审计局提交的《广州市番禺区审计局关于上报2015年度审计（调查）项目计划的请示》，区水务局提交的《区水务局关于调整工程概算解决工程施工结算价超概算建安费资金拨付问题的请示》；传达《广州市严查严控违法建设专项整治工作方案》的有关精神，审议并原则同意《番禺区严查严控城中村违法建设专项整治方案》；审议区政府办提交的《2014年国家、省、市考核我区有关工作项目进展情况表》。

2月12日，十六届政府第153次常务会议。会议传达中共广东省委书记胡春华在广州调研时的讲话精神，要求全区认真学习、深刻领会、全面贯彻落实；审议并原则同意区发展改革局提交的《番禺区发展和改革局关于审定番禺区2014年国民经济和社会发展计划执行情况与2015年计划草案报告的请示》，区农业局提交的《广州市番禺区农业局关于确定市级美丽乡村建设项目配套资金的请示》，区水务局提交的《广州市番禺区水务局关于将丹山河上游段清淤工程列入区应急抢险工程的请示》，区招商办提交的《番禺新城发展策划研究合作协议》，区财政局提交的《广州市番禺区财政局关于加强财政管理确保我区今年第一季度财政稳健运行的意见》，区交通局提交的《广州市番禺区交通局关于基盛金融贸易中心B-C地块中轴步道（府东路）建设工作的请示》；审议区交通局提交的《广州市番禺区交通局关于加快南大干线（省妇幼医院至市新路段）南半幅及南沙港快速节点建设的请示》。

2月21日，十六届政府第154次常务会议。会议审议并原则同意区委统战部提交的《中共广州市番禺区委统战部提请以区政府名义印发关于进一步加强政府及有关部门与民主党派工商联和知联会对口联系的若干制度的请示》，区海防与打私办提交的《关于进口冻肉“四证”日常监管问题的请示》，区发展改革局提交的《番禺区发展和改革局关于审定番禺区公务用车制度改革工作方案的请示》，区水务局提交的《广州市番禺区水务局关于转呈番禺水务公司协助解决南部三镇污水系统建设运营管理体制问题的请示》，区人防办提交的《广州市番禺区人民防空办公室关于送审石桥公园公共人防工程商业、环境和交通评估成果的请示》。

3月11日，十六届政府第155次常务会议。会议审议广州大学城管委会提交的《大学城管委会关于提请审定〈推进番禺区各镇街与广州大学城各高校校地协同创新工作方案〉的请示》，区公安分局提交的《广州市公安局番禺区分局关于提请审定番禺区农村建筑物临时地址标识牌管理办法（草稿）的请示》，区政府办提交的《关于我区办公用房整改落实情况的报告》，区体育局提交的《广州市番禺区体育局关于举办广州市番禺区第十五届“莲花杯”“禺山杯”龙舟赛的请示》和《区体育局关于拟将龙舟赛活动举办地点迁往德兴桥以东河段的请示》；审议并原则同意区交通局提交的《广州市番禺区交通局关于五华县交通基础设施规划建设帮扶工作的请示》《广州市番禺区交通局关于变更违章车辆拖车停车服务合作方式的请示》和区招商办提交的《关于加快推进中国国际酒类商品交易中心项目的报告》。

3月31日，十六届政府第157次常务会议。会议审议并原则同意区财政局提交的《广州市番禺区财政局关于报送清理规范税收等优惠政策情况的请示》，区基建办提交的《区基建办关于确定市桥立交改建工程实施方案的请示》，区土地开发中心提交的《区土地开发中心关于收储广州盛益投资顾问有限公司南村镇南草堂村地块有关问题的请示》和《区土地开发中心关于收回锦江房地产公司土地有关问题的请示》，区城管局提交的《番禺区城市管理局关于建立翁山森林公园的请示》，番禺规划分局提交的《市规划局番禺分局关于审定广州市番禺区生态控制线专项规划成果的请示》，区农业局提交的《广州市番禺区农业局关于区农科所部分农地拟公开招租建设现代化蔬菜园区的请示》；审议区发展改革局提交的《对广州市发展改革委关于征求广州市2014年市区企业“退二进三”工作情况及2015年重点工作安排（征求意见稿）意见函的复函（代拟稿）》，区城管局提交的《番禺区城市管理局关于开展番禺区垃圾无害化处理及资源化利用项目环评的请示》，区民政局提交的《广州市番禺区民政局关于以区政府名义印发未成年人社会保护工作实施方案的请示》，区水务局提交的《广州市番禺区水务局关于番禺区排水管网清疏维护情况有关问题的请示》，区水务局提交的《广州市番禺区水务局关于番禺区污水处理厂厂内污泥干化减量工作有关问题的请示》；听取区经贸促进局汇报新一轮扶贫开发及对口帮扶五华县工作情况，审议并原则同意《区帮扶办关于审定番禺区对口帮扶五华县2015年度工作计划的请示》。

4月13日，十六届政府第158次常务会议。会议对区政府领导班子进行调整，要求各位区政府领导要切实履行职责，按照《区政府工作报告》的各项部署，扎实开展各项工作，共同推动番禺区经济社会平稳健康发展；审议番禺现代产业基地建设指挥部提交的《广州市番禺区现代产业基地建设指挥部转呈广州市莲花山保税区投资管理有限公司关于现代产业基地A地块平整压实工作的请示》和《广州市番禺区现代产业基地建设指挥部转呈广州市莲花山保税区投资管理有限公司关于现代产业基地G2地块一、二期用地平整压实工作的请示》，区发展改革局提交的《2015—2016年区本级社会民生基础设施建设项目实施计划》，区教育局提交的《广州市番禺区教育局关于由番禺执信中学承办海怡半岛花园小学的请示》。

4月21日，十六届政府第159次常务会议。会议审议并原则同意区政府办提交的《区长碰头会议制度》，区统计局、区发展改革局、区经贸促进局和区财政局共同提交的《番禺区统计局等四个单位关于审定2014年镇街经济发展奖励方案的请示》，区发展改革局、区经贸促进局、区财政局和区统计局共同提交的《区发展改革局区经贸促进局区财政局区统计局关于审定印发2015年各镇街主要经济指标分季度目标分解的请示》，区水务局提交的《广州市番禺区水务局关于审批〈番禺区市桥河水系主要河涌水更清实施项目方案设计〉的请示》和《广州市番禺区水务局关于调整农村自来水改造工程出资比例的请示》，区妇联提交的《区妇联关于儿童活动中心增加用电负荷需求的请示》，番禺规划分局提交的《市规划局番禺分局关于开展南村镇坑头村储备用地（番禺电缆集团总部建设项目）控规修改论证报告及相关环评、交评、文评编制工作的请示》和区商改办、区“两建”办提交的《区商改办、区“两建”办关于明确商事制度改革后续监管管理部门和职责的请示》。

4月27日，十六届政府第160次常务会议。会议审议并原则同意区水务局提交的《广州市番禺区水务局关于番禺区综合治水工作回顾及今后两年治水工作计划的报告》，区国土房管分局提交的《市国土房管局番禺区分局关于报送番禺区2015年建设用地供应计划的请示》，区旅游局和番禺规划分局共同提交的《关于请求审议广州市番禺区珠宝产业带概念规划的请示》，番禺规划分局提交的《市规划局番禺分局关于审定〈番禺区历史建筑保护工作方案〉的请示》，石楼镇和广州市番禺旅游总公司共同提交的《番禺区石楼镇人民政府广州市番禺旅游总公司关于采购海鸥岛乡村生态旅游开发项目轻钢结构房屋的请示》，区侨务外事办提交的《区侨务和外事办公室关于我区与斯洛伐克班斯卡·比斯特里察市建立友好交流合作关系的请示》和《区侨务和外事办公室关于我区与捷克布拉格市五区建立友好交流合作关系的请示》；审议区村规办提交的《区村庄规划领导小组办公室关于审定〈儿童公园周边地块改造策划方案〉的请示》，番禺供电局提交的《番禺供电局关于紫坭电厂原110千伏沙紫线改造后遗留若干问题解决方案的请示》。

5月5日，十六届政府第161次常务会议。会议审议区国土房管分局提交的《关于我区治理违法违规用地专项行动情况的报告》和区城管综合执法分局提交的《关于我区查控违法建设工作的情况》，区水务局提交的《广州市番禺区水务局关于我区开展水利工程维修养护有关问题的请示》，区城管局提出的有关我区垃圾处理工作的建议；审议并同意区城管局提交的《番禺区城市管理局转呈区道建公司关于申请绿道驿站公共自行车项目2014年度补贴的请示》。

5月18日，十六届政府第162次常务会议。会议审议并原则同意区环保局提交的《广州市番禺区环境保护局关于审定番禺区2015年度实施南粤水更清工作计划的请示》，区招商办提交的《番禺区招商办公室关于审定印发番禺区创新招商机制工作方案的请示》和《番禺区招商办公室关于区属一级企业、镇街招商引资工作考核奖励的请示》，区国资局提交的

《区国资局转呈广州市番禺交通建设投资有限公司关于倚莲半岛项目二期合作开发方案的请示》，区基建办提交的《区基建办关于区领导办公用房改造工程项目问题的请示》，区水务局提交的《广州市番禺区水务局关于石楼镇合兴涌整治工程有关问题的请示》；审议广州创新城建设投资有限公司提交的《广州创新城建设投资有限公司关于广州国际创新城金光东隧道工程初步设计招标方案的请示》，区发展改革局提交的《番禺区发展和改革局关于委托开展番禺区西南部地区轨道交通线路方案研究报告工作的请示》；审议并同意以区政府名义印发《广州市番禺区重大行政决策风险评估办法》。

5月29日，十六届政府第163次常务会议。会议审议并原则同意区交通局提交的《广州市番禺区交通局关于审定沙溪大桥扩建工程项目建议书方案的请示》，区城市管理运行指挥中心提交的《“僵尸车”处置操作指引》，区水务局提交的《广州市番禺区水务局关于报送综合整治丹山河水系工作实施方案的请示》；审议区基建办提交的《关于区治安管理指挥中心工程后续建设工作的建议》。

6月9日，十六届政府第164次常务会议。会议审议并原则同意区经贸促进局和番禺供电局共同提交的《区经贸促进局番禺供电局关于审定番禺区关于解决城中村用电问题的工作方案的请示》和番禺供电局提交的《番禺供电局关于推进“自筹资金”解决城中村用电问题的请示》，区法制办提交的《关于完善违法建设执法程序的报告》和《广州市番禺区人民政府法制办公室关于聘请区政府法律顾问的请示》，区交通局提交的《广州市番禺区交通局关于光明通道建设方案的请示》、区城改办提交的《关于向市更新局更新〈番氮旧厂片区更新改造方案〉的请示》和《关于补充番氮旧厂改造项目历史用地意见的请示》，区水务局提交的《广州市番禺区水务局关于增加广州市番禺区南村镇江南村旧区给水管道改造工程资金的请示》。

6月16日，十六届政府第165次常务会议。会议审议并原则同意沙头街道办事处提交的《沙头街道办事处关于送审大罗塘珠宝首饰集聚区产业发展规划的请示》，区土地开发中心提交的《区土地开发中心关于沙头街横江地块出让工作的请示》，区科技和信息化局提交的《区科技和信息化局关于审定溢思得瑞国际创新创业集团与广州市番禺区人民政府战略合作协议的请示》；审议区城改办提交的《关于上报村级工业园升级改造2个试点的请示》，区建设局提交的《番禺区建设局关于建设项目城市基础设施配套费收取工作有关问题的请示》，区行政办提交的《番禺区行政办关于机构改革后部分单位办公场地使用的建议》。

6月25日，十六届政府第166次常务会议。会议审议并原则同意区发展改革局提交的《番禺区发展和改革局关于申请国开行棚户区改造贷款工作的请示》，广州大学城管委会提交的《广州大学城管委会关于共建广东国际创客中心的请示》，区农业局提交的《广州市番禺区农业局关于印发〈广州市番禺区继续开展政策性水产养殖保险工作实施意见〉的请示》，区总工会提交的《关于解决番禺区工人文化宫项目建设资金来源的请示》，区民政局提交的《广州市番禺区民政局关于增加区社会福利院直接服务人员经费的请示》；听取区政府办关于区政府网站普查工作情况报告，原则同意区政府办提出的工作意见，要求有关单位要高度重视政府网站普查工作；审议区国土房管分局提交的《市国土房管局番禺区分局关于确定土地利用总体规划调整完善工作设计单位及经费的请示》，区城中村及专业市场安全隐患整治领导小组办公室提交的《区城中村及专业市场安全隐患整治领导小组办公室关于安排2015年36条城中村安全隐患整治启动资金的请示》。

7月1日，十六届政府第167次常务会议。会议审议并原则同意区环保局提交的《广州市番禺区环境保护局关于审定番禺区2015年环境保护目标任务的请示》，区发展改革局、区经贸促进局、区财政局和区招商办共同提交的《区发展改革局区经贸促进局区财政局区招商办关于审定印发番禺区2015年度促进镇街经济发展奖励方案的请示》，区法制办提交的《广州市番禺区人民政府法制办公室关于印发2014年番禺区行政复议和行政应诉案件统计分析报告的请示》，区城管局提交的《番禺区城市管理局关于开展火烧岗无害化处理规范作业服务应急项目的请示》和《番禺区城市管理局关于审定〈番禺区城市管理局关于加强大夫山森林公园管理工作的实施方案〉的请示》，区发展改革局提交的《番禺区发展和改革局关于审定番禺区战略性新兴产业创业投资引导基金管理暂行办法的请示》，万博商务区建设指挥部提交的《万博商务区建设指挥部关于签订广东华电番禺万博商务区分布式能源站项目合作协议的请示》；审议并同意区卫生局提交的《番禺区卫生局关于将广州宝胆医疗器械科技有限公司和番禺区胆囊病研究所划归区国资部门管理的请示》；审议区社工委提交的《广州市番禺区社会工作委员会关于建议加快组建番禺区公众决策咨询委员会的请示》。

7月7日，十六届政府第168次常务会议。会议审议并原则同意万博商务区建设指挥部提交的《万博商务区建设指挥部关于审定实施万博商务区市政道路及综合管沟总体建设实施方案的请示》，区教育局提交的《广州市番禺区教育局关于建设番禺中学九年一贯制校区相关问题的请示》及《广州市番禺区教育局关于建设番禺中学九年一贯制校区相关问题请示的补充说明》，区交通局提交的《广州市番禺区交通局关于审定广州地铁七号线汉溪长隆站地下交通广场合作建设合同（送审稿）的请示》，番禺规划分局提交的《市规划局番禺分局关于规划办公大楼室外配套设施园林工程结算费用的请示》；审议了番禺交投公司提交的《广州市番禺交通建设投资有限公司关于审定番禺大道沙湾大桥北岸道路交通设施改造实施方案的请示》和桥南街道办事处提交的《关于对番禺大道（沙湾大桥北岸）交通设施进行改造的请示》。

7月14日，十六届政府第169次常务会议。会议审议并原则同意区卫生局提交的《番禺区卫生局关于变更区第二人民医院易地重建工程勘察设计合同的请示》，区经贸促进局提交的《番禺区经贸促进局关于审定广州市番禺区工业转型升级三年行动实施方案（2015—2017年）的请示》，区交通局提交的《广州市番禺区交通局关于改造番禺大道—兴业大道平交和番禺大道—平康路（市莲路）平交的请示》和《广州市番禺区交通局关于审定广州市番禺区公共交通线网规划的请示》，小谷围街道办事处提交的《小谷围街道办事处关于推进穗石村全迁7个生产队独立设村有关问题的请示》，区公安分局提交的《番禺区公安分局关于分局交警大队拖车和车辆停放服务业务重新招标的请示》。

7月20日，十六届政府第170次常务会议。会议审议并原则同意区政务办提交的《关于印发〈番禺区商事主体设立登记“一口式”办理改革工作方案〉的请示》，区人力资源和社会保障局提交的《番禺区人力资源和社会保障局关于审定帮扶区重点企业培养紧缺技能人才的实施方案的请示》，区民政局提交的《广州市番禺区民政局关于以区政府办名义印发广州市番禺区社会组织培育发展专项资金管理暂行办法（修订稿）的请示》，沙头街道办事处提交的《沙头街道办事处关于送审大罗塘珠宝首饰集聚区环境综合整治项目方案的请示》，区林业和园林局提交的《番禺区林业和园林局关于印发〈番禺区林业生态红线划定工作方案〉的请示》，区城管局提交的《番禺区城市管理局关于推进新一轮绿化广东大行动中森林公园建设工作的请示》；听取了区国土资源和规划局关于区内房地产市场情况报告和区工商联关于推进企业转型升级辅导工作的情况汇报。

7月28日，十六届政府第171次常务会议。会议组织举办2015年区政府常务会议学法讲座，邀请广东省高级人民法院副院长谭玲教授专题讲解《依法行政和新〈行政诉讼法〉》的相关内容；审议广州大学城管委会提交的《广州大学城管委会关于引进厚德创业投资服务平台项目的请示》。

8月5日，十六届政府第172次常务会议。会议审议区政务办提交的《关于审定番禺区银医通持卡就医项目实施方案的请示》；审议并原则同意区国土资源和规划局提交的《广州市番禺区国土资源和规划局关于审定2015年城乡规划编制计划的请示》，区总工会提交的《关于提高和扩大全区财政全额拨款行政事业单位计拨工会经费标准和范围的请示》；听取区卫计局汇报区游泳场所卫生监督工作情况。

8月11日，十六届政府第173次常务会议。会议审议并原则同意区国资局提交的《区国资局转呈番禺信息技术投资发展有限公司关于番禺区万博商务区市政道路、地下环路及综合管沟工程项目万惠二路全段、万博一路南段、海顺路及万博二路南段招标方案的请示》《区国资局转呈广州市番禺信息技术投资发展有限公司关于启动万博商务区万博二路工程建设的请示》，区查违办提交的《关于在全区启用查控违法建设信息系统的请示》，区建设局提交的《番禺区建设局关于祈福新邨出口隧道工程性质和权属问题的请示》和《番禺区建设局关于祈福新邨出口隧道建成后管养问题的请示》，区国土资源和规划局提交的《广州市番禺区国土资源和规划局关于审核我区永久基本农田划定工作初步成果的请示》，番禺规划分局提交的《市规划局番禺分局关于开展广州市番禺区长隆—万博地区整体城市设计研究及交通专项研究的请示》，区交通局提交的《广州市番禺区交通局关于委托实施光明大桥通航安全保护措施工程的请示》。

8月18日，十六届政府第174次常务会议。会议传达贯彻习近平总书记和李克强总理针对天津港“8·12”瑞海公司危险品仓库特别重大火灾爆炸事故两次重要指示批示精神，要求各镇、街、各部门认真吸取事故深层次教训，深入开展安全生产大检查，深化“打非治违”和专项整治工作，用铁的手腕坚决遏制各类生产安全事故；审议区科工商信局提交的《广州市番禺区科技工业商务和信息化局关于印发〈番禺区承办2015年广州国际美食节工作方案〉的请示》；审议并原则同意区国土资源和规划局提交的《广州市番禺区国土资源和规划局关于呈送广州南站地区城市设计优化及控制性详细规划调整（初步成果）的报告》，区气象局提交的《区气象局关于恳请区政府印发广州市番禺区气象灾害应急预案的请示》。

8月25日，十六届政府第175次常务会议。会议审议并原则同意区水务局提交的《广州市番禺区水务局关于审定〈广州市番禺区市政公共消火栓验收、移交程序〉的请示》，区建设局提交的《番禺区建设局关于城中村安全隐患整治小额工程简化招标流程的请示》，区科工商信局提交的《番禺区科工商信局关于审定番禺出口舞台灯光音响质量安全示范区建设实施方案的请示》。

9月1日，十六届政府第176次常务会议。会议审议并原则同意区政府办提交的《2015年上半年政府工作报告》，区国土资源和规划局提交的《广州市番禺区国土资源和规划局关于化龙镇现代产业区A地块HLG13—02公开出让方案的请示》，区发展改革局提交的《番禺区发展和改革局关于对重点项目计划作年中调整的请示》，区交通局提交的《广州市番禺区交通局关于审定2015年公交行业财政补贴资金分配方案的请示》，区工商联提交的《关于开展非公经济企业创新转型辅导工作的请示》，万博商务区建设指挥部提交的《万博商务区建设指挥部关于广晟数码产业总部项目建筑设计方案的报告》；审议广州南站地区管委会提交的《广州南站地区管委会关于以区政府名义征求新设立广州南站地区公安机构和交通综合行政执法中队意见的请示》，区科工商信局提交的《区科工商信局关于以区委名义印发〈中共广州市番禺区委广州市番禺区人民政府关于加快创新驱动发展的实施意见〉的请示》。

9月15日，十六届政府第177次常务会议。会议审议并原则同意区城管局提交的《番禺区城市管理局关于调整区生活垃圾终端处理费的请示》和《番禺区垃圾减量方案》，石楼镇政府提交的《番禺区石楼镇人民政府关于审定市石联围堤围达标加固工程清流村拆迁安置区二期项目选址方案及协调相关问题的请示》，区国资局提交的《区国资局转呈广州市番禺番发集团公司广州市番禺旅游总公司转呈番发房地产公司关于番发广场有偿使用方案建议的请示》，区交通局提交的《广州市番禺区交通局关于落实番禺创建文明样板航道项目资金的请示》；审议了区城管局提交的《番禺区城市管理局关于追加番禺中部污水处理厂外污水收集火烧岗段污水管修复工程项目资金的请示》，区法制办提交的《关于完善政府重大行政决策程序和履行职权法定原则的几点建议》。

9 月 22 日，十六届政府第 178 次常务会议。会议审议并原则同意区公车改革领导小组办公室提交的《番禺区公务用车制度改革领导小组办公室关于审定我区公务用车封存停驶通知的请示》，区发展改革局、区科工商信局和区财政局共同提交的《区发展改革局区科工商信局区财政局关于审定 2015 年一季度和上半年镇街经济发展奖励方案的请示》，区科工商信局提交的《区科工商信局关于审定 2015 年区科技经费预算安排计划的请示》，区国资局提交的《区国资局关于确定区属一级企业负责人 2015 年度经营业绩考核目标值的请示》，区国土资源和规划局提交的《广州市番禺区国土资源和规划局关于报送〈番禺区 BC0507-BC0508 规划管理单元（节能科技园片区）控制性详细规划修改〉成果的请示》和区城市管理运行指挥中心提交的《关于提请审定番禺区社区网格化 PAD 终端机配置方案的请示》；审议了区交通局提交的《广州市番禺区交通局关于 2014 年度村村通客车民心工程区级财政补贴的请示》。

10 月 10 日，十六届政府第 179 次常务会议。会议审议并原则同意区发展改革局提交的《广州市番禺区发展和改革局关于番禺区自来水价格改革方案听证会有关问题的请示》，区教育局提交的《广州市番禺区教育局关于推进我区中小学校园足球实施方案经费的请示》，区国土资源和规划局提交的《广州市番禺区国土资源和规划局关于石碁镇石碁村储备用地 SQG14-01 地块一公开出让方案的请示》和《广州市番禺

9 月 28 日，番禺区与美中硅谷协会举行战略合作框架协议签约及揭牌仪式 （区政府办供稿）

10月23日，区长何汝诚（左二）调研番禺区社区网格化和出租屋居住证门禁系统试点建设情况（区政府办供稿）

区国土资源和规划局关于处理涉及“历史批文”用地问题的请示》。

10月14日，十六届政府第180次常务会议。会议审议并原则同意区财政局提交的《广州市番禺区财政局关于审批〈关于广州市番禺区2015年1—9月预算执行情况和2015年预算调整方案的报告〉的请示》和《广州市番禺区财政局关于审批〈关于广州市番禺区2014年财政决算（草案）的报告〉的请示》。

10月21日，十六届政府第181次常务会议。会议审议并原则同意小谷围街道办事处提交的《小谷围街道办事处关于完善广州大学城民生基础设施配套建设的请示》，区科工商信局提交的《区科工商信局关于印发番禺区扶持电子商务发展暂行办法的请示》，东环街道办事处提交的《东环街道办事处关于将城北公园划归东环街管理的请示》，区城管局提交的《番禺区城市管理局关于审定番禺区2015—2016年城市主题花景建设工作方案的请示》。

11月3日，十六届政府第182次常务会议。会议审议了区查违办提交的《区查违办关于审定在建农村村民住宅建设整治工作流程的请示》，区水务局提交的《广州市番禺区水务局关于批准〈开通都那涌引水改善广州南站地区水环境项目专题论证报告〉的请示》，石楼镇政府提交的《番禺区石楼镇人民政府关于石楼自来水公司推进水务一体化工作有关问题的请示》；审议并原则同意区财政局提交的《广州市番禺区财政局关于审定〈番禺区党政机关事业单位“三公”经费管理办法〉的请示》，区发展改革局和区财政局共同提交的《番禺区发展和改革局番禺区财政局关于广州市番禺区区级储备粮调整方案的请示》，区科工商信局提交的《区科技工业商务和信息化局关于审定〈番禺创新驱动发展扶持政策一览〉的请示》；审议并同意区委组织部提交的《中共广州市番禺区委组织部关于提请审议2014年度番禺区综合考核结果的请示》。

11月11日，十六届政府第183次常务会议。会议审议并原则同意区政务办提交的《区政务办转呈广州星海数字电视金卡有限公司关于审定番禺民生卡大夫山森林公园一卡通项目整体建设方案的请示》，番禺供电局提交的《番禺供电局关于进一步加强番禺电力基础设施建设提升电网抵御事故风险能力的报告》，区城市更新局提交的《关于广州美食广场土地整理工作的请示》，区法制办提交的《广州市番禺区人民政府法制办公室关于印发重大行政决策合法性审查办法的请示》；研究广东省产权交易集团有限公司提交的《关于商请支持广东省珠宝玉石交易中心和广州钻石交易中心落户工作的函》。

11月23日，十六届政府第184次常务会议。会议审议并原则同意区“两建”办提交的《区“两建”办关于审定〈番禺区市场监管体系建设规划（2015—2020年）〉的请示》，区科工商信局提交的《区科工商信局关于审定2015年广州番禺珠宝文化节工作方案的请示》，区发展改革局提交的《番禺区发展和改革局关于审定番禺区战略性新兴产业创业投资引导基金2015年投资方案的请示》；审议并同意番禺日报社提交的《番禺日报社关于美食节汽车抽奖问题的请示》；审议了区环保局提交的《广州市番禺区环境保护局关于建设沙湾水道饮用水源一级保护区物理隔离设施的请示》。

11月30日，十六届政府第185次常务会议。会议审议并原则同意区国土资源和规划局提交的《广州市番禺区国土资源和规划局关于审定番禺区拆迁安置房办证工作方案的请示》，区土地开发中心提交的《区土地开发中心关于重新提请审定新造新城地块储备出让方案的请示》，区城市管理运行指挥中心提交的《关于赴越秀区、海珠区调研挖掘、占用城市道路审批工作的报告》，广州大学城管委会和区科工商信局共同提交的《广州大学城管委会、区科工商信局关于给予“超谷科技园”一期项目落户支持的请示》，区人力资源和社会保障局提交的《番禺区人力资源和社会保障局关于审定与美国SINOSV实业公司共建“广州市番禺区硅谷人才工作站”合作框架协议（送审稿）的请示》，区招商办提交的《番禺区招商办公室关于与美国SINOSV实业公司签订共建广州市番禺区（美国）硅谷招商办事处合作框架协议的请示》，区政务办提交的《关于2015政务信息化专项经费安排的请示》；审议了大石街道办事处提交的《大石街道办事处关于山西狮子涌及大维丫涌（山西村段）河涌办理用地确权的请示》，区城市管理运行指挥中心提交的《关于新光快速路榄塘路口增设掉头位有关问题的请示》，广州华大锐护科技有限公司提交的《关于广州华大锐护集装箱水产养殖项目申请落户番禺的请示》。

12月23日，番禺区举办超谷科技园开业及项目入园签约仪式暨2015广州国际青年创新创业论坛系列活动（区政府办供稿）

12月7日，十六届政府第186次常务会议。会议审议并原则同意区国土资源和规划局提交的《关于报送2016年度广州市番禺区土地储备计划的函（代拟稿）》，区农业局提交的《广州市番禺区农业局关于审核〈广州市番禺区农村土地承包经营权确权登记颁证工作方案〉的请示》，区城管局提交的《番禺区城市管理局关于增加番禺儿童公园2016年度经费预算的请示》；审议了区交通局提交的《广州市番禺区交通局关于设置番禺广场公交首末站的请示》，区政府办提交的《2016年番禺区十件民生实事建议方案》。

12月22日，十六届政府第187次常务会议。会议审议并原则同意区住房和建设局提交的《区住房和建设局关于以区政府办名义印发〈番禺区城中村安全隐患整治资金管理办法（试行）〉的请示》，广州国际创新城开发建设指挥部提交的《广州国际创新城开发建设指挥部关于广州国际创新城新谷隧道（原金光东隧道）工程实施方案的请示》，区国土资源和规划局提交的《广州市番禺区国土资源和规划局关于化龙镇现代产业园（汽配产业园区）地块15公开出让方案的请示》，区交通局提交的《广州市番禺区交通局关于推荐新市桥汽车站地块协议出让用地单位的请示》和《广州市番禺区交通局关于500千伏穗西电力隧道（南大干线共建段）工程第5路段（地铁7号线官堂站段）实施有关问题的请示》，区发展改革局提交的《番禺区发展和改革局关于我区自来水价格改革的请示》。

12月30日，十六届政府第188次常务会议。会议审议并原则同意区安委办提交的《区安委办关于审定〈番禺区建立健全镇街安全生产专职安全员队伍实施方案〉的请示》；审议了区文化广电新闻出版局提交的《关于建设番禺区图书馆新馆的请示》，广州市华南橡胶轮胎有限公司提交的《广州市华南橡胶轮胎有限公司关于番禺工厂搬迁工作情况的报告》。

【办文办会量持续下降】 2015年，番禺区政府办公室共收编号文件9169份，同比（下同）下降5.89%；发出编号文件2072份，下降19.66%；转办领导批示文件9558份，上升25.66%；跟进区政府和办公室领导参加的会议、活动1013场次，下降56.3%；发出会议通知200份，下降67.59%。

【督办事项减少】 2015年，区政府办每季度督办《区政府工作报告》重点工作60项，定期督办番禺新城、南大干线、火烧岗垃圾填埋场综合整治、综合治水、番禺儿童公园等项目建设7个，合共95项。全年参加区政府常务会议、区长办公会议和区政府工作会议等各种会议270次，印发会议纪要321份，下降21.3%；督办领导批示事项1050件，下降23.4%；督办会议决定事项406项次；接办省、市、区人大建议和政协提案共313件；编制督查专报67期。

【文稿综合】 番禺区政府办公室全年撰写、修改文稿259篇，成稿字数约49万。牵头开展番禺南沙行政区划调整后遗留问题、政府债务化解、“五个一批”和“暖企行动”协调问题等工作，开展垃圾处理费调价、智慧城市建设等调研，梳理区政府已承诺未兑现税收等优惠政策。跟进2015年十件民生实事进展情况，做好2016年民生实事征集工作。拟写广州南站商务区、广州国际创新城等系列材料提交市层面协调解决，拟写加快万博商务区变电站建设、广州华南城番禺项目合作意向书等文件。

【政府门户网站助推政务公开】

2015年，番禺区政府门户网站全面推进政务公开，顺利通过全国首次政府网站普查，协调全区84个单位主动公开预决算、“三公”经费及会议费信息。全年发布政务信息3258条，上报市政府办公厅政务信息230条，其中采用率为50.43%，被评为2015年度广州市政府系统信息业务优秀单位。选送“番禺区现代服务业发展研究”被确定为2015年市政府政务信息重点调研课题，专题调研番禺区公共服务资金支出情况。

【应急管理高效精细】 2015年，番禺区妥善协调处理“2·10”大石街星河湾2死1伤事件、“10·4”龙卷风灾害事件等各类突发公共事件500多宗，应急办报送值班和预警信息1100多条，处理非工作时间和节假日期间各类文件约1230份。防控登革热疫情，迎春花市、龙舟赛活动、儿童公园全面开园、广州国际美食节等重大活动应急保障有条不紊，组织春运突发事件、儿童公园游乐设施应急救援、食源性疾病爆发等各类应急演练175场次。建设全区突发事件预警信息发布平台，强化对区高清视频会议系统的管理和维护，完善网格化信息系统建设，推进与“消网通”“流管通”和残联业务系统的融合。区长专线全年共受理各类投诉、建议等案件172066宗，按时办结率98.93%，市民整体满意率93.57%。“一号通”平台建设基本完成，开设微信报案功能，与市、区级服务平台进行无缝对接。

（区政府办）

区政务办

【整合行政审批服务】 2015年，番禺区政务办推进行政审批集成服务改革，牵头《区政务服务综合改革与服务体系建设研究》课题研究，起草《番禺区推进行政审批“条块结合、四级联动、以区为主、重心下移、集成服务”改革工作方案》。整合重点项目服务中心部分涉及企业、个人的业务，设

8月14日，区政务服务中心综合窗口发放首家按照“一口式”工作机制办理的企业证照（区政务办供稿）

立“区政务办综合服务窗口”，完成“一窗式”综合服务窗口改革。全年区政务服务中心共受理215337项事项，同比增长13.74%；办结167663件事项，按时办结率达99.76%。

【启动“七方信用”工程】 开展法人档案地址信息与番禺区地理空间系统对接工作，截至12月31日，区法人数据库录入数据量12.25万条，综合治税信息库数据量35.32万条。

【管理服务平台网络化】 2015年，番禺区政务办打通政务自助服务终端机预受理事项推送至社会综合管理服务平台、平台受理事项当前环节状态反馈至网办大厅两条通道，实现社会管理综合服务平台与政务自助服务终端机、网办大厅及电子监察系统等方面的对接。推进社会管理综合服务平台移动版APP开发，初步完成民生卡发放的移动版。开发番禺区商事主体专项分析APP，通过移动终端实时了解本辖区的相关商事及其他情况。为旅游局等单位定制特定报表或功能，包含以“旅行社及分支机构管理”对相关商事主体数据列表形式进行集中管理；提供商事主体数据关键字归类、商事主体补录功能、质保金录入管理功能、发短息提醒功能。

【商事审批“一口式”服务】

番禺区政务办制定《番禺区商事主体设立登记“一口式”办理改革工作方案》，利用番禺区“一站式”行政审批服务系统，完成商事主体设立登记“一口式”受理系统内部审批功能及完善场地证明公共管理系统。2015年8月10日，依托商事主体设立登记“一口式”共享平台，番禺区正式实施商事主体开业审批服务“一口式”办理机制，实行“一口受理、一表申报、证照（章）同发”。9月1日，由工商行政管理部门核发的加载法人和其他组织统一社会信用代码的营业执照正式发放，实行“三证合一、一照一码”登记制度改革。区政务服务中心主要受理企业“一照一码”设立登记业务，16个镇（街）政务服务中心受理个体户开业“三证合一”等业务。截至12月底，共受理企业“一照一码”设立登记及个体户开业“三证合一”等业务3101个办件，办结2802个。

【村（居）公共服务站示范点建设】

2015年，番禺区政务办以“集中力量，整合资源，打造示范”为指导方针，从全区16个镇（街）中分别挑选1-2个条件成熟的村（居），以较高的规格，统一规划设计，建成20个村（居）公共服务站示范点。村（居）公共服务站示范点内设政务服务区和24小时自助服务区。其中，政务服务区设立综合服务窗口，综合受理流管、计生、劳动和民政等相关部门下沉到村居的业务。以石碁镇凌边、东环街东富豪等公共服务站为试点，将卫计、民政、慈善、人社和残联等5个部门共38个事项进驻到社会管理综合服务平台试运行。24小时自助服务区内除了提供政务服务自助终端、健康小屋的健康医疗产品、ATM自助柜员机外，还配备有便民自助终端机、智慧生鲜食品自提柜、智慧生鲜食品自售柜等便民服务设施。同时为加快推进村居公共服务站的建设，引入互联网+政务、互联网+农业等智慧社区元素，引进社会专项资金投资的方法进行共建。

【完善网上办事大厅】 2015年，番禺区网上办事大厅共发布505个事项，100%的行政审批事项和100%社会服务事项可提供在线申办服务，使用区级审批系统的统一认证接入可单点登录率100%，总业务上网办理率为98.25%，行政审批业务上网办理率为93.50%，达三级深度的行政审批事项网上办结率为93.22%。“番禺区审批和社会事务服务事项管理系统”已同步至“全市政务服务事项管理系统”，建立本级事项常态化管理机制。

【民生档案扩容】 全区民生档案有213万人口信息，建成13个部门专题目录数据库，81个专题数据表。截至2015年底，民生卡A卡（银行联名卡）已制作842690张，发放306701张；民生卡（健康卡）及诊疗专用临时卡在区属三大医院现场发放86979张。民生卡广泛应用，已实现持卡人通过区公立医疗机构的银医通自助终端享受自助挂号、自助缴费、自助打印检验报告等服务，在民生卡的身份认证和资金结算中完成整个就医流程；市民凭民生卡可享受区儿童公园园内游乐设施八折优惠，民生卡（公园卡、次卡）已在区儿童公园应用达8万人次；番禺民生卡大夫山森林公园一卡通项目已完成停车场建设规划设计、土建工程造价评审等工作，正着手开展招标工作；持民生卡还可在村居公共服务站办理政务、便民、金融三大类服务。民生积分管理系统和民生积分档案库已基本建成。

【建设番禺地理空间数字框架】 番禺区是全省首批数字县（区）地理空间框架建设试点区之一，项目已全面完成基础地理空间信息数据库和健全的标准体系的建设、公共服务平台的开发、七个应用平台的对接和建立地理空间框架组织机构和运行支撑环境等四大方面的总体目标。2015年7月30日，数字番禺地理空间框架建设项目顺利通过专家组的验收。截至2015年年底，地理空间数据库基础地理信息数据库图层80个，对1:500航拍图进行30平方公里的更新；专题数据库有55个专题共568个图层，其中2015年新增加专题8个，新增加图层48个，为环保局业务管理系统、交通道路管养系统、番禺三规合一辅助平台、地名数据库信息系统、国土土地执法巡查系统、网格化管理系统等9个系统提供数据服务。

【电子公务云计算中心】 2015年，番禺区政务办完成电子公务云计算中心扩容及安全升级改造项目招标，搭建电子公务云计算中心商务云平台。2015年，商务云平台提供共可分配132个vCPU、704GB内存和120TB硬盘空间等资源。截至12月底，全区共有28个单位申请使用云计算中心资源，共部署业务系统150个。为保障政务网络正常运行，番禺区政务办组织全国第一次政府网站普查工作，对区内49个网站开展普查，完成约3.7万个市、区检查发现问题的整改工作。截至12月31日，广州市数字证书认证中心番禺分中心接受170个单位证书申请，开通CA证书1800个。

（区政务办）

政协番禺区委员会

【政协会议】 2015年，番禺区政协共召开全体会议1次，常委会议6次，主席会议13次。

4月7—9日，区政协十三届七次会议。会议听取和审议政协第十三届广州市番禺区委员会常务委员会工作报告和提案工作情况报告；列席区十六届人大第五次会议，听取和讨论区政府工作报告及其他有关报告；听取区政协十三届七次会议提案审查情况的报告；选举李广杭为政协第十三届广州市番禺区委员会主席；审议通过区政协十三届七次会议决议。

2月11日，十三届十八次常委会议。会议协商讨论区政府工作报告（征求意见稿）、区党风廉政建设工作以及区法院、区检察院工作情况通报，协商通过有关人事安排，并书面审议了区政府关于提案办理情况的通报和区政协各专委会工作总结。

3月17日，十三届十九次常委会议。会议审议通过关于召开区政协十三届七次会议有关事项，协商通过有关人事安排。

4月8日，十三届二十次常委会议。会议审议通过有关人事安排的文件，审议通过关于调整区政协有关专门委员会名称的决定（草案）。

4月9日，十三届二十一次常委会议。会议听取了各小组组长汇报分组讨论情况，审议通过了有关人事安排的文件，审议通过了区政协十三届七次会议提案审查情况的报告以及区政协十三届七次会议决议（草案）。

6月25日，十三届二十二次常委会议。会议围绕“挖掘整合爱国武术家黄啸侠资源，培育番禺文化品牌”开展专题视察座谈，实地观摩石碁镇小龙小学师生演练黄啸侠拳法，视察同安社学黄啸侠图片展览，听取了专题调研情况汇报。会议同意谭应华辞去政协第十三届广州市番禺区委员会委员职务，增补孔惠鉴为政协第十三届广州市番禺区委员会委员；同意黄立宇不再担任区政协港澳台侨外事委员会主任职务；同意李炽和任区政协港澳台侨外事委员会主任、孔惠鉴任区政协工作室联络委员会主任，审议通过区政协工作室联络委员会组成人员建议名单。

10月14日，十三届二十三次常委会议。会议听取区文广新局通报《发掘和传承黄啸侠精神培育番禺文化品牌》提案办理情况，委员们围绕挖掘黄啸侠精神内涵、推动黄啸侠武术拳法传承、多渠道推广黄啸侠文化品牌等内容建言献策，审议通过区政协常委会建议案《关于挖掘整合爱国武术家黄啸侠资源培育番禺文化品牌的建议》。

4月7—9日，区政协召开十三届七次会议。 （区政协办供稿）

【民主协商促番禺发展】 2015年，番禺区政协深刻领会中央关于加强社会主义协商民主建设的有关精神，将协商贯穿于政协履职的全过程，构建多层次协商机制，增加协商密度，提高协商实效。区政协十三届七次会议期间，委员们围绕创新驱动发展、经济转型升级、加快区属国企改革步伐、海鸥岛生态旅游建设、营造和谐法治环境等议政建言，通过大会发言、小组讨论等与区党政领导以及职能部门协商交流，有效促进协商成果的转化。常委会议、主席会议分别听取区“一府两院”工作、区党风廉政建设等情况通报，围绕区政府职能转变和机构改革、综合治水等进行专题协商。全年开展专题协商15次，界别协商3次，提案办理协商6次，形成综合协商报告24篇。2015年11月，市政协主席苏志佳就加强协商民主建设工作率队到番禺专题调研，认为番禺协商民主工作富有成效，“区委重视支持，政协主动规范、形式多样、有声有色。”

【献计“十三五”发展规划】

番禺区政协把主动服务“十三五”规划作为全年履职的重中之重，以协商座谈会、对

8月11日，区政协举办纪念抗战胜利70周年暨主席会议与党派团体双向联系活动，联合视察沙湾忠烈祠，了解忠烈祠的历史和改造规划方案
（区政协办供稿）

口部门征求意见会及界别委员小组、工作室研讨会等多种方式为规划的制定建言献策，各界别委员提出50多条建议，多条被采纳。深入调研广州南站和大学城的优势和存在问题，撰写提案，建议促进南站商务区建设全面提速、发挥大学城创新驱动作用，推动将南站、大学城纳入市“三大战略枢纽”“三中心一体系”的战略布局之中。有关专委会还就“进一步完善社区网格化管理”及“完善区内绿地规划推进生态文明建设”为专题进行调研，与南海区政协联合开展道路交通工程建设及公交事业管理视察交流。

【政协提案办理】 2015年，番禺区政协立案并交办提案128件，内容涉及经济发展、公共交通、教育卫生、社会治理、环境保护等各个领域。通过完善提案办理协商机制，规范重点提案遴选和督办程序等，委员所提建议得到采纳落实。全年共收到各类社情民意信息80多篇。

【团结民主】 2015年，番禺区政协开展多种活动形式为党派团体搭建协商议政平台，主席会议与各党派团体双向联系，重大事项和政协重要工作听取党派、团体的意见。拜会走访港澳知名人士、港澳委员企业，组织港澳委员调研视察重大项目及民生工程、参加爱国主义教育活动，为港澳地区委员深入了解内地和家乡发展、知情明政、参与番禺经济社会建设创造良好条件。组织百越艺术研究会开展内地及港澳台书画、摄影、盆景展览、书画进校园活动，促进艺术文化交流，繁荣市民文化生活。密切与各级政协的联系合作，参加区域性政协工作经验交流联谊活动。

【突出委员界别特色】 2015年，番禺区政协为增强界别的代表性和凝聚力，将31个界别的委员划分到6个专委会、13个委员小组，建立界别召集人制度，优化设置界别委员小组。巩固专委会作为界别活动的桥梁纽带，健全指导服务机制，开展有针对性的协商、调研、视察、提案等活动。围绕促进文教卫事业发展、推进法治建设、促进经济建设召开3次界别协商座谈会，听取政法综治、文教、医卫、科技经贸等部门情况通报。界别委员充分发挥专业优势，提出符合区情实际、体现各界诉求、专业特点较强的意见建议。

【加强镇街政协工作室建设】

区政协领导分工联系各镇街工作室，定期走访，加强工作指导。工作室联络委牵头组织工作室主任赴南京、常州、宜兴、深圳等地考察基层协商民主建设，对工作室工作人员进行集中培训。召开两次工作室主任座谈会，交流经验，研讨工作。各镇街工作室认真制定并实施工作计划，组织委员就镇街重大事项开展视察调研，围绕美丽乡村建设、产业发展、“三旧”改造等献计出力；推进委员驻点村居，参与接访活动，听取群众意见和呼声；开展社会公益事业，促进镇街经济社会发展、推动基层民主政治建设。

（区政协办）

纪检监察

【严明纪律】 2015年，番禺区纪委把维护政治纪律和政治规矩摆在首位。教育引导全区党员干部学习贯彻党的十八届四中、五中全会精神和习近平总书记系列重要讲话精神，在思想上行动上同以习近平为总书记的党中央保持高度一致。加强对中央和省、市重大决策部署贯彻落实情况的监督检查，把严明政治纪律纳入全区落实党风廉政建设责任制分工，严明政府机构改革、公务用车制度改革等重大改革措施纪律要求，确保政令畅通。

【监督党员领导干部活动】 番禺区纪委根据新修订的《中国共产党廉洁自律准则》和《中国共产党纪律处分条例》，开展党员领导干部活动监督管理试点工作，制定试点工作方案及《番禺区党员领导干部“八小时以外”行为规范》，以自我约束、组织监督、纪律监督、智能监督和社会监督等“五个监督”为抓手，加强对全区党员领导干部“八小时以外”活动的监督执纪问责。重点查处十八大后、中央八项规定出台后、党的群众路线教育实践活动开展后的顶风违纪行为。通过暗访、查处、追责、曝光“四管齐下”，抓住重要节点，紧盯“四风”新形式新动向，以查处促监督。

【查处不作为】 2015年，番禺区纪委对区委、区政府重点推进、群众热点关注的19个工作项目开展行政不作为专项监察。组建由纪检监察机关、特邀监察员、新闻媒体等单位人员组成的纠风暗访工作队伍，加大执纪监督和查处曝光力度，全年制作曝光台12期，曝光并整改作风问题28个，查处违反中央八项规定的问题10个，给予党纪政纪处分9人，释放了越往后执纪越严的信号。

1月6日，区委常委、区纪委书记刘晋生（左二）在区国税分局调研
（区纪委办供稿）

【深化“三转”工作】 按市纪委要求，番禺区纪委协助区委制定《关于落实党风廉政建设党委主体责任和纪委监督责任的意见》及落实“两个责任”情况报告、签字背书、工作台账等相关配套制度，建立完善“两个责任”落实机制。由区委常委和党员副区长带队，完成了对16个镇街和8个区直局有关单位落实党风廉政建设“两个责任”暨廉洁番禺建设的检查考核工作，进一步督促落实“两个责任”。落实“一案双查”，以严格问责倒逼责任落实。全年追究领导班子责任5个，公开曝光3起典型追责案例。基层组织和制度不断完善。深入贯彻落实中央和省、市有关健全完善派驻机构建设的文件精神，在原有分片派驻工作机制基础上，实行分片和分点派驻相结合，全区设17个派驻纪检监察组，其中新增2个分片派驻纪检监察组、9个分点派驻纪检监察组。完善派驻工作制度，明确职责分工，进一步增强了“派”的权威和“驻”的优势。增设区廉政风险智能防控中心，进一步增强监督执纪问责力量。

【纪律审查工作】 2015年，番禺区纪委监察局受理信访举报283件次，初核率91.9%，初核率和初核数分别同比上升17.4%和61.5%。纪检监察系统全年立

9月15日，党员区领导组团到钟村街钟二村接待党员群众活动
（区纪委办供稿）

案查处违纪违法案件101件101人，其中区管干部11人，科级干部12人。查处区城市管理局原局长周剑辉贪腐案、石壁街保洁领域腐败案、大石街城管综合执法中队贪腐窝案等案件。开展农村基层党员、干部违纪违法线索排查工作，共排查线索159条，立案67件，成案率42.1%，给予党纪政纪处分62人。对市桥街沙圩二村村委会主任陈炽佳涉嫌特别重大违纪违法线索问题进行立案调查和处理，对农村基层党员干部违纪违法行为起到很好的警示教育作用。在查处案件工作中，重点从“盯违法”转向“盯违纪”，从“管极少数”转向“管大多数”。坚持“三个区分”，为27名受到错告、诬告的党员、干部澄清问题。改进执纪方式，坚持抓早抓小，分类处置问题线索，扩大函询、诫勉范围，探索实践“四种形态”。区纪委监察局全年谈话函询27人次，给予党纪政纪处分101人，其中党内严重警告以下和行政降级以下等轻处分24人，党纪政纪重处分77人，移送司法机关12人。全面实行线索处置和执纪审查“两报告”制度，共上报线索处置情况12条。

【严管交易平台】 在全区农村，健全完善农村集体资产资源交易管理平台建设，探索规范交易平台管理的新思路和新机制。区纪委会同区农业局进行专题调研，制定区农村集体资产交易管理实施细则和工作指南，建立了动态的资产交易信息工作交流机制，进一步规范交易平台运行，提高交易效率。平台全年对3281宗交易进行了有效监控，成交金额36.68亿元，平均高出底价17.4%。针对区属公有企业，完善区属公有企业交易平台建设，强化对公有企业权力运行的监督和制约，平台全年对154宗交易项目进行了监督，涉及总金额1.71亿元。

（区纪委办）

组织工作

【2015年党员情况】 至2015年年底，番禺全区有党员46521名，比2014年年底增加763名。其中，正式党员46120名，预备党员401名；女党员16820名，占36.16%，比2014年增加0.65个百分点；少数民族党员259名，占0.56%；新中国成立前入党的党员39名，占0.08%。

党员年龄结构：35岁及以下的16416名，占35.3%；36岁至45岁的11050名，占23.75%；46岁至54岁的7135名，占15.34%；55岁至59岁的2356名，占5.1%；60岁以上的9564名，占20.56%。全区35岁及以下青年党员所占比例比上年降低1.1个百分点。

党员文化结构：具有大专以上学历的27705名（其中研究生学历的1264名，占2.7%），占59.55%；高中、中技、中专的8755名，占18.82%；初中及以下的10061名，占21.6%。全区高中以上文化程度的占78.4%，比2014年提高0.9个百分点；初中及以下文化程度的所占比例比2014年降低0.9个百分点。

党员职业分布：农牧渔民14867名，占31.96%；工勤技能人员7950名，占17.1%（其中非公有制经济单位4750名)；党政机关工作人员4703名，占10.11%；事业单位专业技术人员（管理人员）6305名，占13.55%；企业管理人员、企业专业技术人员3637名，占7.8%(其中非公有制经济单位2640名)；民办非企业单位专业技术人员（管理人员）159名，占0.34%；离退休人员7052名，占15.16%；其他职业1848名，占3.97%。

党员单位分布：在公有经济控制的企业法人单位中，在岗党员1680名(其中，国有经济控制企业的1113名，集体经济控制企业的567名)，占在岗职工的10.39%。在非公有经济控制的企业法人单位中，在岗党员3382名(其中，私有经济控制企业的2542名，港澳台商经济控制企业的455名，外商经济控制企业的385名)，占在岗职工的2%。在事业法人单位中，在岗党员6853名，占在岗职工的25.82%。在社会团体、民办非企业法人等单位中，在岗党员232名，占在岗职工的4.06%。在机关法人单位中，在岗党员5561名，占在岗职工的16.21%。农村（含各镇和各街道中的建制村，下同）党员22949名，占全区党员总数的49.33%。其中，从事农牧渔业生产的党员10847名，占农村党员的47.27%，占全区党员总数的23.32%。177条建制村党员16220名，占全区党员总数的34.87%。农村党员中，35岁及以下的9652名，占农村党员的42.06%，比2014年下降0.55个百分点；60岁及以上的5047名，占农村党员的22%，比2014年上升0.1个百分点。

【党员迁入及新党员】 2015年组织关系迁入番禺区的党员有2107名。全区发展新党员346名。其中，年龄35岁以下的208名，占60.12%；高中、中技、中专文化以上的321名，占92.77%；妇女140名，占40.46%。

【基层党组织】 2015年年底，全区有基层党委45个(其中企业党委9个,事业单位党委1个，机关党委14个，镇党委6个，其他党委15个)，区委派出工委15个(不含区非公有制经济组织党工委和区社会组织党工委),党组8个,党总支96个(其中企业党总支13个，事业单位党总支16个,机关党总支27个，建制村党总支1个，其他党总支39个)，党支部1409个(其中企业党支部449个，事业单位党支部269个，机关党支部302个，其他党支部389个)。

各镇、街道共有基层党组织1005个，占全区基层党组织总数64.83%,其中,镇党委6个，党总支59个(其中，建制村党总支1个)，党支部923个(其中，街道社区党支部41个，建制镇社区党支部19个，建制村党支部176个)。全区的机关(含各镇、街道机关)党组织343个，其中党委14个，党总支27个，党支部302个。

全区有企业党组织471个。其中党委9个（含二级党委7个)，党总支13个，党支部449个。全区企业法人单位中有9家建立了党委(包括公有经济控制的企业法人单位7家，非公有经济控制的企业法人单位2家)，13家建立了党总支(包括公有经济控制的企业法人单位8家，非公有经济控制的企业法人单位5家)，449家建立了党支部(包括公有经济控制的企业法人单位112家，非公有经济控制的企业法人单位337家)。

全区有事业单位党组织286个，其中党委1个，党总支16个，党支部269个。全区事业法人单位中有13家建立了党总支，224家建立了党支部。

【“三严三实”专题教育活动】 2015年，中共番禺区委在全区开展“三严三实”专题教育。全区91个党委（单位)、37名市管干部、164名正处级干部、545名副处级干部作为活动主体参加专题教育。领导带头讲党课，全区副处级以上领导干部开展三期“三严三实”专题教育轮训。全区近4万名党员集中学习党章，开展“学习遵守党章，践行‘三严三实’”主题活动。各单位通过参观、讲座、观影等方式开展党性教育和警示教育共计479批次38312人。全区700余名副处级以上党员领导干部均以普通党员身份参加所在支部的组织生活会。全区91个教育主体单位共列出“不严不实”整改清单超过1100多项，746名副处级以上干部查摆不严不实问题9824项，已落实整改8155项，努力以整改成效取信于民。进一步巩固拓展群众路线教育实践活动专项整治成果，专项整治任务已全部完成，31项区委领导班子整改任务基本完成，教育实践活动中全区共收集问题8666个，已整改落实8241个，完成率95.1%。

【严格选拔任用干部】 番禺区委组织部继续完善干部选拔任用程序。加大干部选拔考察力度，把会议推荐、谈话推荐与平时表现、“8小时以外”表现相结合，考实考准干部。落实中组部关于“凡提必核”要求，通过采取发布通告、实地检查、座谈了解、开通举报途径等形式进行倒查，全年共重点抽查核实82人。核查干部个人事项报告，对拟任人选征求纪检、计生等相关部门意见，坚持民主讨论、集中决策原则讨论决定干部任免。按照全市机构改革统一部署，结合届中干部调整要求，优化区二级领导班子年龄结构、经历搭配和梯队建设。规范档案管理工作，推进干部人事档案专项审核，对符合条件的镇街公务员任职年限、级别等进行严格把关审核，全年共审核处级干部31人。全年有高校、湖北、广西、贵州、梅州等5批共9名干部到番禺区挂职锻炼。

【干部监督与管理】 2015年，区委组织部按照市委组织部的部署开展超职数配备干部专项治理。截至2015年10月，全区115名超职数配备干部全部整改到位，提前一年半完成市委组织部下达的整改计划。

开展违规办理和持有因私出国（境）证件专项治理工作，全面核查更新报备单位和报备人员信息库及因私出国（境）记录，从严把关干部证照的审批管理，建立长效整治“配偶移居干部”。

加大对领导干部的经常性监督力度。召开全区经济责任审计工作联席会议，建立执纪执法部门通报制度，每月与纪检监察、公、检、法等部门沟通，实时收集干部情况研判分析后反馈所在单位，为做好干部的培养任用、工资福利待遇等提供重要参考。对11名区管正职领导干部实施离任或任中的“三责同审”，为被检单位完善和规范选人用人和机构编制管理责任提供了重要改进建议。

【精准整顿后进支部】 2015年，全区共确定30个有待提升村（社区）党组织（其中农村党组织23个，社区党组织7个），通过全面排查、精准定位，合理整顿，整顿转化率96.7%。选派30名优秀机关干部（含3名副处级干部）到有待提升村（社区）全脱产任第一书记。按照“一村（社区）一报告”要求，形成全区30个有待提升村（社区）的调研报告，实行“一村（社区）一策”式精准“治疗”。召开专题工作会议，对经济留用地开发利用、重点项目拆迁安置及补偿、基础设施建设及管理和“三旧”改造项目等4大类14个问题进行专门研究与解决。

【六位一体共建基层组织】 3月22日，《人民日报》刊发《六位一体共建共管—番禺创新社区党委工作模式》，肯定番禺区社区党组织“网格化”建设成效。全区探索服务型社区党组织建设新举措，推进社区“网格化”服务管理，按照“党建引领、打造平台、健全机制、强化保障”思路，推广番奥社区“三个三”党建工作模式。全区已建立20个各具特色的社区大党委，逐步构建起以镇街党（工）委为核心、社区党组织为基础、加强社会管理和服务为重点，条块结合、资源共享、优势互补、共驻共建的党建工作新格局。全区16个镇街267个党员驻点团队累计接待群众141575人次，走访群众、个体工商户等401397户次，发放民情联系卡374196张，帮助群众解决生产生活问题6707个，实现入户率和对困难户、信访户等重点联系对象回访率“两个100%”目标。

加强“两新”组织党建工作。开展“培强扶弱”行动，在各镇街和社会组织党委分别确定1个“培强”和“扶弱”的“两新”组织党组织作为“培扶对象”的基础上，筛选出8个镇街对象确定为市级“培强扶弱”对象，余下的作为区“培强扶弱”对象，以此推动“两新”组织党组织由弱变强、全面提升。大力推进非公经济组织党组织覆盖工作，全区新组建32个单独设立的非公经济组织党组织，100%完成市下达的任务。积极创建园区党建示范点，打造“六化型”（组织设置区域化、党员管理属地化、服务载体一体化、活动方式社会化、党务队伍专业化、党员教育标准化）园区党建新模式，试点成立石楼镇莲花山工业园区党委及纪委，构建区域化党建综合平台。不断优化机关党建工作，全区共命名87个岗位（单位）为番禺区新一轮“共产党员示范岗”。

【党建“书记项目”】 2015年，番禺区基层党建推进实施区委书记的基层党建“书记项目”——“深化农村基层治理机制创新”。优化农村党组织设置，在桥南街4个行政村试点设立村级党委，把支部设在村民小组上，推动党组织重心下移；推行村级重大事项党员首议制，凡需村民代表或股东（代表）会议表决的事项，均先提交村党组织审议通过，进一步完善了“六步工作法”议事决策执行程序；推动建立村“两委一会”及村干部小微权力清单，细化明确村“两委一会”及村干部的职责权力，推动规范村级组织运作流程规范化水平不断提升；创新来穗人员服务管理机制，探索建立户籍居民和来穗人员共同参与的农村社区协调议事机制；完善“制度＋平台＋中心”的农村“三资”监管机制，2015年完成“三资”交易3007宗、金额32.15亿元，溢价率达17.72%，实现近三年来关于村务方面的投诉和举报每年均下降近50%。

规范发展党员程序，建立发展党员培养记录制度，各党支部建立发展党员个人台账，全程记录入党积极分子接受党组织培养教育过程，进一步提升发展党员质量。

【培养农村书记】 番禺区委组织部推进“农村领头雁工程”“四个培养”工程，健全农村党组织书记选拔任用机制。2015年，全区177个行政村的党组织书记平均年龄为45岁，71人具有大专以上学历，约占40%，比上届提高22个百分点。组织近2000名村、社区“两委”干部、理事会成员和209名村党组织书记后备干部开展全员轮训，有效提升村、社区干部的能力和素质。推进“羊城村官上大学”工程，2015年全区共有174名村“两委”干部、理事会成员和后备干部报名参加，2012年至今已有166人通过“羊城村官上大学”获得大专学历。

【党员干部深入基层调研】 2015年，番禺区委组织部推进“两代表一委员”联组联动收集社情民意工作，把在区属机关工作的100多名区党代表全部安排到镇街，由镇街统一安排到村、社区，联组联动开展联系群众、收集社情民意活动。2015年党员区领导组团到镇街、村、社区开展联系服务群众活动共6轮，接待联系党员群众3091人次，收集社情民意173条，为群众解决实际问题134件。全区各级党代表7633人次到党代表工作室开展履职活动，接待党员群众28812人次，走访、慰问党员群众23176户，收集意见建议3165条，为群众解决问题2269个。

（区委组织部）

【组织机构及负责人】

一、区领导班子成员及纪委领导成员

（一）中共广州市番禺区委员会

书　记：卢一先
副书记：楼旭逵（3月离任）
　　　　何汝诚（3月任）
　　　　刘苑珊（4月离任）
　　　　简锡波（6月任）
常　委：李广杭（3月离任）
　　　　刘晋生（6月任）
　　　　陈德俊
　　　　简锡波（6月离任）
　　　　黎宇轩
　　　　黎伟棠
　　　　周　军（6月离任）
　　　　徐　柳（12月离任）
　　　　霍　阳（6月任）
　　　　袁　勇
　　　　吴惠垣（6月任）
　　　　崔学军（12月任）

（二）广州市番禺区人民代表大会常务委员会

主　任：卢一先

副主任：严宗活
苏治邦
王淑平
陈明捷
黄锦文（4月任）
关志升（4月任）

（三）广州市番禺区人民政府

区　长：楼旭逵(3月离任)
何汝诚（3月任）

副区长：陈德俊
戴友华
张力仁
林伟长
麦洁萍
杨伟强（3月任）

（四）中国人民政治协商会议广州市番禺区委员会

主　席：谭应华(4月离任)
李广杭（4月任）

副主席：彭　群
郑葆红
周　志
蒋新娟
夏绍国
王锐祥

（五）中共广州市番禺区纪律检查委员会

书　记：李广杭(4月离任)
刘晋生（6月任）

副书记：郭轩宇
梁少峰

常　委：杨晓红
钟文辉(5月离任)
黄庆贤
李刚毅

二、行政机关（正处级）

（一）区委办公室

主　任：简锡波(6月离任)
吴惠垣（6月任）

副主任：韩笑秋(8月离任)
邹昌勇
孙　伟
黄晓新（4月任）
张永兴（8月任）

区国家保密局（挂牌）

局　长：麦振华

（二）区人大办公室

主　任：廖红莉

副主任：李少明
冯智锋

区人大选举联络人事任免工委

主　任：简健强

副主任：刘晓琨

区人大农村农业工委

主　任：黄巨流

区人大法制工委

主　任：李玉东

区人大教育科学文化卫生工委

主　任：丘育定（4月任）

区人大城乡建设环境与资源保护工委

主　任：杨瑞勇（4月任）

副主任：许少鹏

区人大财政经济工委

主　任：邱伟明

副主任：黄立兵

区人大华侨外事民族宗教工委

主　任：黄　耀

（三）区政府办公室

主　任：许　彪

副主任：李迎春(4月离任)
殷　团
郭艳阳
郭义善（6月任）

区政府侨务和外事办公室（挂牌）

主　任：李炽和(4月离任)
卢炎安（4月任）

副主任：刘　钢(4月离任)
范锦萍

区政府法制办公室（挂牌）

主　任：李迎春(4月离任)

专职副主任：李迎春（4月任）

（四）区政协办公室

秘书长：李丽梅

办公室副主任：莫炽垣
杨归泓

区政协提案委员会

主　任：梁晓丽

区政协经济委员会

主　任：陈志新

区政协工作室联络委员会

主　任：孔惠鉴（6月任）

区政协科教文卫体委员会

主　任：方一兵

区政协社会与法制委员会
主　任：高汝平

区政协港澳台侨外事委员会
主　任：黄立宇(6月离任)
　　　　李炽和（6月任）

（五）区纪委监察局
办公室主任：吴建锋(6月离任)
　　　　　　王迪雄(6月任)
区监察局（合署）
局　长：郭轩宇
副局长：何俊声
　　　　杨晓红
区预防腐败局（挂牌）

（六）区委组织部
部　长：周　军(6月离任)
　　　　霍　阳（6月任）
副部长：梁艳燕(5月离任)
　　　　钟文辉（5月任）
　　　　丘育定（兼）(4月离任)
　　　　黄锦坤（兼）
　　　　黄浩霖(7月离任)
　　　　戴锦荣

（七）区机构编制委员会办公室
主　任：梁艳燕(5月离任)
　　　　钟文辉（5月任）
副主任：周赛群

（八）区直属机关工作委员会
党工委书记：蔡幸波
副书记：雷艳霞(3月离任)
　　　　胡显颖（3月任）

（九）区委宣传部
部　长：徐　柳
副部长：边叶兵
　　　　黎雪梨
　　　　陈　琨

区精神文明办（挂牌）
主　任：边叶兵

（十）区委统战部
部　长：黎伟棠
副部长：王永达
　　　　陈锦云
　　　　陈建辉
区委台湾工作办公室
主　任：王永达
副主任：杜　波
区民族宗教事务局（合署）
局　长：陈建辉
区政府台湾事务办公室（挂牌）

（十一）区委政法委员会
书　记：刘苑珊(4月离任)
　　　　简锡波（6月任）
副书记：黎宇轩（兼）
　　　　林伟长（兼）(3月离任)
　　　　陈景林(4月离任)
　　　　张智勇（4月任）
　　　　叶炽添（兼）
　　　　康玉福
　　　　莫智聪
　　　　刘玉裕

区社会管理综合治理委员会办公室（合署）
主　任：陈景林(4月离任)
　　　　张智勇（4月任）
副主任：张士文
区维护稳定工作领导小组办公室（合署）
主　任：刘玉裕
副主任：田　军

区防范和处理邪教问题领导小组办公室（合署）
主　任：康玉福
副主任：李进荣(4月离任)

区社会工作委员会（合署）
专职副主任：莫智聪
　　　　　　李艺妍

（十二）区委老干部局
局　长：黄锦坤
副局长：郑佳女
　　　　谭李明

（十三）区信访局
局　长：叶炽添
副局长：潘建国
　　　　董乾启

（十四）区发展和改革局
党委书记：江奉新(4月任)
副书记：丘传智(4月离任)
局　长：江奉新（4月任）
副局长：丘传智(4月离任)
　　　　张炽荣（5月任）
　　　　郭柏昌（5月任）
　　　　叶志光（5月任）
总经济师：梁巨标(12月任)
区统计局（挂牌）
局　长：吴少珊(4月离任)
副局长：李健强(3月离任)
　　　　叶志光(5月离任)
区粮食局（挂牌）

（十五）区科技工业商务和信息化局

党委书记：李　勇（5月任）

局　长：李　勇（6月任）

副局长：雷志强（5月任）

冯　锋（5月任）

罗翌洁（5月任）

区知识产权局（挂牌）

区旅游局（挂牌）

局　长：黎德权（4月离任）

副局长：麦镇强（5月离任）

雷志强（5月离任）

区经济贸易促进局（已撤销）

党委副书记、局　长：黎志伟（6月离任）

副局长：李　勇（5月离任）

冯　锋（5月离任）

罗翌洁（5月离任）

区科技和信息化局（已撤销）

副局长：董天海（4月离任）

赖建强（5月离任）

（十六）区教育局

党委书记：冯润胜（4月任）

局　长：冯润胜

副书记、副局长：陈　剑（4月离任）

伍清文（4月任）

副局长：李　珈

吴岳冬

纪委书记：张智勇（4月离任）

（十七）区民政局

党委副书记、局长：徐伟光（4月离任）

党委书记、局长：金丹华（4月任）

副局长：焦　忠

梁绮华（3月离任）

黄锦松（3月任）

（十八）区司法局

局　长：黄启荣

副局长：区建人

吴磊彬

文珍兵

政工办主任：陈洁莹（7月离任）

王莉莉（7月任）

（十九）区财政局

党工委书记：卢永青（6月任）

局　长：卢永青（4月任）

副局长：郭剑光（5月任）

何志勇（5月任）

周健民（5月离任）

陈志明（5月任）

区政府国有资产监督管理局（挂牌）

党工委书记、纪工委书记：陈棋雄（4月离任）

副局长：何志勇（5月离任）

蔡明习（4月离任）

（二十）区人力资源和社会保障局

党委副书记、局长：丘育定（4月离任）

党委书记、局长：谭　斌（4月任）

副局长：邝瑞龙

凌巧明

谭李刚

（二十一）区环境保护局

党委书记：江榕明

局　长：蒋新娟（6月离任）

周建中（6月任）

副局长：罗树荣

雷炳勤（3月任）

陈志谦（11月任）

总工程师：李　杰

（二十二）区住房和建设局

党委书记、局长：张启泉（4月任）

副局长：马其盛（5月任）

陈国桥（5月任）

邓少英（5月任）

总工程师：贾　勇（10月离任）

区人民防空办公室（挂牌）

区建设局（已撤销）

副书记、局　长：张启泉（4月离任）

副局长：马其盛（5月离任）

陈国桥（5月离任）

邓少英（5月离任）

总工程师：贾　勇（5月离任）

（二十三）区交通局

党委书记：陈立丰（4月任）

局　长：陈立丰

副局长：黄桂珠

李志超

总工程师：汤光祥

（二十四）区水务局

局　长：郑超雄（4月离任）

党委书记、局长：沈　鸿（4月任）

副局长：皮海琪（4月离任）

黄海璋

何汉杰（4月任）

唐　杰

总工程师：黎铁波

纪委书记：沈　鸿（4月离任）

（二十五）区农业局

党工委书记、局长：

王　岐（4月任）

副局长：霍贵胜（4月任）

邓灼联（5月任）

陈锐武（5月任）

区委农村工作办公室（挂牌）

区海洋与渔业局（挂牌）

区畜牧兽医局（挂牌）

局　长：林志炳（4月离任）

副局长：邓灼联（5月离任）

周坤胜（5月离任）

（二十六）区文化广电新闻出版局

党工委书记、局长：何穗鸿（4月任）

副书记：刘健璋（4月离任）

副局长：陆宇翔（4月离任）

罗笑涓（5月任）

刘健璋（5月任）

陈丽颖（4月任）

区版权局（挂牌）

区体育局（挂牌）

局　长：谢立新（4月离任）

副局长：栾立军（4月离任）

罗笑涓（5月离任）

（二十七）区卫生和计划生育局

党委书记、局长：罗文贤（4月任）

副局长：赵子斌（4月离任）

彭　杰（5月任）

田晓学（5月任）

冯秀芳（5月任）

区人口和计划生育局（已合并）

局　长：陈忠文

副局长：顾　锋（5月离任）

彭　杰（5月离任）

（二十八）区审计局

局　长：余　箐

副局长：刘　逊

冯柏明

总审计师：陈志斌

（二十九）区城市管理局

党工委书记、局长：周剑辉（4月离任）

贺建文（4月任）

副书记：何永昌（4月离任）

梁毅强（5月离任）

副局长：叶　文（5月离任）

马双才（5月任）

谢景棠（5月任）

广州市城市管理综合执法局番禺区分局（挂牌）

局　长：何永昌（5月离任）

政　委：贺建文（4月离任）

副局长：郭小霞（4月离任）

钟锦龙（4月离任）

区林业和园林局（挂牌）

（三十）区安全生产监督管理局

局　长：周大福

副局长：黄辉泉

陈树根

冯伟华

（三十一）区食品药品监督管理局

局　长：冼绍棠

副局长：韩学民

王振枢

王淑芬

孙福荣

区食品安全委员会办公室（挂牌）

主　任：冼绍棠

专职副主任：孙　江（4月离任）

（三十二）区市场监督管理局

党委书记、局长：卢　鼎（6月任）

副局长：樊哲雄（5月任）

彭岳华（5月任）

阮晓文（5月任）

区工商行政管理局（挂牌）

党委书记：卢　鼎（6月离任）

副局长：谭燕文（5月离任）

郑裕田（5月离任）

阮晓文（5月离任）

区质量技术监督局（挂牌）

局　长：季生明（4月离任）

副局长：樊哲雄（5月离任）

彭岳华（5月离任）

（三十三）区来穗人员服务管理局

局　长：徐林发（4月任）

副局长：余永良（4月任）

江　平（4月任）

（三十四）区城市更新局

局　长：师　雁（4月任）

副局长：傅铭深（5月任）

林曾兴（11月任）

区城市更新改造工作办公室（已撤销）

主　任：师雁（4月离任）

副主任：陈永毅（4月离任）

傅铭深（5月离任）

（三十五）区人民检察院

党组书记、检察长：暨中党

副书记、副检察长：黄杰文

副检察长：李道明

肖泽顺

纪检组组长：郑大鹏

政工办主任：陈敏仪

（三十六）区人民法院

党组书记、院　长：何国雄

副书记、副院长：张文硕

副院长：吴志宏（3月离任）

劳沛基

纪检组组长：殷绍富

政工办主任：尹达康

（三十七）广州市公安局番禺区分局（广州市公安局派出机构）

党委书记、局长：黎宇轩

副书记、政委：余海珊

副局长：麦绍雄

刘少怡

谢展华

赖　武

叶常青（12月任，挂职）

纪委书记：梁文兴

政工办主任：李耀明

（三十八）广州市番禺区国土资源和规划局（广州市国土资源和规划委员会派出机构）

局长、党组书记：黄景华（3月任）

副局长、党组成员：周健生（3月任）

陈建军（3月任）

仇金荣（3月任）

总规划师、党组成员：苏海东（3月任）

广州市国土资源和房屋管理局番禺分局（已撤销）

党组书记、纪检组组长：吴小辉（1月离任）

副书记、局长：杨瑞勇（3月离任）

副局长：周健生（3月离任）

陈建军（3月离任）

仇金荣（3月离任）

广州市规划局番禺分局（已撤销）

副局长：季善禄（3月离任）

三、行政单位（副处级）

（一）街道财政管理直属分局（副处级行政单位）

局　长：何惠芳（4月离任）

方志航（4月任）

（二）区事业单位登记管理局（副处级行政单位）

局　长：余永良（4月离任）

四、行政执法机构（副处级）

广东省渔政总队番禺大队

队　长：谢甜标（4月离任）

李汉标（4月任）

教导员：李汉标（4月离任）

钟锦龙（4月任）

五、区政府派出机构（正处级）

（一）广州大学城管理委员会

主　任：林伟长

常务副主任：朱瑞武（2月任）

副主任：蔡承远

黄浩霖（7月任）

韦永革（12月任，挂职至2016年11月）

杨元红（挂职，3月离任）

办公室主任：何德满

（二）广州南站地区管理委员会

主　任：戴友华

常务副主任：张靖鹰

副主任：霍育兴

黄灿成（2月离任）

徐　瑶（12月任）

办公室主任：崔　勇（4月离任）

史　飞（4月任）

（三）区政务管理办公室

主　任：卢树辉

副主任：何顺钊

六、参公事业单位（正处级）

（一）区委党校

校　长：周　军（7月离任）

霍　阳（7月任）

常务副校长：曾小原

副　校　长：韦　庄

申　林

（二）区档案局（国家档案馆）

局（馆）长：谭锦沛

副局（馆）长：杨达超（3月任）

何自强（3月离任）

王洁怡

区委党史研究室（合署）

主　任：谭锦沛

副主任：欧祺俊

区地方志编纂委员会办公室（合署）

主　任：谭锦沛

副主任：杨达超(3月离任)

　　　　林潮荣（3月任）

（三）区行政事务管理办公室（区接待办）

主　任：韩笑秋(8月离任)

　　　　邹昌勇（8月任）

副主任：郭铭威

　　　　彭栩生

　　　　黄伟妍

（四）区农业技术推广管理办公室

主　任：曾洁玲（10月任）

副主任：李　兴（10月任）

　　　　霍日祥（10月任）

区农业机械管理办公室(挂牌)

主　任：陈小常（10月离任）

副主任：陈大标（10月离任）

区植物检疫站（挂牌）

区种子站（挂牌）

（五）区政府征用土地办公室（区土地开发中心）

主　任：陈舜展

副主任：陈建军

　　　　麦绮文

七、参公事业单位(副处级)

（一）区党员电化教育管理办公室

主　任：张湛彬(3月离任)

　　　　刘家明（7月任）

（二）区政府采购管理办公室

主　任：黎敏智

（三）区人才交流管理办公室

主　任：招业斌

（四）区文物管理委员会办公室

主　任：曾昭明

（五）区交通管理总站

站　长：区志雄

（六）区建设工程安全监督站

站　长：陈以力

（七）区建设工程质量监督站

站　长：古剑辉（7月任）

（八）区建设工程招标管理办公室

主　任：黎　校

（九）区散装水泥管理办公室

主　任：黎福亮(4月离任)

　　　　何健强（4月任）

（十）区社会保险基金管理办公室

主　任：梁健强

（十一）区医疗保险管理办公室

主　任：邹美玲

（十二）区卫生监督所

所　长：卢敏健（12月离任）

　　　　尹　飞（12月任）

八、事业单位（正处级）

（一）区基本建设投资管理办公室

主　任：张业华

副主任：高锦波(4月离任)

　　　　季怡华(3月离任)

　　　　王炳昌（3月任）

　　　　邹　宇

总工程师：王靖宇

（二）番禺日报社

社　长：郭鉴波

总编辑：王如光

副总编辑：陈宏钊

副社长：王如光

　　　　梁庆冰

（三）区广播电视台

台　长：郭小龙

副台长：何永辉

　　　　朱建宝

（四）区供销社联合社

党委书记、理事会主任：陈玉华

党委副书记、理事会副主任：徐丽娟

理事会副主任：霍志材

　　　　　　　郑瑞峰

（五）广东仲元中学

校　长：古　殷

副校长：林少媚

　　　　邱　辉

　　　　严运华

　　　　黄冬梅

（六）番禺中学
校　长：谭小华
副校长：何友根
黄炜添
黎志华
曾　敏

（七）禺山高级中学
校　长：戴永祥
副校长：赵启章
方小芹
饶晓林
杨　智

（八）象贤中学
校　长：冯金洪
副校长：梁鉴波
曾干贤
钱剑华
苏　杰

（九）教师进修学校
校　长：陈楚玉
副校长：何志昌

（十）区职业技术学校
副校长：杨　斌（主持学校全面工作）
古建泉
黄锐华
郭汉华
李惠华
区农业技术学校（挂牌）

（十一）区工商职业技术学校
校　长：余久宏
副校长：孙在进
张丽丽
区成人教育中心学校（挂牌）

（十二）区中心医院
院　长：麦子杰
副院长：温学文
宋明才
欧阳玉林
梁伟华
区人民医院（挂牌）
区心血管研究所（挂牌）

（十三）区疗养院
院　长：阮　劲
副院长：李　力
陈建强

（十四）区投资促进中心（区招商办）
主　任：殷　团（副处级）

九、事业单位（副处级）
（一）区老干部活动中心
主　任：陈佩琼

（二）区农业科学研究所（蔬菜科学研究所、良种繁殖场）
所（场）长：孔德全

（三）广州农业科技开发研究基地

（四）番禺博物馆
馆　长：曾昭明

（五）区地方公路管理总站
站　长：汤光祥（12月离任）
江柏锋（12月任）

（六）区劳动就业服务管理中心
主　任：梁伟航

（七）区机电排灌管理总站
站　长：谢敏航

（八）区社会福利院
院　长：黄希平

（九）区广播电视大学
校　长：马福胜

（十）区实验中学
校　长：何文捷
（十一）石碁中学
校　长：邓胜旺

（十二）石碁第三中学
校　长：黎泽文

（十三）洛溪新城中学
校　长：梁国彬

（十四）新造职业技术学校
校　长：吴锡坚

（十五）何贤纪念医院（妇幼保健院）
院　长：苏　波

（十六）区中医院
院　长：曾　颖

（十七）区疾病预防控制中心
主　任：曾锐志

（十八）区慢性病防治站
站　长：何超文

十、上级部门直接管理的

机构

（一）广州市番禺区地方税务局

党组书记、局长：江伟文

副局长：李剑雄

（二）广州市番禺区国家税务局

党组书记、局长：伍建兰

副局长：叶　雄
周鉴声
黎晓斌

纪检组长：朱远芬

总经济师：邹文军

（三）广州市道路养护中心南城养护所

所　长：胡胜敏

党总支书记：徐穗玲（7月离任）

副所长：黄文有
张有发

（四）广州市番禺区气象局

局　长：张锦华

副局长：钱湘红
区建峰（12月任）

（五）番禺海事处

处　长：陈文炳

副处长：刘锦清
曾　平

（六）番禺海关缉私分局

局　长：秦慰雄（9月离任）
金少杰（9月任）

政　委：彭卫红

副局长：鲍金锋
王　保（4月任，挂职）
刘英姿（9月任）
韦泽新（4月离任）

（七）番禺海关

关　长：罗国辉（9月离任）
陈泽祥（9月任）

副关长：秦慰雄（9月离任）
金少杰（9月任）
杨华宽（1月离任）
刘湘瑜（1月任）
蔡传元
秦乐芬（12月任）
陶　永（6月任，挂职）

（八）番禺出入境检验检疫局

局　长：钟海伟

副局长：肖　伟
陈　琦
赵　琼
吴多利

（九）番禺出入境边防检查站

站　长：余珍玲（1月任）
余珍玲（12月离任）

政　委：王延文（1月任）
王　强（4月任）
王延文（2月离任）
王　强（12月离任）

副站长：罗金土（1月任）
姚广滨（1月任）
佘惠谦（1月任）
姚广滨（1月离任）
佘惠谦（9月离任）
罗金土（12月离任）

（十）国家统计局番禺区调查队

队　长：何伙华（7月任）

十一、群团机构（正处级）

（一）区总工会

党组书记、主　席：苏治邦

副书记、常务副主席：陈惠民

副书记：刘晓光（3月离任）

副主席：王满娣
温成军

（二）共青团广州市番禺区委员会

书　记：吴伟清（4月离任）
吴锦莹（4月任）

副书记：陈丽芬
刘伟华（7月任）

（三）区妇女联合会

主　席：曹远明

副主席：周瑞芳
李幼虹

（四）区归国华侨联合会

主　席：石玉娥

副主席：胡显颖（3月离任）
雷艳霞（6月任）

（五）区工商业联合会

主　席：王锐祥

党组书记、第一副主席：陈锦云

党组副书记、专职副主席：陈衣淼

（六）区文学艺术界联合会

主　席：边叶兵

专职副主席：潘志超

（七）区科学技术协会

主　席：董天海

副主席：谢　峰
赵子斌（兼）（7月离任）
吴岳冬（兼）
田晓学（兼）（7月任）
李　茵（兼）
乔　铁（兼）
李　杰（兼）
霍日祥（兼）

（八）区残疾人联合会
理事长：黎倩玲
副理事长：王　立

（九）中国国际贸易促进委员会广州市番禺区委员会
主　任：吴少珊（4月任）
副主任：卢跃行（12月任）

十二、镇、街

（一）沙湾镇党委
书　记：李志华（11月离任）
邓展鹏（11月任）
副书记：邓展鹏（11月离任）
谢国樑
沙湾镇
镇　长：邓展鹏（11月离任）
谢国樑（11月任）
副镇长：冯威明
莫延礼
伍建华（5月离任）
赵子斌（5月任）

（二）石碁镇党委
书　记：吴惠垣（11月离任）
黄钜林（11月任）
副书记：徐林发（4月离任）
郑卫东（11月离任）
黄钜林（11月离任）
石碁镇
镇　长：徐林发（5月离任）
黄钜林（5月任）
副镇长：许兆玲
魏家善
冯权威
许智殷

（三）新造镇党委
书　记：石伟文
副书记：罗杰豪（3月离任）
黄灿成（1月任）
孔　针（3月任）
新造镇
镇　长：石伟文（3月离任）
黄灿成（3月任）
副镇长：梁智强
杨承凯
林潮荣（5月离任）
吴　朗（5月任）

（四）南村镇党委
书　记：黄锦文（12月离任）
杨应森（12月任）
副书记：卢炎安（4月离任）
罗志辉
周健民（4月任）
南村镇
镇　长：卢炎安（4月离任）
罗志辉（5月任）
副镇长：陈炳华
张志荣
何志辉（5月任）
郭建业

（五）化龙镇党委
书　记：甘访华
副书记：何培添（4月离任）
何永昌（4月任）
何志明
化龙镇
镇　长：何培添（5月离任）
何永昌（5月任）
副镇长：李少波
莫树础（5月离任）
丁　力（6月任）
何国仪（5月任）

（六）石楼镇党委
书　记：杜锐钊
副书记：曾富强
孔　针（3月离任）
罗杰豪（3月任）
石楼镇
镇　长：曾富强
副镇长：何汉杰（4月离任）
蔡智聪
陈就濂（5月任）
陈润超
冯锦标

（七）市桥街党工委
书　记：曾远明（12月离任）
谭小利（12月任）
副书记、纪工委书记：方宝城（11月离任）
副书记：金丹华（4月离任）
陈棋雄（4月任）
市桥街道办事处
主　任：金丹华（4月离任）
陈棋雄（4月任）
副主任：梁锦祥
郭文伟
陈咏诗

（八）沙头街党工委
书　记：许礼强（5月离任）
郭洪杰（5月任）
副书记、纪工委书记：郭

树棠（11 月离任）

沙头街道办事处

主　任：郭洪杰

副主任：何炳添

冯福洪

（九）东环街党工委

书　记：关志升（5 月离任）

梁艳燕（5 月任）

副书记：邓炽伟（12 月离任）

副书记、纪工委书记：石志伟

东环街道办事处

主　任：邓炽伟（12 月离任）

副主任：黄钊华

董保生

（十）桥南街党工委

书　记：陈红英（6 月离任）

李志平（12 月任）

副书记：廖浩文

副书记、纪工委书记：贺建中

桥南街道办事处

主　任：廖浩文

副主任：马志刚（5 月任）

冯星祥

（十一）小谷围街党工委

书　记：朱瑞武（1 月任）

副书记、纪工委书记：霍贵胜（4 月离任）

陈　剑（4 月任）

副书记：黄浩霖（7 月任）

小谷围街道办事处

主　任：朱瑞武（7 月离任）

黄浩霖（7 月任）

副主任：赵　明

郭小霞（4 月任）

邹　飞

（十二）大石街党工委

书　记：谭　斌（4 月离任）

黄海滨（5 月任）

副书记：黄海滨（6 月离任）

陈松辉（6 月任）

副书记、纪工委书记：黄锦松（3 月离任）

徐　瑶（3 月任）

徐　瑶（12 月离任）

大石街道办事处

主　任：黄海滨（6 月离任）

陈松辉（6 月任）

副主任：林　峰（4 月离任）

陈永坚（3 月离任）

栾立军（4 月任）

李健强（3 月任）

（十三）洛浦街党工委

书　记：杨应森（12 月离任）

曾远明（12 月任）

副书记：陈敏坚

副书记、纪工委书记：梁铁麟

洛浦街道办事处

主　任：陈敏坚

副主任：冯福贤（4 月离任）

皮海琪（4 月任）

罗建华

（十四）钟村街党工委

书　记：谭小利（12 月离任）

邓炽伟（12 月任）

副书记：黄钜林（4 月离任）

吴伟清（4 月任）

副书记、纪工委书记：王建民（6 月离任）

钟村街道办事处

主　任：黄钜林（4 月离任）

吴伟清（4 月任）

副主任：何志辉（4 月离任）

吴善财

伍建华（4 月任）

（十五）石壁街党工委

书　记：张靖鹰

副书记：霍育兴

副书记、纪工委书记：黄松柏

石壁街道办事处

主　任：霍育兴

副主任：江少辉

张湛彬（3 月任）

（十六）大龙街党工委

书　记：王伟雄

副书记：李志平（12 月离任）

副书记、纪工委书记：杨木带（12 月离任）

大龙街道办事处

主　任：李志平（12 月离任）

副主任：李伟成

杨　龙

直属机关党工委工作

【组织党员干部学习创新】 2015 年，区直属机关举办党务干部研修班，组织下属党组织党务干部 50 多人到浙江大学学习，提高党务干部创新管理的能力和业务水平；联合举办 2015 年度番禺区“阅读进机关”系列活动，系列活动包括书展、讲座、捐书和读后感展示等四项活动，参与购书干部职工达 1.2 万人，参加讲座党员干部近

10月27日，区直机关党工委举办番禺区廉洁文化进机关工作交流会暨"我身边的闪光点"征文颁奖仪式　　（区直属机关党工委供稿）

200名。

【继续开展共产党员示范岗活动】 2015年，直属机关党工委继续组织开展"共产党员示范岗"活动，经严格考评，区委政法委被命名为"区直属机关共产党员示范岗单位"，区委办等11个单位经复评继续保持称号、1个单位被取消"区直属机关共产党员示范岗单位"称号。此外，经推荐，区委办公室综合科等22个部门岗位被命名为"区共产党员示范岗"。2015年，有13个党（总）支部转出或转入，成立一批新的党支部，新发展预备党员10名，12名预备党员转正。

【开展"三严三实"专题教育】 2015年，按照区委部署，直属机关党工委在全区率先召开会议进行动员和部署，通过工委书记讲专题党课，开展三轮专题学习研讨，参加区专题轮训，推进"学习遵守党章、践行'三严三实'"主题活动，召开领导班子专题民主生活会和落实20多个单位对2014年区基层评议机关活动中基层、群众提出的意见建议进行整改和解释说明等，查摆和整治不严不实问题，改进机关工作作风，切实为基层、群众做实事好事。

【廉洁文化进机关活动】 直属机关党工委牵头组织全区机关开展廉洁文化进机关活动，联合番禺日报社举办"我身边的闪光点"有奖征文活动，共收到200多篇征文，从中挑选60多篇在《番禺日报》每周一、周三刊登，在番禺纪检监察网（即禺山清风网）、番禺党建网、《机关建设》等网站、刊物上登载，评出32篇获奖作品。直属机关党工委深入10多个单位开展廉洁文化进机关主题调研，组织机关全体党员参观广州市公安局反腐倡廉教育基地，提高党员干部廉政意识。

【加强群建和志愿服务】 2015年区委大院工会在各单位成立16个单位基层工会，并根据上级规定加强下属基层工会经费收支管理。直机团工委组织下属团组织开展"世界大格局中的中国梦"为主题的读书学习活动。直机妇工委举办纪念"三八"国际劳动妇女节"法治精神与我同行"环湖跑活动、机关女性礼仪与色彩知识讲座。区直机关工委牵头组建机关志愿服务队，组织49个机关单位分16批次200多名机关志愿者到区内主要交通路口开展文明交通引导志愿服务。

（区直属机关党工委）

老干部工作

【学习"双先"促进老干部服务】 全国"双先"表彰大会后，番禺区老干部局把学习贯彻大会精神作为一项重要工作，在区组织人事工作会议上传达，并相应调整老干部工作计划。将有关文件印发至各镇街、区直单位，引导各级老干部工作者和广大老同志学习交流。围绕中心，服务大局，深化改革，完善制度，以"三严三实"为标尺加强老干部工作队伍建设，积极推进老干部工作科学发展。至2015年12月31日，全区有离休干部127人（含易地安置8人、代管单位7人），其中企业离休干部有34人；副处（含设区前副科）级以上退休干部1060人。代表区委、区政府发放副处级以上离退休干部元旦春节和中秋国庆两节慰问金共计约50万元，上门慰问企业、易地离休干部167人次。全年办理区副处级以上干部退休41人，组织各类文体活动60多次，到老干部活动中心活动的老干部约7万人次。全区老干部“三个机制”运行质量不断提高，离退休干部“两个待遇”相关制度落实到位，农村务农老游击战士和已故离休干部遗属两个困难群体的帮扶机制逐渐完善，中央、省、市出台的一系列提高老同志待遇的政策贯彻及时。

【建立“乒乓球”老干党支部】 番禺区委老干部局创新离退休党组织设置，推进党的组织和党的工作全覆盖，在机关、企事业单位和社区建立离退休干部党组织的基础上，率先建立以乒乓球组党员为主体的老干部活动组第一临时党支部。新建成区委老干部局门户网站，宣传典型、增添舆论引导正能量，发动老干部订阅共产党员微（易）信，积极组织网上正能量活动，组织老干部开展“红色信息”创作。

【离退休干部贡献余热】 2015年，番禺区老干部局邀请离退休干部代表专题研讨“为党的事业增添正能量”。推进“以老慰老”志愿服务，将市桥街石街社区的试点经验推广至其他社区，积极配合区义工联到镇街、社区、学校、敬老院进行志愿慰问演出活动。区老干部志愿服务队参与区志愿服务300多次，被评为区义工联“优秀志愿服务队”。区关工委总结推广“党建带关工”的经验，完善离退休党支部书记、关工委主任“一肩挑”工作，形成“大关工”格局，促进“五老”发挥余热。各级基层关工组织通过开展“关爱孩子，携手圆梦”、“关爱孩子、与法同行”、“广东音乐进校园”等系列主题活动，凝聚“五老”智慧，组织老干部参加未成年人教育、科普推广、法治教育等方面活动。

（区老干局）

6月19日，“以老慰老”志愿服务队端午节慰问活动

（区老干局供稿）

党校教育培训

【番禺区委党校】 2015年，番禺区委党校共主办、协办各级各类培训班30期，培训轮训干部群众4495人次。包括区正处级领导干部领导力提升专题研修班1期25人，区副处级领导干部执行力提升专题研修班1期33人，区正科级领导干部履职力学习班1期68人、区公务员专题培训班7期1515人次、全区村（社区）第一书记培训班1期30人等。

10月份，分别在省委党校、市委党校和区委党校举办正处级、副处级和正科级领导干部专题研修班。其中在省委党校开展正处级领导干部研修班首次采用封闭式满负荷轮训方式，三期研修班全部采用全脱产方式，时间安排紧凑，课程内容

5月18日至22日，番禺区委党校在井冈山市委党校举办区事业单位领导干部“三严三实”专题培训班　（区委党校供稿）

丰富，教学成效显著。

7月份，区委党校按照区委组织部的部署，对全区副处级以上领导干部开展3期“三严三实”专题轮训，先后邀请焦裕禄的女儿、焦裕禄干部学院名誉院长焦守云，省委党校教授作三场报告会。此外，根据上级要求或受有关单位委托，先后在井冈山、兰考等地举办11批次“三严三实”专题教育培训班。

（区委党校）

宣传工作

【重点学习宣讲党的理论】 区委宣传部制定《2015年广州市番禺区党委（党组）中心组理论学习安排意见》，明确学习重点，指导全区开展理论中心组学习。精心策划举办3场“三严三实”专题教育学习研讨会以及“科技创新”等5场其他专题学习会，组织区委中心组成员及其他领导干部开展理论学习。

依托“番禺讲坛”及理论学习会等平台开展党员干部理论学习，邀请著名专家学者前来授课，累计5000余人次参加学习。区委宣传部组织区理论宣讲团围绕党的十八大、十八届四中、五中全会及习近平总书记系列重要讲话精神开展宣讲“六进”活动，共开展宣讲104场，参与人数达1.2万人次。

【宣传核心价值观】 2015年，区委宣传部组织开展社会主义核心价值观实践及宣传教育进社区活动，参与人数达6600余人次。选定区中心公园（新区）和番禺广场作为社会主义核心价值观主题公园（广场），充分发挥大型群众性文化广场和公园等固定阵地作用，增设、更换“社会主义核心价值观”公益广告1388幅2550多平方米。开展“讲文明树新风”主题月活动达3300多场次，参与市民群众超过49万人次。开展“道德讲堂”总堂活动11场，并分别在10个镇街开展“道德讲堂”观摩评议活动，共约3000人次参加。“快乐大篷车”送教下乡活动共开展15站，参与学生达8000多人次，该项目在年初荣获全国青少年校外教育示范项目评选一等奖。番禺区在广州志愿时系统上登记的志愿者达94723人、公益组织达1470个，组织区属志愿服务活动626次，为社会输送志愿时近140万小时。

【深化文明城市创建】 番禺区在2015年广州市“创文”工作中综合成绩排名靠前，通过全国文明城市复牌检查。全区加大督查力度，集中开展环境卫生、街面秩序、公共设施等专项整治，对16个镇街开展“清洁番禺”行动情况进行督查考核考评。深入开展文明示范村、社区示范点的创建工作，其中南村镇荣获第四届全国文明村镇荣誉称号，沙湾镇顺利通过全国文明村镇复评，南村镇罗边村、石碁镇小龙村被市文明委命名为第十批市文明示范村；市桥街田心社区、桥南街新世纪社区被市文明委命名为第十批市文明社区示范点。

【媒体宣传番禺】 2015年，番禺区在中央、省、市、港澳媒体合计见稿2200余篇。《人民日报》报道番禺区基层党建工作，肯定社区党建模式；《南方日报》推出6个整版，《广州日报》

12月23日，市委宣传部、市文明办组织开展“道德的力量——第六届广州市道德模范授奖仪式”，番禺区高铀效、代敏娥获得第六届道德模范称号
（区委宣传部供稿）

推出1个整版专题报道番禺区创新大会、“互联网+”创新创业；省、市媒体以大篇幅报道万博商务区招商优势重点项目。人民网刊出《广州番禺区：“三严三实”做标尺，解决群众千余实际问题》的报道；《羊城晚报》刊出区委书记卢一先谈“三严三实”专题教育学习体会文章。番禺日报社开设“清洁番禺，你我共建”等多个专栏，专题报道区中心工作，共发稿逾千篇；番禺广播电视台围绕区内文化活动及“番禺好人”“文明创建”等主题开展宣传，电视台新闻专题片《让村官的权力在阳光下运行》获中国电视艺术家协会主办的第三届“银河杯”全国市县电视台推优活动专题类一等奖。

【举办番禺特色的群众文化活动】

番禺区承办2015广东粤曲私伙局大赛，50支参赛队伍共500余人参与比赛。番禺区共获得2金、2银、2铜及2项最佳乐队奖、2项最佳演唱奖和优秀组织奖共11项大奖。举办纪念冼星海诞辰110周年暨番禺区第九届星海艺术节系列活动，开展“纪念冼星海诞辰110周年专场音乐会”“2015星海文化大家谈”等9项子活动，超过8万人次参与。番禺区第三届民俗文化节，有“番禺民间艺术大展演”、沙湾“象贤讲坛”等一系列文化活动，超过30万人次参与。由广东歌舞剧院以“何氏三杰”等众多广东音乐人为原型创作的舞剧《沙湾往事》在香港湾演艺学院剧场演出，观众反响热烈。

（区委宣传部）

创建文明城市

【创建注重改善城市环境】

2015年，番禺区以迎接中央文明办对广州市恢复全国文明城市资格的复查和调研督查为契机，进一步深化文明城市创建工作。把文明创建工作与“清洁番禺”行动紧密结合在一起，集中开展卫生清洁、市容管理、交通管理、设施维护、绿化美化等重点治理工作，着力对环境卫生、街面秩序和经营秩序、交通秩序、公共设施、施工工地、公共安全、食品安全、城市景观、窗口行业等开展专项整治，城市环境大大改善。围绕“城市清洁”“孝老爱亲”“文明交通”等12个主题，每月组织开展“讲文明树新风”主题月活动，开展“文明旅游”“文明餐桌”“文明交通”三大主题行动。群众性精神文明创建活动，以深化“五星文明户”创建和“双百共建文明村”活动为抓手，大力推进文明村镇创建工作。南村镇罗边村、石碁镇小龙村被市文明委命名为第十批市文明示范村；市桥街田心社区、桥南街新世纪社区被市文明委命名为第十批市文明社区示范点；大龙街新水坑村被评为省文明村，南村镇荣获第四届全国文明村镇荣誉称号，成为广州市2个获此称号的村镇之一。

【宣传核心价值观】

围绕培育和践行社会主义核心价值观，番禺区文明办举办全区社会主义核心价值观专题培训班，开展唱响社会主义核心价值观歌咏活动，开展社会主义核心价值观进社区和科教、文体、法律、卫生“四进社区”活动，深化“我们的节日”系列活动。开展镇街“道德讲堂”观摩评议活动，举办“道德耀番禺，好人在身边”——番禺区道德讲堂暨2014年度番禺好人事迹分享会。开展公益广告整治提升社会主义核心价值观宣传活动，番禺广场、中央公园等大型群众性广场公园增设“社会主义核心价值观”公益广告600幅达1800平方米。全年制作发放社会主义核心价值观主题海报、KT版、卡片、三角台卡23000多份，投入工地围墙类宣传4万多平方米，公园、广场类宣传画500多幅，番禺日报社、区广播电视台刊播社会主义核心价值观公益广告2400多次。

【督查巡查促创建】 番禺区以建设“干净、整洁、平安、有序”城市环境为抓手，制定《番禺区“城市文明督查轻骑队”骑行督查工作制度》，通过书面交办及微信实时实地交办方式促进全区16个镇街创建工作的常态化及高效化。全年共出动巡查人员4096人次开展日常巡查，巡查社区、行政村、道路（包括主干道、商业街、背街小巷）、公园、广场、集贸市场、网吧、美容美发店、餐饮店等各类文明创建点，发现各类问题7720宗，发出书面交办函798份，督办函35份，微信交办问题3062宗；其中涉及环境卫生问题6469宗，基础设施破损问题2022宗，公共秩序问题2076宗，创建宣传问题215宗，以上问题整改完成率达99%。

【选树身边的好人】 番禺区“我推荐我评议身边好人”、“番禺好人”评选活动，全年2人荣获“中国好人”称号，2人荣获“广东好人”称号，14人荣获“广州好人”称号，25人荣获“番禺好人”称号。区公安分局钟村街派出所辅警高铀效、沙湾镇沙湾社区计生协管员代敏娥荣获第六届广州市道德模范称号，禺山高级中学高级教师杨智、区市场监督管理局办公室副主任陈坤明获得第六届广州市道德模范提名奖。

【推进未成年人思想道德建设】 2015年，番禺区继续推动社会主义核心价值观进教材、进课堂、进头脑，以“中国梦”“做一个有道德的人”为主题，在未成年人中开展美德少年选树、“童心向党”经典美文诵读、“网上祭英烈”“向国旗敬礼”等道德实践活动。加强未成年人教育阵地建设，沙湾镇中心小学“乡村学校少年宫”成为中央专项彩票公益金支持项目；东怡小学、北城幼儿园、西城社区家长学校、金沙湾社区家长学校被评为2015年市示范家长学校，区未成年人心理咨询与援助中心开展面谈咨询个案500余人次。坚持组织开展净化社会文化环境整治，重点加强对校园周边环境整治，优化未成年人成长环境。继续开展未成年人剧场、“快乐大篷车”、老少共建文明社区、金雁青少年之家等品牌活动，其中“快乐大篷车”送教下乡活动已开展送教活动89站，参与活动的学生达5.77万多人次。

10月24日，番禺区委宣传部、区文明办、区文广新局在石碁镇文体中心举办番禺区2015年“唱经典 颂美德 树新风”唱响社会主义价值观群众歌咏活动（区文明办供稿）

【创建“五星文明户”】 为深化文明城市建设工作，推进“干净、整洁、平安、有序”城市环境整治，番禺区从2015年开始在全区开展以城乡清洁、移风易俗、道德建设、健康生活、岭南文化为主题的“五星文明户”创建活动。“五星文明户”创建活动覆盖全区16个镇街267个村（社区），按全区常住人口户籍数约5%的比例评审出2.5万户“五星文明户”，以“五星文明户”创建工作为抓手把文明创建进家庭的工作落到实处。“五星文明户”的评分标准包括爱护环境、遵纪守法、热心公益、家庭和睦、诚实守信等五个方面，满分为100分。经群众自愿申报、村居初评、各镇街评审推荐，区文明委审定批准23823户“五星文明户”候选户为番禺区2015年度“五星文明户”。被评为“五星文明户”的家庭，获颁发“五星文明户”牌匾，奖励诚信积分500分及奖励积分500分，全区通报表扬，各镇街、各村居在“善行义举榜”上张榜公布。

（区文明办）

统战工作

【组织党外人士到省外培训】 2015年，区委统战部加大对党外代表人士队伍培训工作，组织民主党派和知联会负责人赴贵州开展教育培训活动。分两批组织民主党派和知联会骨干赴广西培训，进一步凝聚共识，增强走中国特色社会主义道路自信、理论自信和制度自信，夯实共同思想政治基础，提升党外人士政治把握能力、参政议政能力、组织协调能力、合作共事能力、解决自身问题能力。

开展社会服务活动。持续推进专家服务企业活动。文艺、医疗卫生、商务、会计事务等服务队分别走进村居、走进企业，开展送文艺、送医药、免费培训等10多次活动服务村（居）民、企业，为企业、群众解决一批现实问题、热点问题，社会影响力不断提升。

【支持民主党派参政议政】 2015年“两会”，民主党派及成员提出的提案71份，占提案总数56%，受到区领导及各部门的高度重视。开展番禺区制造业生产经营情况及面临的困难、广州国际创新城规划建设情况及对策、企业人才需求与职业教育衔接问题研究等调研。

【专题培训民营企业家】 2月3—6日，区委统战部、区工商联组织区内近20名民营企业家参加由盛景网联咨询培训集团举办的《迈向卓越》专题培训。学习《资本的力量》《商业模式的力量》《十倍增转型升级之道》《客户需求洞察》《决策的力量》《财富新机遇》《改变的力量》《企业家经营哲学与智慧》《系统的力量》《VC如何选择优秀的投资项目》《快速盈利系统》《互联网革命》等十余门高端特色课程。

【听取党外人士对“十三五”规划建议】 12月19日，番禺区召开“十三五”规划党外人士征求意见座谈会。区委书记、区人大常委会主任卢一先，区长何汝诚等区领导和区相关部门的领导，区各民主党派、区工商联、无党派人士代表，部分区人大代表、区政协委员等参加座谈会。与会人员对番禺区“十三五”规划提出相关意见和建议，提出要利用大学城智核，打造创新平台；加强职业技术培训，提高教育信息化水平；加快建设现代都市农业，

12月30日，番禺区举办民族一家亲 共圆中国梦文艺汇演

（区委统战部供稿）

4月17日，番禺乡亲联合会举行奖助学圆梦暨会员联欢晚会

（区委统战部供稿）

提高城镇化水平；坚持绿色发展，制定国民素质提升计划。

【举办第四期香港澳青年才俊交流学习班】 为让旅外乡亲新一代年轻人更好地了解国家，了解家乡，增进乡情，拓展视野，捕捉商机，1月10日，番禺海外联谊会举办第四期番港澳青年才俊交流学习班。旅港澳乡亲社团、番禺海外联谊会青委会、番禺区青年创业协会等番港澳三地的青年才俊参加学习班。区委书记卢一先在学习班上讲课。

【搭建产学研用合作对接平台】

11月6—7日，区委统战部与区工商联等相关单位在广东科学中心承办“广州大学城创新成果交易会”，筛选600多项符合番禺本地产业特色、技术成熟、市场前景良好的创新成果进行展示，展出面积5200平方米，项目涉及新信息新技术、生物医药健康、智能制造、新能源新材料、高端装备制造、节能环保、基金驿站等领域，超过2000家企业、1.8万人次参加观展，其中港澳台青年企业家100多人。

【民族团结进步创建活动】

2015年，区委统战部在全区开展民族团结进步创建活动。指导石碁镇大龙社区打造全市首批“民族之家”的试点工作，开展民族团结进步模范社区创建工作，推选桥南街新世纪社区、石碁镇大龙社区参加省级模范社区创评工作。推进南村镇华南新城社区、钟村街南奥社区、大龙街富怡社区、市桥街社学社区等四个社区开展区民族团结进步模范社区创建活动。加强民族团结进企业、进校园活动的开展，指导大石街格利蒙那提琴有限公司等企业和广东工业大学、禺山高级中学、穗石小学等学校开展民族团结进步进企业、进校园活动试点。区民族团结进步协会成立“番禺区民族团结进步协会艺术团”。12月30日下午，由区委统战部、区民宗局主办，区民族团结进步协会艺术团承办的“民族一家亲·共圆中国梦”迎新年文艺汇演在番禺区会议中心举行。

【规划建设宗教活动场所】

2015年，为顺利进行佛教海云寺原址重建工作，区委统战部多次组织有关单位召开协调会，加强对海云寺可行性报告的研究论证，并协助市佛协按要求办理有关手续，加大涉征地单位的土地置换工作协调力度。市道教协会赤松宫项目开展赤松宫征地、规划建设、立项等手续办理。区委统战部先后下拨7万元专项资金，用于基督教市桥堂和莲花禅寺的环境整治、设施更换、安全防护及演练等方面，落实宗教场所创建“干净、整洁、平安、有序”活动。

（区委统战部）

对台工作

【深化对台交流交往】 2015年，番禺区组织赴台交流团组12个188人次。其中，4月18—23日，区委常委、统战部部长黎伟棠率区经贸文化参访团赴台湾开展旅游、文创等方面的交流；5月19—24日，副区长麦洁萍率区农业参访团赴台湾考察，考察彰化公路花卉市场、山上区大芳农场、台南走马濑休闲农场，了解台湾当地农会和渔会的运作情况和农、渔业发展情况。6月11—17日，原区人大常委会党组书记欧康寿率区环保参访团考察台湾环保情况；8月份，区委常委陈德俊率区经贸团赴台考察；11月1—7日，番禺海外联谊会会长谭应华率团赴台开展同乡社团等交流活动。

全年接待来访台湾团组8批113人次。其中，3月25—27日，台南市山上区农会参访团一行19人，考察番禺区农科所蔬菜种植基地和水产养殖场、番禺区农机示范基地以及广州绿航花卉公司。6月19—21日，台南市两岸经济文化交流协会一行16人，参观考察广州南站商务区、广州南站，万博商务区。7月15日，高雄市两岸经济文化发展交流协会一行24人，到洛浦街广州碧桂园社区居民委员会进行交流参访。首届两岸农村治理学术研讨会两岸嘉宾学者60多人到大龙街新水坑村参观考察。

【宣传介绍台湾】 1月8日，番禺区台办、广州番禺职业技术学院共同主办的番禺区涉台宣传教育讲座在番禺职业技术学院举行，300多名学生和教师参加。广东省社会主义学院冯颖红教授讲授台湾历史和台湾岛内的基本情况，台湾文化传统和风俗习惯，以及两岸关系情况等内容。11月16—30日，市桥东兴社区、桥南番奥社区以及洛浦广州碧桂园社区举行“两岸和平发展共同愿景发布10周年图片展”活动，覆盖的社区居民约2万人。

【支持台资企业发展】 2015年，区台湾事务办公室继续开展对台“引资、引技、引智”工作，向台商推介区内的投资环境，为投资番禺的台商提供服务，协助有意在番禺区投资的台商物色地点和提供政策咨询，扶持台资企业转型升级。协调解决台资企业利得鞋业公司厂房搬迁对员工的补偿问题；协调处理台胞与白云区某公司经济纠纷问题；为优瑞公司通关问题协调番禺海关；为鼎晖公司办理食品加工许可证问题协调区食药监局；协助鼎和兴公司办理食品生产许可证；协助海鸥卫浴公司申请市台资企业科技创新扶持资金；为台胞子女入学提供帮助。

（区台办）

3月26日，台南市山上区农会参访团到区农科基地考察蔬菜种植（区台办供稿）

民主党派

【民盟番禺区委会】 2015年，民盟番禺区委会发扬民盟注重学习的优良传统，坚持开展形式多样的学习教育活动。盟区委、各支部以多种形式学习中共十八大和十八届三中、四中、五中全会精神，提高思想认识，激发作为民主党派成员的责任感和事业心，增强对中国特色社会主义的道路自信、理论自信和制度自信。盟员杨归泓撰写的《发挥民主党派在协商民主中的独特地位和作用》获得民盟广东省委2015年参政党理论研究优秀论文三等奖，并入选民盟广东省委参政党理论研究会论文汇编；骆文怡撰写的《发挥民主党派优势，参与法治政府建设》获广州市统战理论政策研究三等奖。曾瑞平撰写的《充分发挥社区医疗服务中心和社区服务中心（农村老人活动中心）的作用，提高老人护理和安老服务的建议》获得广州市统一战线“我为广州推动全面深化改革增创新优势献一策”优秀奖。4月7—10日，在番禺区政协十三届七次会议和番禺区人大十六届五次会议上，民盟番禺区委会的政协委员、人大代表围绕经济社会发展中的重大问题和社会热点、难点问题积极建言献策，提交大会发言材料2份、集体提案2份、个人提案13份、人大建议5份，邓伟强作《关于进一步加强我区青少年生命教育的建议》的大会发言。

2015年民盟番禺区委会加大在经济、律师、公务员、文艺等界别中发展盟员的力度，共发展新盟员13人。至2015年12月，民盟区委共有13个支部238位盟员，其中，高级职称110人，占46.2%；中级职称94人，占39.5%；本科以上学历208人，占87.4%；在职盟员170人。盟员在教育、文化、医疗等领域发挥各自的优势，开展有特色的社会服务。文化支部组织多场书画展、讲座，医卫支部开展“送医下乡”、义诊活动，同心教育服务队到外来工子弟学校举办“父母就是我们心中的灯”感恩讲座暨赠书活动。

（民盟番禺区委员会）

5月31日，民盟番禺区委到桥南街草河村开展送医送药活动

（区民盟供稿）

【九三学社番禺委员会】 2015年，九三学社番禺委员会发展社员6名，社员总数90人。年中增设“资深退休界支社”，全区设为四个支社，分别为一支社（医卫界）、二支社（文教、民企界）、三支社（科研事业、国企界）和四支社（资深、退休界）。

围绕番禺区的中心工作，九三学社番禺委员会和社员向区政协会议提交《从管理着手挖掘改善交通潜力，设立高峰时段公交专用线，保障公交优先》、《暂缓光明桥隧建设加快市桥环城道路快速化改造》、《关于疏通桥南街南堤路、改善城区南部沿江通道交通状况的建议》、《关于兴建或开放免费足球场的建议》等提案，并被审查后立案。社情民意提交《关于加快推进番禺疗养院加挂康复医院牌子建设的建议》《提高市民对有线数字电视满意度，增加有效频道，满足各层次群众需求》《关于治理大夫山公园南门的混乱摆摊设点提案》《建议加强对电动车的管理的提案》《从管理着手挖掘改善交通潜力，设立高峰时段公交专用线，保障公交优先》《关于在新光快线与榄塘路交叉口前设调头口，缓解交通拥堵》《关于疏通桥南街南堤路、改善城区南部沿江通道交通状况的建议》等。

社员黄益《泡沫硬化后大隐静脉胶原代谢MMPs/TIMPs、TGF-β1动态变化的动物实验和临床研究》被评为重大科研奖、《输卵管造影及再通一体化球囊导管》获国家知识产权局专利。

（九三学社番禺委员会）

【民革番禺区总支部】 2015年底，民革番禺总支党员总数84人，其中本科53人，研究生以上16人。邓志明为区政协委员，民革番禺总支共有1名市人大代表，6名区政协委员。

民革番禺区总支部围绕番禺区的中心工作，在区政协十三届五次会议期间，分别以民革番禺区总支部和党员个人名义提交《加强对轻质可燃垃圾和秸秆等生物质的管理，杜绝私自焚烧恶习》、《切实解决外来务工人员子女就学问题，

5月29日，民革番禺区总支部在区中心医院报告厅进行血友病慈善项目活动启动仪式　（区民革供稿）

助力企业转型生存发展》《重视中小学师生心理健康教育与生命安全教育，努力保障中小学师生的身心健康和生命安全》《加强国家安全教育，构建系统的地方安全保障体系》《加强绿色交通设施建设，有条件地禁摩、禁电动车上路，落实交通安全和环境保护的综合治理》《关于桥南街河涌整治的建议》《加强我区抗战史迹的保护和利用推进爱国主义教育基地建设》等重点提案。并作《高度重视，总结经验，全面推进社区网格化服务管理工作》的大会发言。

（民革番禺区总支部）

【民建番禺区基层委员会】 2015年，民建番禺区基层委员会按照民建市委会的要求，认真学习中国共产党的十八大，十八届三中、四中、五中全会、中央统战会议和民建中央文件精神，创新工作方法。年内发展会员3名，增加一个支部。11月，根据市委会关于基层组织换届工作的要求，4个支部全部换届完毕，选出新一批支部主任和委员，一大批优秀年轻会员进入支部班子。

民建番禺区基层委员围绕区委、区政府的中心工作，选择事关全区经济和社会发展的重点、难点进行调研。在番禺区十三届五次政协会议上，民建番禺区基层委员作《完善我区交通路网改善市民出行环境》的大会发言，并向大会提交《关于大力开发我区中心城区地下空间、增加地铁口的提案》《完善我区交通路网改善市民出行环境的建议》《关于建设南沙港快线辅道的提案》《关于改造金龙路提升道路通行能力的提案》《将“育龄妇女生殖综合保健教育”纳为入职法规的建议》《系统打造文化软实力全面提升番禺影响力》《关于促进本地农村劳动力就业的提案》七个提案。根据区政协的部署，将番禺民建的政协委员安排到镇街工作组，参加镇街政协工作组的调研活动，进一步发挥民建政协委员政治协商，参政议政，民主监督的职能作用。

（民建番禺区基层委员会）

【致公党番禺区总支部】 2015年，致公党番禺区总支部发展4位新成员。提交的提案主要包括有：《大力发挥番禺法学会作用，全力推进法制教育和法制宣传》《大力发展老年教育让老年人老有所为》《改善中小学校外小型杂货店、文具店食品与玩具安全环境，保障中小学生身心健康发展》《关于发展海鸥岛农业生态旅游的建议》《加大中小学教室照明国标监督实施力度，为学生创造健康、优质学习环境》《营造市桥街商圈，增添商业氛围》《关于解决市桥城区无物业管理楼宇东涌路70号消防水管及生活用水难问题的建议》《关于解决法院“执行难”的建议》等。11月，致公党番禺总支荣获致公党广东省扶贫开发工作先进集体。

（致公党番禺区总支部）

【民进番禺区党支部】 2015年，民进番禺总支共有会员53名，其中政协委员5人。根据职责需要，2015年5月，增设黄志威、吴为波为总支委员，分别负责社会服务、文娱，现总支委员共有8人。番禺总支设3个支部，分别为教育支部、禺山支部、综合支部，总人数中本科学历33人，研究生以上8人。

在区政协会议期间，民进番禺总支围绕番禺区的中心工作，分别以民进番禺总支和会员个人名义提交《关于推进我区老字号产业转型改革的建议》《进一步扩大沙湾滴水岩休闲旅游区》《关于改进区人民法院立案工作的建议》《关于加大区财政投入，满足城乡人民群众健康需求的建议》《关于区人民法院提供便民服务的建议》等多项提案，其中《积极发展混合所有制，加快番禺国企改革步伐》《关于加强番禺广场周边交通管理的建议》《关于建立中小微企业金融服务中心的建议》等提案均被立案。关于番禺国企改革专题的调研报告因受到上级高度重视，刊登于《番禺工作》第208期关于工作交流栏目中。

（民进番禺区党支部）

【农工民主党番禺区委员会】

2015年，农工党番禺区委会认真筹备、有序组织实施基层组织调整和换届工作，于10月底前顺利完成相关工作。全年发展新党员18人，有成员263人。新设石碁支部和教育支部，共选出基层组织委员58名，一批中青年骨干进入基层组织领导班子。2015年，农工党番禺区委会因工作突出被农工党中央授予“中国农工民主党优秀县级组织”称号。

9月25日，同心·医疗卫生服务队、农工党广州医科大学基层委员会到南村镇罗边村义诊
（区农工党供稿）

2015年，农工党番禺区委会领导班子成员先后参加区委、区政府、区政协举行的征求意见会、交流会、情况通报会等20多次。番禺区“两会”期间，雷晓晖代表区委会作《推进水务一体化提升污水处理水平构建城市生态水系》的大会发言，梁小卫代表区委会作《关于进一步提升我区环境质量，建设清洁番禺美丽番禺的建议》发言，共提交提案14件。农工党番禺区委会承担中共番禺区委“积极应对人口老龄化趋势，推进我区现代养老服务体系建设”“加强食品安全监管保障人民群众健康”等2个调研课题，为区委、区政府解决相关问题提供决策参考。

农工党番禺区委会组织成员参加“同心·汇智”—番禺区民主党派、无党派知识分子联谊会专家服务企业系列活动，加入医疗卫生、法律、教育等服务队，主要负责医疗卫生服务队。共开展或参加医疗咨询、义诊活动7次，派出医疗专家107人次，受益群众2692人次。

（农工民主党番禺区委员会）

港澳 侨务 外事

【海内外联谊精彩纷呈】 春节、中秋前夕，番禺区委、区政府分别在港、澳地区举办联谊活动；香港、澳门地区“六会”

拜会番禺区委、区政府。侨务外事办赴港澳拜会重点知名人士，上门慰问在番禺工作和生活的荣誉市民代表；举行“旅法、旅英青少年到番禺寻根之旅夏令营”“澳门青少年潜能之旅夏令营”活动；举办番港澳台四地青年乒乓球联谊赛；协助番禺区政府组团拜会英法、德意、日印、新马等国的番禺籍社团及乡亲，全年共接待海外及港澳台乡亲66批、1200多人次。

【《番禺侨讯》发行第100期】 2015年，《番禺侨讯》发行第100期。为庆祝发行第100期，番禺区侨务外事办约请省、市、区有关领导，祖籍番禺的港澳知名人士，以及40个海外、港澳番禺侨团提供贺词贺画，增色侨刊。

【华侨捐助公益项目】 2015年，何梁洁庭女士向颐养院捐赠港币1千万元兴建何添大楼落成。澳门霍英东基金会捐款资助岳溪、练溪村贫困学生，澳门乡亲向区46名贫困家庭大学生捐资助学，旅港番禺会所捐助区60名贫困家庭高中生等。全年番禺区共接受华侨华人、港澳同胞向番禺区公益事业捐赠67人次，捐赠总额为2033万元人民币。

【国际合作提质】 2015年，番禺区对外交流工作取得新突破，对外友好合作城区数量以及合作项目质量显著提升。4月、5月，番禺区与捷克布拉格市五区、斯洛伐克班斯卡市和比斯特里察市建立友好合作交流关系，番禺区在五大洲范围建立9对友好合作关系城区。3月、9月，韩国松坡区议会卢承宰副议长、松坡区朴椿姬区长分别率团访问番禺区；12月，韩国驻广州总领事馆黄淳泽总领事拜访区政府，双方就广州韩国学校在番禺建设的相关事宜及加强番禺区与韩国驻广州总领事馆间的交流合作进行座谈交谈。11月、12月，捷克布拉格市五区区长代表团、美国蒙特利公园市市长代表团到访番禺区。年内区政府派出代表团，与锐丰音响、浩洋电子等13家有实力的灯光音响企业代表一起，赴耶拿市举办第二届“耶拿·番禺日”活动。

（区侨务外事办）

11月27日，番港两地小学生作文交流活动 （区侨办供稿）

番禺青少年轮滑训练场　（杨达超摄影）

群众团体

番禺年鉴·2016

番禺区总工会

【资助职工提升技能】 2015年，番禺区总工会继续开展职工学历提升和技能培训活动。对参加春、秋季学历教育的311名职工给予补助共93.3万元；对已毕业的567名职工给予补助共85.05万元。对参与广东省总工会开展的培优计划，并取得初、中、高级工的458名职工，分别补助300元、400元、500元。番禺劳工大学堂自4月开办，共举办20期培训班，参加培训人数约1400多人次。“我智慧、我健康、我美丽——万名女职工素质提升课堂”，为16个单位开展上门授课服务，共有1835人参加培训。

与人社局、安监局、质监局、交通局、教育局、旅游局、公安消防大队、企业联合会、饮食行业商会等联合举办职业技能竞赛，13名选手获得“广州市技术能手”称号、9人取得“广州市技术创新能手”称号；在省技能竞赛广州选拔赛中，番禺区3名选手荣获咖啡师项目一等奖，1名选手获调酒师二等奖，2名选手晋级省技能竞赛，18个单位（班组）获得市、区工人先锋号称号，一批竞赛优胜职工获得职业技术等级晋升，其中33人晋升高级职业资格。

【基层组织建设】 全区有基层工会4640家，涵盖单位12835家，建会率85%；有工会会员419968人，入会率85%。番禺区委把工会组建等重点工作纳入对镇街绩效考核，建立工作目标责任制和奖励机制，并实行“每月一报、季度通报、半年督查、年度考核”制度，对完成任务的进行表彰奖励，推进企业工会组建。在农民工集中的工业园区、建筑项目、劳务派遣、民办学校、民办医院、家庭服务业、餐饮行业等区域，就地、就简、就快组建工会，采取现场入会等形式，联合有关部门形成合力推动农民工入会工作。2015年新发展农民工入会10.5万人。按照“会、站、家”一体化建设的思路，创建“职工之家”示范点36家，其中“广州市弘迅电梯配件有限公司”荣获“全国模范职工之家”称号。

【企业家当选劳模】 2015年，珠江钢管有限公司董事长陈昌荣获全国劳动模范荣誉称号，鹏辉能源科技有限公司副总工程师薛建军、沙湾恒力奶牛场场长王秀甜荣获省劳动模范荣誉称号，珠江钢管有限公司副董事长陈兆年荣获广东省“南粤建功立业能手”荣誉称号。番禺区总工会推出劳模创新工作室等一批项目，创建一个省劳模创新工作室，大力弘扬爱岗敬业、创先争优精神。完善困难劳模帮扶制度，落实劳模津贴、体检、疗休养、住院津贴保险等各项待遇。

【推进职工文化建设】 举办“禺山情·劳动美”摄影、征文大赛活动，组织女职工开展“中国梦·巾帼美”系列职工文化活动，让职工有机会展示自身才艺。组织举办珠江钢管2015年广州市番禺区第二届“工会杯”羽毛球赛，共有132支队伍共1000人次参加，受到基层工会和广大职工欢迎。

【工资集体协商行动】 番禺区总工会与区人社局、区厂商会（企业家联合会）、区工商联等单位制定下发《关于开展2015年工资集体协商要约行动的通知》，有效推进工资集体协商工作。截至2015年12月底，全区建立工资集体协商制度的企业10570家，整体覆盖率85%，其中国有和集体企业、世界500强企业工资集体协商100%签订。

【企业职代会规范化】 2015年，番禺区已建立职代会制度的基层工会3315家，覆盖单位9626家，覆盖职工405497人，覆盖率达73%。全区90%的国有集体企业、80%的非公企业工会实施“双亮”工程，已建工会企业中女职工组织基本实现全覆盖；已建工会女职工组织并签订集体合同的企业中，女职工权益保护专项集体合同基本实现全覆盖。实行厂务公开的基层工会3496家，覆盖单位9806家，覆盖职工445062人，覆盖率达77%。

【工会法律服务律师团】 番禺区总工会聘请11家律师事务

所57名律师组成新一届区工会法律服务律师团，为16个镇街40多家职工100人以上的非公企业工会配备法律顾问，协助开展法治宣传、法律知识培训、调处劳资纠纷。工会、劳动争议调解组织和律师团共同开展工作，协同处理劳资纠纷突发事件238宗，追发工资6745万元；为16宗群体劳资纠纷的职工免费提供仲裁、诉讼、申请执行等代理服务，涉及2300多人，涉案金额3100多万元；全部按时办结省总工会广东“工人在线”问题6件。开展工会法律知识培训、法治宣传活动33场次，服务职工群众9700多人次。

【帮扶救助困难职工】 2015年，番禺区总工会帮扶在册特困职工509人次，资助金额34.5万元。救助临时困难职工9人，金额2.5万元，救助龙卷风受灾职工11人，金额1.4万元。在元旦、春节、中秋等节日组织开展慰问活动，发放节日慰问金和慰问品合计30多万元。

发动职工参加医疗互助“两保计划”，新参保的有46000多人次，共为158名患病职工支付互助医疗保障金220.8万元。5000名职工参加广州市职工住院互助保障计划。工会会员住院关爱计划，为535名住院三天以上职工发放住院慰问金16多万元。让4000多名一线职工享受免费体检，1600多名女职工“两癌”筛查。与区慈善会联合开展工会“金秋助学”，向在册特困职工在读的87名子女发放助学金总计26.27万元。

（区总工会）

共青团番禺区委员会

【组织开展青年活动】 继续组织开展“梦想起飞”为区内应届高考生募捐大学学费的公益活动。2015年（第四届）“梦想起飞”活动中，共筹到善款239678元，成功资助21名应届贫困大学新生入学。

“五四”青年节期间，共青团番禺区委举办“高举团旗跟党走，奋斗的青春最美丽”番禺区纪念“五四”运动96周年大会。

1月1日，共青团番禺区委继续联合区民政局、区卫计局、区监察局、区青联联合会举办“缘定禺山真爱永恒”番禺区第十七届青年集体婚礼，向社会展现时尚、环保、节约、包容的文明新风尚，78对新人参加。

【番禺区义工联召开第九次代表大会】 2015年9月20日，广州市番禺区义务社会工作者联合会召开第九次代表大会，大会选举产生新一届理事会，研究部署下阶段志愿者工作重点。

（共青团番禺区委员会）

番禺区妇女联合会

【培训妇女干部】 2015年，区妇联组织区内妇女干部赴江西省井冈山市委党校开展2015年番禺区妇女干部党性教育培训班。开展“送教到基层”，由区妇联出资聘请老师，到9个镇街对基层妇女干部、重点培养女性人才开展培训，参加人数达2000多人。

7月6—10日，番禺区妇女干部党性教育培训班在江西省井冈山市委党校举行（区妇联供稿）

【"妇女儿童之家"通过验收】 2015年，番禺区妇联下发《番禺区"妇女儿童之家"建设工作方案的通知》，加强妇女儿童之家与金雁之家机构合作，加大对流动儿童的服务。举行区推进妇女儿童之家建设工作现场会，通过了市妇联"妇女儿童之家"建设督导工作的验收。区财政给予第一批10个妇女儿童之家示范点培育点每个5万元资金扶持，打造"1+16"（1个区级+16个镇街级）妇女儿童之家建设示范工程。区内共有妇女儿童之家（儿童友好社区）96个，提前完成年创建任务。石壁街都那村妇女儿童之家申报"广东省儿童友好社区"示范创建项目；沙湾镇仁宝青少年活动中心成为"广州市乡村儿童活动中心"和"广州市妇女儿童之家"示范点。番禺区新儿童活动中心于2015年11月揭牌投入使用。新儿童活动中心以"立德树人，幸福家庭"为主题，体现"家庭为主、儿童优先"的理念，逢星期六日聘请专业老师，开展儿童德育、体育、美育等方面培训学习及家庭喜闻乐见的亲子公益性活动，作为妇联系统服务妇女儿童的新阵地。2015年共开展18期课程，近500人次参加。

【关爱弱势妇女儿童】 2015年，共有239名患病妇女获得共计335.83万元补助。充分利用"献爱心"专项剩余资金，以节日为契机，慰问全区失独家庭、单亲特困母亲家庭及其子女，全年累计发放慰问金30万元，受惠家庭累计逾1000户；扩大进村入户慰问范围，共入户探访100多户困难妇女家庭；继续开展助学活动，对14个本区单亲困难母亲家庭应届高考子女一次性资助5000元；沙头、石楼、大龙妇联分别帮扶单亲困难母亲进行危破房改造。

【妇儿维权出成效】 2015年，番禺区各级妇女组织开展妇女维权普法服务80场，派发资料14000多份，参加群众达9000多人次。区妇联共接受来电来访群众咨询421宗，各镇街妇联共处理妇儿维权信访266件，处理率达100%。顺利通过广州市人大到钟村街进行《广州市妇女权益保障规定》执法检查。实施"建设法治番禺 · 巾帼在行动"系列活动，组织市妇联志愿综合服务中心课程送讲、"维权暖人心法律伴我行"区妇女法治教育大讲堂、来穗人员和星级出租屋家庭教育专题讲座的三堂妇女维权知识专题课。

【开展"家教有方"活动】 番禺区妇联继续开展"父母学堂"，已累计开展35期，参加人数累计2500多人次，受到家长们普遍欢迎。以创建示范家长学校带动家长学校建设，北城幼儿园家长学校、东怡小学家长学校、沙湾镇金沙湾社区家长学校获评2015年广州市示范家长学校。与区家教会共同开展家教普及宣传，编印并派发《家长报》4期500份、《家教有方》1000本，利用微信公众平台、网站推送家教资讯，营造科学教子的良好氛围。

（区妇联）

番禺区残疾人联合会

【完成残疾人基本状况调查】 根据中国残联的要求，2015年1月番禺区开展残疾人基本状况需求专项调查。区残联同区统计局在2月2—5日对全区16个镇街的调查表进行检查和入户抽检；3月1—20日，区专项调查办公室组织对12289份调查表进行初次录入，并在初录完成后进行抽样复录，系统随机抽取1232份（占全区的10.19%）调查表进行复录，并以0.002%的低错误率通过本次录入工作的审核，顺利完成全国残疾人人口普查工作任务。

【开办社区精神康复服务中心】 区残联与区卫计局合作，利用区岐山医院的资源，建设社区精神康复综合服务中心，2月9日投入使用。精神康复综合服务中心2015年共收纳会员417人，其中个案长期跟踪的有200人，社工师入户2060次，开展活动125次，提供服务10300工时。

【残疾人"阳光服务"管理平台】 区残联建设番禺区残疾人"阳光服务"管理档案，与民生卡系统的基础数据对接，

9 月 18 日，区残联举办番禺区首届残疾人职业技能竞赛
（区残联供稿）

将残疾人基础数据和业务数据纳入民生档案；建设残疾人数据比对系统，与网格化系统的数据对接，把残疾人服务事项纳入全区网格化管理，彻底解决残疾人服务“最后一公里”的问题；根据广州市残联的要求，建设残疾人办证业务系统，加强与评残机构沟通，全面优化办理残疾证的流程，通过与评残机构的无缝连接，提升办证效率。

【残疾人社会保障和服务】 2015 年，全区共办理残疾证 1037 张（累计 13017 张），办理羊城通残疾人乘车优惠卡 244 张（累计 4139 张）；提高重残护理补贴，由原来 100 元 / 人 / 月提高到 150 元 · 人 / 月。全年下拨残疾人专项金（含生活津贴和重残护理补贴）共 2107.75 万元，其中市级配套 1264.65 万元，区级配套 843.1 万元，惠及 12326 人次；资助 479 名残疾学生教育补助金 39.4 万元，资助 158 名贫困残疾人子女 11.95 万元，为 86 名学前残疾儿童发放生活补助 4.45 万元，为 19 名中、高等教育残疾学生发放奖励金 5.5 万元，下拨学前教育工作补助 35.26 万元，中等教育工作补助 35.26 万元；为 2330 名残疾人提供康复资助服务，累计资助金额 768.49 万元。区残联全面核查区内 16 周岁以上符合资助条件的残疾人，逐个进行新政策宣传，指导他们到镇街残联办理参保手续，做到应保尽保。

【康复机构】 2015 年，番禺区残联对重度残疾人托养机构加强检查督导，核实在托人数，并对存在的问题下发整改通知书限期整改，电话回访曾经申报托养但没有入托人员 30 多次。在镇街残联的配合下，重度托养人员不断增加。聘请香港心理卫生会对 16 个镇街康复站定期进行评估，通过评审资料档案及落户访谈的方式对康复站建设进行评估，不断完善康复站的建设，全区康复站有康复人员 292 人，康复资助 340 万元。区残联根据南村镇残疾人的需求，新增加南村镇工疗二站，全区共有 21 个工疗站，为 569 名学员提供日间托养、过渡性康复训练和庇护性就业，全年复诊和服药学员达 2000 人次，通过工疗训练的学员手工劳作收入人均达 594.28 元。

【残疾人就业年审成绩突出】 区残联开展以“就业帮扶真诚相待”为主题的就业援助月活动。对全区 64 户就业困难残疾人进行“送岗位进家门”活动。2015 年是实施小微企业前三年免征残保金政策首年，区残联共年审核 3289 家企业，按比例安排残疾人就业 2910 人，实收残疾人保障金为 4012.68 万元，网上办审率达 100%。

【举办助残日文化体育活动】 年内，番禺区举办“放飞心中梦想，扬起生命风帆”助残系列活动：举办番禺区康园工疗站服务中心首届职工演讲比赛，21 个工疗站和 14 个康复站的员工参加了比赛；举办番禺区首届残疾人书画比赛，比赛共收到 100 多件书画作品，16 幅作品成功拍出，共筹得善款 16.45 万元；举办番禺区首届残疾人职业技能竞赛，竞赛共设有广绣、计算机办公应用、盲人保健按摩、插花和西式面点5个项目，全区共103名残疾人参加了竞赛。

开展创建全民助残健身工程示范点工作，英东体育馆被选为创建示范点，按照《广东省全民助残健身工程示范点创建工作标准》配置设施器材和场地无障碍改造。

【完善残疾人机动车管理】 年内，区残联完善对残疾人机动轮椅车的管理工作，加强残疾人机动轮椅车主的思想教育。对全区369名残疾人机动车车主进行摸查，重点核查是否存在残疾人车主涉嫌非法营运情况，并配合市应急办、市残联、区应急办对全区残疾人机动车车主进行排查，发动各镇街残联干部和村居残协联络员深入了解残疾人机动车主的情况，教育他们不要参加非法集访，做到诉求和问题不出辖区，同时还动员残疾人中有威信，觉悟较高的残疾人对区残疾人QQ群、微信群的舆情进行引导，防止不良信息的炒作，确保稳定。

（区残联）

4月23日，番禺区侨界文化交流基地在区本艺术馆挂牌成立

（区侨联供稿）

番禺区华侨联合会

【区侨联活动】 2015年春节期间，番禺区侨联举办番禺区归侨侨眷迎春茶话会，上门慰问番禺区困难归侨。3月，区侨联、区海交会与新西兰中国书法家协会等单位在新西兰的奥克兰市联合主办奥克兰、番禺文化交流书画展。4月，侨界文化交流基地在区本艺术馆挂牌。邀请番禺籍美国华侨陈灿培博士讲述飞虎队抗日史迹。

（区侨联）

番禺区工商业联合会

【搭建企业服务平台】 2015年，番禺区工商联合会通过搭建各种平台服务区内企业。与广州国际创新城开发建设指挥部、广州大学城管委会、区委统战部、区科工商信局共同承办区委、区政府以“营造创新生态，助推转型发展”为主题的广州大学城创新成果交易会，打造助推产学研用的科技成果交易平台。与中国商协会服务工作委员会共同举办华南商协会创新发展高峰论坛暨中国商会好项目（广深PK赛）、番禺区商协会创新服务与合作联盟创建研讨会等活动，促进番禺区内的商协会结成联盟共同搭建为企业服务的综合性平台。引进盛景网联科技股份有限公司为番禺区企业开展金融及创新培训服务，推动7家基金公司落户番禺创新城，打造支持番禺创新创业金融支撑平台。指导搭建商会、银行、律师战略合作联盟，为会员企业提供服务。

【组织企业参政议政】 2015年，番禺区工商联共提出《关于激发民营经济活力、积极适应“新常态”的建议》等议案11份，《树立企业转型升级标杆》《利用大学城优势发展众创空间的建议》《组建行业联盟鼓励企业抱团发展的建议》等提案12份，其中，《关于激发民营经济活力、积极适应“新常态”的建议》被区政府列为重点督办议案，《借力南沙自贸区制度红利优势，促进我区经济进一步发展》提案被列为区委书记督办提案。

【提升企业家思维】 2015年，番禺区工商联先后开展《民营企业互联网之路高峰论坛》《禺商峰会之“创新资本大时代”专题讲坛》《商协会创新发展高峰会议》《番禺大学堂—新常态下的创新突破专题报告会》等主题活动，宣讲战略、思维与管理创新，通过头脑风暴增强企业家对转型升级的认识。承办广州市非公经济人士“守法诚信”教育实践活动经验交流会，总结和推广教育实践活动的成功经验和做法，谋划加强和改进工作的思路和方法，番禺区工商联、番禺区创新科技企业协会、永华家具有限公司分别在会上介绍经验。

【推动党组织覆盖非公企业】 2015年，番禺区工商联根据区委“培强扶弱”扩大非公经济组织党组织覆盖面的工作指示，协助非公经济组织单独组建党委党支部。2015年新组建33个独立党支部，完成率达103%，超额完成全年单独组建32个独立党支部的任务。筛选32家非公有制经济组织党组织为“培强扶弱”帮扶对象，并实施领导挂点联系制度和“一对一”包点制度，实行“联、帮、促、创”结对工作模式，分类指导、牵手共建。

【举办番禺民营企业互联网之路高峰论坛】 1月20日，番禺区工商业联合会（总商会）在番禺宾馆举行番禺民营企业互联网之路高峰论坛暨2015年年会。高峰论坛邀请盛景网联科技股份有限公司产品总监朱亮作番禺民营企业互联网之路的主题演讲。朱亮就互联网思维如何帮助传统企业转型升级，网络时代为民营企业发展带来哪些机遇和民营企业如何实现新跨越进行了深入浅出的阐述，还与企业家们进行了热烈的交流，为番禺区企业尤其是民营企业今后实现跨越式发展提供了新思路、新对策、新建议。

【评选首届番禺经济人

3月13日，“汇聚正能量 激发新动力”首届番禺经济人物颁奖典礼现场 （区工商联供稿）

物】 3月13日晚上，主题为“汇聚正能量激发新动力”的首届番禺经济人物评选活动结束，评选出番禺十大经济人物及创新创业、总部经济、行业标杆、品牌建设、慈善公益等6大奖项，获奖企业家34名。活动由区工商联（总商会）、区厂商会、番禺日报社、番禺区广播电视台联合主办，目的让全社会尊重民营企业家，尊重创新创业，共同支持番禺区民营经济发展。

【关爱外来工子女活动】 2015年，南村总商会在总结上年活动的基础上，拟定更详尽、完善的计划，发动商会企业共同开展情系外来工关爱留守儿童慈善行公益活动。

6月29—7月2日，由南村总商会、南村镇慈善会组织的慈善探访团，到湖南、娄底、衡阳、郴州三地，了解留守儿童的生活状况。7月14日上午，南村总商会举行“放飞梦想，为爱启航”2015年小候鸟暑期成长计划启动仪式。62名来自湖南、江西、广西、贵州等地的留守儿童，在父母的陪伴下参加启动仪式。通过小候鸟家庭和本地家庭的结对，搭建孩子们相互体验生活、学习的交流平台。

【番禺网商联合会成立】 9月16日下午，石楼镇悦水庄度假酒店举行广州番禺（首届）跨境电商高峰论坛，广州番禺网商联合会成立。广州番禺网商联合会是在阿里巴巴的推动下，由番禺企业家自发组织的商会。旨在推动番禺本土企业电子商务的发展，企业间抱团成长、分享、交流、资源共享。致力于打造一个资源对接、培训咨询、企业互访、社会关系、对外交流、校企招聘、公益慈善、项目众筹等的综合性服务平台。

【举办广州大学城创新成果交易会】 11月6—7日，由番禺区工商联与相关单位联合承办的广州大学城创新成果交易会在广东科学中心举办。本次创新成果交易会分为大学城创新项目、科研机构创新项目、企业创新项目、番禺工业发展史4大板块，项目涉及新信息新技术、生物医药健康、智能制造、新能源新材料、高端装备制造、节能环保、基金驿站等领域。省内近20所高等院校和科研院所，以及200多家企业参展，共有500多项创新成果项目参与展示对接。

（区工商联）

番禺区贸促委

【承办省级外贸转型示范基地工作站】 根据广东省商务厅2015年4月30日发布的粤商务管函[2015]192号文件《广东省商务厅关于确认外贸转型升级示范基地工作站（第一批）的通知》，番禺区贸促委属下机构中国国际商会广州市番禺区商会获批准成为“广州市番禺灯光音响基地工作站”承办单位；广州市番禺贸促珠宝产业服务中心则成为“广东省广州市番禺区珠宝基地工作站”的承办单位。

【出证认证业务长增幅大】 从2015年1月1日开始，全国贸促系统正式实行全额减免签证费用。番禺区贸促委切实执行相关规定，同时简化流程，细化服务，提高工作效率，助力企业发展。在全球经济低迷的大环境下，除ATA单证册稍有下降外，其他签证业务均有增长。一般原产地证明书签发40094份，与上年同比（下同）增长29.8%；优惠原产地证736份，增长50.7%；国际商事证明书13695份，增长81.2%。代办领事认证530份。

【成立茶文化专委会】 2015年1月29日，番禺区贸促委（番禺区国际商会）成立番禺贸促会茶文化专委会，有会员55个，共91位成员。1月9日—13日，番禺区贸促委在番禺区市桥汇珑商业中心南广场举办第三届番禺茶博会。这次展会展出面积4000平方米，展位190个，参展企业达143家。4月17日在大夫山举办首届番禺全民饮茶日。8月1—2日，在番禺海印又一城举办番禺首届茶文化节。

【举办第二届番禺珠宝文化节】 2015年，广东省珠宝玉

1月29日，番禺区贸促委茶文化专委会成立 （区贸促委供稿）

石交易中心和广州钻石交易中心成功落户番禺。12月3—6日，番禺区贸促委联同番禺区珠宝厂商会、大罗塘珠宝首饰商会，在番禺区沙头街大罗塘珠宝首饰集聚区内，举办第二届番禺珠宝文化节，四天展期内约13.54万人次到场，营业总额约5846.79万元。

【接待友好来访】 3月11日，缅甸曼德勒省工商协会副主席吴昂山温带领缅甸金矿协会代表团一行到访番禺。

5月13日，国际彩色宝石协会与印度宝石商会的代表到访。双方就中国与印度彩宝业合作和两国开展原材料供需对接方面进行探讨。

7月1日，香港亚洲宝石学院（AGIL）和亚太珠宝鉴定师公会（APGS）考察团一行90人到访。代表团实地考察番禺沙湾珠宝产业园和番禺大罗塘珠宝首饰交易平台。

11月9日，刚果（金）珠宝考察团到访。该考察团成员包括刚果（金）钻石、宝石及黄金、贵金属及矿产出口监管负责人AlexisMIKANDJIPENGE。通过这次考察活动，刚果方面确定在番禺设立“刚果钻石宝石黄金中国联络站”。

【举办大型珠宝人力资源招聘会】 10月24日，番禺区贸促委联合省、市、区人力资源部门举办“广东省急需紧缺人才——番禺珠宝首饰产业专场洽谈会”。现场提供2000多个职位，应聘人员达8000多人。此举大力推动番禺珠宝人才的引进和校企合作平台的搭建。

（区贸促委）

番禺区厂商会

【利用平台服务企业】 2015年，番禺区厂商会联合相关部门举办《省、市新一轮技术改造工作政策宣讲会》《自贸区建设及跨境电子商务讲座》《番禺区首届跨境电商高峰论坛》《新版ISO9001专题培训》《番禺区中小企业服务日暨中小微企业应对当前经济形势讲座》《投资挑战与安全投资策略讲座》《企业财产风险防范与应对讲座》《科技金融和股权设计》等各类培训活动共12期。利用会刊《番禺厂商》月刊杂志、厂商会网站、微信公众号、“一周短信”等方式，积极宣传厂商文化。通过与区国土资源和规划局、区市场监督管理局共同搭建绿色服务通道，为企业解决房产土地、产品流通等问题。分别与中国质量认证中心、正中珠江会计师事务所、10家金融机构和8个律师事务所建立合作关系，并成立番商认证服务公司，拓展华创源专利事务所业务，为企业提供全方位的服务。

【《番禺工业发展史》发行】 8月，番禺区厂商会联合番禺区科技工业商务和信息化局组织编纂的《番禺工业发展史》一书正式出版发行。该书共13章，记录从古代萌发至2013年的番禺工业发展历史，总结番禺工业发展过程中的经验与教训，为研究番禺经济发展提供翔实的史料及决策参考，并在番禺区委、区政府主办的广州大学城创新成果交易会上作为展区的四大板块之一展出。

【理事会换届】 8月18日，番禺区厂商会第七届会员代表大会召开并选举产生新一届理事会，新理事会主席为广州番禺电缆集团有限公司董事长王锦荣，会长为广州番禺巨大汽车音响设备有限公司董事长庄炳武，副主席26人、副会长35人，理事会成员合共135人，任期为三年。

（区厂商会）

9月上旬，区厂商会机械分会组团赴台湾参观考察（区厂商会供稿）

消防队员在集训　　（杨达超摄影）

法治武装

番禺年鉴·2016

政法及综治

【全区社会稳定】 2015年，番禺区以农业、劳资、环保、金融、房地产等矛盾纠纷多发领域为切入点，深入开展重大不稳定问题排查化解专项行动，上报市的重大矛盾纠纷全部化解。全区综治信访维稳三级平台共办结案件1323宗，办结率为99.5%，大批矛盾纠纷被化解在基层和萌芽状态。全区严密防范暴恐活动，深化反邪教斗争，完善常态化应急处突机制，加强反恐怖、反邪教基层基础建设，维护国家政治安全。全区没有发生暴恐、重大公共安全事件，社会大局继续保持和谐稳定。

【宣传助推平安番禺创建】 番禺区政法委统筹推进各类“平安细胞”创建活动，推动平安元素进网格，打造番奥社区等一批有特色的平安村居示范点，16个镇（街）、108个村居被分别评为“平安镇街”“平安村居”。加大平安创建社会面宣传力度，打造洛溪大桥至番禺大道和番禺大道北至汉溪大道、番禺宾馆2条“综治平安宣传路”，在“一报两台”等传统媒体开设创平宣传专栏，扎实推进“平安番禺·法治番禺”宣传月活动，群众知晓率和参与度进一步提升。加强见义勇为基金会建设，2015年共开支57.5万元，奖励慰问见义勇为人员、见义勇为牺牲者家属和烈士遗属55人。

【综合治理重点问题地区】 区政法委统筹开展全区社会治理综合整治工作，火烧岗、广州南站、清河综合批发市场、南村里仁洞“淘宝村”等重点地区的治安、环境、卫生状况得到明显改善，营造干净、整洁、平安、有序的城市环境，全区案件警情连续4年同比下降。扎实推进治安问题突出镇（街）和警情高发社区（村）的综合整治；开展危爆物品寄递物流清理整顿、校园周边环境整治等专项行动，从严打击“五类车”和广州南站非法营运行为。沙湾镇北村创建广州市城乡基层社会协同治理特色平台试点项目扎实推进。桥南街番奥社区被市社工委评为全市第一批基层治理协同创新标杆社区试点单位。区政法委精心挑选的66个番禺区2015年社会创新项目有序开展，全区社会综合治理能力不断增强。

【积极创新社会管理】 区政法委牵头统筹推进全区社会体制改革工作，制定《番禺区进一步落实统筹推进社会体制改革工作方案》和《番禺区2015年社会体制改革专项工作计划》，加大任务分解和督促指导力度，各项改革工作扎实推进。创新基层治理模式，“两代表一委员”社区工作室已初步实现全覆盖，全区已建立农村（社区）参事会试点11个，“六位一体”基层社会治理新模式初见成效。

【推进司法体制改革】 区政法委按照上级要求，建立区领导干部干预司法活动插手具体案件以及司法机关内部人员过问案件进行记录、通报和责任追究制度，建立国家特赦人员教育帮扶制度，出台《关于建立完善番禺区国家司法救助制度的实施办法》，推动司法机关依

6月24日，区政法委开展创建“共产党员示范岗单位”活动
（区政法委供稿）

法独立行使职权，提升司法亲和力。督促指导政法单位有序推进完善司法责任制、完善司法人员分类管理制度、健全司法人员职业保障制度、推动全省法院检察院人财物统一管理等4项改革试点任务，初步建立涉法涉诉信访案件的分流导入、补瑕纠错、依法终结机制。

（区政法委）

来穗人员服务管理

【成立番禺区来穗人员服务管理局】 2015年5月18日（原番禺区流动人员和出租屋管理办公室）改设为番禺区来穗人员服务管理局，为区政府工作部门（行政单位）。在编人员13名、在职租赁岗位合同人员8名、单位自聘合同人员2名。

2015年12月，番禺区登记在册来穗人员122.7万人，出租屋17.05万栋、90.97万套。新办及续期居住证49.74万张，新办理房屋租赁合同登记备案10.32万宗。个人出租房屋综合税征缴16204.98万元，同比上升3.11%。全区共有16个镇街流管中心、17个厂企流管服务站、239个社区（村）流管工作站，出租屋管理员1121人。

【创建来穗人员服务管理示范区】 2015年，番禺区以提升区域来穗人员服务管理品质和来穗人员幸福指数为目标，开展“广州市来穗人员服务管理示范区”创建工作，是全国第一个以探索破解超大城市大量流动人口服务管理难题为主要目的和任务的示范区。南村镇创建“广州市来穗人员服务管理示范镇”，以里仁洞村为重点，强化“人屋”综合治理，优化来穗人员服务管理信息化建设；石碁镇创建“广州市来穗人员融合示范镇”，建立来穗人员之家，并在社区医院、成校、来穗人员子弟学校等建立来穗人员联络点，以居住证为载体，推行合作医疗保险和政府赠送意外保险服务；桥南街番奥社区创建“广州市来穗人员融合示范社区”，深化来穗人员党建工作和“金雁”团支部建设，创建来穗人员青少宫，成立番奥社区志愿者联合会来穗人员分队、来穗人员艺术歌舞团，组织开展各类党组织生活和来穗人员教育培训、活动。全区各镇街分别选取一个村居建设和谐共融家园，依托各村居流管工作站，对来穗人员进行政策宣讲、信息登记、居住证受理，为来穗人员提供房屋租赁、子女课后托管、家庭服务、图书阅览等全方位的服务。在创建过程中，番禺区以安全星级出租屋、智慧服务管理及金雁服务品牌作为创建特色，依托网格化管理，提升来穗人员服务管理水平、促进社会和谐融合。2015年，市财政局下拨“番禺区创建全市来穗人员服务管理示范区（试点）经费补助”专项500万元、“番禺区创建融合社区（试点）经费补助”专项230万元（其中石碁镇154万元、桥南街76万元）。

【开展出租屋专项整治】 2015年，番禺区来穗人员服务管理局将城中村、城乡结合部、特殊人群密集居住的出租屋以及批发市场、医院、学校周边的“群租房”作为管理重点，联合区公安分局、区城市管理局、区市场监督管理局等相关职能部门，开展出租屋燃气安全专项整治、出租屋安全隐患排查、房屋租赁中介市场清查整治、打击取缔无证网吧等专项行动。全区巡查出租屋450.7万套次，更新采集来穗人员信息174.82万人次、人走注销79.55万人次；发现出租屋内违法犯罪或安全隐患线索7.9万条，整治安全隐患出租屋1.9万套，发出整改通知书6.8万份。摸查存在违规安装燃气热水器的出租屋3.35万套次，发出限期整改通知书2.96万份。对存在安全隐患却屡整不改的1242户出租屋采取停租处理，区公安分局对138名违法违规出租屋主、企业经营者、来穗人员予以依法处罚，抓获涉嫌违法犯罪来穗人员3744人。

【出租屋安装居住证门禁系统】 番禺区在出租屋管理中推进居住证门禁系统建设工作。2015年4月，分别在东环街蔡二村和甘棠村，使用不同技术和安装模式进行门禁系统的试点建设，通过门禁的使用，有效促使来穗人员进行登记、办理居住证；通过消防联动开门

1月22日，番禺区召开第五届广州市番禺区优秀来穗人员“金雁之星”表彰大会
（区来穗局供稿）

等功能，避免突发性事件无法开门等隐患；通过扩展系统对接模块，实现与公安专项平台对接，及时掌握高危人群租房动态，从而有效预防和震慑犯罪，提高社会治安管理效率，改善出租屋的综合治安环境。2015年，全区已安装普通电子门禁30426个，覆盖出租屋298872套；安装居住证门禁217个，覆盖出租屋5363套；安装视频系统25486个，覆盖出租屋163104套。

【出租屋“物业管家”】 番禺区在各镇街创新“物业管家”自治管理模式，实施出租屋主物业管理全员培训、亮证出租、季度会议制度，依托区物业管理协会与房地产中介协会推进出租屋行业市场化、社会化发展，发挥社会组织参与出租屋管理主动性，形成政府行政功能与社会自治功能的信息互通、工作互联、服务互动、管理互补，提高社会协同共治能力。全区配备出租屋物管员4872人（由屋主担任或聘任），15.5万套出租屋和295家企业安装有来穗人员自助申报系统，上传来穗人员信息53万条；各房地产中介机构报送房屋租赁信息264条。13万户出租屋参加房屋租赁保险，429宗出租屋意外事故获得及时赔偿，涉及金额352万元。

【用村规民约规范农村房屋租赁】

钟村街钟四村召开村民代表会议，表决通过《番禺区钟村街钟四村房屋租赁管理实施细则》，启动运用村规民约规范农村房屋租赁行为，规范农村集体经济联社的集体物业及村民自有物业的房屋租赁行为，提升基层村居自治能力。

【推动成立房屋租赁服务协会】

2015年10月，钟村街作为试点，成立钟村街房屋租赁服务协会，通过运用扶持、对话、协商三种机制，促进政府、协会、出租人和承租人四方共治。协会设置4个会员组别：出租屋主组、物业管理公司组、房地产中介组、大型商圈组，协会第一届会员66人，包括出租屋主会员41人、物业管理公司会员7人、房地产中介公司会员9人、大型商圈会员3人、其他会员6人，并与钟村街司法所合作聘请12名专业律师作为特约法律顾问，为会员提供全方位法律咨询、援助服务。

【来穗人员享受公共资源】 番禺区将来穗人员服务管理工作纳入经济社会发展总体规划，全面梳理来穗人员服务管理项目，以“政府+社会”的积分制管理模式，在社会保障、民生服务、公共资源分配等方面，有序推进基本公共服务均等化。2015年番禺区为来穗人员子女免费提供积分入学申请的小学一年级、初中一年级公办学校学位1749个，已有8.8万名来穗人员子女就读义务教育学校，其中4.5万名来穗人员就读公办学校。各积分制入户专窗累计受理来穗人员网上提交申请1669人，预审受理纸质申请1541人，经市复审排名，全区1009名申请人，加上其随迁配偶和子女1353人，共有2362人获得“2015年度广州市入户人员信息卡”。

（区来穗局）

法治政府建设

【创建依法行政示范单位】 2015年，番禺区政府区法制办开展区一级依法行政示范单位创建活动，以区政府办名义印发《番禺区依法行政示范单位创建活动实施方案》，选定南村镇、区安监局、区司法局为创建单位，通过开展创建依法行政示范单位，树立典型，推广经验，发挥示范引领作用。制定《关于聘请区政府法律顾问工作方案》，全面推行政府法律顾问制度，由区政府聘请2家资深、优秀的律师所和专家学者担任区政府法律顾问，引进专业律师和专家学者为区政府依法决策提供有力的法律支撑。召开区政府常务会议，专题听取《关于完善政府重大行政决策程序和履行职权法定原则的几点建议》和《2014年度行政复议工作情况报告》，着力解决依法行政工作中的难点问题。

【领导干部学法】 2015年，区府法制办以提升领导干部运用法律思维和法律方式的能力为立足点，举办区政府常务会议学法讲座，邀请法律教授讲解《行政诉讼法》的相关内容。加强对各单位法治员的业务指导，举办法治培训班，邀请律师为全区分管法治工作的领导和法制员解读新行诉法，分享行政应诉的技巧；举办“依法行政高级研修班”，聘请相关专家教授就依法行政工作的热点和难点问题进行授课，为法治员日后的工作提供新思路。采用“走出去”方式，组织领导干部到先进地区学习法治工作经验。

【完善依法决策机制】 区府法制办专题向区政府常务会议汇报《关于完善政府重大行政决策程序和履行职权法定原则的几点建议》，提高区政府常务会议的科学决策水平。草拟《2015年广州市番禺区人民政府重大行政决策事项和重大行政决策听证事项目录》，重点加强重大行政决策的听证、民意征集和专家论证工作。草拟《广州市番禺区重大行政决策合法性审查办法》，使相关行政决策在出台前先通过合法性审查成为规范操作步骤。建立行政决策风险评估机制，发布重大行政决策风险评估办法，要求重大决策事项必须进行合法性、合理性、可行性、可控性和现实性评估。

为提高政府各种文件合法性方面的质量，区法制办继续加强规范性文件的前置审查工作，起草过程中落实制度廉洁性评估及调研论证制度，确保区政府出台的规范性文件合法有效。全年共起草或审查政府和部门规范性文件20份，向市法制办报送备查文件13份。

12月24日，区法制办举办番禺区2015年法治培训班

（区法制办供稿）

【防范政府法律风险】 2015年，区府法制办不断加强行政决策的合法性审查，有效防范决策风险，全年共对502件区政府行政决策和具体行政行为、各部门提请区政府审议事项和区政府交办事项进行合法性审核，出具审查意见，参加各类协调会议250次，有效防范政府决策的法律风险。在办理这些涉法工作中，区法制办围绕本区经济社会发展战略实施中遇到的各类法律、政策适用问题，及时从政府法治的角度做

出风险判断，确保区委、区政府的决策切实可行。

【行政复议案件增加】 2015年，区法制办全年收到行政复议申请103件，区政府作为被申请人、第三人的行政复议案件5件，行政诉讼案件受新颁布的《中华人民共和国行政诉讼法》影响，案件量增加迅速，区政府作为被告的行政诉讼案件35件。

（区法制办）

公　安

【“3+2”专项打击行动】 2015年，番禺区公安分局破刑事案4834宗，查结治安案件7523起。全区刑事拘留5011人、行政拘留10762人、提请批准逮捕2095人，移送检察机关起诉案件2291件2830人。

重点开展“3+2”（“3”指打击涉毒、涉黑恶、涉盗抢行动，“2”指打击涉食药假、诈骗行动）专项打击行动。在打击涉盗抢专项方面，破获“盗抢”案件2427宗，提请批准逮捕649人，起诉709人；在打击涉毒专项方面，破获毒品案件378宗（其中省目标案3宗），提请批准逮捕410人，强戒704人，查处吸毒人员数为2112人，缴获各类毒品91千克；在打击涉黑恶专项方面，破涉黑恶案件338宗，起诉283人，判决334人。在打击涉食药假专项方面，破涉食药案件198宗，逮捕73人。在打击涉诈骗专项方面，诈骗案起诉175人，侦破了“5·25”特大教育咨询跨区域诈骗团伙案、“4·4”千万钻石诈骗案。此外，深入开展“猎狐2015”“打击制假售假”“联合整治银行卡网上非法买卖”“防范打击非法集资涉众型经济犯罪”等专项行动，大力打击涉银行卡、制假售假、涉众型经济犯罪。年内，立经济案件888宗（同比上升66.29%），破案191宗，抓获经济犯罪嫌疑人269人，挽回经济损失合计人民币18618.6万元。

【加强社会面巡逻防控】 番禺区公安分局将治安巡逻纳入到反恐、维稳工作中，在全区范围内落实“六位一体”（情报、指挥、巡逻、视频、卡口、网络）为基础的立体化社会治安巡逻防控工作机制，根据加大机关、派出所巡逻警力投放，提高见警率，部署特勤冲锋车、训练大队警力加强市桥中心城区、番禺广场等各个地铁站口、广州南站、大学城等重点部位巡逻防控，有效遏制警情上升的势头。

【开展重点地区、场所整治】 番禺区公安分局按照干净、整洁、平安有序的目标，大力开展客运公交站场、火车站、码头、人行天桥和过街隧道等重点场所整治工作。针对广州南站被列为市重点整治场所的情况，结合各个重点时期反恐工作需要，联合区有关职能部门对广州南站地区进行综合治理，整治广州南站核心区非法拉客突出问题，不定期开展“猎非”行动，改善广州南站地区治安、交通秩序。加强重点社区整治，每两周列出十个警情高发的社区进行督办整

6月24日，区公安分局在钟村一山岗成功捣毁一聚众吸毒场所

（区公安分局供稿）

10 月 16 日，区公安分局在市桥实验中学开展平安校园活动
（区公安分局供稿）

城市交通治堵行动，设立 89 个固定治堵执勤岗点、15 个机动常态巡逻岗点治理交通拥堵问题，完成光明北路（新光快速）等 19 个路口交通信号灯及电子警察建设工作、黄标车违法自动识别抓拍系统的建设工作，以及番禺大道市桥二桥北往南、南往北上桥位的交通信号灯的改造等工作。共查处交通违法行为 462244 起，查扣“五类车”46621 辆，查处醉酒驾驶 447 宗。受理一般交通事故 327 起，死亡 82 人、受伤 369 人，经济损失 63.58 万元。

治，有效压减社区可防性警情。根据区的统一部署，针对南村镇里仁洞村治安复杂的问题，与南村镇共同牵头，组织区相关职能部门成员单位，从 10 月初起对里仁洞村商业活动、出租屋和外来人员、视频监控、重点场所行业、交通秩序、消防安全等方面进行综合整治，并每周组织开展一次大清查行动，目前里仁洞村整治工作初见成效，案件类警情持续下降。

【社区防控网格化】 建立社区警务网格化管理机制，以西丽派出所先锋社区等 15 个社区（村）为试点，将社区警务融入到社区网格化服务管理中，充分调动社区党员干部、治安积极分子参与社会治安防控的积极性。加强智能化小区、治安防范星级小区建设工作，全区已完成智能化管理建设的小区、村有 76 个，被评为治安防范五星级小区的有 22 个、四星级的有 15 个。

【推进视频监控建设】 年内，全区新建 1270 个治安高清视频采集点、30 套高清卡口系统和 16 套移动视频系统；完成全区各镇街共 20 个中心监控室高清改造、原有 720 个一类点标清视频高清改造以及原有 2878 个一类点标清视频统筹运行维护。全区利用社会治安视频监控系统提供有价值线索 2619 条，利用视频监控协助破获刑事案件 2402 宗，抓获嫌疑人 3423 名，利用视频打掉各类犯罪团伙 42 个，视频刑事破案率 56.7%，利用视频监控协助破获治安案件 174 宗，抓获嫌疑人 241 名。利用 VCS 智能应用系统破获刑事案件 24 宗。利用视频预防案、事件 143 宗，处置群体性事件 25 宗。

【城市交通治堵行动】 2015 年，番禺区开展“畅安番禺”

【网格数字化信息管理消防】 2015 年，番禺区公安分局与各镇街、各行业、职能部门、各重点单位逐一签订消防安全责任状，明确“一岗双责”的责任要求。在各镇、街 100% 达到网格化管理建设目标的基础上，全面实施消防安全网格数字化信息管理。加大火灾隐患整治力度，开展劳动密集型企业专项整治、重大火灾隐患单位挂牌督办、消防宣传培训工作，确保全区火灾形势保持相对平稳。年内，发生火灾事故 83 起，死亡 3 人（其中 2 人是刑事放火）、受伤 2 人，经济损失 23.31 万元。

【窗口业务管理更便民】 2015 年，番禺区公安分局改革各窗口业务办理流程。启动新版台胞证签发、省内异地人员办证工作，开通本地居民卡式港澳通行证自助签注业务。全年受理各类出入境业务516377件，接待办理户籍业务461684人次，实际产生业务量370607宗；受理治安行政许可业务申请16860件；受理消防各类行政许可业务716宗；受理交管新注册机动车8993辆，转移登记4709辆，临牌70665个，补行驶证3707个，新增驾驶人32282人。

（区公安分局）

检察院

【查办预防职务犯罪】 2015年，番禺区人民检察院立案查办职务犯罪案件40件44人，其中贪污贿赂犯罪案件37件37人，查办渎职侵权案件3件7人，涉案总额达人民币3000多万元；成功追逃2名犯罪嫌疑人，追回赃款共计人民币8952万元。坚持惩治预防两手抓，力促干部清正、政府清廉、政治清明。查办涉及医药卫生、电力系统和涉农惠民等重点民生领域的重点突出案件中，行贿犯罪案件18件18人，1000万元以上特大案1件1人，100万元以上大案6件6人，副处级以上干部要案6件6人。创新预防职务犯罪的内容和载体，构建惩防一体化工作体系，全年共开展警示教育活动119批9822人，预防宣传99次，发出预防检察建议22份，为相关单位提供行贿犯罪档案查询服务5428次。

【依法打击刑事犯罪】 番禺区检察院全年共受理审查逮捕案件1957件2734人，批准逮捕1562件2091人；受理移送审查起诉案件2466件3158人，起诉2246件2774人，审查批捕和审查起诉案件人数同比分别上升7.2%和26.57%。密切关注社会治安和公共安全领域出现的新情况，充分发挥批捕、起诉职能，突出打击危害国家安全、公共安全和人民群众生命财产安全的犯罪，共查办涉黑恶、涉盗抢、涉毒等严重暴力刑事犯罪案件1071件1219人。检察机关成功办理广州大学城“6·29”女尸命案，新疆籍16人涉嫌偷越国境、参加恐怖组织案以及涉案数额达60余亿元的番龙公司骗取贷款案等一大批社会影响较大的严重刑事犯罪案件。

【全力构建严密法治监督体系】 全年，番禺区人民检察院共改变侦查机关定性案件42件57人，追加逮捕17人，追诉漏罪31人，追诉漏犯61人，不批捕628人，不起诉22人；发出检察建议和纠正违法通知书34份；对认为确有错误的刑事、民事、行政裁判提起抗诉1件，提请抗诉4件，已成功改判2件，获市院支持1件。在案件办理中加强刑事诉讼监督，共向法院提出量刑建议1800人，采纳1620人；依托“两法衔接”立案监督工作机制，先后掌握立案监督线索19条和涉嫌犯罪案件65宗，监督立案3宗。加强民事、行政审判和执行活动监督，共受理民事行政申请监督案件38件，执行监督案件18件，发出检察建议共10份，成功息诉22件。加强刑罚执行和监管活动监督，与在押人员进行个别谈话教育359人次，受理在押人员提出的控告、举报和申诉10件，核查怀疑超期羁押935人次。

【查办危害市场环境秩序犯罪】 番禺区人民检察院积极参与整顿和规范市场经济秩序活动，依法平等保护各类市场主体合法权益，全年共审查起诉生产、销售假药案件30件30人，生产、销售不符合安全标准食品案件3件7人，生产、销售有毒、有害食品案件2件3人，诉扰乱市场秩序、金融诈骗以及侵害知识产权案件128件192人。重点办理一批涉案金额巨大、涉及面广、社会影响恶劣的严重经济犯罪案件。

【依法化解社会矛盾】 番禺区人民检察院通过畅通群众申诉渠道，妥善处理群众涉法诉求，全年共受理控告、申诉、举报以及其他群众来信来访160件，解答群众来访来电咨询826件986人次。三个派驻镇街检察室主动开展检察服务、监督工作，先后受理群众来信来访共129件188人次，解决群众疑难问题19件。提前介入区某娱乐场所欠薪案并积极调解，成功督促资方向168名工人支付欠薪。

【全面打造“阳光番检”】 番

9月6日，区人民检察院提请市检察院抗诉后获改判的案件申述人向区人民检察院赠送锦旗
（区检察院供稿）

禺区人民检察院践行“让党满意、让人民满意”的目标，忠实履行检察职责，主动接受人大、政协民主监督和社会监督。共举办以“司法规范化成果展示”和“职务犯罪预防”为主题的大型检察开放日活动，邀请人大代表参加旁听出庭支持公诉活动，主动向人大常委会报告工作，组织人民监督员对职务犯罪案件进行监督，对拟不起诉案件进行公开听证。依托“服务承诺、满意度评分、问卷调查、座谈交流、专题工作会议”等五项工作机制，推进检律互动常态化、制度化、长效化。全年共发布案件程序性信息4169件，公开法律文书830份，发布重要案件信息37条；积极推进官方网站的改版升级，通过新闻媒体开展检察工作宣传69篇次，官方微博“番禺检察”发布信息2360余条。

（区检察院）

法　院

【2015年法院审判概况】 2015年，番禺区人民法院围绕司法为民、公正司法的工作主线，着力执法办案、司法改革、队伍建设，共受理各类案件29491件，审（执）结各类案件18406件，结案标的35.5亿元，法官人均结案155件，法定审限内结案率99.88%。

【刑事审判工作】 2015年，共受理刑事案件2594件3266人，审结2288件2766人。审结杀人、绑架、强奸、故意伤害等严重暴力性犯罪案件247件；审结抢劫、抢夺、盗窃、诈骗犯罪案件599件；审结毒品犯罪案件389件；审结贪污、贿赂、渎职犯罪案件50件。严惩危害社会民生的犯罪行为，成功审理彭某生等14人开设赌场案、周某云等46人电话诈骗案等一批重大刑事案件。区法院优化审判力量配置，加大人力物力投入，严把案件事实关、证据关和法律关，提升刑罚惩治的效果，审结黑恶类“3+2”刑事案件共136宗267人。严格执行罪刑法定、罪责相当、疑罪从无原则，注重人权刑事司法保障，共对462名罪行轻微、主观恶性不深、人身危险性较小、有悔改表现的被告人依法判处缓刑、管制等非监禁刑。依法适用证据裁判、非法证据排除、证人出庭等规则，保障律师知情权、会见权、阅卷权、辩护权，维护被告人合法权益。严格执行审限规定，实现零超期羁押。

【民商事审判工作】 2015年，区法院共受理民商事案件15186件，审结9715件，结案标的30亿元。在民事审判中突出保障和服务民生，着力维护妇女、儿童等弱势群体的合法权益，审结婚姻家庭纠纷、继承纠纷案件869件。审结劳动争议案件1223件，妥善处理广州市荣祥五金锻冲压铸造有限公司欠薪案等多批群体性劳资纠纷，依法保护劳动者和企业的合法权益，有效防止矛盾激化，促进劳资关系和谐。妥善处理涉小区业主、物业公司、房地产企业的群体性纠纷，审结涉及城乡建设、征地拆迁、物业管理等各类涉房地产纠纷案件1144件。在商事审判中贯彻诚实信用原则，维护市场公平交易秩序，审结各类金融合同案件1834件。灵活运用人民调解、诉前调解和诉讼调解等多种方法化解矛盾，通过调撤方式化解3086件民商事纠纷。

【行政审判工作】 2015年共受理行政诉讼案件285件，审结215件，有效支持和监督行政机关依法履行行政管理职能。审查非诉行政执行案件580件，保障合法正当的行政管理秩序。判决行政机关履行法定职责、确认行政行为违法或无效、撤销或变更行政机关具体行政行为的案件41件。

【执行工作】 2015年共受理执行案件11397件，执结6159件，执结标的5.4亿元。依法强化搜查、查封、扣押财产、拍卖、变卖、冻结、划拨以及罚款、

4月16日，区人民法院于沙湾刑庭第二审判庭召开禁毒宣判大会 （区法院供稿）

拘留等强制措施，加强对执行案件信息的社会化管理，在融资、投资、经营、置产、出境、注册新公司等方面给予被执行人必要的限制，促使被执行人履行法定义务，2015年共搜查赖债者的住所227处，司法拘留35人，对21人采取限制出境措施。强化失信惩戒机制，公布失信被执行人名单1347人次，因纳入失信当事人名单而主动联系本院履行债务的案件有57件。重点处理涉民生案件，2015年执结90多批次2253件涉及群体性的工资案件，执结标的963.72万元，维护了辖区的社会稳定。

【积极推进人民陪审员工作】 2015年，番禺区法院落实"人民陪审员倍增计划"，优化人民陪审员的选任、退出机制，扩大选任范围和规模，提高基层群众参审比例，共向全区公开选任人民陪审员155名，人民陪审员参与审结的案件占普通程序结案案件总数的98.06%。

【建设司法公开平台】 2015年，番禺区人民法院全面推进审判流程公开、裁判文书公开、执行信息公开三大司法公开平台建设，以司法公开促进审判执行工作水平全面提升。对审判法庭进行数字化改造，保障案件庭审实现记录、录音、录像"三同步"，2015年通过网络直播各类案件的庭审291件。推进裁判文书上网公开，严格监管上网公布的文书质量、数量和信息安全，通过中国裁判文书网等平台公布各类裁判文书5314份。通过"12368"诉讼信息服务平台实现"一对一"个性化人工服务，做到办案信息"主动告知"，当事人"有问必复"。开通官方微信，深入打造与社会公众相互沟通、彼此互动的信息化平台。

【开展司法救助】 2015年共为经济确有困难的141件案件当事人缓、减、免交诉讼费40.91万元。落实法律援助制度，依法为34名刑事被告人指定了辩护律师。完善司法救助工作机制，推行《关于开展司法救助工作的实施细则》，为确需救助的涉诉信访当事人解决实际困难，2015年共向52名符合条件的被执行人发放司法救助资金38笔共计141.25万元。帮助未成年犯进行劳动技能培训，通过就业重新融入社会，2015年共审结未成年人刑事案件71件88人。

（区法院）

司法行政

【依靠调解方式化解矛盾】 2015年，番禺区司法局以日常排查调处工作为基础，有序开展重大节日期间和"9·3"期间排查调处专项行动。健全调解网络，全区建立调解组织375个，有调解员2220人。其中，村居调委会267个，镇街调委会16个，企事业单位调委会70个，行业性调解组织19个，法庭调解室3个。大石派出所作为试点单位，试点派出所设立人民调解室；大力宣传人民调解工作，番禺区司法局被国家调解员协会评为"2015年度全国人民调解宣传工作先进集体"。"人民调解宣传月"期间，开展人民调解"咨询日"、走访慰问人民调解员和清理化解重大复杂纠纷积案活动。2015年，各级调解组织共排查调处矛盾纠纷2950宗，成功调处2937宗，成功率为99%。

【法治宣传教育】 推进"法律六进"工作。举办普法领导小组会议，审议《番禺区2015年普法工作要点》《番禺区非人大常委会任命领导干部法律知识任职资格考试办法》和《番禺区关于实行"谁执法谁普法"责任制的意见》。开展法律进校园活动，加强教育阵地建设。2015年9月，在大龙街新英才学校举行"关爱明天、普法先行"青少年普法教育暨"法律进民办中小学"系列活动，并建成全市首个民办学校法治教育基地示范点。10月，与区教育局联合举办校园法制副校长、法律顾问培训班，与区委办联合举办宪法专题讲座，提升领导干部依法执政水平。"12·4"国家宪法日，组织区45个职能部门和单位，在市桥星海公园举办以"弘扬宪法精神，建设法治番禺"为主题的宣传活动。积极利用各种普法平台，深入

9月30日，区司法局在新英才学校举行"关爱明天、普法先行"青少年普法教育暨法律进民办中小学系列活动　（区司法局供稿）

开展创建平安番禺法制宣传教育活动。依托"民主法治示范村"创建活动这个载体，扎实推进"法律进农村"工作，广泛开展"三个一"送法下乡活动，组建农村法制教育宣讲团，进一步加强对村（居）两委干部的培训。

【依托镇街开展矫正工作】 2015年，全区累计接收社区矫正人员1532人，累计解除矫正1144人，在册388人。在册刑释解教人员1435人，其中刑满释放1433人，解除劳动教养2人，帮教率和安置率均达100%，无出现脱管、漏管情况。全区推进依托镇街开展社区矫正工作模式，完善社区矫正教育中心、社区矫正和安置帮教基地建设。完善社区矫正安置帮教工作制度，对审前社会调查、人员衔接、监督管理中存在的薄弱环节作了进一步明确细化。规范社区服刑人员入矫程序，南村司法所社区矫正宣告庭进行社区服刑人员入矫宣告仪式演示。规范安置帮教工作档案，采用司法所互评互检方式，对全区释解人员安帮工作档案管理册进行专项检查。创新社区矫正人员教育管理模式，创建"四个一"的社区矫正教育学习模式。沙湾司法所创建社区矫正教育学习网站，创新社区服刑人员教育学习模式。

【一村居一法律顾问】 全区法律顾问累计为村（居）委和群众提供法律服务10613次、接访咨询4338次、调解纠纷95件、上法制课944次。强化监督检查，形成对村（居）法律顾问工作进行监督检查的常态化机制。在全市率先成功打造东环街富豪居委、桥南街南郊村、沙湾镇龙岐村、市桥街黄编村、石基镇凌边村和洛浦街西一村等一批村（居）法律顾问工作示范点。加大宣传力度，对村（居）法律顾问工作的推进情况、经验做法、工作亮点、典型案件等进行持续宣传，大家学有榜样，赶有目标。桥南司法所制作了全市首个村居法律顾问主题微电影《引路者》。

【法律援助】 2015年，区法援处共接待群众来访来电咨询2333人次，承办法律援助案件1197宗。在区公共法律服务中心设法律援助、法律服务窗口，由法律援助工作人员、法援律师值班，为群众提供法律咨询服务；与法院刑事庭合作建立驻法院法律援助工作站，确保刑事案件速裁程序的有效实施，保障犯罪嫌疑人、被告人其应有的合法权益。加强法律援助队伍建设，组织全区各律师事务所法律援助律师、各法律援助工作站的工作人员进行培训。

【公职律师任区政府法律顾问】 2015年，区司法局协助区法制办，把区内优秀律师推选为区政府法律顾问。派公职律师协助区领导接访，为政府依法行政提供法律意见。扩大岗位公职律师试点，在法制办增设2名岗位公职律师。截至12月，公职律师协助区领导累计接待群众239批543人次，参与信访督办案29宗，参与重大纠纷及维稳工作17宗。

（区司法局）

信　访

【信访工作】 2015年，番禺区信访局共受理群众来信来访案件1552件（次），同比（下同）上升了11.6%。其中受理群众来信1124件，上升了7.5%；接待群众来访263批1696人次，批次上升了7.3%，人次下降了25.5%。受理群众来邮165件，上升了68.4%。妥善处理群众到区集访66批1363人次，批次上升了8.2%，人次下降了30.9%。受理群众信访复查案件26件；因信访人对复查意见不服，需配合广州市政府办理申请复核的案件3件。

2015年1月1日，番禺区信访局按照中央和省、市的总体部署开展“广州市信访云综合业务处理系统”（简称“云信访”）的应用，“云信访”系统正式上线投入使用。

规范完善信访工作，落实信访事项首办责任、信访维稳工作责任，推动各有关单位切实解决好初信初访问题，减少群众越级上访；落实领导包案和接访下访工作，完善综治信访维稳中心管理，发挥联合接访、共同会诊等工作机制的作用，降低重信重访；运用法治思维化解信访积案，减少存量，控制增量。

（区信访局）

人民武装

【落实战备工作】 2015年，番禺区人武部围绕“能打仗、打胜仗”的目标要求，扎实开展各项军事战备工作，不断强化备战打仗工作中心地位。着眼城市反恐、应急维稳、抢险救灾等任务需求，进一步细化完善区各类战备方案计划。认真贯彻落实《战备工作条例》，严格作战值班室的正规化管理，突出抓好节假日战备工作。加大干部职工、专武干部和民兵应急分队训练力度，在上级组织的年度考核中，干部职工实弹射击考核获得全优，民兵应急分队获得第一。年内组织市、区两级的民兵轻舟分队骨干集训，组织区、镇（街）共2000多人参加的应急力量、执勤岗前培训、预备役人员等集训；组织370名民兵连续40天常驻广州火车南站参与春运执勤；6月份，组织112名民兵参加地方端午节龙舟赛水上备勤；10月初，在应对超强台风“彩虹”袭击时，提前启动应急预案，收拢集结应急队员，查验准备抢险物资；10月下旬，组织130名民兵参加驻地莲花山重阳节防火执勤；7月17日—9月3日，组织60名预备役人员参加上级组织的年度演习。

【强化教育实践活动】 2015年，番禺区人武部认真落实各项学习制度，参加上级组织的各类教育活动。把深入学习习近平书记系列重要讲话、中共十八届五中全会和古田政工会精神作为首要政治任务。4月份，集中组织干部职工和基层武装部长开展“三严三实”专题教育整顿暨“学习强军目标、做新一代革命军人”主题教育活动。根据《加强和改进新形势下广州市基层武装党的组织建设若干意见》的通知要求，及时与区委办和区委组织部进行协调沟通。6月19日，区人民武装工作委员会（简称武工委）正式成立。围绕“扫除和平积习、聚集能打胜仗”的要求，落实《军事训练中政治工作纲要》，开展竞赛性比武、立功创模和思想互助活动，强化民兵队伍战斗精神的培育和军人血性的培植；抓实抓细应急应战政治工作方案计划的完善细化，及时更新完善政治动员潜力数据。针对尖锐复杂的广州意识形态领域斗争，引导干部职工毫不动摇地坚持党对军队绝对领导根本原则和制度。2015年，番禺区人武部被省军区评为“先进人武部”，部长曾兵被评为“优秀团主官”，军事科刘国强获“三等功”一次。

【高学历兵员过半】 2015年，番禺区提前做好大专院校应届毕业生入伍预征工作和年度兵役登记工作，为大学生入伍开辟“绿色通道”。全区有6636名应征青年网上报名应征。在向部队输送的新兵中，大专以上学历的青年占66%，网上报名人数和高学历兵员比例居全市前列。

【开展基层国防教育活动】 4月24日，全区60多名党政领导干部在区国防教育训练基地开展军事日活动；全区25批共12000余名高一新生完成年度军训任务；政府机构和企事业单位共149批次6187人参加国防教育活动。

2015年，沙湾镇武装部、沙头街武装部和洛浦街武装部被评为“先进基层武装部”，东环街武装部长潘永强、市桥街武装部长朱小雄和钟村街武装部长郭带泉被评为“优秀基层武装部长”。

（区人武部）

1月26日，区委书记卢一先（左二）到人武部慰问 （人武部供稿）

华南板块万达广场周边在建项目施工现场（杨达超摄影）

经济发展

番禺年鉴·2016

工 业

【2015年番禺工业指标】 2015年，番禺区实现工业总产值2084.62亿元，同比（下同）增长8.7%，其中规模以上工业总产值1747.14亿元，增长9.6%，增速排名全市第二；实现工业增加值479.93亿元，增长8.7%。工业用电量39.35亿千瓦时，上升1.85%；大宗工业报装容量28.06万千伏安，上升72.04%；大宗工业竣工容量18.29万千伏安，上升43.28%；大宗工业暂停容量9.10万千伏安，下降28.25%。

2015年，番禺区汽车制造业产值为183.56亿元，增长44.6%，继续保持高速增长，是工业保持较快增长的最大拉动全区力量。对规模以上产值增速贡献为4.69%，对全区规模以上工业产值增速贡献率为48.9%。

【广汽乘用车公司】 2015年，广汽乘用车公司累计生产汽车18.22万辆，增长51.8%；销售汽车18.8万辆，增长62.1%；产值162亿元，增长45.7%；上缴税收16.16亿元，增长21.5%。总投资26亿元的广汽乘用车三期能扩项目完成工程总量40%，预计2016年第三季度可建成整车35万辆年产能。新投放市场的传祺GS4备受追捧，第四季度连续3个月销量位列全国SUV第三名，成为成长速度最快的中国汽车品牌。

【灯光音响行业】 截至2015年底，番禺灯光音响行业共拥有核心企业647家，从业人员5.2万人，年营业收入150亿元，企业主要分布市桥街、石碁镇、南村镇、东环街、大石街、钟村街等6个镇街。音响及设备类企业165家，从业人数2.3万人，营业收入46亿元。灯光及设备系统类企业220家，从业人数1.8万人，营业收入达65亿元。舞台机械设备与技术企业142家，从业人数0.8万人，营业收入18亿元。智能控制技术与设备类企业130家，从业人数0.3万人，营业收入21亿元。

1月28日，南番旅游联盟举行2015年交流活动，图为南番顺旅游联盟轮值主席交接仪式

（区科工商信局供稿）

【建设汽车充电设施】 2015年，番禺区加大新能源汽车推广应用，区财政投入100多万元专项经费在区内选址5个公共交通场所和10个政府机关单位建设50个充电桩。番禺汽车客运站地下停车场、富华西停车场、光明南停车场、德兴停车场正常投入使用。

（区科工商信局）

农　业

【机构改革调整】 根据《中共广州市番禺区委办公室广州市人民政府办公室关于印发〈广州市番禺区政府职能转变和机构改革组织实施工作的意见〉的通知》，撤销原区畜牧兽医局，合并为新的番禺区农业局，加挂区委农村工作办公室、区海洋与渔业局、区畜牧兽医局牌子。

【农业概况】 2015年，番禺区农业农村经济继续保持平稳发展，全区实现总产值46.10亿元，同比（下同）增长1.1%。其中，种植业产值20.17亿元，增长7.8%，畜牧业产值5.84亿元，下降18.7%，渔业产值17.75亿元，增长1.8%。全区农村集体资产总量128.2亿元，资金存量60.74亿元，村级集体年可支配纯收入22.6亿元。

【建设重大农业项目】 海鸥岛现代渔业园区实施各建设项目，广州市莲花山中心渔港建设项目累计完成总工程量88.5%。位于石碁镇亚运大道南边的现代蔬菜园区项目开建，该项目是根据区政府采纳区政协委员提出的建议而批准建设。大石4A屠宰场项目控规调整论证方案通过广州市规委会审议，项目地块功能片区土规调整的材料上报审核。

【新型农业经营主体继续壮大】 2015年，番禺区继续大力扶持培育农业龙头企业、农民专业合作社、专业大户等经营主体，发展多种形式适度规模经营。年内新增一家省重点农业龙头企业（广东海兴农集团有限公司），全区14家市级以上龙头企业（含市级农业龙头企业培育对象）销售收入251.78亿元（其中海大集团饲料销售约240亿，包括在广州地区生产销售收入60亿元）。全区有农民专业合作社47个，社员920人，注册资本共6014万元，带动农户5360户，合作社成员年人均增收1632元。其中，7个农民专业合作社被评为“市级示范社”，占全区合作社总数的16.7%。

【农产品质量安全监管】 2015年，番禺区继续开展农产品、农资产品及畜禽产品质量安全专项整治工作，始终保持严格监管高压态势，未发生重大农产品质量安全事件。全区累计出动农业行政执法人员2.8万人次，检查生产经营场所7505家次（含渔机具4585艘次），立案47宗，罚没款总额52.31万元。开展例行监测共抽检蔬菜农残速测2.7万份，合格率99.79%。新增广东省名牌产品（农业类）3个，全区省名牌产品（农业类）累计13个。

【市场畜牧产品安全】 2015年，番禺区落实重大动物疫病防控，抓好禽流感疫情监测排查，全年禽流感等强制免疫动物疫病免疫率均达到100%。区内两大批发市场累计检疫家禽2874.6万只，检疫冷冻动物产品3049.19吨，核准“动物检疫合格证明”91.75万张；严格落实生猪“瘦肉精”残留监控，累计抽检尿样速测16.12万份，所有尿样全部检测合格。全年没有发生重大动物疫情和畜禽产品质量安全事故。

牲畜定点屠宰场严格执行屠宰操作规程和质量安全管理制度，出场肉品质量安全和供应稳定。2015年全区放心猪肉上市量135.2万头（日均3704头），牛肉上市量195万公斤，羊肉上市量7.6万头，肉品上市量继续保持全市第一。累计开展肉品质量安全相关专项行动34次，联合执法16次，累计共出动执法人员1314人次，处理群众投诉15宗。

【更新改造渔船】 2015年，番禺区按照上级的部署，加大渔船更新改造工作的宣传力度，组织渔村干部和渔船主学习借鉴兄弟县、区的成功经验，争

大刀沙渔船 （郭锦华摄影）

取上级及银信部门的支持，推动渔船更新改造，促进传统捕捞业转型升级。2015年7月初，第一艘新造总长42米的钢质渔船正式下水投入生产。

【渔业及海监执法】 番禺渔政大队联合公安边防、海事、镇村相关部门不定时针对重点水域，开展渔业联合执法行动，依法打击非法捕捞、涉渔“三无”船舶等违法犯罪行为。全年出动执法船18艘次，出航天数280天；出动快艇623艘次，出动执法人员2449人次，检查船舶1591艘次，查处违规案件22宗，没收渔船、电鱼工具及清理定置作业一批。海监执法巡查共出动快艇234艘次，执法车辆47辆次，检查场地54个，执法人员1363人次，查处违规案件5宗。

番禺渔政大队按照上级休禁渔和防汛安全生产要求，共办理渔船年审1018艘，年审率超98%；办理进出港签证3960艘次，渔船过户42艘，休闲渔船安全开航45航次。

【对口帮扶派潭镇】 2015年，番禺区在派潭镇开展的14个帮扶项目全部完成立项，其中10个已完工，4个按期推进。帮扶11个贫困村计划建设公益项目162个，已完工131个。全区已投入帮扶资金3252.78万元，其中“双到”帮扶资金2292.32万元，项目资金929.96万元。招商引资帮扶投入资金1547.8万元。

（区农业局）

农业技术推广

【2015推广的良种作物】 2015年，番禺区农技办继续开展水稻、玉米、番薯、水果等农作物良种引进示范推广。水稻方面，从区农科所选取和购置分蘖能力强、有效穗数多、结实率高的番丰软粘、绿粳籼粘、早三粘等水稻良种，免费向各水稻种植镇、街发放，早、晚两造推广种植面积合共182.7公顷，品种优化率达100%。玉米方面，推广以穗优甜1号、正甜68号、田白甜66号、GT—11水果玉米、花甜糯等玉米良种，春植和秋植面积合共120.8公顷，结合配套的“虫瘟一号”生物农药对玉米螟等害虫进行防治，有效提升了区内玉米的品质，区内玉米良种覆盖率达到95%。番薯方面，推广以广薯87号为番薯种植的主导品种，全年合共种植151.6公顷，区内番薯良种覆盖率达到95%；脱毒试种鸡蛋黄和鸡骨香两只传统品种，试种面积17.8公顷。水果方面，在石楼镇建立水果良种示范点，示范推广种植以无花果、葡萄、火龙果及番石榴为主的水果良种，推广面积约66.7公顷，结合观光旅游农业的发展，进一步提升当地水果产业的自产自销。

【防控农作物病虫害】 2015年，区农技办建立水稻病虫监测点4个、玉米病虫监测点2个、番薯病虫监测点1个、蔬菜病虫监测点2个、花卉病虫监测点1个。根据区内不同作物不同时期的病虫发生特点和发生趋势，通过使用测灯、大田观测圃、定点调查等手段，落实病虫调查和监测，及时发报病虫情报，指导农民进行药物防治，有效降低病虫发生危害程度。水稻病虫害防治面积2000公顷次；玉米病虫害防治面积910公顷次；番薯方病虫害防治面积267公顷次；蔬菜病虫害防治面积合共21773公顷次。

【防控红火蚁】 针对区内出现的红火蚁，区农技办加强普查监测，掌握其发展动态，在全区选取28个调查点进行红火蚁疫情监测；1月开展全区植物产地检疫大行动，防止红火蚁随植物调运而扩散蔓延；春夏季和秋冬季组织两次红火蚁统一扑杀大行动；举办红火蚁防控技术培训班及现场会4期，宣传、培训和普及红火蚁防控知识，共培训350人次；开展多种红火蚁药的药效试验，筛选出适合区内不同季节和地方使用的防控药物；检查监督各镇、街开展红火蚁防控工作的情况，保证防控效果。

【推广测土配方精准施肥技术】 2015年，番禺区农技办在区内开展取土化验和田间试验，采集和分析土壤样品300个；开展主要作物和特色作物—水稻、椰菜和番石榴“2+X”试验2个和肥效表证试验3个；建立测土配方施肥万亩示范区1个、村级示范方10个；石楼镇沙北村、清流村，石碁镇前锋村、海傍村和新造镇东西庄村的配方肥施用比例达到该村化肥使用总量的60%以上；为2万户农户提供测土配方施肥免费指导服务，配方施肥建议卡和施肥技术指导入户率达到90%以上。全区推广测土配方施肥面积6333.3公顷，应用配方施肥技术3333.3公顷。

【番薯小象虫防治试验】 8月上旬—11月中旬，番禺区农技办在新造镇东西庄村番薯小象虫重度发生区开展药剂防治试验，筛选出对番薯小象虫具有较强针对性的防治药剂组合—阿维菌素+毒死蜱+高效氯氰菊酯。应用阿维菌素、毒死蜱和高效氯氰菊酯的药剂处理组合所种植的番薯，产量、商品率（未被危害率）比其它处理优胜。其应用的每种药剂高效低毒，方法通俗易懂，操作性强，且防效显著。

【农业机械化】 2015年，番禺区农机化资金接受中央、省、市、区各级财政投入1072.67万元，其中农机购置包括农业设施建设补贴资金352万元。全区新增农业机械2691台（套），新建农业设施64.6公顷，新增农

大刀沙水稻收割 （郭锦华摄影）

机动力1200千瓦。年末全区农机装备总量达48408台，农业设施3693.5公顷，农机总动力达21万千瓦，农业机耕面积达16600公顷，其中水稻机耕面积247.3公顷；农田机械耕作率98%，水稻机收率达96%，机械运输率95%。

【推广农业机械】 2015年年初，番禺区农机推广中心与广州中海达卫星导航技术股份有限公司合作建立精准农业联合实验基地。利用拖拉机与北斗农机自动导航驾驶系统的结合，应用于起垄、播种、耙地、收割、喷药、铺膜、犁地、中耕等，并且白天黑夜均可以工作，人停车不停，作业精度达到2.5厘米以内。这项技术与区农机推广基地联合，对iFarm北斗农机自动导航驾驶系统设备进行技术范围内的科研试验、培训教学和示范推广，共同推动精细农业产业发展。

区农机技术推广服务站根据各个时期农业装备的使用情况，制定开办相关农机驾驶员和农机技能培训班年度计划，每月按计划实施。联合番禺职业技术学院分别前往南村镇的樟边村、梅山村，石基镇的大龙村，石楼镇的沙北村、海心村开展了7期农机技能培训班，共培训农户682人。

【落实农机补贴政策】 2015年，番禺区农机购置补贴资金共671.10万元，其中广州市农机购置补贴资金221.10万元，番禺区农机购置补贴资金450万元。新修订的《番禺区2015年农业机械购置补贴产品目录》，共选录470种先进适用、环保节能的农机产品，调整6种农机产品的参考售价。3月开始受理年度农机购置补贴的申请，截至10月31日，共受理申请表1059份，补贴各种农业机械2322台（套），补贴额152.28万元；补贴喷滴灌设施25.3公顷、花卉蔬菜大棚4.9公顷、水产养殖越冬棚32.8公顷，补贴额337.68万元；总补贴额达489.96万元，受惠农户733户，增加农机总动力4886千瓦。

（区农技办）

商业服务业

【主要商业指标】 2015年，番禺区批发和零售商品销售总额2551.56亿元，同比（下同）增长14.8%。社会消费品零售总额1030.22亿元，增长11.1%，其中，批发零售贸易业843.67亿元，增长11.7%，住宿和餐饮业186.55亿元，增长8.3%。

【举办广州国际美食节】 2015年广州国际美食节于11月27日—12月6日在番禺大道广州国际美食文化广场举行。10天美食节入场人数约105万人次，消费总额约1.2亿元。本届美食节以“品千年商都饮食文化 · 展广州美食之都风采”为主题，主会场位于番禺大道河村，总占地5万平方米，其中展销广场3.1万平方米，设228个展位，其中美食展位172个，包装展位40个，其他展位16个（知名企业展示及饮料销售）。整个美食展区划分为：名店风采、老广州餐饮店、舌尖驿站、国际美食荟、中华美食廊、港澳台美食阁、韶关特色美食街、精品手信街、电商食材馆、无烟碳烤区等区域。

【奥园城市天地和永旺梦乐城开业】 奥园城市天地于2015年12月开业，是广州市政府重点建设的项目之一，集大型商业、特色主题街区、精品酒店公寓、LOFT公寓、梦幻剧场于一体。项目位于广州新中轴核心汉溪长隆地段，占地面积12万平方米，建筑面积逾50万平方米，为中国奥园地产集团投入百亿元开发。

永旺梦乐城商业广场位于番禺区亚运大道1号，12月31日试业。总面积51400平方米，可建设用地面积39752平方米，建筑面积168061平方米，毗邻番禺广场地铁站。

【优质农副产品进社区】 “优质农副产品进社区”为2015年番禺区十件民生实事之一。以村（居）公共服务站为平台，“百越网购”等为载体，建设10个示范网购便民提货点，实施“网上下单、保鲜柜提货”便民模式。引进8家小型优质农副产品超市进驻小区，提供质优价平的农副产品。

5月19日，莲花山旅游区、宝墨园·南粤苑等12家景区被广州旅游促进会授予首批海上丝绸之路旅游景区（区科工商信局供稿）

【五湖四海成功转型】 五湖四海国际水产交易中心对旧市场和旧厂房进行改造，成为区内专业批发市场转型升级工作的成功案例。转型升级为集办公、电商、休闲、娱乐于一体的大型创意园，引入众创、服装设计、连锁酒店等一批企业；对原有水产交易区改造转型为时尚餐饮酒吧区。

【电子商务发展】 2015年，区内电子商务发展加快。岭南电子商务产业园、友利电子商务产业园等3个电子商务园区和广州优蜜移动科技股份有限公司、广州市番禺区石碁供销社等6家电子商务企业相继成为广东省电子商务示范基地和广东省电子商务示范企业，12月广东省和广州市电子商务示范企业汇美时尚集团落户番禺。南站商务区大型跨境电子商务直购直销体验中心。"岭南海淘""荔购．番禺跨境商品直购体验中心""卡奔优品"等跨境电子商务平台开业运行。番禺奥园广场的奥买家、荔园新天地的荔购两家跨境电商体验中心于9月和10月相继开业，经营面积合共17000平方米，涵括上万种优质进口商品。通过深度嫁接"互联网+"，融入现代商业理念，为消费者提供全新的消费模式。

【"番禺制造"借力广博会】 第23届广博会上番禺区共60多家企业参展。番禺展馆借助"广博会"，以政府形象宣传为主导，辅以企业品牌展示的形式进行特装展示，体现番禺区全面实施"创新引领、'双核'驱动"战略。番禺企业展示名优农产品、食品、珠宝、动漫游戏、渔业、房地产等"番禺制造"产品。

（区科工商信局）

供销商业

【供销商业发展电子商务】 2015年，番禺区供销联社加快推进"互联网+农产品"电子商务发展，石碁供销社"百越网购"及区果菜副食品公司

10月30日，区供销联社举办2015年“放心农资进万家”诚信建设活动　（区供销社供稿）

“番禺供销名优产品”电子商务平台将番禺本地、省内乃至全国各地的优质农副产品上线供应，全年总销售额300多万元。“百越网购”整合平价商店和配送中心、农民专业合作社等网点资源，搭建“产—供—销”三位一体农产品流通服务网络，上架商品超过3500种，其中生鲜农产品350多种。区果菜副食品公司的“番禺供销名优产品”电子商务平台开设“供鲜社”淘宝网店、果菜食品专营店（淘宝店）、番禺供销名优产品（微商城）等，主要推广销售番禺地区及全国各地的特色优质农副产品。

2015年，区供销联社承办区政府“十件民生实事”之“推进优质农副产品进社区”工作，以石基供销社“百越网购”为载体，建设了10个社区网购便民提货点，实施“网上下订单、保鲜柜提货”便民模式。

【建设“食得放心”商店】 为配合落实市政府建设“食得放心”城市工作，番禺平价商店销售网络推进猪肉溯源系统试点建设，石碁供销社属下的百越商店平价专区、富怡平价店、德兴平价店3个试点建设完成于9月底正式试运行。平价商店向区内机关团体、学校等30多个单位食堂实行每日商品配送，全年配送额570万元。新建的石碁供销社特产专营店立足番禺，组织开发五华、增城和韶关、清远等粤北山区的优质农副产品，满足市民群众的需要。石碁供销社百越商场被广州市消委会授予“2014年度放心消费商店”称号。

【农民合作经济销售过亿】 截至2015年年底，番禺区供销社系统领办农民专业合作社43个，农民专业合作社联合社3个，入社社员1300多人，带动农户近4700户，经营范围涉及种植、养殖、农产品加工、农产品销售、深海渔业产品加工和农机服务等，2015年销售总额近1亿元。推动“农销对接”，19家农民专业合作社产品直供批发市场、平价商店或超市，“农超对接”销售额达8000多万元，达到“农户受益、商家不亏、市民得实惠”的效果。

【开设民政救灾物资储备仓】 2015年，番禺区供销社系统承接政府应急物资储备调运工作职能。选用属下区农资公司南庄仓库1号仓作为区民政部门救灾物资储备仓，仓库储备面积超过800平方米，容量达到1750立方米。10月底，完成周边道路及仓库的修缮工程，并按要求调入军被、帐篷、蚊帐、床垫、胶桶、毛毯、保暖内衣等各类民政救灾物资。

（区供销社）

旅　游

【旅游业概况】 2015年，番禺区城市接待游客总人数3502万人次，旅游总收入358.56亿元，分别比2014年增长16.3%和27.6%。全区16家主要景区（景点）接待游客人数增长18.8%，营业收入增长27.7%；38家主要宾馆酒店接待过夜游客人数增长10.1%，营业收入增长7.4%；

广州南站进出旅客增长66.6%。区内旅游机构组织、参加各类旅游推介活动：赴港澳地区参加“美丽中国之旅”主题推广活动、举行“番禺旅游香港推介会”；加强与广州电视台、新浪网、广州珠江移动城市电视等媒体合作宣传番禺旅游。在2015年全国“质量月”活动启动仪式上，番禺区获授牌“全国知名品牌创建示范区”，是本次活动唯一一个文化休闲旅游产业示范区。在2015年“中国旅游日”广州市专题活动上，莲花山旅游区、宝墨园·南粤苑等12家景区被广州旅游促进会、广州地区旅游景区协会授予首批“广州海上丝绸之路旅游景区（点）”称号。

【自办旅游媒介】 区内旅游机构发挥自有媒介资源优势，及时挖掘和报道区内旅游亮点。2015年，广州番禺旅游网发布政务信息和企业快讯324篇。广州番禺旅游政务微博在新浪微博和腾讯微博两个平台共计发布微博2312条。其中，分别在两大微博平台发布的原创微博有2142条。

（区科工商信局）

外经贸与口岸

【利用外资稳步增长】 2015年，番禺区新批外商直接投资企业132家，同比（下同）增长11.86%；合同外资金额31671万美元，增长5%；实际使用外资金额34392万美元，增长20.78%。其中，合同外资金额完成全年目标任务的101.94%，实际使用外资金额完成全年目标任务100.65%。

【外贸进出口平稳】 2015年，番禺区外贸进出口总值1137.8亿元人民币，增长2.3%。其中，出口703.6亿元，增长6.9%。全口径服务外包合同额4.43亿美元，增长21.01%，离岸外包合同额4.41亿美元，增长24.27%。共验放出入境旅客40万余人次，出入境船舶6000余艘次。

【珠宝首饰业出口下降】 2015年，番禺区出口珠宝首饰（包括黄金，下同）261.7亿元，下降7.6%，占同期番禺区出口总值的37.2%；进口珠宝首饰243亿元，下降8.7%，占同期番禺区进口总值的56%。主要进出口国家和地区为美国、香港、欧洲和中东。全区共有近400家珠宝生产企业，7万名从业人员，涵盖珠宝加工、首饰镶嵌、钻石加工、彩宝设计、配套服务等领域，其中有40多家珠宝企业开展珠宝进出口业务。

【大罗塘珠宝首饰产业占全球三成】 二十世纪八十年代，香港的珠宝厂商转移，番禺大罗塘地区成为承接境外珠宝产业转移的第一站。经过30年的发展壮大，在大罗塘地区集聚的珠宝首饰生产加工和销售经营企业、商户已超过2000家，从业人员5万多人，形成了集原料销售、生产工具制造销售、技术工人培训、设计研发、生产、半成品和成品销售、电子商务、检验检测、会展服务等为一体的完整产业链，成为全国首屈一指的以出口为主兼顾国内市场的珠宝首饰生产加工基地。据行业统计，大罗塘珠宝首饰产品占全球市场份额约三成，占港澳地区市场份额约七成。

【2015年广州番禺珠宝文化节】 由广州市番禺区珠宝厂商会主办，番禺区珠宝厂商会、番禺区大罗塘珠宝首饰商会联合承办的“2015年广州番禺珠宝文化节”于2015年12月3日—6日广州国际美食节期间举行。珠宝节系列活动设在番禺区沙头街大罗塘珠宝首饰集聚区内，八大展馆同时联动，展出面积26074万平方米，参展商超2000家，接待游客13.54万人次，成交总额5846.79万元。

【莲花山港往返香港机场航线开通】 2015年7月15日，番禺莲花山港往返香港机场的航线正式开通。市民可搭乘航船从莲花山港直达香港机场，无需办理香港出入境手续，无需提取行李，直接办理登机飞往目的地。这一“海天联运”的无缝连接将广州至香港机场的时间缩短至100分钟，每日有两班来回的固定航班。

（区科工商信局）

财　政

【一般公共预算收入小幅增长】 2015年，番禺区一般公共预算收入实现84.47亿元，完成年度预算的100.53%，增收5.20亿元，同比（下同）增长6.56%。其中：税收收入70.74亿元，占一般公共预算收入的83.74%，比2014年提高6.02%，完成年度预算的98.48%，增收9.13亿元，增长14.82%；非税收入13.73亿元，完成年度预算的112.60%，减收3.93亿元，下降22.25%。

全区一般公共预算支出124.85亿元，完成年度预算的85.73%，增支36.43亿元，增长41.20%。其中：区级（含街道）支出108.03亿元，完成年度预算的85.38%，增支34.38亿元，增长46.68%；镇级支出16.82亿元，完成年度预算的88.02%，增支2.05亿元，增长13.88%。

【非税收入增加】 2015年，番禺区财政局加强非税收入征管，监控教育、国土、公安等部门的收费及基础设施配套费收入的入库情况，非税收入及时、足额和均衡入库。区财政局向市财政申请返还土地出让金收入10.30亿元；协调落实与南沙区规划调整涉及的财政问题，从2015年起由市财政分两年先行代南沙区安排番禺区土地出让金30亿元。开展清理盘活财政存量资金工作，加大结余结转资金的统筹力度，提高财政资金的使用效率。及时收缴国有资产经营收入，全年收缴1.47亿元。

【严控三公经费支出】 2015年，番禺区财政加大资金统筹力度，从严审核拨付各项支出；通过加大绩效评审、投资评审工作力度等办法切实压减不合理开支。贯彻落实厉行节约规定，从严控制一般性支出和“三公”经费支出，在“E财财政综合管理信息系统”中启用全部款级支出经济分类科目，实现对“三公”经费项目从预算编制—指标管理—资金拨付—账务核算—系统监控全过程的精细化管理。在区纪委“番禺区作风监察信息平台”中建立“三公”经费和会议费监控模块，对区属各单位“三公”经费和会议费等公共财政拨款支出情况进行监控。

【加大教育科技卫生投入】 2015年，番禺区财政安排教育经费25.58亿元，其中安排教育专项经费9.92亿元，主要用于城乡义务教育补助1.37亿元、临时聘用教师经费0.22亿元、中职学校经费0.24亿元、学前教育专项资金0.54亿元、民办教育发展专项资金及教师继续教育经费0.13亿元、校园安保经费0.45亿元等项目支出。加大科技投入，全区投入科技类专项经费4.05亿元，主要用于智慧番禺建设经费、配套广州超级计算机中心建设经费及各类科技专项经费支出。

全年投入卫生与计划生育经费8.09亿元。其中，按常住人口人均50元的标准足额拨付基本公共卫生服务经费0.35亿元。

【10亿元推进社会保障建设】 2015年，番禺区财政拨付社会保障和就业经费9.73亿元。年内番禺区相继提高最低生活保障标准、低收入困难家庭认定标准、孤儿养育标准和农村五保供养标准，拨付最低

2月6日，区财政局召开2014年度工作总结会议　（区财政局供稿）

6月18日，区财政局举行加挂广州市番禺区人民政府国有资产监督管理局牌子仪式 （区财政局供稿）

生活保障、五保户供养、低保人员分类救济等各类困难群众保障经费0.12亿元。拨付复员退伍及伤残军人安置补助和优抚对象补助经费0.23亿元、残疾人保障经费0.21亿元。拨付退休人员过渡性医疗金政府资助、农转居人员养老保险政府资助及老年人长寿保健金、居家养老政府购买服务经费0.32亿元。拨付职业技能培训、岗位补贴、社会保险补贴等各类促进就业经费0.18亿元。

【补贴改善市民公交出行】 全年拨付公交行业及“村村通客车”财政补贴1.57亿元，支持“村村通客车”、公交票务优惠政策，扩大区内班车公交化覆盖面，并对因承担政府指令性任务及执行低票价造成经营收入下降的公交行业进行补贴。支持实施珠三角9地市普通公路收费站年票互通政策，拨付2015年度市、区两级年票补偿清算资金1.03亿元。

【财政扶持企业发展】 番禺区财政加大重大项目引进财政扶持力度，支持产业结构调整和优化升级。拨付亿隆公司大学城留用地租金补贴1亿元，拨付产业发展扶持资金1.60亿元，扶持海印展贸城、广汽集团、鞍钢广州等符合番禺区产业发展导向的企业发展。落实上级各项扶持企业发展政策，协助156家企业的166个项目及14家外资企业的14个项目申报各级专项补助或奖励，及时核拨上级技术改造、技术创新、基础设施建设、扶持中小企业发展及节能、价格等专项补贴0.62亿元，拨付357家企业涉外发展扶持资金0.46亿元。

【5亿元支持农业渔业】 全年投入农业项目经费5.45亿元，用于名优水产养殖试验基地建设、机耕路硬底化建设、农机购置补贴及农业设施、农业科技和农业基础设施建设。拨付专款用于动物防疫、扑杀、检测及农产品质量检测等；拨付农资综合直补、种粮直补、良种补贴及粮食生产补贴；拨付粮油储备费用；拨付中央渔民柴油补贴、伏季休渔期渔民生活补贴和珠江禁渔渔民补贴；拨款支持新农村建设、美丽乡

村项目建设，改善农村基础设施条件；拨款支持发展缓慢村。

【投入资金推动水环境建设】 全年投入水利专项资金5.72亿元，用于城乡河涌整治与水环境建设，并拨付水务公司收购镇街自来水厂经费0.86亿元，安排污水公司前锋净水厂和污水管网建设补贴及运营奖励1.70亿元。

【绩效评价提高财政支出使用效率】 2015年，番禺区全面铺开预算绩效评审工作，全年共完成绩效目标审核项目435个，审核资金71.58亿元，较2014年增长31.6%。将2014年度科技经费、区本级200万元及以上一般性专项和500万元及以上基建类支出项目纳入支出绩效评价范围，涉及资金9.19亿元，评价金额比2014年增长71.43%。实行绩效目标申报调整，项目单位可根据预算绩效评审意见，对绩效目标进行修正完善，进一步提高绩效目标的科学性。建立预算绩效目标批复制度，2015年度项目绩效目标批复范围覆盖全区43个主管部门、82个项目单位的446个项目，涉及2015年预算资金72.15亿元。实施支出绩效复评制度，对已完成的2014年度的3个绩效评价项目进行支出绩效复评，将复评发现的问题及时反馈评价机构，促进评审工作质量的提高。

【改进镇街财政管理体制】 2015年，番禺区按照事权与财权相匹配的原则，实施新一轮区对镇、街财政管理体制改革。新体制根据事权下划的情况，在进一步理顺区与镇、街事权范围的基础上，合理界定区与镇、街的财力和支出责任，对特定企业的范围、基础设施配套费的分成办法等内容进行大幅度调整。

【严控政府性债务】 为将番禺区总体债务控制在合理水平，确保财政的稳健运行，根据区财政收入、国有企业资产及土地储备和可出让收入等情况，番禺区财政局拟订2015年7月至2019年12月期间的化债工作方案。涉及安排好偿债风险准备金，严控新增政府债务，大力推进债务重组工作，积极推进债券置换工作。2015年，番禺区通过债务重组、债券置换等办法，共归还整体政府性债务本金39.49亿元，偿还利息9.06亿元。至2015年末，已累计归还整体政府性债务本金80亿元，整体政府性债务余额降为137.25亿元。

【财政投资评审管理】 区财政局切实抓好重点项目的评审工作，完成南大干线工程的初步设计概算、万博中央商务区及配套市政系列项目的概（预）算、区中医院扩建医疗综合大楼工程概算（预）算、何贤纪念医院医疗综合大楼改扩建工程概（预）算等重点项目的评审工作。全年共完成评审项目1611项，完成评审总额121.60亿元，审减不合理开支27.35亿元，核减率为22.49%。

【节约政府采购资金】 开展编制2016年政府采购预算的工作，并实施采购清单公开制度，要求采购人提交政府采购需求时须附上采购明细清单并予以公开，接受公众监督，促使采购人合理编制采购预算。实施政府采购计划备案制度，有效防止采购人以没有预算为借口，肢解采购项目，规避公开招标的行为。推进政府采购项目库管理，对项目进度进行实时监控。全年完成采购项目1542项，完成采购总额10.27亿元，比预算节约资金0.60亿元。

【推进国库集中支付】 按照《广州市公务卡强制结算目录》的要求，大力推进公务卡结算制度，全年共新开公务卡4968张，公务消费刷卡支出0.27亿元。推进镇级国库集中支付制度改革，实现了镇级国库集中支付制度的全面实施。全年区财政通过零余额账户完成集中支付累计16.63万笔，共121.10亿元。

【财政信息全公开】 2015年，番禺区实现财政预、决算及“三公”经费、会议费等财政信息的全口径公开和全覆盖，区直26个部门和16个镇街，以及党群、人大、政协、法院、检察院等部门的财政预、决算及“三公”经费、会议费等信息实现向社会的全面公开。

（区财政局）

区属公有企业

【区属公有企业资产360亿】 截至2015年12月底，番禺区属公有企业（包括七大集团公司及紫坭热电公司）资产总额约为361.30亿元；完成营业收入约21.16亿元；实现利润总额约4.26亿元；实现净利润约2.75亿元；缴纳税金约3.16亿元。番禺区经济发展总公司资产总额约为14.44亿元。

【公有企业服务民生工程】 2015年，区水务公司全力保障全区供水安全，加大水质检测设备投入，严把供水质量关，加强供水管网更新改造；加强污水厂营运，加强管网巡查，做好设备维护保养；前锋净水厂扩建三期工程于2015年12月31日正式通水试营运；开展市桥河水系综合整治工作，基本完成上级下达的建设任务。保税区公司高质量建设政府重点保障房项目广汽生活区公寓和菩山花园小区。房地产集团公司推进新世界大厦主楼改造工程、南景园安置区、盛泰花园及珠江甘蔗场安置区等代建项目建设，各项目均进入竣工验收扫尾工作阶段。

【公有企业着力新兴产业】 区创新城公司积极协助市相关部门推进创新城招商工作，重点引进“高、精、尖”项目落户。番发（旅游）公司尝试互联网+旅游产业；宝墨园在园区各大景点增设手机移动导游系统；信投公司建设国家数字家庭应用示范产业基地研发孵化园二期；保税区公司属下大学城健康产业科技园投资管理有限公司以“服务、整合、创新”指导工作，全年孵化基地新引入企业28家，基地总注册资本30亿元。

【公有资产提质增效】 番发（旅游）公司与香港中旅集团、韩中企业联盟总联合会、云南伟光汇通古镇运营公司、广州长隆集团等国内外知名企业合作，盘活旅游板块闲置资产、提升旅游资源附加值和适应互联网+的经营模式，促进旅游板块企业转型升级。番禺宾馆通过开拓商务及学术会议团队业务，针对不同层次人群定制各类优质超值国内外旅游路线等措施，挖潜增效。莲花山旅游区举办莲花旅游文化节、“莲峰魅影”比舞大赛及设置新年倒数现场直播点等系列活动，2015年接待人数突破172万人次。宝墨园通过推出“海上丝绸之路工艺藏品展”“丝绸之路健康宴”，举办全球直播的西班牙“海上丝绸之路”美食嘉年华及一系列群众喜闻乐见的大型活动，提升园区知名度。宝墨园、南粤苑进园游客140万人次。房地产集团公司统筹市桥先锋巷保护性开发、地铁七号线钟村站周边地区改造及丽水蓝天豪庭等项目的建设；经济发展总公司在保证物业出租安全的前提下，尽可能将符合出租条件的物业进行出租。

（区财政局）

国家税务

【2015年国税超100亿】 2015年，番禺区国家税务局面对区内经济增速放缓、外贸持续低迷、减税力度加大等多重压力，坚持“依法征税，应收尽收，坚决不收过头税，防止和制止越权减免税”的组织收入原则，采取有效促收措施，争取免抵调指标，总体税收收入规模和区级财政收入在经济转型换挡的新常态下均再创新高。全年组织各项税收收入134.11亿元，同比（下同）增长27.79%，增收29.16亿元。其中：组织现税收入111.65亿元，增长29.05%，增收25.13亿元，首次突破100亿元；免抵调库收入22.45亿元，增长21.86%，增收4.03亿元。完成区级财政收入28.81亿元，增长26.80%，增收6.09亿元。

截至2015年年底，区国税局的征管业户共有112083户，其中企业类纳税人59869户，个体工商户类纳税人52214户，增值税一般纳税人17380户。

【税收优惠促转型】 2015年，区国税局主动落实并发挥税收政策调结构、惠民生、促发展

9月22日，区国税局举行税爱学子助飞梦想志愿活动
（区国税局供稿）

的服务作用，支持番禺新型城市化发展战略，全年累计办理各类减免税金额约19亿元，有效发挥吸引投资、促进科技进步，促进区域经济发展。截至2015年12月，全区纳入“营改增”试点的纳税人共2.4万户，“营改增”入库金额为7.13亿元，减税约4000万元。有1.17万户小型微利企业受益减免税额3700万元；1642户企业享受固定资产加速折旧政策优惠，减免所得税额2400万元。全区实际出口退（免）税49.20亿元，惠及全区1142户出口企业。

【纳税服务再升级】 2015年，番禺区国税局办税服务厅被评为广东省国税系统“五星级办税服务厅”。为配合商事登记制度改革，丰富改革配套措施，区国税局推行个体工商户的“三证联办”并顺利实现企业纳税人“一照一码”改革的落地；开展增值税发票系统升级版推广工作，2.5万户纳税人完成升级，享受到更便捷的发票领用服务。推广多元化申报方式和预约办税，开通24小时自助办税服务区，全年共有1.8万户次税户通过预约办税，多元化申报率达96%；开通番禺国税微信订阅号传播税务微资讯，方便纳税人查阅最新资讯，微信订阅号关注量已达7430户，全年共发送25期107条微资讯；积极探索推行邮政配送税务文书和发售发票服务，全年通过邮寄送达税务文书超2万份、发售发票近10万份，极大方便纳税人办税；聚焦中小企业融资需求，推广“税融通”创新服务，推广税银公众服务平台，促进税收信用转化为融资信用，全年共有80户纳税人通过融资申请，合计获得授信金额820多万元。

【打造依法治税品牌】 2015年，番禺区国税局全面落实依法治税方略，推进依法治税工作，规范税收执法行为，促进税法遵从，维护区域公平公正的法治化营商环境。落实税务行政审批清单，明确税务执法边界；落实信息公开制度，主动接受社会监督，维护纳税人的知情权；推行税收执法说明理由制度；强化执法督察，共对424户次税收执法行为进行监督检查，发挥执法信息系统的监控作用，确保税务人员公平公正执法。推进税源风险管理，发挥纳税评估、反避税等手段化解风险、堵漏增收、规范秩序的作用，全年共评估企业529户，发现问题率为98%，入库税款及滞纳金8700余万元。办结一起反避税案件，补缴税款和利息合计9800万元，该案件为全省首例滥用税收协定反避税案件。

【深化国税地税合作】 2015年，番禺区国税局主动落实中央《深化国税、地税征管体制改革方案》及税务总局《国家税务局地方税务局合作工作规范（1.0版）》，在纳税服务、征收管理、信息共享等方面开展多层次的合作探索。利用大石国税地税“同址办公”的原有条件，对办税服务厅进行规划整合，形成国地税一体化联合办税，实现50项业务的一窗联办，截至年底共受理联办业务5374余项，纳税人走一家门、拿一个号、在一个窗口办理两家业务；与地税局确定5个征管信息互通项目26个互通涉税指标，初步建立起一套风险共同管理的合作规范，提升国际税收工作质效；搭建联合式税宣机制，积极利用地方媒体、企业商会平台等共同举办税宣活动，联合走进产业园区、走进大学城，服务小微企业和“创客”群体；探索联合执法，将纳税人欠税清理、涉税风险防范等作为深度合作项目，成功追缴某企业200多万元欠税。

（区国税局）

地方税务

【税费收入超200亿元】 2015年，番禺区地方税费收入214.26亿元，首次突破200亿元大关，同比（下同）增长11.05%，其中税收收入133.19亿元，增长9.46%；费金收入81.07亿元，增长13.76%；区公共财政预算收入46.48亿元，增长4.75%。

【税收征管高效规范】 2015年，番禺区地方税务局强化土地增值税清算、企业所得税汇算清缴以及个人所得税管理，全年个人所得税明细申报覆盖率91.33%，位列全市第一；集中核查在售楼盘、在建工程税款缴纳情况，助推营业税增收1.58亿元；强化大案要案税务稽查力度，全年查补税费及罚款、滞纳金1128万元；开展房产税、土地使用税、印花税等中小税种专项核查，查补税款2156万元；针对房地产企业代理契税业务进行专项清理，敦促入库相关税款1亿元；通过纳税评估，征收大宗股权交易、财产转让等大额一次性税款逾3亿元。

【大力推进征管改革】 2015年，番禺区地方税务局开展“一照一码”及“一口式”登记制度改革，全年新增地税登记户数达到2.26万户。推广“同城通办”，对全区地税办税大厅的行政审批资源进行物理整合和流程再造，统一规范操作口径，围绕403项涉税业务提供“同城通办”便民服务。深化税源专业化管理，按事设岗、按岗定责，以前台服务、基础管理、风险应对、核查审批四个序列为标准，对基层人力重新进行专业分工，明晰权责关系；按照先办事项分级抽查、重点行业综合评估、关键税种重点筛

4月25日，番禺区地税局在奥园广场开展“税法进商圈”活动 （区地税局供稿）

表 1　　2015 年番禺区地方税收明细

单位：万元

营业税	416260
企业所得税	211193
个人所得税	194577
土地增值税	187539
城建税	93737
房产税	49114
契税	126166
土地使用税	13401
印花税	20056
耕地占用税	8670
车船税	11169

查等方式，产生风险疑点核查任务，基层配合应对，逐步形成运转顺畅、协调配合的税源管事工作体系。

【健全综合治税方式】 番禺区地方税务局通过完善协税护税平台，拓展第三方涉税信息获取渠道，促进跨界融合和优势叠加；按照“以地控税、以税节地”的原则，加强与国土部门的信息共享，促使金三系统房产、土地清册大幅增加 60%，推动土地使用税同比增收 570 多万元；逐步建立与大学城管委会、万博指挥部等部门的沟通机制，加强对重点项目、重点商圈的管理。

【落实税费优惠】 地方税务局设立“小微企业优惠政策落实咨询服务专岗”，提供税费减免跟踪辅导服务，为符合条件的 34751 户次小微企业减免营业税 5900 万元。持续优化征管流程，下放房产税及土地税用税的减免审批权限，推动审批周期由过去的 15—30 日缩短至 1—7 日，全年共计减免各类税收 3.7 亿元；简化车船税常用文书业务流程及社保费退费流程，为纳税人减负增效。

【催缴社保费】 番禺区地方税务局全力筑牢社保根基，贯彻落实养老保险单位缴费比例调整政策，及时为缴费人减免相关费金；以人力资源公司、劳务中介机构和劳动密集型企业为重点，全面开展社保费欠费催缴及参保扩面，推动全区养老保险缴费人数由年初的 44.9 万人增长至 47.2 万人。加大对初信初访的处理力度，防止矛盾扩大升级，共接到信访案件 14 宗，案件办结率达 100%；配合镇街妥善处理群体性维稳工作，为利得鞋业、丰达电机厂员工以及小谷围岛村民等 2694 人次补缴社保费 6884 万元。

【税务互联网+服务提升】 2015 年，番禺区地方税务局推进互联网+服务模式。打造网上办税平台，推广电子办税服务厅，1.1 万户纳税人开通 CA 终端，6083 户次纳税人享受邮政免费送票服务；罗家办税服务厅推行网上预约，纳税人平均等候时间由原来的 40 分钟下降至 13 分钟，日均“二次优先”受理量下降近 50%。优化一次性告知平台，创新开发办税网页清单，并缩短一次性告知时间。建立 12366 咨询热线数据库，定期汇编热点问题及解答，对纳税咨询辅导实行留痕化管理，大幅提升咨询热线接通率；通过信息系统开展数据比对分析，全年共对 762 户业户进行纳税评估，评估收入 4.26 亿元；积极运用电子查账软件及取证工具，探索利用互联网等公开数据信息，实现传统的“实物稽查”与互联网“数字稽查”相结合。

【国税地税合作】 2015 年。番禺区地方税务局与国家税务局率先在大石探索国地税联合办税，依托办税厅地址一致的有利因素，打通电子办税服务厅壁垒，使纳税人只需登陆一个接口即可快速进入国地税两家电厅；打通实体办税服务厅壁垒，将大石原先各自独立的国地税预受理区合二为一，整体上形成开放互通的预受理格局；打通系统权限壁垒，初步设立四个联合办税窗口，全面开通国地税联办工作权限，真正实现一厅、一窗、一机、一人的联办模式。

（区地税局）

金融保险

【存贷款增加】 截至2015年年底，番禺区金融机构人民币存款余额2196亿元，比2014年底增长5.5%，贷款余额1438亿元，比2014年年底增长6.5%。金融服务小微企业能力显著增强，区中小微企业新增人民币贷款105.52亿元，累计余额比2014年底增长21.87%，投向生产制造加工业和商品流通服务业占比为58.8%。

年内新建14家社区金融服务站，建设总面积403平方米，安装89台金融自动终端设备、5台第三方设备，全区共建成46家社区金融服务站。

3家小额贷款公司2015年度共发放贷款170笔，累计发放贷款66024万元，贷款余额47086万元，实现营业收入4452万元，缴纳各项税收686万元。

【保险业增长一成半】 2015年，番禺地区保费收入约23.66亿元（未含外资公司），增长15.4%。其中产险收入约15.97亿元，增长10.22%，累计赔付支出8.35亿元；寿险收入约7.7亿元，增长50%。

（区科工商信局）

民营经济

【民营经济持续增长】 2015年年末，番禺区工商注册登记个体、私营企业共16.6万户，从业人员39.88万人，分别增长12%和8%。截至2015年12月，全区现有规模以上民营工业企业483家，规模以上民营工业企业实现产值653.19亿元，占全区规模以上工业总产值的37.4%，增长10.9%；对全区规模以上工业总产值增长的贡献率为41.9%。全区产值超亿元的民营工业企业有127家，实现产值491.66亿元。全区有规模以上民营商业企业948家，规模以上民营商业企业实现商品销售额（营业额）1412.92亿元，占全区规模以上商业企业的86.3%，增长6.4%；规模以上民营商业企业实现商品销售额（营业额）增长的贡献率为36.4%。民间投资（民营经济）300.81亿元，占全区投资总额的51.9%。

【企业自主创新能力提升】 2015年，全区各类市级以上科技型企业598家，其中高新技术企业达191家（新增25家），占广州市高新技术企业总数的10%。全区企业研发中心总数达158个，其中市级以上企业研发中心68个，新增9家。专利申请8455件、授权5370件，增长53.1%和46.4%。市级以上科技企业孵化器达12家，其中国家级2家，省级2家。全年新增国家高新技术企业25家、上市企业3家、新三板企业19家，创新与资本呈现加速融合态势。全区有上市企业11家、“新三板”挂牌企业22家、广州股权交易中心挂牌企业128家。区内企业拥有省名牌产品（工业类）46个，中国驰名商标20件、省著名商标42件、市著名商标73件。省名牌产品数量连续7年、中国驰名商标连续5年居全市各区首位。

【产业集聚效应加大】 经过多年聚集发展，区内形成了灯光音响、珠宝首饰、动漫游戏、电气机械等多个特色产业集群，对番禺区经济的健康可持续发展起到重要的推动作用。大罗塘珠宝首饰集聚区建设进展顺利。2015年，国家数字家庭应用示范产业基地、广州大学城健康产业产学研孵化基地、番禺节能科技园等9大民营科技园区进驻企业共2200多家，年产值650多亿元，增长38.3%。其中，节能科技园首创的土地资本、金融资本、产业资本“三资融合”建设模式在全省得到推广。节能科技园区集聚中小科技企业900多家，累计取得各类科研成果超过5000项，新增上市企业5家，2015年园区产值近300亿元。电子商务加快发展，“四园一镇一基地”电商发展格局初具规模。

（区科工商信局）

电　力

【电力供应增加】　2015年，番禺区供电形势平稳有序，实现连续安全生产无中断，完成“两确保、三杜绝、八个不发生”的安全生产总体目标。全年供电量89.53亿千瓦时，同比（下同）增长3.91%。完成售电量86.88亿千瓦时，增长3.03%。全口径用户年平均停电时间2.248小时。当年电费回收率连续七年达到100%，旧欠电费回收率达到100%。社情民意调查得分达82.92，高于广州局平均值。同期有损线损率2.96%，下降0.01%。可控内部利润达到6.99亿元。配网可转供率为83.39%。

【持续提升供电可靠性】　番禺区供电局有效推进电网风险管控措施的落实。开展基准作业风险评估，对110项关键作业任务开展风险评估，形成“一班一库”。进一步严控现场人身作业风险，落实70%工作时间在现场的到位标准。落实承包商安全管理14项重点工作计划；规范开展承包商安全管理制度的学习宣传，严肃承包商违章行为处置。开展安全生产大检查和隐患排查整治，闭环整改隐患550项。

推进配网停电精细化管理，执行综合停电审批和停电班车制度，停电计划执行率91%。开展配网合环转供电719次，占总转电次数的92.3%。实施带电作业1812次，减少平均停电时间6.65小时每户，首次在全局范围内同时使用电缆网大旁路、配电自动化远控、电缆网合环转电等核心技术完成全广州第一万次带电作业。配电自动化终端同步建设率达97.6%，终端正确动作率95.6%，全年累计全口径用户年平均停电时间2.248小时。

通过持续优化信息传递、资源整合、故障定位等三方面举措，有效提高抢修复电的快速响应能力。在10月4日抗击台风“彩虹”配网抢修复电工作中，全局当即启动大面积停电事件一级应急响应，有效确保所有应急值班人员及抢修物资迅速到位，安全高效地开展抢修工作，仅用两个多小时完成番禺区大部分停电区域恢复送电。

（区供电局）

通　信

【概况】　2015年，番禺区邮政局加快转型升级和服务能力提升，积极切入番禺区民生与经济建设，实现业务收入15133万元，同比增长10.5%。

在各小区、写字楼、学校等累计布放自助信包箱共84处，并与其他快递公司共享使用，实现24小时投递与揽收，促进邮政服务业的整体提升；新安装信报箱25000户，为社区居民通邮提供便利；进一步推进“小蜜蜂”邮包业务，缩短包裹投递时限。

2015年，区邮政局锦绣网点职工方诗铭获得了全国邮政职业技能大赛个人全能第一名、广东省邮政职业技能竞赛全能第一名以及“广东省邮政通信技术能手”称号。（区邮电局）

【中国移动番禺分公司】　2015年，中国移动通信集团番禺分公司（以下简称“番禺移动”）在番禺有12个营业厅，1200个社会网点。服务客户总数近300万户，其中4G客户超过百万户。全年共建设GSM站点和LTE站点790个；大力开展家庭宽带网络建设，完成2012—2015年投资1亿元的计划，实现番禺区存量楼盘量近60%的家宽网络覆盖率；配合政府开展36个城中村的“三线改造”项目；完成“平安广州”视频监控项目番禺部分建设。实施套餐资费和流量资费降低方案，推出赠送话费活动，家庭宽带方面推出了“4G+光宽带”融合套餐1年/2年营销包活动和年底0元办理家宽活动优惠。

（中国移动番禺分公司）

鞍钢广州汽车钢有限公司　　（杨达超摄影）

市场管理

市场监督管理

【工商质监职能合并】 2015年5月8日，原广州市番禺区质量技术监督局人员移交属地番禺区管理；5月13日，广州市工商行政管理局番禺分局人员移交属地番禺区管理。7月2日，根据上级关于机构改革工作的总体部署，广州市番禺区市场监督管理局正式成立，新组建的市场监督管理局整合工商和质监职能，负责番禺区市场秩序监管、质量技术监管、主体准入及消费维权等职责。

【获批全国知名品牌创建示范区】 2015年3月，国家质检总局授予番禺区“全国岭南文化休闲旅游产业知名品牌创建示范区”称号，成为广东省首个服务业“全国知名品牌创建示范区”。在创建过程中，番禺区注重在休闲旅游产业“选准一个定位、构建三个体系”（选准产业发展定位，契合“建设宜业宜居、现代文明、价值凸显的广州时尚创意都会区”）的区域发展目标。构建政府主导的品牌建设体系，承办民俗和文化节、国际美食节等国内外重大文化交流活动，擦亮长隆旅游、星海故乡、沙湾古镇等岭南文化休闲旅游品牌。构建多层次旅游服务标准体系，出台《区标准化战略实施纲要（2014—2020年）》，编制《区旅游服务标准体系》。构建立体化旅游安全保障体系，健全旅游安全保障机制及旅游安全联合执法机制，完善旅游景区安全生产标准化建设，示范区内大型游乐设施使用登记率、定期检验率、持证上岗率、应急救援体系建立率达100%。

【市场主体规模增加】 截至2015年12月底，番禺区登记注册市场主体共171621户。其中，内资企业58597户、外资企业2328户、个体工商户110696户，同比增长分别为24.58%、4.63%、6.43%。企业注册资本总额1327.16亿元，注册资本一亿元以上的企业50户，一千万元以上的企业2546户。

【开业登记提速简化】 2015年，番禺区以商事制度改革为主线，全面推行“三证合一、一照一码”登记制度，实现企业注册申请“一个窗口对外、一套系统流转、一并核发材料”，开业审批再提速。商事主体开业登记办理时间由20个工作日缩短至3个工作日。全年办理商事登记业务104318宗，核发营业执照55082份。

【商事主体监管】 2015年，番禺区市场监督管理局在全区开展商事主体年报工作，全区需年度报告商事主体133627户，提交报告114826户，年报率为85.94%；开展企业公示信息抽查，对照上级下发的2811家企业名单，对其公示信息进行检查。对不按规定报送年度报告或公示企业有关信息、公示信息隐瞒真实情况，以及经查实未在登记住所从事经营活动的市场主体载入经营异常名录（个体工商户标记为经营异常状态），并通过企业信用信息公示系统向社会公众发布。共载入异常名录的商事主体38038户。巩固“政府主导、部门联动”的工作格局，开展无照经

9月28日，区市场监管局举办“迈向质量时代　建设质量强区”质量月宣传活动

（区市场监管局供稿）

营整治。共整治无照经营2255户，其中引导办照1657户，取缔598户。

【一镇街一品牌商标战略】 番禺区制定“一镇街一品牌”品牌发展战略，扎实开展名品牌培育工作。至2015年年底，区内有中国驰名商标20件、省名牌产品（工业类）46个、省著名商标42件、市著名商标73件，中国驰名商标数量连续5年、省名牌产品数量连续7年居全市各区首位。番禺区市场监督管理局对照省、市著名商标认定标准，上门走访企业组织，解决其在实施品牌战略中遇到的问题，加强业务指导。

【监管常用的计量】 为直接保护消费者的利益，番禺区市场监督管理局在集贸市场推广使用生产厂家编码唯一、塑包钢不易损坏的电子秤可溯源签封。2015年，电子秤周期检定合格率达92%，位居全市第一，市质监局予以全市推广。开展节前计量专项执法，检查宾馆酒楼、瓶装液化气充装站及加油站等单位128家，抽查计量器具399件、日常生活定量包装商品138批次、液化气瓶净含量4批次。

【实施产业标准化战略】 2015年，番禺区市场监督管理局推动3项国家标准、1项行业标准、3项地方标准、1项市地方技术规范通过审定并发布实施。“广东省演艺灯光产业标准体系规划与路线图（2014—2018年）”通过审定并发布实施。推动通过标良AAAA级验收企业1家、复审5家。番禺汽车客运站开展国家级“汽车客运服务标准化试点”工作。番禺石碁红木家具联盟标准发布，发布、实施全市首批4项红木行业联盟标准。演艺设备、化工、电梯、石材等8个行业16家企业办理采标47个。

【严格监管在用电梯】 2015年，番禺区特种设备定期检验率保持在99%以上。番禺区市场监督管理局开展专项行动20次，检查特种设备逾3000台（套），排查治理安全隐患125项，发出安全监察指令书3份。区内有在用电梯1051台，电梯使用确权率达100%；星河湾小区创建国家级电梯安全管理示范小区，打造全市电梯安全监管改革试点；自动扶梯专项整治隐患排查，对区内可能存在安全隐患的自动扶梯和自动人行道实施100%现场核查，共检查电梯1000余台。

【企业诚信建设】 番禺区市场监督管理局推动企业诚信建设，全区404家企业成功申报“守合同重信用”企业；整治利用合同格式条款侵害消费者合法权益专项行动，加大合同条款监管力度，严厉打击合同违法行为。

（区市场监管局）

食品药品监督管理

【强化监管保安全】 2015年，番禺区通过加强监管保障食品药品安全，全区未发生相关重大安全事故。区食品药品监督管理局以保障群众饮食用药安全为总目标，出动执法人员92995人次，监督检查食品生产、经营企业和餐饮服务单位，药品、保健食品、化妆品、医疗器械生产经营企业、使用单位共41580家次，立案查处违法案件645宗，向公安机关移送涉嫌犯罪案件4件、线索5条，妥善处理举报投诉2181宗，办结率100%。依法办理许可、审批、备案事项11296宗，其中办理食品生产许可273宗，食品流通许可4199宗，餐饮服务许可4855宗，药品经营许可904宗，医疗器械经营企业许可80宗，药品经营质量管理规范认证证书150宗；办理食品生产许可证年审208宗，食品生产委托加工备案281宗，二类医疗器械经营备案346宗。抽检食品药品产品1463批次，其中生产、流通、餐饮食品986批次，食品餐饮具2038批次，药品、化妆品、保健食品、医疗器械677批次；完成食品快速检测7431批次。

【协调管理食品安全】 2015年，番禺区组织召开全区食品（药品）安全工作会议，对全区各食品安全监管职能部门、行

5月7日，番禺区召开食品（药品）安全工作会议
（区食品药品监管局供稿）

业协会和企业提出相应的工作要求。落实属地责任，区食品药品监督管理局与16个镇街、20多个部门签订食品安全工作目标责任书，将食品安全工作纳入年度政府工作考核和领导干部政绩考核内容；牵头召开猪肉溯源系统等全区性和专项协调会议13次，协调镇街和相关职能部门解决实际工作中存在的问题和难题，完成市食安办对番禺区2014年度食品安全工作考评。区食品药品监督管理局推进区内“食得放心”工程建设，细化工作任务，责任分解落实到相关部门，确保年度建设任务顺利完成，按时按质向上报送工作进展情况。推进基层食品快检体系建设，印发相关工作方案，确定全区统一的食品安全快检业务指导机构（广州市药品检验所五分所）、统一的不合格产品处理机制，明确快速检测范围、品种、项目和任务。同时在区层面，争取到把快检工作纳入镇街年度绩效奖食品安全考核评价范围，进一步提升镇街开展食品快检工作的积极性。

【监管食品生产销售】 区食品药品监督管理局对区内食品生产企业开展风险分级分类监管，完善食品生产企业信用档案，夯实食品生产企业监管基础。开展春节、端午节等应节食品、食用植物油生产行业、白酒小作坊和散装白酒生产经营等10多个专项整治，实现重点食品种类监测覆盖率达到100%、食品生产企业覆盖率达到100%、抽检质量不合格食品后处理执行率达到100%。

在食品销售环节着重监督落实索证索票、进货台账两项制度，杜绝“问题食品”流入市场。先后组织开展农村食品市场“四打击四规范”专项整治、散装食用油专项抽查、超范围使用乳酸亚铁婴幼儿谷类辅助食品等专项检查。

【食堂安装视频监控系统】

区食品药品监督管理局推动托幼机构和中小学校食堂安装视频监控系统，全区有421家托幼机构和学校食堂安装视频监控，完成市食品药品监管局下达的任务，全部配备取得合格证书的食品安全管理员，基本建立采购查验和索证索票制度。对条件成熟的餐饮单位，加强指导、鼓励其改造提升量化级别，34家通过B级、3家通过A级评定。

【分级管理药品医疗器械企业】

番禺区率先在医疗器械生产环节实施日常监管量化分级管理。区食品药品监督管理局开展2015年药店信用分级，动态评估药店信誉，创新性地将“B级”、“C级”及“D级”的评定权下放，交由各监管所负责推进。组织执法人员参加GSP检查员培训，共有69人通过考核正式成为广东省GSP检查员，有13名经验丰富的GSP检查员被纳入广东省药品零售企业GSP组长库。

【复查保健食品企业】 2015年，广州市食品药品监管局向区级监管局下放保健食品生产企业日常监督检查职责。番禺区按要求对2014年因违法以及产品抽检不合格被市局确定为重点监管生产经营企业进行全面检查，检查覆盖率达100%，进一步消除风险隐患。开展打击保健食品“四非”专项行动、银杏叶提取物为原料保健食品专项检查、化妆品安全专项整治、打击非法添加禁用物质化妆品等4个专项整治行动。

（区食品药品监管局）

安全生产管理

【2015年度各类安全事故】 2015年度，番禺区发生各类安全事故411起、死亡87人、受伤372人、直接经济损失466.68万元。与2014年各类安全事故（386起、死亡91人、受伤364人、直接经济损失1207.92万元）相比，死亡人数、直接经济损失分别下降4.39%、61.36%，事故起数、受伤人数分别上升6.47%、2.19%。亿元GDP生产安全事故死亡率为0.018，同比（下同）下降14.3%；工矿商贸就业人员10万人生产安全事故死亡率为0.20，下降33.3%；道路交通万车死亡率为2.08，下降7.9%。全区安全生产形势呈现持续稳定好转。

【调整安全生产委员会成员】 2015年，由于政府机构更新，番禺区重新调整区安全生产委员会成员单位，区长何汝诚担任区安全生产委员会主任；增设区委组织部为安全生产委员会成员，每季度向区委组织部报送安全生产情况。区委办、区政府办进一步细化安全监管体系，明确“管行业必须管安全、管业务必须管安全、管生产经营必须管安全”工作职责。各级负责安全生产的单位把“三严三实”重要要求作为抓好安全生产执法监察制度建设的重要指南，不断加大安全投入，强化基础管理，较好地遏制较大以上生产安全事故的发生。

【区领导督导检查安全生产】 2015年，番禺区党政及各部门主要领导在安全生产工作中坚持亲自抓部署、抓检查、抓督办，有效推动了安全生产责任落实。区委书记卢一先分别在8月18日、12月20日、12月26日带队实地督导检查广州喜燃能源有限公司番禺沙溪气站、火烧岗填埋场安全防范工作情况。8月17日、9月29日、12月8日，区长何汝诚带队督导检查番禺莲花山香港货运有限公司等重点企业。2015年，常务副区长陈德俊、副区长戴友华、张力仁、林伟长、麦洁萍、杨伟强等区领导多次分别带队督导检查重点建设工程、城中村整治、储存仓库安全管理、瓶装液化气整治以及加气站、油库等重点场所隐患排查治理工作。区安委会各成员单位主要负责人、各镇街党政一把手深入一线，排查辖区安全隐患，做到底数清晰、心中有数。

【全覆盖安全监管】 2015年，番禺区安全监管局及全区16个镇街安全生产监察中队完成组建，并全部经市验收合格。全区构建点面结合，分类监管，基本实现全地域、全实时、全覆盖的安全监管模式。国家安全监管总局领导认为此举为国家安全监管总局创新监管思路、完善监管措施提供参考。2015年，番禺区、镇街、村三级安监机构监管监察生产经营单位

3月25日，区委常委、常务副区长陈德俊（左三）带队督导检查安全生产工作（区安监局供稿）

17524家，检查企业100186家次，查处一般事故隐患149260项，发出现场检查记录80648份，现场处理措施决定书45份，责令整改指令书7415份，整改复查意见书13130份。立案查处违法违规行为265宗，处罚金额264.69万元。全区隐患排查治理系统共注册上线企业3252家，上报隐患企业3182家，上报隐患总数76786条，隐患整改率99.93%。

【安全生产专项整治】 2015年，全区开展危险化学品专项整治，共开展监督检查1298家次，发出责令改正指令书39份，复查意见书36份，对违法违规单位、个人立案查处10宗，罚款30.3万元，没收违法所得4.19万元，有效打击非法经营储存危险化学品行为。开展职业危害防治专项整治，完成职业危害申报企业2649家，新增申报企业394家，清理搬迁、关闭、工艺改变和不存在职业病危害因素的企业1365家；共检查企业2966家次，发现隐患或问题8857项，责令当场改正3398项，责令限期改正5459项，立案查处违反《中华人民共和国职业病防治法》有关规定的企业33家，处罚金额达28.75万。从8月至12月底开展为期5个月，针对危险化学品、建筑施工、道路交通、水上交通、消防安全、职业卫生、城市燃气、特种设备以及用电安全等9大重点行业的安全生产专项治理，累计组织3042个检查小组、检查企业17934家次，发现各类隐患34514个，隐患跟踪整改率达94.5%；发现重大隐患166个，隐患跟踪整改率达93.4%；打击非法违法行为2692起，整治违规违章行为866起，关闭取缔企业3家，处罚金额199.3万元。

【创建国家安全社区】 截至2015年底，全区有11个镇街通过全国安全社区现场评定，其中3个镇街取得全国安全社区称号，小谷围街成功获得“国际安全社区”称号。同时，深入推进标准化企业“五落实五到位”、年报制度、不定期“回头查”以及交叉检查活动，防止标准化企业一评定终身，巩固标准化建设成果。截至2015年年底，全区通过安全生产标准化达标企业3596家，其中包括国家一级企业3家，省二级企业20家，小微企业2667家。

（区安监局）

番禺海关

【海关业务】 2015年，番禺海关不断深化业务改革，优化减免税审批流程，推广集中汇总征税。全年审批减免货值6607.8万美元，审批减免税额5538.4万人民币；叠加分类通关、无纸化通关、区域一体化通关等业务改革优势，提升口岸大通关效率；试行加贸保税业务审批“一窗受理”，大力推广加工贸易“集中申报”便利内销模式，落实“报核前申报单耗”和“单耗自核”改革。深入落实口岸查验配套服务费试点改革，截至12月31日，累计对656票查验正常的报关单减免查验配套费用12.2万元，惠及企业485家。助力旅游购物商品出口等新兴贸易业态发展，2015年，番禺区以旅游购物商品方式出口达到92.4亿元，占同期番禺区进出口总值的8.1%，拉动番禺区外贸增长贡献度达312.3%。番禺海关落实“一站式服务”“一口受理”等注册登记改革要求，推进注册登记网上办理，2015年新增企业607家，有6家企业通过C-TPAT中美联合验证，16家高级认证企业可享中国—新加坡、韩国以及内地—香港等AEO互认便利。助力本地特色口岸健康发展，2015年，番禺区进口葡萄酒货值1.68亿元，同比增长61.9%。

（番禺海关）

【海关缉私】 2015年，番禺海关缉私分局密切与区政府打私办、公安、边防、海事、工商等相关部门的沟通联系，互通信息。立各类案件58宗，案值24.5亿元，涉税额4.6亿元，同比（下同）分别减少44%、48%、81%。立走私犯罪案件8宗，案值13.4亿元，涉税2.1亿元，分别增长14%、减少71%、92%。首次执行强制措施犯罪嫌疑人32人，刑事拘留27人。关区罚没收入1.29亿元，增加23.8倍。涉税商品走私涵盖走私农产品、涉税商品、毒品枪支、濒危动植物、“洋垃圾”等，番禺关区侦办的“113”走私洋酒案和“427”走私冻品案受到海关总署表扬。

（番禺海关缉私分局）

出入境检验检疫

【概况】 2015年，番禺检验检疫局共检验检疫监管出入境货物6.68万批次，货值33.23亿美元。签发各类原产地证书1.4万份，签证金额6.2亿美元。检出不合格货物3526批、货值1.54亿美元，检疫汽车船舶9.38万辆/艘次，集装箱24.1万标箱，检疫查验出入境人员34.8万人次。查处行政处罚案件33宗，辖区进出口质量安全持续保持稳定。

【对接自贸区通关再提速】 2015年，番禺检验检疫局参加番禺区“1号课题”—对接广东南沙自贸区辐射发展的政研工作，对接自贸区改革成果，跟进复制“智检口岸”等全省检验检疫创新经验，在“E通关，零等候”便利通关体系的基础上，继续推出一天办结、一天开检、一次告知的“三个一”服务，实现口岸报检百分百24小时内办结。出口报检、产地证签证九成以上无纸化，全面实现无纸化通关和企业自助通关。实现全流程公开和抽采样公示，通关提速广受企业好评，跑出了追赶自贸区的“加速度”。

【支持地方重大项目和特色产业发展】 番禺检验检疫局与区科工商信局签订共建协议，促进产值占全国1/3的番禺演艺设备制造业集聚发展，为番禺优势产业发展开辟国家级平台，支持番禺出口舞台灯光质量安全国家级示范区建设。对鞍钢广州汽车钢公司、广汽菲克公司的设备进口采取提前介入、快速放行、整体验收的便利模式验放，涉及货值上亿美元。

番禺海关检查珠宝首饰企业 （番禺海关供稿）

组织政策宣讲团到沙湾珠宝园为番禺珠宝企业送上境外关税减免的产地证“纸黄金”，借力“一带一路”扩大珠宝出口。创新进口食品分类管理模式，实现葡萄酒全项目检测，2015年番禺口岸进口预包装食品和酒类分别强劲增长60%和50%。创新监管模式，支持旅游购物商品、跨境电商、保税展示交易等新业态快速发展。

【助企业减负增效】 全年，番禺检验检疫局严格执行收费减免政策，运用原产地优惠政策等为企业减免费用2.5亿元，输往“一带一路”国家优惠产地证签证数量同比增长25%。下调商品查验比例，出境重点查验商品查验比例由5%降至2.5%，一般出境商品由5‰降至2.5‰。加快推进检验检疫区域通关一体化，提升口岸开放水平，出口货物通关时间平均节省0.5天以上，进口货物平均节省1天以上，为企业节省费用支出约1.29亿元。

【防控疫情疫病输入】 在防控埃博拉出血热等疫情工作中，番禺检验检疫局实现埃博拉口岸“零输入零感染”的目标。2015年传染病检出率大幅提升，检疫发现出入境异常症状人数同比增长53%、确诊传染病例数同比增长69%。在口岸开展“绿蕾”行动、“清风”行动等执法专项行动，检疫犬“番番”于7月在莲花山客运港正式上岗，“人—机—犬”查验模式多次截获禁止携带的种子种苗、燕窝等。加强对不合格商品的监管，检出并销毁了4吨腐败变质进口奶，销毁1.6吨进口霉变咖啡豆，从进口冻小龙虾中检出金黄色葡萄菌，分别按规定进行了退运、销毁等处理。

（番禺出入境检验检疫局）

出入境边防检查

【概况】 2015年，番禺出入境边防检查站共验放出入境人员40万人次，查验出入境船舶6千多艘次。全年实现无事故、无行政复议、无行政诉讼的工作目标，完成各项执勤工作。2015年，番禺出入境边防检查站共有1个集体荣获嘉奖，3人荣获个人三等功。

【落实“三严三实”整改问题】 针对32项存在问题和意见建议，番禺出入境边防检查站共制定整改措施58条，已整改完成5项，列入常态化完善27项。组织基层党支部分别开展“1·4·3流动课堂”“思想政治工作5+1”和“莲花国门·心级服务”等党支部品牌建设，进一步创新党建工作载体；开展“感知·感动·感悟”换岗体验活动，分4批组织24名民警前往白云、南沙边检站和番禺莲花山边防派出所、番禺交警大队等兄弟友邻单位开展换岗体验，进一步强化民警职业精神；开展全警培训工作，全年共参加和举办各类培训27大类39批次，培训民警2094人次，不断提升民警专业技能，充分利用“番禺边检”、“共产党员”微信公众号、微信群和手机APP等新媒体平台丰富教育培训手段；组织开展党员进社区服务活动，年内共有70名党员登记为志愿者，两级党组织先后开展“图书漂流”爱心捐书、重阳节进社区慰问孤寡老人、“冬日送暖，爱心传递”捐衣等志愿服务活动，进一步引导党员主动承担社会责任，

7月10日，检疫犬“番番”在莲花山客运港上岗，人—机—犬查验模式协助旅客查验通关

（区检验检疫局供稿）

弘扬社会正能量。

【提高服务工作水平】 番禺出入境边防检查站针对台湾居民通过易拉宝、咨询台、出入境大厅电子显示屏等方式宣传台湾居民取消签注查验的政策法规；通过政策宣传、现场引导、标识牌指引等方式，疏导符合条件的旅客自助通关，自助通道使用比例由2014年10.6%提升至20.8%，通关效率明显提升；先后两次组织开展提高边检服务水平外部评价工作，就服务态度、通关速度、通关秩序、查验熟练程度、通关设施便利程度等五项指标开展服务水平评价，共收集有效问卷400份。2015年，在广州出入境边防检查总站组织的外部评价工作中，莲花山客运港综合评价分值排名广州市旅检口岸第二。

【执勤执法进一步规范化】 番禺出入境边防检查站严格验讫章调校程序和要求，强化基础信息采集录入、人证对照、证件鉴别，加大后台核查力度；进一步深化由边检站主导的码头协管、船方自管的三方协作共管机制，强化AIS系统监控、电子巡查监护、船舶风险评估、码头安全等级和代理诚信等级评定；强化与莲花山边防派出所的联防联控，落实重大安保期、敏感节点与边防武警开展联合执勤；每季度和重要敏感节点前开展安全工作检查，深挖执勤现场、站部办公区域以及出租物业的安全隐患，评估口岸风险等级，制定应对措施；提高执法记录仪使用率，增设视频监控设施，对旅客故意刁难、恶意投诉等问题，固定证据，依法处理，维护民警合法权益和边检执法权威；定期开展执法质量考核评议，重点纠正法律文书制作、梅沙系统流转等工作环节中的问题。

（番禺出入境边防检查站）

番禺海事

【概况】 2015年，番禺海事处辖区抵港船舶数19453艘次，船舶进出口岸数5667艘次，开展巡航检查911航次，巡航里程23460.10海里，巡航时间2409小时。办理船舶进出港签证手续36766艘次，船舶进出口岸查验手续5713艘次，船舶安全检查284艘次，发现缺陷1580项并限期纠正，检查船舶6572艘次，纠正船舶违法违章3865次，查处违法船舶127艘次，实施行政处罚136宗，辖区水上交通安全形势持续保持稳定，危险货物集装箱现场检查104TEU,全年救助遇险人员35人，救助成功率100%，辖区水上交通安全形势持续保持稳定。

【强化水上交通安全监管】 2015年，番禺海事处大力开展“平安水域”创建、“安全生产月”、“打非治违”、中小海船专项整治、船员履职检查等一系列专项活动，排查治理隐患，抓工作督查落实，适时开展总结评估，打击水上违法违章行为。与地方政府和其他职能部门、兄弟单位开展联合执法38次，早/夜巡92次，形成强大合力。由海事、环保联合组成的专职水源保护监察机构“水监队”充分发挥职能优势，对沙湾水道文明航区吸水口、码头、油库、锚地、船舶密集区等重点水域进行高频度的巡查，定期开展保护水源专项行动；联合多部门开展清理渔船碍航整治及自用农船非法载客行为。针对船舶利用夜间超载运输、违规排污及锚泊的情况，开展弹性执法，查处和杜绝刷漆、除锈、冲洗甲板、排放污水以及在取水口附近抛锚等行为，有效震慑不法船舶的违法行为，维护辖区通航安全和水源清洁。

【推进智慧海事转型升级】 2015年，番禺海事处不断加大基础设施、监管装备建设力度，全面提升海事监管能力。升级改造CCTV监控中心，整合监管科技与信息化资源，提升海事发展内生动力。加强对AIS、CCTV、VHF等信息技术综合运用的研究探索，先行先试推广应用广州海事局综合监管系统，积极实施电子巡航，实现船舶交通动态实时监控、通航环境管理、统计数据分析等功能，打造番禺区水上智能综合监管平台，保障船舶航行安全。全年共开展电子巡航2195次，核查船舶3652艘次，跟踪检查船舶10479艘次。创新开设“番禺海事”公共微信号，推出套餐式的海事政务服务，包括由15个内容板块组成的“大众必点菜单”；推行使用国内航行船舶电子签证业务，政务受理窗口工作人员帮助行政相对人下载电子签证手机软件，在电子签证推广前期指导船方完成船舶注册和电子签证申请，并且制作了电子签证视频教程在公共微信平台发布，给船员提供方便；制作辖区交互地图，形成辖区网格化管理雏形。

【保障群众出行安全便捷】 番禺海事处针对番禺辖区水网密集、渡口渡船众多的特点，采取有力措施服务群众水上安全出行。多手段开展渡工安全教育，连续9年举办渡工“夜校”培训班，开展“渡船船员周周学”。组织团员青年开展海事“流动课堂”，深入渡口、船头、学校为学生、群众送水上安全知识。与交通、安监、渔政、港务等单位开展多次联合检查，指导渡船开展应急演习，提高应对突发事件的能力。

【优质高效服务经济社会发展】 番禺海事处发挥海事专业优势，着力服务口岸建设和地方重大工程建设，大力支持虎门二桥、莲花山休闲渔港、亚洲国际游艇城、番禺湖建设等涉水项目的等重点工程建设，保障珠江日游、水上绿道游、莲花山港的水上安全。为莲花山港增开直通香港机场航班开通绿色通道，优先办理相关手续，提供24小时口岸查验通关便利服务；利用AIS、CCTV和VHF等手段，加强对高速客船的动态监控，发现超速等违章行为及时处置。

（番禺海事处）

7月29日，番禺海事处参加珠江口联合执法行动 （番禺海事处供稿）

沙头街榄山村新貌
（杨达超摄影）

城市建设与城市服务

发展和改革管理

【设立番禺发展和改革局】 按番禺区政府有关要求，番禺区统计局并入番禺区发展改革局，加挂番禺区统计局、粮食局牌子，2015年6月18日，举行番禺区发展和改革局（番禺区统计局、番禺区粮食局）揭牌仪式。番禺区发展和改革局“三定”规定经番禺区编委审定，并于2015年11月11日由番禺区政府办印发。

【完成各项考核指标】 2015年，番禺区经济运行总体呈现增速提质良好发展势头，一季度、上半年、前三季度地区生产总值（GDP）分别增长7.3%、8.1%、8.3%，2015年实现GDP1608.78亿元、同比（下同）增长8.5%，增速全广州市第三，经济社会发展计划执行情况总体较好。全年规上工业总产值1747.14亿元，增长9.6%，工业生产继续好转；固定资产投资579.72亿元，增长15.4%；商品销售总额2551.56亿元，增长14.8%，市场消费有所好转；规模以上其他营利性服务业收入96.67亿元，增长30.3%；税收收入（不含海关代征）267.30亿元，增长17.9%；一般公共预算收入84.47亿元，增长6.6%，财税收入较快增长。番禺区发展和改革局牵头负责广州市级考核番禺区工作3项，即社会信用体系建设、节能和医改工作取得良好成绩。其中，社会信用体系建设方面，完成2014年广州市对番禺区社会信用体系建设考核工作，得分为29.85分（满分30分），全市排名第2；节能降耗工作方面，组织做好节能自查工作（自评91分），完成上级对番禺区节能现场考核；医改工作方面，广州市考核组已到番禺区开展2014年度医改现场考核，听取《番禺区深化医药卫生体制改革工作情况报告》（自评85.8分）。

【编制经济社会发展计划】 区发改局完成番禺区2014年国民经济和社会发展计划执行情况与2015年计划草案报告、番禺区2015年上半年国民经济和社会发展计划执行情况报告，并开展起草番禺区2015年国民经济和社会发展计划执行情况与2016年计划草案报告。完成番禺区“十三五”规划基本思路编制。

对统计在库2万多个基本单位和2015年上半年新增5千多家工商企业进行整合和分类。开展储备用地、村经济发展留用地、闲置厂房调查摸底工作并形成报告呈番禺区领导。抓好服务业分类造册工作，对番禺区17000多个服务业单位进行分镇街、分类型、分规模数据整理，编制番禺区服务业单位名册。完成番禺区第三次全国经济普查现代服务业发展课题研究、企业自主创新与工业转型升级关系分析报告。2015年番禺区安排重点建设项目100个，总投资2357.66亿元，年度计划投资323.55亿元；安排重点建设预备项目81个，总投资718.84亿元。2015年100个重点建设项目完成投资323.93亿元，同比增长18%，完成年度计划100.1%；159个项目（含子项目）中开工123个，开工率77.4%。18个项目列入2015年广州市重点建设项目计

10月16日，广州市2015年世界粮食日和全国爱粮节粮宣传周活动在番禺区拉开序幕 （区发改局供稿）

6月18日，番禺区发展和改革局（区统计局、区粮食局）正式挂牌成立
（区发改局供稿）

划，年度计划投资132.03亿元，2015年完成投资159.93亿元；15个项目列入广州市重点建设预备项目计划，2015年完成投资3亿元。13个项目列入2015年广东省重点建设项目计划，年度计划投资97.84亿元，2015年完成投资151.98亿元；6个项目列入广东省重点建设预备项目计划，2015年完成投资3.4亿元。2015年，番禺区192个政府投资项目区本级财政投资完成19.35亿元，完成年度计划49.5%。

【企业投资项目备案改革】 2015年3月1日起，番禺区全面实行企业投资项目网上备案管理，简化审核内容、优化办理流程。企业可以全程网上提交资料，办理项目备案，仅需取证时到番禺区发展和改革局备案窗口一次。区发改委研究企业投资项目准入负面清单、行政审批清单、政府监管清单等三份清单，并按区领导要求全面梳理项目前置审批条件，探索将部分前置条件改后置，争取进一步简化优化办事流程。根据《番禺区2015年重点改革任务要点》，番禺区共有10项重点任务36条任务要点，其中番禺区经济体制和生态文明体制改革专项小组牵头负责6项重点任务，由番禺区发展和改革局牵头负责6条任务要点正在按计划推进。

【完成公车改革】 根据广州市公务用车制度改革领导小组办公室通知要求，9月25日番禺区完成公务用车封存停驶工作，并于9月28日完成番禺区公务用车封存停驶抽查工作。经统计，番禺区共有76个参改单位，涉改车辆共1672辆，其中封存停驶车辆439辆，保留用车1233辆。《番禺区公务用车制度改革领导小组办公室关于发放公务交通补贴的请示》报番禺区政府审定并经番禺区政府常务会议审议通过。

【居民办证用证改革】 区发改委完成番禺区居民办理证件（证明）事项调查表、居民办理证件（证明）流程表等汇总工作，《番禺区推进居民办证用证制度改革的实施意见》经番禺区委全面深化改革领导小组会议、番禺区政府常务会议原则通过并上报广州市，待广州市经济体制和生态文明体制改革专项小组审定后向社会公布实施。

加强与广州市有关部门联系，加快中欧城镇化伙伴合作关系项目推进。积极参加广东省新型城镇化“2511”试点方案评审答辩并取得较好成绩，番禺区成功获批广东省新型城镇化“2511”综合试点区。

【居民生活水价调整】 2015年，番禺区完成区自来水价格改革，本次自来水价格改革涉及三方面内容：一是调升水价；二是简化水价分类，将现有居民生活用水、行政事业用水、工业用水、经营服务用水、特种用水等5类水价简化为居民生活用水、非居民生活用水和特种用水3类；三是实施居民阶梯水价制度，阶梯设置三级，第一级水量按覆盖80%居民家庭用户月均用水量确定，第二级水量按覆盖95%居民家庭用户月均用水量确定，第三级水量为超出第二级水量用水部分，一、二、三级阶梯水价按不低于1∶1.5∶3的比例安排。番禺区自来水价格改革方案已经番禺区政府批准，从2015年12月31日起全面实行。

【统计管理】 2015年1月，按照番禺区政府有关部署，番禺区统计局牵头会同有关部门成立“番禺区2015年全国1%人口抽样调查工作协调小组”，负责调查的组织实施和日常工作，2015年11月1日正式开展抽样调查，已完成抽样框整理、样本核实工作、小区划分、区级试点、入户摸底、登记、行业职业编码等工作。区统计局如期发布《2014年广州市番禺区国民经济和社会发展统计公报》《番禺区第三次全国经济普查主要数据公报》和完成《2014年番禺统计年鉴》编辑工作。完成部分重大政策落实情况调查企业问卷、企业用工情况问卷调查、非公有制企业（单位）人才资源状况调查、万户居民调查、工业生产者价格调查等上级布置调查工作。

2015年，番禺区共有140家新增企业通过审批并纳入企业统计“一套表”。区统计局及时动态更新与管理基本单位名录库，分专业对企业数据进行实时监控，做到即报即审。及时制订2015年番禺区统计执法工作计划，按照调查对象3%比例，确定执法检查单位，开展重点抽查。对65个单位开展统计执法检查中未发现统计违法行为。2015年全国1%人口抽样调查，番禺区16个镇街共168个村（居）中选，中选率达62.9%，样本量预计4.2万人。

【粮食储备】 番禺区港口粮库扩建工程是“广州市粮食储备库点升级改造”重点项目，总投资12295万元，共新增粮食仓容6.6万吨，食用油罐容4000吨。2015年底完成总工程量98%，榄核油库扩建优化工程项目已竣工并通过验收。2015年报批和备案广州市级储备粮轮换计划140个批次、44268吨，按计划轮出44268吨，轮入44268吨。批准番禺区级储备粮轮换计划178个批次、77785.85吨，轮出番禺区级储备粮油76337吨，轮入番禺区级储备粮油75234吨。

【粮食流通】 区发改委完成2015年粮油质量安全抽样计划，开展春、秋季粮油普查和粮油应急供应网点联合执法检查。推进我区粮食应急供应点“增点扩面”工作，2015年番禺区粮食应急供应企业发展至47家。全年粮食企业总销售额22.4亿元、同比（下同）增长15.3%，其中，工业企业总销售额15.94亿元、增长24.1%，商业企业总销售额6.46亿元、下降2%。净利润6494万元、增长36.4%，其中，国有股权利润5029万元，增长35.2%。加强对外合作，按照番禺区政府会议工作要求，番禺珠江粮油总公司下属美乐多公司出资600万元，组建“宜家送菜”公司，已与相关股东签订合作意向书，正制定公司有关章程，加紧做好公司成立筹备有关工作。

【减免多项收费】 从2015年起，区内多项收费减免。1月1日起，停征堤围防护费1项，取消货物原产地证书费1项，对小微企业免征房屋登记费、渔业资源增殖保护费等5项，对不同类别养老和医疗机构免征或减半收取土地闲置费、耕地开垦费等5项。11月1日起，暂停征收动物及动物产品检疫费1项。停征或定向停征以上13项涉企行政事业性收费共减轻社会负担1.3亿元。1月1日起，取消保存人事关系及档案费。

区发改委日常监测菜篮子、米袋子等价格以及水、电、燃气、药品、食盐、成品油、污水处理费等政府定价及政府指导价商品价格。核发各类收费许可证339个，审批中心受理价费业务463件、按时办结率达100%、群众满意率达100%。开展收费综合年审，共审查收费许可证166个，审查收费金额9.89亿元。审批28所民办中小学校收费，核准97个停车场收费标准，办理102所民办幼儿园收费备案，核定5个住宅小区前期物业服务收费标准，以及园博会临时公交接驳线路和重阳节夜间公交线路票价标准。2015年查处价格违法行为案件5宗，其中，退款16.7万元、没收非法所得220万元、罚款33.8万元。实施企事业单位成本监审67家，涉及金额60.3亿元，核减不合理成本1.8亿元，核增成本0.06亿元，出具监审报告67份。

【成立创投基金】 2015年12

月18日，番禺区金融办工作正式移交番禺区发展和改革局。建设银行番禺支行与创新城公司成立建昶公司，筹资2.1亿元到位，全面推进广州国际创新城南岸起步区等项目建设。盛景、英诺、溢思得瑞等基金团队出资成立1亿元番禺区创业投资引导基金。改革政府投融资体制，开设番禺区政府主权基金，“广州番禺基金”于2015年12月21日由广州市正式签约授牌。

（区发改局）

审计工作

【概述】 2015年，番禺区审计局完成审计（调查）项目33个，审计查出问题金额13480万元，其中：违规金额304.69万元，管理不规范金额13175万元；审计发现非金额计量问题33个；审计处理处罚金额696万元，其中：应上交财政305万元，应调账处理391万元；提交审计报告和专项审计调查报告51篇；提出建议50条，被采纳审计建议49条（含2014年度提出建议在2015年被采纳数据）；提交审计信息25篇；2015年审计促进整改落实有关问题资金3268万元（含2014年度审计处理处罚金额在2015年的整改落实数据），其中：已上交财政66万元，已调账处理3202万元。

【审计促进宏观政策落实】 2015年，番禺区审计局围绕“审计要持续组织对国家重大政策措施和宏观调控部署落实情况的跟踪审计”的要求开展审计工作，周密部署，详细制定审计项目计划。兼顾政策措施跟踪审计与其他专项审计、全年审计与分阶段审计工作的衔接，将跟踪审计相关内容纳入到审计项目中。精心制定实施方案，组织实施，促进中央有关“八项规定”、严控“三公”经费、“会议费”、控制楼堂馆所建设、财政专项资金使用等政策和规定的落实。同时，通过走访相关部门，了解掌握区内商业改革等重大政策落实情况，并结合日常审计了解的重大政策落实情况，提交专题审计报告，为上级决策提供依据。

【财政资金审计】 2015年，本级预算执行情况审计重点关注预算编制的科学性、预算执行的合法性、政府性债务状况及财政资金的存量和增量情况，加强对“三公”经费、会议费使用和楼堂馆所建设等方面的审计监督，针对存在问题，提出细化预算编制、促进盘活存量资金等建议。部门预算执行情况审计重点检查预算编制、执行合法性、相关专项资金分配、管理、使用情况，针对个别部门及预算调整幅度过大和资产管理不规范的情况提出审计建议。财政决算审计重点对财政预算收支真实合法性，各类专项资金管理和使用，以及有关政府性债务的情况进行审计监督，对两个镇信访达标奖励金和会议费使用中出现的问题，以及往来账等资产管理出现的情况和问题作出审计处理。街镇家庭综合服务中心专项资金审计，对出现的购买服务经费拨付滞后、人员配备数量不足和人员费用支出占比过高的现象提出审计建议。广州市番禺污水治理有限公司污水处理费2014年收支情况的专项审计重点关注污水处理费收、管、用情况，以及污水工程的推进情况。

【经济责任审计】 2015年，番禺区审计局完成15个经济责任审计项目。对领导干部任职期间在调整经济结构、耕地保护、环境保护、社会建设、保障和改善民生、重大投资、资产处置、招标采购、贯彻落实中央八项规定、厉行节约反对浪费、“约法三章”相关要求、计划生育、住房公积金和内部管理等方面的履职情况进行审计监督。针对在遵守政府采购规定、资产管理、账务核算、专项资金使用等方面存在的问题，作出审计处理，提出相应的审计建议，加强对权力的制约和监督。

【固定资产投资审计】 2015年，跟踪审计城镇保障性安居工程，摸清区城镇保障性安居工程的投资、建设、分配、运营等情况，促进住房保障政策落实，推动健全住房保障和供应体系目标实现，对工程管理中出现的个别手续、质量等问题作出处理，提出建议，督促整改落实。区残疾人就业展能基地工程项目的审计，对项目进度、建设管理、招投标制度执行、资金使用等情况进行审计监督，同时对建设和使用中出现的问题提出建议。

【完成各级交办审计工作】 2015年，番禺区审计局完成政府交办和配合上级部门开展专项工作包括有：对万博商务区7家项目公司的资金运作及项目进展情况的审计调查；落实省委第十巡视组反馈意见整改工作有关严肃查处违规发放补贴、挤占挪用、截留、贪污财政专项资金等行为；配合区纪委开展9个专案调查；市审计局开展的美丽乡村建设专项资金审计工作；教育收费检查和行政事业单位2014度收费综合年检工作。

（区审计局）

国土资源和城市规划

【国土资源和规划局设立】 2015年6月10日，按照政府机构改革工作的部署，番禺区国土资源管理与城市规划职能合并，挂牌设立广州市番禺区国土资源和规划局（下称番禺区国土规划局）。

全年共办理规划类案件5185宗，其中，政务类案件2879宗；业务类案件2306宗，包括用地类案件359宗，办理用地选址83宗，办理用地规划许可证和规划条件183宗，办理前期咨询案件50宗；建筑工程及市政类案件1241宗，办理修建性详细规划及方案审查240宗，核发“建筑工程规划许可证”513宗，办理咨询类案件355宗；办理验收案件333宗，核发“建设工程规划验收合格证”220宗，办理违法建设定性案件40宗，办理咨询类案件131宗；依申请公开类120宗。受理国土类案件92956宗，按时办结92956宗，按时办理率100%；其中受理市（区）“绿色通道”案件共182宗，并联审批案件17宗，技术审查初审348宗，测量业务868宗，区联合审批1936宗。

【规划编制】 2015年，根据新型城市化发展战略部署和要求，番禺区国土规划局进一步完善“层次分明、专业齐全、对接无缝”的规划编制体系，推动重大投资项目、重点项目、民生项目、社会经济项目发展；对番禺的城市性质、定位和发展目标，对规划人口、用地规模、空间发展布局、重大基础设施和公共服务设施、生态环境保护等规划进行优化。

【编修重点区域控制性详细规划】 《番禺区城乡发展规划（2013-2020年）》修编，按照“以功能定项目、以项目配指标、以指标落控规”的原则，开展广州南站核心外围地区、番禺区BD0601规划管理单元（潮田工业区）、新旧市广路围合地块、节能科技园片区、广州大学城、番禺区BA0101、BA0102、BA0103、BA0104规划管理单元（洛溪岛）、番禺五星大道启动区首期地块等重点区域控制性详细规划修编或修改，带动金融、总部经济、商贸、电子商务、旅游服务等产业的发展。

【专项规划编制】 2015年，番禺区国土规划局开展的专项规划编制有《番禺区旅游总体规划》《番禺区综合交通规划》《番禺区消防站选址布点规划》《番禺区保障性住房发展规划》《番禺区排水工程规划》《番禺区用地竖向专项规划》《番禺区公园选址规划》《番禺区生态控制线规划》等专项规划，以提升番禺区域人居环境水平。

【民生实事规划编制与审批】 2015年，番禺区国土规划局继续推进村庄规划工作，着力解决城乡发展不平衡问题，统筹城乡一体化发展，改变农村无序建设和违法建设，落实新型城镇化发展战略。完成广汽生活区15—19号保障房工程、小谷围大学城公租房部分项目及东新高速保障性住房部分项目的规划报建审批。调整番禺图书馆的选址，以及番禺工人文化宫、番禺监狱、番禺区养老服务设施、广东文艺职业技术学院、市机动车驾考场等项目的控制性规划。完成番禺职业技术学院国际合作培训

6月10日，番禺区国土资源和规划局举行挂牌仪式
（区国土规划局供稿）

中心GS-10地块建设项目、沙滘中学(洛浦中心小学)体育馆工程建设项目、侨联中学后勤服务楼工程项目、小谷围大学城公租房配套幼儿园、东新高速保障性住房项目配套幼儿园及中学、祈福新邨BC0104080地块小学及幼儿园、南站核心区BA0503021地块小学及BA0503050地块幼儿园、沙头街中心幼儿园、广东工业大学大学城校区教学及学生宿舍楼、暨南大学番禺新校区学生宿舍和生活服务中心工程等项目的规划许可。

【高标准基本农田建设】 “十二五”期间番禺区高标准基本农田建设任务共计2620公顷，其中2013年度1006.7公顷建设任务于2015年3月通过市级竣工验收及省级抽查，成为全市第一个通过验收的行政区。2014年度860公顷建设任务已通过立项、规划设计、财政评审、招标环节后转入工程实施阶段。2015年度753.3公顷建设任务完成立项、规划设计编制和专家评审后转入财政评审环节。

【加快留用地和拆迁安置地办理】 截至2015年，番禺区征地拆迁项目需要兑现留用地共计999.5公顷，其中，已办理建设用地批准书622.7公顷，已货币补偿或指标调剂20公顷，19.6公顷已结案待办理建设用地批准书，正在省、市审批的81.4公顷。2015年计划新增兑现80公顷留用地指标，目前有52宗、56公顷取得建设用地批准书，15宗、21.6公顷完成用地结案待用地单位组织材料申请办理建设用地批准书。对于纳入台账管理的60宗拆迁安置地，有26宗取得了建设用地批准书，10宗取得土地证，3宗已经完成初始登记。

【新编土地利用总体规划】 番禺区综合发展功能片区土地利用总体规划于2015年9月通过市土委会对涉及开发商用地情况的审查，11月6日正式经市政府批准，于12月7日报省国土资源厅备案。该功能片区土规对比原执行的土地利用总体规划解决了15.6平方公里的建设项目用地需求。科学编制2015年度土地利用年度计划，获市下达年度计划指标合计408公顷，其中实施计划195公顷；完成供地41宗、129.64公顷。

【不动产登记中心成立】 2015年10月14日，广州市番禺区不动产登记中心正式挂牌成立，标志着番禺区不动产统一登记机构正式组建。番禺区国土规划局在着手信息及系统的对接和积极协调测绘附图编码事宜的同时，清理原有系统的所有案件，实现不动产登记工作的无缝对接。全年共核发不动产权证书8720本，不动产登记证明书7368份。

【开工建设保障房】 2015年，番禺区提前开工建设300套新增筹建保障房的任务。开展面向高校教师人才公寓的建设，在广州大学城岛内建成812套人才公寓。2015年新增公共租赁住房补贴发放任务为50户,已按时完成。全年向599户低收入家庭发放租赁补贴约345.69万元。

（区国土资源和规划局）

【建设用地储备及出让】 2015年，番禺区土地开发中心完成红线储备土地共9宗、面积15.22公顷，年度计划完成率为103%；完成实物储备用地共34宗、面积约125.85公顷；完成万博地下商业空间地块二、石楼镇岳溪村中科海通项目、石碁镇石碁村台湾产品展贸项目、桥南街南区公园南侧QNJ14-02地块以及现代产业园地块7、地块10、A地块等7宗用地的挂牌出让，面积共约25公顷，完成年度正式供应计划的127%。

重点建设项目土地征收工作，共签订的征地补偿协议面积共168公顷，包括广明高速公路、虎门二桥、佛莞城际铁路等省、市重点建设项目，以及广州国际创新城、现代产业基地、节能科技园、通用文具厂地块、华凌空调“三旧”改造项目、番氮地块“三旧”改造项目、番发集团东桂园地块等区储备用地项目。

（区土地开发中心）

住房和建设

【设立住房和建设局】 根据《广州市番禺区人民政府职能转变和机构改革方案》，设立广州市番禺区住房和建设局（简称区住房建设局）。原区建设局的职责划入区住房建设局，原市国土资源和房屋管理局番禺区分局的住房保障、保障性住房建设、住房制度改革、房屋权属监管、房屋测绘管理、房地产市场监管以及物业管理、直管房管理、棚户区改造、农村泥砖房改造、危房改造职责划入区住房建设局。

【2015年建设项目审批】 2015年，番禺区共受理建设项目审批819宗，按时办结率为100%，其中在3个工作日内办结率为75%。有38个事项进驻网办大厅，全局通过网上受理的事项共1511宗。办理施工报建92宗，同比（下同）下降15.6%，临时施工复函3宗，下降62.5%，受理31项大中型建设项目初步设计审查，办理竣工验收备案78宗，下降19.6%；审批“结建”防空地下室工程36宗，下降34.6%，易地建设项目28宗，上升17.3%，收缴易地建设费2305万元（与2014年基本持平）。受理报监工程139项，各类工程招标604项，上升2.7%。完成散装水泥专项资金预缴审批96宗，下降19%，建筑节能设计审查备案75宗，完成新建项目绿色建筑设计面积116.8万平方米，上升43.8%，超额完成全年52万平方米的任务。

【强化建筑质量和安全监管】 2015年，区住房和建设局严把检测方案报审关，对桩基、结构实体等重要环节的检测方案进行备案管理。工程质量检测工作进一步规范，检测报告及时率为100%。5月，检测中心参与研究的《新型墙体材料专用砌筑水泥的中试研究》荣获市政府“科学技术进步二等奖”。工程质量明显提升，2015年上半年有7项工程获省市优质奖，其中创省金匠奖1项、省优质奖1项，市五羊杯2项、市优质奖3项、市结构优质奖2项。

全区建筑施工安全生产形势总体平稳。全年开展施工安全专项大检查12次，检查工程2873项次（含日常巡查）。依法对35家施工、监理企业和262位工地管理人员实施动态扣分处罚，对14项工程进行警示谈话，对16项工程上报市建委不规范行为曝光。全年举办“平安卡”等各类培训103次，共3726人次参加培训。

【完善和规范建筑市场招投标】 优化服务举措，对重点工程和民生工程加强招标业务指导。运用信息化条件，实施远程评标67项。推行电子化审批，完成建设工程招标文件网上备案188项，招标投标情况网上备案174项。规范工程变更管理，全年共受理64宗变更，涉及变更增加金额约1462.6万元。

【城乡建设】 推进市政设施建设，南浦三桥工程投入5643万元，项目累计完成投资1.75亿元。万博四路建成通车，万博二路进行高架桥施工。海华大桥工程主桥部分的施工招标完成，开始主桥墩施工。石桥公园公共人防工程完成项目选址、立项、环评、文物调查、设计勘察招标等工作。

城中村开展安全隐患整治。

12 月，区对 36 个村开展预验收，其中有 21 个村接受市的正式检查和验收。

【房地产管理】　2015 年，全区商品房合计批准预售 166.23 万平方米（2014 年为 310.26 万平方米）。全年共完成 307 套保障房的筹建工作，其中：金雁佳园 133 套、明峰科技园 174 套，超额完成了市下达的 300 套筹建任务。在广州大学城建成 812 套人才公寓，并已完成教师公寓南区的团租分配。及时落实市的住房保障普惠扩面政策，全年为 599 户中低收入困难家庭发放租赁补贴 390.25 万元。

城市零散危房、农村危房的排危、督修，完成市下达的 308 户督修工作任务。经核查，全区新增危房 775 户，发放限期治理通知书 336 份、危标牌 336 块，完成 151 户农村危房改造。老楼危楼大排查共排查房屋 28864 幢，建筑面积 3877.36 万平方米。

三个房管所共分管区直管房产 3538 间，面积 25.18 万平方米，全年租金收入 2796.48 万元；修缮区直管房产 267 间，共 3.7 万平方米。

【人防工程管理】　区住房和建设局建立健全人防工程施工图审查、质量监督、专项验收三位一体的质量监管体系，完成 180 宗人防工程身份信息普查登记。

（区住房和建设局）

3 月 16 日，市政府古石阳副秘书长（前排左二）调研番禺区垃圾分类工作
（区城管局供稿）

城市管理

【干净整洁平安有序】　2015 年，番禺区城市管理局以“大部制”改革为契机，从服务社会经济发展的大局出发，着力加强“精细化、常态化、长效化”城市管理，建设“干净整洁平安有序”城市环境。火烧岗生活垃圾填埋场经全面治理后通过省住建厅的无害化评估；严查严控违法建设专项整治在全区严格落实、有效推进；“清洁番禺”、燃气管理、园林绿化、市政管理以及综合执法等各项城市管理工作全面有序开展。2015 年全区共限改、制止各类违法案件 126290 宗。

【城管执法分局并入城管局】
根据 2015 年 3 月 9 日下发的《关于印发〈广州市番禺区政府职能转变和机构改革组织实施工作的意见〉的通知》（番办发〔2015〕3 号），原番禺区城市管理局和原广州市城市管理综合执法局番禺区分局合并为番禺区城市管理局（挂广州市番禺区林业和园林局、广州市城市管理综合执法局番禺区分局牌子），番禺区政府于 3 月 25 日下发《广州市番禺区人民政府办公室关于印发广州市番禺区城市管理局主要职责内设机构和人员编制规定的通知》（番府办〔2016〕18 号），明确区城市管理局主要职责规定、内设机构规定和人员编制规定。

【清洁番禺】　2015 年，全区 16 个镇街开展“清洁番禺”工作。开展清洁活动清理卫生死角 7.4 万处，清理垃圾 8.9 万吨，疏通沟渠 2.9 万处，清理乱张贴乱涂写 27.2 万处，清理乱堆放 4.3 万处，垃圾桶破损置换 8900 多个。区城市管理局成立“清洁番禺”工作督导组对各村（社区）环境卫生进行巡查，督导组全年共安排巡查 760 多人次，累计发出交办函 275 份，按期整改回复率 100%。要求各镇街设置“清洁番禺”专项行动工作经费，建立有效规范的管理制度，加大人财物的投入力度，各镇街共投入资金 7075 万元，全区环境卫生水平得到明显提高。

【治理火烧岗填埋场】 火烧岗填埋场每日须处理垃圾超过 2400 吨，臭水臭气长期困扰周边居民。2015 年，番禺区针对火烧岗填埋场臭气臭水进行综合治理。强化填埋场的监督管理，加大除臭降臭的工作力度，完善渗滤液的收集和处理系统，建设沼气发电系统回收利用垃圾沼气。通过 56820 平方米边坡整治、对边坡及填埋面 26 万平方米覆膜焊接和 4170 米导渗盲沟敷设工作，实现堆体有效覆盖，有效防止渗滤液暴晒散发臭气，实现全部雨污分流。通过修整 2253 米填埋运营道路，节约库容 80 余万平方米。

【垃圾实行村收镇运区处理方式】 从 2015 年 1 月 1 日起，番禺区正式实施《番禺区生活垃圾分类计量收费奖励管理工作方案》，理顺各镇街垃圾归属和垃圾收运工作，明确“村收、镇运、区处理”的垃圾收运处理方式，促进区域垃圾减量化。

【市容环境专项整治】 2015 年，番禺区城市管理局牵头，会同各部门、各镇街开展中小学及幼儿园周边乱摆卖和占道经营专项整治工作，重点清理长期盘踞在校园周边两百米范围内的无牌无证食品摊档、乱摆卖黑点；相关职能部门共同开展全区 16 个地铁站周边环境综合整治工作，重点清理地铁口周边流动商贩乱摆卖、占道经营违法行为；针对广州南站、番禺广场、市桥城区等重点区域以及创文迎检、春节、国庆、高考、美食节等重点时段先后多次开展市容专项整治行动，整治六乱现象；加强户外广告招牌管理执法，控新拆旧，重点整治清拆群众投诉、新闻曝光的 13 宗违法设置户外广告。2015 年共整治乱摆卖、占道经营等市容类违法行为约 12 万宗，拆除大型违法户外广告 51 宗，面积 3098 平方米，拆除小广告招牌 3571 块，面积 4178.6 平方米。

【管道燃气三年发展工作】 2014 年至 2015 年 12 月底，全区新增管道燃气新覆盖用户 84485 户，完成管道燃气三年发展指标总任务的 70.64%；新增新安装用户 71031 户，完成管道燃气三年发展指标总任务的 59.39%。

2015 年共累计排查瓶装液化气各类无证经营站点 143 家，取缔 60 家，督促整改 83 家，累计开展联合执法行动 394 次、没收气瓶 1495 个、查处违法车辆 32 辆、下达整改通知书 1203 份、扣留违法人员 5 人。同时，针对区来穗局转来的 13419 宗出租屋燃气安全隐患信息，发出责令限改通知书 5515 份，警告教育 254 宗。

全面推进瓶装液化气供应站和便民服务部的规划布点工作。截至 2015 年 12 月底，全区共完成 104 个一、二、三级瓶装液化气供应站和便民服务部的规划布点工作，其中一级供应站 4 个、二级供应站 4 个、三级供应站 33 个、燃气便民服务部 63 个。

全面启用气瓶二维码标签安装和用户供气卡。截至 12 月底全区完成 161919 只气瓶标签安装工作，发放用户供气卡 12020 张。

【建绿化林带】 2015 年，番禺区内东新高速（番禺段）生态景观林带建设工程完工。市广路景观升级改造工程改造里程约 7 公里，改造面积约 17 公顷，投资约 300 万元；石碁镇旧水坑村对北部广场森林公园进行升级改造，绿化改造面积约 7000 平方米，投资约 48 万元；沙湾镇三善村乡村建设约 3 公里，绿化面积约 4000 平方米，投资约 102 万元；东环街甘棠村乡村绿化改造休闲公园绿化景观 7260 平方米、修建休闲路径约 1500 平方米、广场约 630 平方米，投资约 120 万元。全区 7 条主干道、3 条高快速路林带、2 个公园（广场）养护绿化面积 355 万平方米。2015 年番禺区完成广州市下达绿道建设任务，主要为石楼镇海鸥岛生态旅游开发项目 20 公里长的环绕绿道（一期）的建设和改造。

【六成社区人口参与垃圾分类】

番禺区厨余垃圾分类收运用“定时定点”模式。全区60%社区人口参与“定时定点”厨余垃圾分类投放。试点厨余垃圾“定时定点”收集与单独运输结合，购买3辆厨余垃圾收运专用车，在市桥街及附近街道对“定时定点”模式小区的厨余垃圾进行分类收运，每天收运厨余垃圾分类物约13吨。有害垃圾、可回收物回收共收集有害垃圾0.851吨，回收可回收物约46.41吨。火烧岗填埋场安装日处理30吨的餐厨垃圾处理设备，接收处理居民源头分类的厨余垃圾。

【市政管理】 开展市政设施安全隐患排查工作。对存在安全隐患的无主井盖进行维修，共维修权属不明井盖设施436处。严格把关城市道路临时占用和临时户外广告设置审批，对户外广告（灯箱）定期进行检查，排除安全隐患。

保障主干道路灯照明和消防通道通畅。完成了石楼镇利丰大道2期及康定大道、胜洲村环村路、茭西村环村北路的路灯新装及改造工程，新装路灯共计77盏。设立二十四小时服务热线电话，受理路灯报障的投诉，加强对全区主干道路灯设施的维护工作，主干道亮灯率达到100%。全年共接到群众各类投诉、建议878宗。加强对全区路灯设施的监管，及时排查、处理各种路灯设施故障，亮灯率达到98%以上。

加强重要节点期间消防安全工作。清明节期间250名林业干部职工投入到森林防火工作，出动消防水罐车5辆和高压水泵5台。重阳节期间，配合区指挥中心落实重阳消防责任，确保不发生森林火情。维修和保养消防通道2000米，保障消防车辆安全通行。

加强余泥排放监督管理工作。共办理建筑废弃物排放证38宗，排放量约230万立方米，共收取建筑废弃物处置费约660万元；已办理建筑废弃物受纳证2个，受纳量约263万立方米；已办理建筑废弃物运输证8个（年审续期）。落实辖区建筑工地日常监督巡查，及时发现、制止各类违法排放建筑废弃物行为，定期上报监督巡查情况；针对非法受纳行为，摸查非法受纳情况，引导运输企业向政府指定地点排放。定期将镇街上报的监督巡查情况录入余泥监督管理系统，对存在违法违规行为的建筑废弃物运输公司和运输车辆进行记分处理。

【大夫山森林公园细化管理】

2015年，大夫山森林公园开展以“精品公园”为目标的精细化管理。加强消防、安全管理，完善物防和技防，在重要路段增设监控设施；加强园内警示标识和广播提醒，完善安全提示、警示标志、游客须知等标识警示牌；增种开花乔木，丰富细化景观；及时维修损坏设施，加大环境卫生保洁力度；加强工作人员培训，提高服务质量水平。

【遏制违法建设】 2015年，番禺区继续开展严查严控违法建设专项整治。区城管局组织各镇街对在建违法建设进行全面控停，逐一摸查登记，拆除拒不停工的、新增的违法建筑，并配合区政府研究制定在建违法建设分类整治工作意见，指导各镇街对控停的村民建房进行分类整治。经抽查统计，全区违法建设控停率达89.5%。2015年，区城管局先后组织开展“严查严控城中村违法建设专项行动”“雷霆五号行动”“飓风行动”“雷电行动”4次专项行动。全区共拆除违法建设1324宗，面积33.4万平方米：其中拆除村民违建792宗，面积11.52万平方米；拆除村社集体、企业违建403宗，面积21.15万平方米；拆除其他违建129宗，面积0.73万平方米。

重点抽查主次干道违法建设及村民建房情况，发出交办、督办、催办函204份，涉及在建违法建设318宗，停水停电172宗，拆除107宗，拆除面积约4.6万平方米。同时，严格落实村民建房“黑名单”管理制度，共将358宗村民违建列入“黑名单”，不予提供水电等公共服务。

【查处整改违规建筑工地】 区城管局查处建筑工地无证施工、夜间超时施工及工地设施不规范造成扬尘污染等违法行为，重点对违法情节突出的工地实施处罚。加强对"三城一站"(大学城、亚运城、市桥城区、火车站)、汉溪长隆地铁站周边和万博商务区等重点区域项目工程的执法工作，与多个部门组建的区级泥头车整治联合执法队，落实"一不准进、三不准出"的工地出泥监管制度，督促建筑废弃物运输车辆规范装载，改善番禺大道、汉溪大道、金山大道、亚运大道等主干道的路面污染情况；万博商务区联合执法队对万博片区实行驻点管理，防控工地违法违规行为。2015年共查处无证施工19宗，处罚133.7万元；查处夜间超时施工20宗，处罚20.9万元；查处建筑废弃物排放运输类案件369宗，对已立案的347宗案件作出行政处罚，共处罚174.089万元。

(区城管局)

农村建设

【农村三资管理示范区】 2015年，番禺区农村继续完善集体"三资"管理制度，进一步规范资产交易管理，减少"围标""串标"等扰乱招投标秩序问题。全区累计完成农村集体资产资源交易3717宗，交易底价31.23亿元，成交金额36.7亿元，增收率17.51%，交易量继续排在全市首位。2015年2月，被农业部认定为"全国农村三资管理示范县(区)"。

【农村土地经营权确权登记颁证】 2015年，番禺区按照国家、省、市的统一部署，有序稳妥地推进番禺区农村土地承包经营权确权登记颁证前期准备工作，完成试点工作方案拟定，并召开动员大会部署确权工作。据统计，全区纳入确权范围的共138个村(无农用地的39个村)，初步核定面积12506.7公顷，涉及农户12.6万、农民约30万人。

【社会主义新农村建设】 全区第三批9个市级美丽乡村试点村建设通过验收，17个项目加快推进，总投资额2226万元；区财政安排新农村建设专项资金3000万元，补助新农村建设项目33个，总投资3798万元，补助美丽乡村建设项目29个，总投资3540.57万元。

【探索农村金融改革】 番禺区经过深入洽谈和精心筹备，与广州农商银行签订《"三农"金融服务全面合作框架协议》，共同搭建支农惠农的农村金融服务平台；推出"惠农贷"授信业务，截至2015年年底，累计开展授信业务91笔，涉及农户76户，合计贷款金额5805万元，解决农户农企的融资贷款难题。《广州市番禺区继续开展政策性水产养殖保险工作实施意见》获区政府常务会议审议通过并正式实施。

(区农业局)

环 保

【2015环境质量】 2015年番禺区环境空气质量保持良好状况。中心城区空气环境中二氧化硫、二氧化氮、可吸入颗粒物、细颗粒物(PM2.5)平均值分别为19微克/立方米、44微克/立方米、59微克/立方米，39微克/立方米，其中二氧化硫、可吸入颗粒物优于《环境空气质量标准》(GB3095－2012)二级标准，二氧化氮、细颗粒物(PM2.5)分别超标0.1倍、0.11倍，污染物浓度同比2014年分别下降了17%、2.2%、21%、20%。全年空气质量达到优、良的天数有295天，空气质量优良率为80.8%，优良率同比2014年上升了10.9%，以上空气质量数据采用5个对外发布子站(番禺市桥、大石、沙湾、亚运城、大夫山)进行统计。

全年降水pH值范围在4.53～6.87之间，pH加权平均值为5.73，比2014年上升了0.23个pH值单位；酸雨出现频率为12.3%，同比2014年下降9.4个百分点，已不属于重酸雨区，酸雨污染持续减轻。

按照国家环保部2011年3月9日颁布的《地表水环境质量评价办法(试行)》(环办〔2011〕22号)评价，市桥水道水质属Ⅳ类，年平均污染指数(WQI)为0.36，水质轻度污染；沙湾水道水质属Ⅱ类，年平均污染指数(WQI)为0.23，水

3月25日，环保部大气污染防治考核组督查番禺区大气污染防治工作（区环保局供稿）

质尚清洁；沙湾水厂饮用水源地水质为Ⅱ类。

2015年番禺区区域声环境等效声级平均值为54.8dB(A)，比2014年上升0.1分贝，处于较好水平；城市道路交通噪声等效声级平均值为69.9dB(A)，比2014年上升0.4分贝，处于较好水平。

【严把环保审批关】 2015年，区环保局完成建设项目环评审批496项；批准14个建设项目投入试生产（运行）；完成建设项目竣工环保验收191项；出具建设项目环保选址咨询意见1099项，其中否决选址93项。共核发排污许可证237个。

2015年，区环保局改进系列审批服务措施，严把环保审批关。审批前期服务环节继续完善环保选址咨询，通过编制咨询指南、规范申报材料等方式提高咨询服务效率；完善咨询业务办理流程，采用多种提示方式，开展业务培训和交流，提高按时办结率。重点建设项目环保审批环节主动参与重点项目的前期协调工作会议，安排专人跟进项目进展和做好审批指引。梳理历年环保审批管理的政策，汇总制定新形势下的环评审批原则，对法律法规政策未作规定的领域提出指导性原则，规范和压缩环评审批的自由裁量权。项目竣工验收环节健全建设项目“三同时”管理制度和竣工环保验收管理，调整竣工验收备案阶段办理环保验收的流程，将以往的建筑物验收事项纳入竣工环保验收事项之中。商事登记制度改革后与区政务办合作建立商事登记信息平台和环保局业务系统的信息交换机制，提高对商事主体的跟踪管理效果；与商事登记部门加强协作，在商事登记窗口布置宣传海报和分发告知书，督促、提醒商事主体及时办理环保审批手续。按照区编办、区政务办部署，全面排查非行政许可事项、行政职权、行政审批中介服务和涉企经营性服务收费项目，逐一梳理行政职权的法律法规依据，按照简政放权的要求和工作实际情况提出取消、保留、调整等不同的处理措施。

【环境监管执法保持高压态势】 区环保局本着“排查不留死角、整治不留后患”的原则，开展专项整治及专项执法行动，清查整治环境隐患。针对违法排污“小作坊”，共开展153次专项执法行动，出动执法人员1861人次，联合查处违法“小作坊”737家，6位涉嫌污染环境犯罪的“小作坊”主被移送司法机关追究其刑事责任。

对饮用水源保护区内的“农家乐”开展数次联合执法。8月，水源保护区内的14家“农家乐”被立案处罚，其中1家的责任人被公安机关实施行政拘留。11月，联合公安部门针对水源保护区内的“农家乐”进行夜间突击检查，12月关停上述全部“农家乐”。

开展涉重金属珠宝首饰加工企业专项执法行动。9月，市、区两级环保部门联合行动，实施查封案件3宗，涉嫌污染环境犯罪移送追究刑事责任案件1宗。针对臭气污染扰民问题，对亚运城周边区域进行地毯式排查，排查污染源企业共297家；对群众反映的四家污染源企业进行多次突击检查，确定污染来源。

【制定环保工作执法联动机制】 区环保局制定《番禺区2015年重点环保工作执法联动

机制》，确定七项部门联动执法机制，并经区政府同意实施。联动机制充分发挥各专业执法部门的执法职能，形成环保部门统一协调、相关职能部门及镇街负责的“大环保”工作格局。按照“政府主导、属地管理、各司其职、齐抓共管”的原则，推进“小作坊”清理常态化，将专项整治与日常监督管理紧密结合，形成清理取缔的长效机制。制定《番禺区餐饮业整治联动机制》，对证照不全、污染扰民、占道经营、违法建设，或存在食品安全、消防安全等隐患的餐饮业户进行整治，减少餐饮业污染扰民的情况出现。完善行政执法与刑事司法联动执法机制，与检察、公安部门在信息沟通、“两法衔接”业务、协作机制、环境公益诉讼等方面达成共识，促进执法资源的合理利用，依法加大对重大环境违法犯罪案件的综合惩处力度，严惩环境污染违法犯罪行为。

【信访提升环保管理效率】 2015年，区环保局定期梳理群众关于环保方面的信访热点难点并建立台账，由局分管领导督办，指定专人定期跟进、更新案件的相关情况，主动联系信访人做好沟通、解释工作。2015年局领导包案共33件，加大对来信来访中涉及的重点单位的监察力度，加密监测频次，强化监管，控制污染等，提高重复信访件的处理效率。针对“12345政府服务热线”中反映涉及环保的案件，明确相关工作程序和联系责任人，环境监控值班人员全天24小时接收“一号通”分派的工作。2015年，环保系统共处理环境信访案件2268宗，处理率100%，结案率100%。

【五大措施保障水质安全】

2015年，区环保局通过制定落实计划、抓污染防治、打击环境违法行为、建立联合监管机制、排查安全隐患等五大措施切实推进水污染防治工作，保障番禺区水源地水质安全。根据省、市下达的南粤“水更清”考核任务，结合河长制考核要求，制定《番禺区2015年度实施南粤水更清工作计划》，在城镇污水治理等方面确定七项重点工作任务，并结合“水更清”实施计划明确河涌综合治理任务。清理取缔手续不健全、装备水平低、环保设施差、严重污染水环境的小型工业企业，对手续完备的工业企业，引导其规范管理，并加强监督整改，2015年涉重企业废水超标的现象明显减少。重点打击私设暗管或利用渗井、渗坑排放、倾倒含有毒有害污染物废水、含病原体污水，监测数据弄虚作假，不正常使用水污染物处理设施，或者未经批准拆除、闲置水污染物处理设施等环境违法行为，发现一宗严肃处理一宗。建立番禺环保、南沙环保、番禺海事三方联合监管沙湾水道饮用水源保护区工作机制，加大对沙湾水道饮用水源保护区的联合巡查整治力度。定期更新市桥水道“一涌一册”和沙湾水道“一源一册”档案，大力开展环境安全隐患排查。

【减煤控车降尘减少大气污染】 2015年，番禺区围绕“减煤、控车、降尘、少油烟”制定《广州市番禺区大气污染综合防治工作方案（2014—2016年）》，

6月6日，区环保局举办2015年度“六五”世界环境日宣传活动
（区环保局供稿）

明确环保、市场监管、发改、科工商信、交通、公安、住建、城管、港务等有关职能部门及16个镇街的职责分工，由区环保工作领导小组统筹督办，全面推进各项大气污染综合防治工作。全区基本完成工业高污染燃料锅炉改燃、淘汰或治理，市下达番禺区的10台高污染燃料锅炉整治任务及28台生物质成型燃料锅炉整改任务已全部按时完成。协同公安交警部门，开展黄标车“冲禁令”自动抓拍系统的建设，加大黄标车淘汰力度，全区共报废汽车8485辆（其中黄标车报废5334辆）。区内21家省控重点行业挥发性有机物企业已全部完成整治；督促餐饮项目落实好各项环保措施，通过环评审批和竣工环保验收的餐饮业户均已配套油烟治理设施，其中66家大型餐饮业户已配套油烟处理在线监控设备。

【开展多形式多层次环保宣传】 为提高市民的环保意识，区环保局创新宣传形式，扩大宣传覆盖面，开展多形式多层次的环境保护宣教活动。拓宽宣传渠道，借助传统传媒强化环保宣传工作，录制专题访谈类节目；通过文字广告、广告片等方式，对环保法律、法规或具体环保工作等进行宣传；完善局门户网站建设，对局网站进行全方位整改，较有特色的是群众关心的行政处罚信息的公开方式，将业务系统与局网站进行对接，行政处罚决定一经送达，相关行政处罚信息就在局网站实时公布；加强微博、微信的建设，“番禺环保”微信平台6月6日正式上线；加强与群众互动，与环保社团组织合作，提供平台让环保热心人士亲身体验，亲自参与环境保护；推动学校环保兴趣组试点工作。

【数字环保建设】 2015年，番禺区环保局开发环境监测管理软件，完成“数字环保”三期建设。“数字环保”系统有“环保审批、排污许可、现场监察、行政处罚”等17个业务板块，涵盖重要环保业务；通过在线监控、环境信访、应急处置等子系统的有机结合，将业务数据实时纪录在数据库中，实现信息共享和业务留痕；建立企业“一源一档”、污染源动态管理台账，通过该系统能够迅速查询企业排放污染物特性、日常监管情况及监测数据等相关信息，实现业务一体化和污染源的生命周期管理。

（区环保局）

水　务

【科学规划治水】 2015年，番禺区水务局科学谋划，综合施治，统筹推进关系民生的重大水环境问题。在规划层面，开展《番禺区排水专项规划》，启动《番禺区水务发展“十三五”规划》。针对治水工作过程中的紧迫问题，将工作重心由“堤固”调整为“水清”，增加省、市、区近年下达的考核任务，使十年治水更契合实际，更具有可行性。

5月29日，全区综合治水动员大会召开，实行区、镇（街）、村（居）三级河长制，卢一先书记亲任市桥河主干河道河长，印发《番禺区市桥河水系水更清行动计划》，全区掀起新一轮的治水高潮。

【市桥河水更清行动计划】 2015年，番禺区完成《番禺区市桥河水系水更清行动计划》的编制，宣布对市桥河水系进行全面整治。《计划》将治理分为近期、中期和远期三大目标。近期目标在2016年前，市桥河主干河道基本消除劣V类水质，实现不黑不臭，城镇生活污水处理率达到93%以上。治理范围包括市桥河水系主干、市桥河水系中水质较差的市桥城区的丹山河流域、沙墟涌和罗家涌、钟村和石壁的屏山河区域等10条主要支涌进行整治。上述河涌整治范围是广州市对番禺区河涌整治的考核任务内容。除此之外，番禺区将整治傍西涌、涌边涌、小龙涌等对市桥河水质影响较大的8条支涌；对沙墟涌、罗家涌等11条河涌实施清淤，共计31.7公里；完善丹山河下游、沙墟涌和罗家涌的调水补水，开展市桥河水系泵闸改造、沙墟涌调水补水等5宗补水工程。而中期目标是到2020年，市桥河水系基本消除劣V类水体。远期目标是到2030年，实现市桥河水系河涌全面截污，黑臭水体总体消除，水质达到V类或以上。为确保各项目标完成，番禺区实行三级“河长制”，将治水纳入主要领导政绩考核中。

【河涌抽检市桥河水质全市第四】 2015年，番禺区安排治水项目281宗，水务总投资9.93亿元。完成河涌整治6.4公里，完成河涌清淤4.64公里，完成前锋三期的扩建以及7.6公里污水主管网、7公里支管网的建设，完成了南粤水更清、生态水城建设、《番禺区河涌综合整治工作方案》及综合整治丹山河水系四大工作任务。在全市排名中市桥河水质位列第四，其中2015年9月和11月，市桥河水质为全市抽检河涌第一。

【水行政管理】 2015年，番禺区水务局全面落实以行政首长负责制为核心的防汛责任及汛期24小时值班制；完成全区16个镇（街）以及所辖的村、社区三防应急预案的编制，实现了防御重心放低，关口下移；梳理安排19宗度汛工程，并在年内全部完工；组织开展民兵轻舟分队专业技能演练及应急排涝综合演练，通过实战演练提高抵御自然灾害和抗大灾能力；因地制宜对52个水浸点制定应急预案。

严格落实用水总量、用水效率和水功能区限制纳污“三条红线”，各项指标全部达到市

1月15日，区人大组织视察石楼镇联围十二村水闸

（区水务局供稿）

考核要求，并取得了全市第一名的优异成绩。水务局对月用水量5000立方米以上的非居民用水户实施计划用水管理，对超计划用水量实施全额征收。全区378家公共机构建成公共机构节水型单位。12月31日起全区正式实施阶梯水价。

【联合监管水源】 11月5日上午，番禺区环保局、南沙区环保水务局、番禺海事处联合监管沙湾水道饮用水源保护区工作启动。启动三方联合监管工作机制后，番禺区环保局、南沙区环保水务局、番禺海事处各派人员组成沙湾水道饮用水源联合巡查队，日常巡查路线、巡查日期、用船安全等由番禺区环保局负责。日常巡查主要巡查自来水厂的吸水口、沿岸水闸、雨水排放口，水体颜色、气味，严防沿岸砂石运输船、过往船只污染水体。12月10日，番禺海事处、顺德海事处、番禺区环保局、南沙区环保水务局对沙湾水道水资源保护区开展第一次四方联合巡航执法行动。

【前锋净水厂三期试运营】 2015年12月31日，前锋净水厂扩建三期工程通水试运营。该期工程于当年1月动工，设计规模为23万立方米/天，采用工艺技术成熟的“AAO生反应池+矩形周进周出二沉池+V型砂滤池+次氯酸钠消毒”工艺。出水水质按照《城镇污水处理厂污染物排放标准》一级A标准，处理后的尾水就近排入市桥水道。该工程建成投入使用后，污水处理厂总能力将达到40万立方米/天，可以有效地解决市桥片区（含市桥街、沙头街、桥南街）、石碁片区、沙湾片区、广州新城片区、石楼镇南部片区及东环街和南村镇部分片区合计184.9平方公里（占全区三分之一面积）109.36

万人口的生活污水处理问题。

（区水务局）

【全区完成水务一体化】 根据区委、区政府的工作要求，2014年番禺水务股份有限公司完成第一批大石、石碁、钟村、化龙及新造5家镇街供水企业的收购工作。2015年完成对沙湾、南村、莲泉及石楼供水企业的收购，全区水务一体化工作全面完成。上述镇街供水企业纳入统一管理后，通过管理、技术、人员的不断融合，经营管理工作日趋规范，供水质量和服务水平不断提升。

（番禺水务股份有限公司）

交 通

【交通统筹规划】 2015年，根据番禺区"十二五"期内交通基础设施建设计划，区交通局会同发改、财政、建设、基建、交通投资等部门，编制全区2015年交通基础设施建设计划，作为交通基础设施建设计划安排的指导性文件；完成《广州市番禺区智能交通可行性研究》，为拓展应用市桥地区智能交通提出可行性建议；开展番禺区路内停车规划和沙溪大道平交至新光快速路交通改善研究。

【多方合作模式建设南大干线】

南大干线全长30.32公里，其中位于南站商务区的钟三路至东新高速段约3.1公里，确定由市出资、市城投集团下属新中轴公司负责建设。其余东新高速-莲花大道路段（长约27.2公里，总投资105亿元，以下简称"东莲段"）由市区共建，采用总承包模式进行建设，市城投集团作为建设管理单位实施，番禺区政府负责项目征地拆迁和南大干线省妇幼医院至市新路段（BT段）建设工作。

【公路建设情况】 截至2015年年底，全区公路通车里程为1093公里，其中高速公路89公里，一级公路158公里，二级公路165公里，三级公路356公里，四级公路217公里。桥南街草河村岭南都市街景观大道改造工程完成K0+560-K1+220段沥青罩面工程，完成K0+940-K1+220段绿化工程。

【公路养护与管理】 2015年，番禺区地方公路管理总站管辖的在册地方公路里程为424.66公里，桥梁89座。省道、县道年平均优良路率100%。公路技术状况指标数（MQI值）：省道MQI年平均值94.7，县道MQI年平均值93.33，乡道MQI年平均值91.15。

养护桥梁总长达4482米。年内委托桥梁专业检测单位对辖区89座桥梁进行定期例行检测，结果显示受检桥梁技术状况总体较好，技术等级以二类为主。

全年总站养护维修项目共计56项，工程范围涵盖13个镇街，共完成路面维修47243平方米、加固维修桥梁2座、修复涵洞5座，修复标志标线约12000米，修建波形护栏331.5米，投入资金约1656万元。

【路政管理】 2015年，番禺区交通局共受理市政道路、人行道占用开挖审批事项46项，按规定收取城市道路占用、修复费用合共约180.3万元。整合区交通综合行政执法分局、市政道路管理部门和各镇街道班力量，最大限度提升路政执法的质量和效率。全年路政巡查264天，共计出动3480人次、1096车次，巡查里程98000公里。全年联合执法实施强制措施26宗。

【公路保洁】 广州市番禺区公路保洁办公室（以下简称区公路保洁办）主要负责番禺区内公路主干道及市政道路285公里约500万平方米的日常保洁工作。现有机械、石基、钟村、南村、沙湾5个保洁队，共有员工119人，保洁车辆24辆2015年，共出动保洁人员9万人次、保洁车辆1.8万车次，全年道路保洁面积约36.5亿平方米道路，其中洒水冲洗面积约9.1亿平方米，快速处理路面突发事件共390宗。

【交通运输企业总量】 2015年注册地在番禺区的客运企业（站场）17家，在番禺区经营的广州市公交企业3家。其中已具

10月26日，“优秀城市美容师”表彰座谈会在番禺疗养院举行。区交通局公路保洁办1人获得广州市优秀城市美容师荣誉称号，4人获得番禺区优秀城市美容师荣誉称号
（区交通局供稿）

有公交经营资质的企业7家，经营跨区以上公路客运的企业7家，出租车企业4家，旅游包车企业3家，客运站场2家。区内共有客运车辆2368台，其中班车客运车辆288台，公交车辆1190台，出租车辆776台，旅游包车114台。已备案客车租赁企业13家，租赁客车1380台；区客运企业经营线路223条，其中省际班线59条、市际班线25条、县际班线6条、区属公交线路133条。全年七个重大节假日共安全发送旅客3067.28万人次，其中，春运40天客流总量（不含公交）为1065.82万人次，同比上升47.91%。

全区有普通货运业户3012家，货运车辆6609台；危运企业15家，危运车辆445台；货运站1家；营业性停车场207家，停车位2215个；驾培机构9家。机动车维修企业984家，其中，维修企业一类32家、二类118家、三类679家，摩托车维修企业155家，维修从业人员5699人。2015年，番禺区将维修企业低碳工作目标纳入行政监管重点考核内容，1180辆2006年9月1日前注册的营运黄标货车退出营运。

【优化公共交通服务】 2015年，全区新增及优化调整线路57条次，进一步优化区内工业园区、广州南站、各镇街的公交网络。与顺德区签署《广州市番禺区与佛山市顺德区公共交通战略协作框架协议》，优化两区公交线网布局，分别调整番97和番125线路从顺德陈村延长至顺德北滘。番禺、南沙两区交通局于10月19日召开工作会议，协商番禺至南沙跨区客运班车公交化改造。长沙理工大学受委托编制的《番禺区公共汽车交通线网规划》经区政府常务会议审议通过。

【驾培市场竞争有序】 2015年，番禺区交通局停止审批新增设立挂靠经营模式分支机构，对原有招生点和分支机构进行经营模式转型；开展在学学员疏导与清减工作，引导行业平稳发展，学员从年初7.56万人下降至4.07万人，积压现象有所控制。建立驾培行业回访中心，持续开展电话回访，共回访学员5147人，教练员1865人，共收集各类意见建议2613条，其中涉及行政管理部门建议和意见1696条，涉及设备管理公司917条。

【2015年交通安全事故】 2015年，发生列入统计一般以上道路交通事故共2宗，共死亡2人（绝对死亡2人，责任死亡0人），事故宗数比2014年同期下降81.8%，道路运输行业安全生产形势稳定。

（区交通局）

【南城养护所】 广州市道路养护中心南城养护所承担番禺区、南沙区范围内市管公路和有关交通设施的养护工作。2015年管养番禺区、南沙区辖区内道路共257公里；管养桥梁136座，总长301177延米，其中特大桥8座，大桥35座。其中番禺区道路合计180公里，桥梁91座（总长22193延米）。

2015年，南城养护所组织实施公路大中修工程50项，其中大修工程2项、中修工程48项，合计完成沥青混凝土路面罩面或维修55.4万平方米、水泥混凝土路面维修5.25万平方米、沥青路面预防性养护8.73万平方米，总体路况水平得到有效提升。机械化养护更加专业，配备相应的种类较全的机械设备共470台（套），在道路巡查、路面保洁、小修保养、应急抢险等方面实现全方位的机械化作业，实现从"手工作坊"到现代化大道班的转变。

全年，广州市南城公路路政管理所合计巡查公路里程约6.56万公里，参与巡查2785人次。

（广州市道路养护中心南城养护所）

【港务生产平稳】 2015年，番禺区内各港口安全生产形势较为稳定；港航生产保持平稳增长，实现港口货物吞吐量551万吨，集装箱量7.83万TEU，港澳客运量35万人次、珠江日游客运量为8082人次。2015年，辖区内登记在册的船舶共194艘，运力46.35万载货吨，同比（下同）增加28%；单船平均2389.18载货吨，增加11%。其中，拥有港澳航线营运资质的船舶共73艘，增长28%。新投运货船10艘。

4月30日，广州市番禺莲花山番港货运有限公司投资逾2000万的堆场改造工程完成验收，标志着自2008年开始的总投资达6000多万元的改造升级系列工程的全部完成，码头吞吐能力达到200万吨/年、集装箱进出口能力达到20万标箱/年；同时，广州正和谷物有限公司码头维修加固工程也圆满完成。

番禺港务分局指导辖区28家水运企业进行安全生产标准化达标考评，达标率100%；对水上砂石装卸点采取登记管理，并将其纳入规范管理的装卸点制作标志标牌用于加强现场管理；加强与番禺区水务、环保、城管、海事等职能部门的工作互动、信息互通。

（广州港务局番禺分局）

基本建设投资管理

【2015年财政投资建设概况】 2015年，番禺区纳入区基建办资金计划的建设项目共209项，原计划共安排年度资金9.03亿元。其中已完成结算项目96项，约2.34亿元；完工待办结算项目46项，约1.78亿元；在建项目28项，约2.91亿元；拟建项目36项，约1.6亿元；储备房源专项资金1项，约0.39亿元。此外，番禺第二人民医院（大石医院）易地重建工程等重点项目年度资金计划约2.6亿元。

2015年下半年区财政局把区基建办全年资金计划调减至6.33亿元。截至2015年12月31日，区基建办共申请支付基建资金6.01亿元，占年度资金计划的94.49%；区财政拨付基建资金5.56亿元，占年度资金计划的87.84%。送区财政局评审的工程概、预结算179项，送审总额102604.9万元。完成公建项目审核38宗，核减费用1045万元。区基建办完成征地面积1.39公顷、拆迁面积0.04

公顷，完成签订征收相关合同89宗，合同金额9920.48万元。完成招标项目140宗，中标金额24600.16万元，签订合同411份，合同金额27216.89万元。完成新立项批复项目共计10个，总金额116283.95万元。建成番禺儿童公园（二期）工程、景观大桥、大学城南北区教师公寓等17项工程，办理竣工验收项目28项；广汽西路延长线、广汽中路北半幅、市桥立交改造等4个工程已按区政府要求如期动工，区工人文化宫工程、广明高速安置区工程、万达广场文化活动中心装修工程等10个重要项目也在按计划推进中。

5月26日，区人大常委会专业小组成员到番禺儿童公园二期工程项目现场检查建设情况
（区基建办供稿）

【以精品意识建设优质工程】 2015年，区基建办在工程建设中定期对建设中的重点工程项目开展质量安全检查，严格按照基建程序办事，谋求建设进度与建设质量有机统一，确保重点工程建设质量。2015年，大学城南北区教师公寓工程通过广州市优良样板工程和广州市安全文明施工样板工地中间检查并上报评审；钟三路工程获得中国市政协会“优秀质量管理三等奖”；区第二人民医院（大石医院）易地建设项目被评为番禺区建设工程“文明施工示范工地”。区基建办经调研草拟《番禺区基建办工程项目银行专户管理试行办法》，并选定何贤医院医疗综合大楼改扩建工程作为首个实施工程款银行专户管理的项目。在征地拆迁中试行开展国有土地及房屋评估报告专家审核工作，通过专家组评审提出客观、公正、专业的评审意见，对提高评估报告质量和加强项目资金管理将有积极意义，并在德兴北路商业用地评估首个实施报告书专家评审的项目中取得预期效果。

【统筹规划节约经费】 为进一步提高建设效率，区基建办在项目建设的规划设计、用地报批、用地报建、招投标、征地拆迁、管线迁改、施工建设等各个环节前期就开始加强统筹规划和综合考虑，最大限度地减少非必要的设计变更、施工变更，全面提高建设效率，节约建设经费。在生物医药园配套道路在6号路施工时，因客观原因出现河堤滑移，河堤修复初步估算超过千万元，经各种技术手段复核，并通过多方案比选，最终确定的清基抛石护坡方案，变更增加费用仅几十万元，节省财政资金900多万元。市桥立交改造工程经过充分论证并调整了原设计改造方案，减少投资约3亿元。

【重大项目建设】

1. 番禺儿童公园

番禺儿童公园是广州市一项重要的民生工程，该项目一期工程于2013年9月27日动工，2014年6月1日一期工程完工开园，二期工程于2015年5月31日全面建成并对外开放。

2. 景观大桥

该工程北起禺山西路，经横江村、沙湾边涌村跨越市桥水道，接入福龙路，路线全长1762.4米，主跨100米。2015年6月15日，景观大桥开通，为连接沙湾镇和沙头街提供一条便捷的快速通道。

3. 大学城教师公寓

大学城北区教师公寓项目定位为高级人才公寓，是“大学城提升计划”的重要组成部分，于2015年顺利完工，通过广州市优良样板工程和广州市安全文明施工样板工地中间检查并上报评审。

4. 广汽西路延长线、广汽中路北半幅

广汽西路延长线、广汽中路北半幅都是广汽基地的重要配套道路工程，对广汽集团自主品牌汽车的发展及周边地区汽车零部件配套产业的集聚发展有重要作用。该工程于2015年9月动工。2015年10月14日下午，区委书记卢一先到广汽基地配套道路工程建设现场检查指导工作，并肯定区基建办取得的初步建设成效。

5. 番禺区第二人民医院（大石人民医院）

番禺区第二人民医院（大石人民医院）易地建设项目总投资约2.5亿元，占地面积为41045平方米，计划建筑总面积为48000平方米，主体结构于2015年7月封顶。该医院的建成，将为缓解华南板块60万业主的就医难问题发挥重要作用。

6. 番禺区沙头街中心幼儿园

番禺区沙头街中心幼儿园工程按照省级幼儿园标准建设，总建筑面积10800平方米，土建工程于2014年12月完工，2015年9月1日正式开学迎接新生，为推动沙头街幼教事业发展发挥了重要作用。

7. 区社会福利院福利大楼

区社会福利院福利大楼（即何添大楼）工程，位于市桥街富华东路市桥街派出所西侧，占地面积3333.1平方米，总建筑面积10686平方米，于2015年11月竣工并投入使用，有利于推进老年福利事业发展、缓解养老难题。

8. 广明高速安置区工程

广明高速安置区工程位于石壁街韦涌村，是广明高速工程（韦涌村段）的拆迁安置房项目，2015年已完成23栋联排别墅的主体结构施工，计划于2016年5月全部完成外排栅架拆卸，2016年7月完成相关市政配套设施施工。

9. 市桥立交改造工程

2015年10月15日，市桥立交改造工程正式动工，并按计划分步实施。市桥立交位于东环路与大北路交叉口位置，是市桥中心区交通路网中的重要节点，建于20世纪90年代初，存在较大的安全隐患，亟需改造。市桥立交完成改造后，将进一步消除安全隐患，改善区域通行条件，为今后市桥城区的发展提供更便捷的交通条件。

（区基建办）

气象工作

【气象业务为幸福番禺服务】 2015年，区气象局继续加强对重大灾害性天气过程的监测和预警，为幸福番禺提供优质气象服务。全年共发布台风、暴雨、雷雨大风等各类预警信号89次；发布《番禺区重大气象信息快报》16期、《番禺区重大气象信息专报》5期；向政府及各部门决策人员3785人发布预报预警短信306万余条，为气象防灾减灾工作提供决策服务，获评广东省气象局强台风“彩虹”及暴雨气象服务先进集体。区气象局与区教育局、区人社局联合转发《广州市公众应对主要气象灾害指引》，并建立应对台风、暴雨、高温天气的停课停工安排工作机制，5月20日区气象台发布年内第一个暴雨红色预警信号，当天全区所有学校停课。

区气象局为春运、中考、高考、龙舟赛、清明节、重阳节、广州10公里路赛跑、儿童公园“岭南文化阳光童年”活动、广州国际美食节等重大活动提供气象服务保障，提前为相关单位提供活动当天的天气预报信息，部分户外活动还安排气象应急车现场监测天气状况；春节期间在番禺客运站和广州南客运站气象信息显示屏为旅客提供全国各地天气预报和天气实况。

【防雷制度改革】 2015年，按照行政审批制度改革要求，防雷装置设计审核取消雷评报告；安全生产监督登记转入事中提交；取消技评报告，转成审批部门委托；防雷装置竣工验收取消SPD测试报告及备案登记表，竣工档案资料转入事中提交。

区气象局以平安番禺为导向，大力开展防雷综合治理。除重要节日及日常巡查外，开展危化品及易燃易爆场所防雷隐患排查与治理、气象灾害防御暨防雷安全生产联合执法检查等行动，对重点建设项目、人员密集场所、涉粉尘环境场所、高考考场进行专项防雷安全检查。全年检查防雷工程施工工地94个，易燃易爆和危险化学品场所412个，人员密集大型企业30个，气球施放活动的巡查5次，出动1023人次，现场责令整改8宗，停止违规施放行为5宗。与全区防雷重点监控单位100%签订防雷安全生产责任书。

【气象防灾减灾科普宣传】 区气象局积极利用新媒体新技术创新气象科普宣传形式。通过政府购买服务的方式，促成气象应急频道6月1日正式在番禺有线数字电视47频道落地播出；升级“番禺天气”微信公众号，增加查询预警预报、各站点天气实况、气象百科等功能；对“番禺气象”电视节目进行改版，采用虚拟演播室的制作效果，模拟当天天气情况，满足市民对气象服务多样化的需求。区气象局到沙湾实验小学、沙湾中心小学等多所中小学校进行宣讲，接待《广州青年报》校园小记者和小金钟十佳小主持人等多批中小学生到气象观测场参观学习；在大夫山森林公园举办“纪念3·23”世界气象日现场科普宣传活动，参与“5·12”防灾减灾日、安全生产月主题活动，向市民宣传气象知识。对全区400名气象信息员、3500多名防雷安全员进行气象防灾减灾技能培训，并为民政部门、渔业从业人员提供相应培训课程，组织反应快、能力强、辐射广的气象宣传和防灾减灾基层队伍。

【启用新型自动气象站】 1月1日起，番禺地面气象观测正式启用新型自动气象站。区气象局在番禺农科所增设了气象信息服务站，在各镇街安装甚高频气象信息接收机，完成4套自动气象站、大气成分站的更新改造，与区国土规划局建立联合开展地质灾害气象风险预警业务合作机制。

【受托预警信息发布中心业务】 8月，区机构编制委员会印发《关于调整区公共服务中心机构编制事项的批复》（番编〔2015〕11号），同意区公共服务中心单独设置为事业单位，加挂区突发事件预警信息发布中心牌子，区突发事件预警信息发布中心的业务委托区气象局管理。区气象局正与区应急办共同实施发布平台建设工作。

（区气象局）

民政工作

【完善慈善救济工作】 2015年，番禺区城乡最低生活保障标准、“三无”人员低保金和五保人员供养标准再次提高。其中，城乡最低生活保障标准提高至650元，城镇“三无”人员低保金提高至1177元，农村五保人员供养标准提高至2087元（五保人员供养标准位居广州市各区之首）。全年共发放低保金及分类救济金1027.4万元、五保人员供养金197.1万元、困难群众临时救助款208.3万元、医疗救助金946.7万元，累计帮扶困难群众23868人次。为提高慈善救济工作的透明度，番禺区规范开展被救济家庭经济核对工作，全区共完成核查比对4392宗，其中验出1153户2722人，检出率26.25%，为全区节约各项社会救助资金1227万元。番禺区慈善会全年共发放救助金389.22万元，救助745人次。

【创建综合减灾示范社区】 2015年，番禺区顺利完成省“救急难”试点建设任务，初步形成临时救助、医疗救助、慈善救助、自然灾害救助、流浪乞讨人员救助结合的救急体系。成立区级减灾委员会和建立三级灾害信息员队伍，确保区级物资仓救灾（生活）物资储备充足。全区有13个社区成功创建“全国综合减灾示范社区”。在寒冷灾害期间，全区18所区、镇街级庇护场所全部开放，并配备必要物资和人员，确保有需要的群众可得到必要帮助。10月，番禺区内部分镇街遭遇龙卷风袭击，相关部门迅速核查灾情，及时开展救助工作，向受伤住院人员发放生活必需品，向遇难人员家属赠送抚慰金，审定灾后应急医疗救助及生活伙食救助款，受灾群众得到及时和有效的救助。

【发展居家养老服务】 2015年，番禺区新增5间日间托老机构和46个农村老年人活动站点，实现日间托老机构和农村老年人活动站点“全覆盖”。区社会福利院“何添大楼”正式投入使用，增加养老床位250张。区社会福利院与区何贤纪念医院合作，探索“医养协作、医养结合”的新养老模式。2015年，全区新增养老床位1021张，养老床位总数4253张，每千名老人拥有机构床位数40张。开展“银龄安康”行动计划，由区彩票福利公益金出资，为区内80岁以上户籍老人、特殊困难老人购买价值20元的保险，约1.6万名老人受惠。高龄老人长寿保健金全年发放3069万元。

【未成年人社会保护】 2015年，番禺区城乡孤儿养育标准提高至1547元，孤儿养育水平得到进一步改善。实施中的“明天计划”，为有需要的孤残儿童提供专业的社工服务，提高孤残儿童的健康水平，年内为6名残疾儿童实施了康复手术。2015年，番禺区以全国第二批未成年人社会保护和广东省适度普惠型儿童福利制度建设试点为契机，成立区未成年人社会保护工作领导小组，制定下发《广州市番禺区未成年人社会保护及适度普惠型儿童福利工作实施方案（试行）》及其相关工作指引，设立困境未成年人保护热线（34612319），制定《困境未成年人救助流程图》，建立健全“三社联动”服务机制，建设模拟家庭，并聘请一对真实夫妻以日常家庭生活模式，照顾监护人无法或无力监护的未成年人。

【社区网格化服务管理】 2015年，番禺区继续有序开展社区网格化服务管理工作，实现街道社区（村）网格化服务管理全面推进的初步工作目标。截止至2015年底，全区共建成26个广州市幸福社区和22个广东省宜居社区。城乡公共服务站和村务公开民主管理示范创建两个都100%全面完成，并建立示范点，以村（居）公共服务站、村（居）民议事厅、党务村（居）务公开栏为载体，探索基层服务管理新举措。搭建城乡社区

怡乐社区开展“同创幸福社区，共建美好家园”大型户外综合活动 （区民政局供稿）

协商平台，拓宽基层群众参与民主自治的渠道。

【村务公开】 加强村务公开栏规范化建设。2015年，番禺辖区内177个村和90个社区已全面完成党务村（居）务公开栏规范化建设工作。村（居）务公开民主管理示范创建工作，年内新增“省村（居）务公开民主管理示范创建达标村（社区）”105个，实现“农村公共服务站100%覆盖”和“省村(居)务公开民主管理示范创建100%达标”（即“双百工程”）的工作任务。同时，以高规格、高标准优先打造20个村（居）公共服务站示范点，强化基层社会治理工作。

【培育发展社会组织】 2015年，番禺区新增社会组织63家（其中，社会团体19家，民办非企业单位44家），注销社会组织10家。至年底，全区共有社会组织654家，数量位居广州市各区、市的首位。推进社会组织党建工作，2015年5月正式成立区社会组织联合党支部。实施社会组织年度报告制度。2015年，区内社会组织年度报告完成率为94.7%，居广州市首位。推进社会组织等级评估，获评5A社会组织5家，4A社会组织8家，3A社会组织20家。2015年，社会组织培育发展专项资金共资助（奖励）42个社会组织项目，资助奖金达180万元。

【落实优抚安置】 2015年，全区共评定享受优待金的优抚对象849户，优待金总额1214万元，优待面100%，发放抚恤补助经费1509万元。全区办理失业登记参战复退就业困难人员613人，跟踪服务率100%，初步达成就业协议并成功上岗的有549人。退役士兵安置率和自谋职业率均达到100%。

【获评3A级婚姻登记机关】 2015年，番禺区民政局婚姻登记处被民政部评为国家3A级婚姻登记机关，全区共办理婚姻登记11451宗（其中结婚登记8586对，离婚登记2865对），补领婚姻登记证1129宗，查档出具婚姻记录证明14410宗，登记合格率继续保持100%。

（区民政局）

人力资源与社会保障

【区公医办职能划转区人社局】 根据《中共广州市番禺区委办公室广州市番禺区人民政府办公室关于印发〈广州市番禺区人民政府职能转变和机构改革方案〉的通知》（番办发〔2015〕2号）文件精神，原区卫生局所属事业单位区公费医疗管理办公室成建制划转区人力资源和社会保障局管理。区卫生和计划生育局与区人力资源和社会保障局于2015年8月31日完成人员、档案及资产交接。根据《关于区人力资源和社会保障局内设机构调整等问题的批复》（番编〔2015〕23号），区人社局保留办公室、社会保障科、劳动人事关系科等8个科室，撤销农村合作医疗管理科，调整后，机关行政编制34名，其中局长1名、副局长3名；正科级领导职数8名，副科级领导职数6名。

【全区就业形势总体稳定】 截至2015年12月底，全区城镇登记失业人员就业率为75%，失业率为0.8%，农村劳动力新增就业2.77万人，异地务工人员就业登记67万人次，全区就业形势总体稳定。就业专项资金补贴政策落实到位，全年发放各项就业创业补贴2011万元，9.8万人次受惠。

各级就业帮扶机构针对不同就业群体开展专项就业服务，重点做好本区退伍军人、参战复退就业困难人员、城镇登记失业人员、农村劳动力和高校毕业生就业创业以及异地务工人员稳定就业工作。开发空岗信息19.5万个，举办各类人力资源招聘会178场，为14.91万人次提供就业和人才交流服务。安置560名办理失业登记的参战复退就业困难人员上岗就业。

针对高校毕业生制定《番禺区2015年促进高校毕业生就业创业工作方案》，增设人力资源事务服务大厅，开通番禺人才网毕业生信息登记平台，开展高校毕业生就业见习活动，为毕业生提供一站式服务。

全区建有创业（孵化）基

7月11日，番禺区职业技能竞赛首饰设计师竞赛现场 （区人社局供稿）

地26个，进驻企业3876家，带动就业2.14万人。发放小额担保贷款550万元，贴息89万元，小额担保贷款按期还款率达99.36%。

【社会保障落实】 从2015年1月1日起，全区完成城镇居民医疗保险与新型农村合作医疗整合，实施城乡居民医疗保险政策。2015年城乡居民医疗保险缴费标准为每人每年532元，其中政府对每名城乡参保人资助380元。

全区256.22万人次参加城镇职工社会保险五险，较上年净增3.78万人次；14.59万人参加城乡居民养老保险，46.76万人参加城乡居民医保。

平稳推进2015年城镇职工养老金调整工作，全区6.54万企业退休人员涉及待遇调整，调整后企业退休人员月人均基本养老金达到2914元，增加245元，增幅为9.2%；4.9万人领取城乡居保养老金，月人均养老金水平为723元，人均增幅2.1%。实施失业保险关系省内转移，失业保险待遇为1516元/月，增长22%。2015社保年度，城镇职工医保和重大疾病补助年度累计最高支付限额为67.2万元和22.27万元，较上年度递增18.31%和48.47%。全年受理工伤申请3032宗，办理各类社会保险视同缴费审核841宗、离开机关事业单位养老保险一次性缴费审核26宗、各类提前退休177宗。退休人员社会化管理服务水平稳步提升，全年发放各类补贴、慰问金1656万元。

全面实施公费医疗业务系统记账，完成与省市及其他区的医疗服务接轨，全区2.4万公医享受人员可以在选定的医院进行一站式就医结算。

【帮扶留学回国人员创业】

2015年，番禺区全方位帮扶留学回国人员创业发展。其中陈忠平博士创办的盛瑞科技股份有限公司获“广州市科技小巨人企业”“广东省自主创新标杆企业”和“中国民营科技发展贡献奖”，被认定为2015年广东省工程技术研究中心，是

10月24日，广东省急需紧缺人才番禺珠宝首饰产业专场洽谈会
（区人社局供稿）

番禺区回国留学人员创业基地首家成功登陆新三板的企业，其本人也荣获“广东特支计划创业领军人才”“番禺区首届经济人物（创新创业）”等多项荣誉。

【完善事业单位人事管理】 2015年，全区平稳实施事业单位人事管理条例，全面启用区事业单位人员管理信息系统，事业单位岗位设置和聘用完成率均超过99.5%，其中教育、卫生等重点系统岗位设置完成率达100%。全区公开招聘事业单位工作人员465人。稳步推进多项工资、福利津贴制度改革；推进机关津补贴制度和事业单位绩效工资制度改革，实现机关津补贴标准和全市事业单位绩效工资标准“双统一”。理顺军转干部待遇，全区转业在职军转干部按转业时的军队职务对应地方非领导职务兑现津补贴待遇。

【劳动关系总体稳定】 2015年，全区劳动保障监察部门日常巡查企业9185户次，督促补签劳动合同9303人、参保4474人。开展各类专项执法检查及排查14次，检查企业4936户，排查隐患企业64户。全年受理立案案件113宗，处罚用人单位16户，涉及12.04万元，移送涉嫌拒不支付劳动报酬案件30宗。参与处理劳资纠纷突发事件238宗，追发6745万元。加强镇、街劳动仲裁派出庭建设，全面实现“一镇街一派出庭”的目标，镇街就地调解、立案、庭审，60%以上的仲裁案件在派出庭处理。全区全年处理劳动人事争议案件4215宗涉及27676人。

【培养高级人才】 2015年，番禺区共有“两院”院士2人，国家“千人计划”专家2人，国家“万人计划”专家1人，享受国务院特殊津贴5人，“广东特支计划”人才1人，“广州市高层次”人才13人。专业技术人员5.82万人，技能人才24.5万人，其中高级技能人才1.92万人，在职博士153人。区内有院士工作站4个，博士后工作站6个、分站4个，创新实践基地4个，累计招收博士后51名、在职博士153人。

（区人社局）

6月20日，番禺区第十五届“莲花·金龙财富广场杯”“禺山·金龙财富广场杯”龙舟赛在市桥河隆重举行 （杨达超摄影）

科教文卫体

番禺年鉴·2016

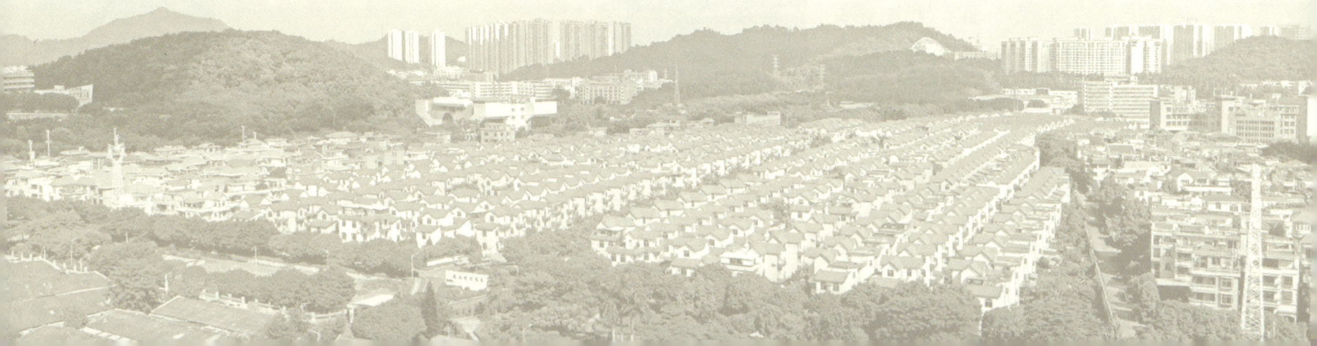

科技和信息化

【科技创新实力增强】 2015年番禺区科技创新成效凸显，年内新增19家企业挂牌“新三板”，新增高新技术企业25家，市级以上科技企业孵化器达12家（其中国家级2家，省级2家），孵化总面积达75.4万平方米，在孵企业达594家，累计新增毕业企业数量达140家。全区市级以上企业研发中心数量增加18家。“一城多园”创新发展格局日臻完善，广州国际创新城加快规划建设步伐，九大科技园区入驻中小科技企业2200多家，年产值约650多亿元，同比（下同）增长38.3%。知识产权事业领跑全市，专利质押融资取得零的突破，融资规模累计达到近3亿；2015年，专利申请量为8455件，增长53.1%；专利授权量为5370件，增长46.4%，申请量及授权量均排在全市各区第三位。

【“1+11”创新政策体系】 2015年11月5日，番禺区召开创新驱动发展大会，会上正式发布“1+11”科技创新政策。“1”为《番禺区关于加快创新驱动发展的实施意见》，内容围绕构建番禺创新生态系统，确立到2020年番禺实施创新驱动发展战略的指导思想、发展原则、发展目标及九大项具体工作任务等；“11”为细化落实《实施意见》的11项具体扶持政策，旨在扶持创新主体、打造创新载体、营造创新氛围上下功夫，政策涵盖推动创新主体高新技术企业和科技创新小巨人培育、推进创新载体孵化器、众创空间建设、促进科技、金融和产业结合创新、激励企业上市和挂牌新三板、发展知识产权事业、加强创新人才培育等多个方面，重点突出创新驱动发展具体工作措施和任务指标要求。

【创新驱动政策宣讲】 区科工商信局于2015年10月28日举办广州市创新驱动政策宣讲培训会，会议集中解读广州市科技金融政策、研发费加计扣除、研发费后补助等相关政策。通过培训帮助企业充分了解研发费最新政策规定，指导企业做好企业研发项目鉴定网上申报准备工作，顺利办理企业研发费税前扣除项目的申报工作。市科创委、市生产力促进中心、相关单位和科技企业代表共400余人参加会议。

【国际合作建设科技平台】 2015年番禺区与加拿大方面合作共建“溢思得瑞中加创新创业园”，与德国方面合作共建“柏林加速器（番禺）”，与美国美中硅谷协会合作共建“超谷科技园”，先后引进和培育广东国际创客中心、厚德科技孵化器等一批高质量新型科技企业孵化器。

【科技与金融融合发展】 番禺区设立了总规模达10亿元（首期规模1亿元）的区战略性新兴产业创投引导基金，与国内外著名风险投资机构合作，引导社会资本进入创投领域，共同设立创业投资基金；成立科信红土、中科白云、溢思得瑞、盛景网联、英诺等多家创投基金；在科技信贷方面，与建行番禺支行、中行番禺支行等金融机构签订科技金融服务合作框架协议，设立科技型中小企业科技信用贷款风险补偿资金池，共建科技金融服务团队，

11月5日，区科工商信局举行番禺区创新驱动发展大会
（区科工商信局供稿）

为区内中小科技企业尤其是高新技术企业提供200亿元贷款授信额度。

【知识产权保护】 番禺区规范知识产权市场，推动科技成果转化，对企业创造、运用、管理、保护知识产权进行政策扶持，并加大假冒专利案件和专利侵权案件查处力度，扶持力度和扶持经费以及案件查处数额位居全市各区前列。2015年，专利申请量为8455件，增长53.1%；专利授权量为5370件，增长46.4%，申请量及授权量均排在全市各区第三位。

【科技创新成果服务民生】 番禺区依托国家超级计算广州中心、大夫山云计算中心等基础项目建设，强化电子政务、城市治理、智慧健康、智慧教育、民生档案、民生卡等创新项目建设，建立商事主体开业审批服务"一口式"办理工作新机制，实现"事项一窗申请""材料一次递交""部门一次跑完"，减少市民业务办理时间；打造"网格化"+"一号通"的城市治理和公共服务平台，"一号通"受理市民来电办结率98.34%，市民满意率超过93%；建成224万全员人口民生档案，发放民生卡85万张，促进科技创新成果实现全社会共享。建立区级政务大数据中心，开发企业开业"一表制"全程联合审批模块和建设工程项目联合审批系统，搭建了社区管理综合服务平台，"四个民生"工程、智慧

12月20日，市委书记任学锋（右五）视察番禺区孵化器和众创空间展
（区科工商信局供稿）

教育、智慧健康等加快推进，搭建城市综合管理与运行指挥平台，打造"数字大城管"升级版番禺"一号通"。

【信息化基础建设】 推动高速宽带网络建设和提速降费工作，协调解决区内新建住宅小区和住宅建筑在网络基础建设中存在的协调难、选点难、入户难有关问题。做好市民对移动通信基站建设问题投诉调处工作，全年受理调处区长专线投诉案件217宗，办结率达100%。开展区城中村弱电线路安全隐患整治工作，研究制定相应的工作方案和措施，解决整治工作中遇到技术和政策法规问题，推进2015年36条城中村弱电安全隐患整治工作，推进开放路灯杆等城市公共设施支持无线宽带网络建设。稳步开展无线电管理工作。推进承接广州市下放5瓦对讲机无线电频率使用、无线电台站设置审批事项的相关工作。有效使用区科技经费专项80万元支持镇街无线电管理机构运作、开展政策科学知识的宣传和管理人员业务培训、落实属地无线电台站协管职责等工作，以及使用区科技经费专项50万元购买无线

电管理基础设施维护服务，确保无线电监测站、无线电监测车、无线电仪器等设施设备的技术状态正常。完成17场次国家级考试防范有人利用无线电技术进行考试作弊的监测保障工作，以及2015年番禺区第十五届龙舟赛、2015年广州国际美食节等重大活动的无线电通信安全保障工作。

【番禺区专利发展资金管理办法】

1月29日，番禺区出台新的《广州市番禺区专利发展资金管理办法》，新的办法包含专利申请授权、专利产业化、专利质押融资、专利海外申请、专利维权、专利代理等十二个项目的扶持奖励。

【番禺区科技园区知识产权工作站管理办法】 2015年番禺区出台《番禺区科技园区知识产权工作站管理办法》，进一步完善园区知识产权服务功能，鼓励和扶持园区设立知识产权工作站，调动科技园区知识产权工作的积极性，同时明确知识产权工作站的工作职责，提高科技园区知识产权服务水平。

【国家数字家庭应用示范产业基地】 国家数字家庭应用示范产业基地于2009年1月由工信部授牌成立，位于番禺区广州大学城，是第一个国家级数字家庭产业基地，广东省第一批战略性新兴产业基地，包含三个园区：国家数字家庭应用示范产业基地研发园，广州国家现代服务业集成电路产业化基地，广州大学城健康产业产学研孵化基地。截至2015年12月，三大园区总物业面积11.8万平方米，入驻企业共306家，其中14家省高新技术企业，共有员工4400人，共取得627项国家技术专利和技术成果，培育新三板挂牌上市企业有3家，1家企业待挂牌上市。2015年，三大园区营业总额约21.2亿元，实现税收约9900万元。

（区科工商信局）

教　育

【2015教育概况】 2015年，番禺全区有公办、民办中小学校195所。其中，小学133所、初中48所（含九年一贯制学校24所）、普通高中14所（含完全中学8所），在校学生199762人，教职工12839人。

义务教育阶段公办中小学151所。其中，小学121所、九年一贯制学校2所。初级中学22所、完全中学6所。在校学生116749人，教职工6221人。外来务工人员子女87529人（小学68874人，初中18655人）。特殊教育学校1所，学生503人，教职工101人。全区共有幼儿园296所（公办性质园80所，民办园216所），在园幼儿约7.7万人。另有中等职业技术学校3所，成人文化技术学校8所，电大、党校、教师进修学校、成人教育中心学校各1所；辖区内有番禺职业技术学院和广州大学城等院校以及一大批学习培训机构。

【优先发展教育】 番禺区教育事业享受“五个优先”，即教育事业优先规划、教育工作优先考虑、教育经费优先安排、教师待遇优先落实、教育问题优先解决的政策，财政性教育经费占财政支出比例维持在25%以上。

2015年，全区教育基建完成投资32908万元，新扩建校舍97270平方米，新扩建学校（园）64所；投入1.24亿全面提升中小学基础教育装备，登记采购项目金额合计35973万元，其中信息化设备投入10996万元，培训服务投入1158万元，其它教育装备及服务投入23819万元。禺山高中建设区内首个智慧图书馆。

继续推进义务教育标准化学校建设工作，2015年，新增7所广州市义务教育标准化学校，全区义务教育阶段公办学校96.6%、民办学校75%达到标准化学校要求。番禺实验中学、象贤中学、新造职校、工商职校番发大厦校区、禺山高中、飞鹅岭中学、番禺中学九年一贯制学校等进行设施新建改建工作。新签订2份房地产小区教育设施建设及移交协议，累计签订61份房地产小区教育设施建设及移交协议，其中包括45所幼儿园、25所小学、5所中学已经或将要移交政府。

【全面发展各类各级教育】 在广州市对12个区（县）首个学前教育三年行动计划暨规范化幼儿园建设督导验收评估中，番禺区获得“优秀”等级第一名。11项学前教育课题成功获得省基础教育课程改革专项资金。目标到2017年，全面建立覆盖城乡、布局合理、资源充足、公益普惠、优质高效的学前教育公共服务体系。幼儿园共有297所，公办幼儿园80所，民办幼儿园217所，其中普惠性民办幼儿园127所，规范化以上幼儿园有222所。公办幼儿园占比26.9%，规范化以上幼儿园占比73.5%。

继续推进中职体制改革试点工作和职业教育集团化改革，深化产教融合与校企合作，建设依托中职学校、整合行业企业资源、服务产业转型升级的产学联合体，实施“双百工程”（100名技师进校园、100名教师进企业）。建立番禺职校“互联网＋微商”创业团队，成立“微商学院”。

以番禺电大为龙头，开展社区教育数字化学习，形成“十分钟”学习圈，2015年成为全国数字化学习先行区。全年社区教育年培训量达20万人次，其中农村劳动力转移就业培训约3万人次，职业技能培训约10万人次。沙湾教育指导中心沙湾何氏广东音乐传承与推广获农村成人（社区）教育优秀品牌项目一等奖，快乐“大篷车”送教活动获全国青少年校外教育示范项目一等奖。

建立区、镇街、校特殊教育三级管理网络，形成“三位一体”的教育网络和“3+9+3”的教育体系，在广州地区率先实现特殊教育由义务教育向学前和高中阶段延伸。全区有在校残疾儿童少年692人，在培智学校就读406人，其中幼教13人，义务教育阶段323人，中职68人。在普通学校随班就读167人，重度残疾送教上门118人。全区残疾儿童少年入学率97.5%。

【高考中考成绩创新高】 2015年，番禺区普通高考、中考再创佳绩。共有8248名考生参加高考，上线人数7889人，总上线率为95.65%。1195人入围高考重点本科，较2014年增加145人，重点本科率、本科率、总上线率均创历史新高，高位实现了“一五九”目标（即上重点本科率一成、本科率五成、总上线率九成）。中考总分平均分为560.39分，超出广州市总分平均分27.90分，高分段人数较上年大幅增加，总分750分以上考生72人，比2014年增加44人，700分以上考生1900人，增加310人。

【学生创新大赛获奖】 区内各级学校注重培养学生科学素养、创新精神和实践能力。第30届全国青少年科技创新大赛上，洛溪新城中学万静灵同学、大石中学杨茗惠同学、仲元实验学校龚婷同学、市桥东风中学邬志韬同学分获一、二、三等奖。学生参加第30届广东省青少年科技创新大赛获一等奖4项、二等奖7项，位居全省县（区）第一。

【体艺教育显特色】 区内学校将体育和艺术教育作为岭南校园文化建设的重要内容，深化体育、艺术特色建设方案，活跃校园文化。举办“番禺区教师合唱团建团五周年专场音乐会”；开展美术教师“名家讲坛”系列活动；举办“上品教化校园艺韵—番禺区中小学生千人现场书画大赛”。区内教师参加全省艺术教师基本功比赛取得音乐、美术全能一等奖，4个单项奖，其中钟村二小教师蔡映惠代表省参加全国音乐教师基本功决赛获得一等奖。全面实施《国家学生体质健康标准》，“阳光体育”“健康第一”的理念得到充分展示。参加省中小学生运动会，番禺中学获得男子篮球冠军。

【强化师资队伍建设】 番禺区教育坚持师德建设摆在教师队伍建设首位，努力造就一支师德高尚、业务精湛、结构合理、充满活力的高素质专业化教师队伍。在教师中开展“和谐校园、幸福人生”“立德树人、立教圆梦”等主题活动，发挥典型示范作用，营造尊师重教的良好社会风尚。8名教师获评南粤优秀教师，禺山高中教师杨智参评“中国好人评选”并获得广州市道德模范称号，番禺职校黄高松、新造职校陈宏镜获广州市技术创新能手称号。

有计划、按步骤、分类分层分岗开展各项教师培训工作，强化校长、卓越教师等系列培训，推进和完善培训、交流、轮岗等长效机制。继续加大城乡交流力度，优化农村学校师资，城乡交流7人，区外交流8人，430人通过教师资格认定。

调整全区教育系统在职人员约1万人工资标准，离退休人员2300余人离退休费。445人申报职称评审，其中中小学高级教师评审通过96人（含民办1人），中小学一级教师评审通过234人（含民办38人）。解决高级高职低出45人，解决率46.3%，解决中级高职低聘300人，解决率25.5%。

【超两万来穗人员子女入读】 2015年，番禺区重新修订发布《广州市番禺区人民政府办公室关于印发外来务工人员子女在番禺区接受义务教育实施办法的通知》，逐步解决的思路，逐步解决外来务工人员子女在番禺接受义务教育的问题。初步统计，2015年，全区义务教育起始年级共招生外来务工人员子女入学21914人，其中，通过各种渠道解决外来务工人员子女免费入读起始年级新生4182人（小学2948人，初中1234人），政策性照顾48人，入读小区配套公校2126人，“积分入读”1604人，镇街自主404人。

（区教育局）

广州番禺职业技术学院

【广州番禺职业技术学院概况】 2015年，广州番禺职业技术学院共有教职工896人，有全日制在校生11168人。本年全日制学生招生报到4014人，毕业4677人，毕业生就业率达98.80%。截至到2015年，共设有10院1部总计11个教学单位，开设42个专业。其中玩具设计与制造、计算机网络技术、金融管理与实务、装潢艺术设计、酒店管理、珠宝首饰工艺及鉴定等6个专业为国家示范性高职院校重点建设专业。

2015年，广州番禺职业技术学院以“内涵建设”为重点，继续推进教育教学改革。完成2015级专业人才培养方案的修订和颁布，优化第一批校级专业群建设项目实施方案，组织开展第二批校级重点专业群申报及论证工作；立项省品牌专业2个、省特色专业7个；完成2015年广东省协同育人平台、省高等职业教育质量工程项目、第三批广州市高等职业教育特色专业学院等申报工作；本年度学生在各类技能比赛中，共获得国家级奖项6项，省级159项，市级83项；申请发明专利19项，获得实用新型专利授权39项、外观专利授权115项。

2015年，广州番禺职业技术学院广泛开展国际间的交流与合作，再次与新加坡南洋理工学院续签研习基地协议（进入第三个协议期），完成4批157名师生的研习任务和我校12名师生赴新交流项目；选派20名教师赴加拿大参加“以培养学生能力为中心和主动学习教学法培训班”，与英国格拉斯哥大学签署合作备忘录；开展

10月23日，广州市见义勇为基金会为番职学子颁奖

（番禺职业技术学院供稿）

包括艺术设计学院、财经学院金融专业群、建筑工程学院及管理学院等的国际交流合作项目。

【米兰世博会展出师生创意作品】 2015年10月13—17日，广州番禺职业技术学院在2015米兰世博会意大利亚历桑德罗·罗素馆展出学校师生“中国时尚中国创意中国文化——探寻中国故事的文化之源”的系列作品。此次展览作品设计新颖，最原始的设计原材料、最悠久的文化载体、最传统的制作工艺、最先进的3D打印技术；并结合现代流行时尚，设计出最瑰丽、最生态、最环保的产品。展出的手工刺绣包袋、手工拉胚陶瓷、手工钩花饰品都赢得世界各地来宾的赞赏。展览期间，观展人数多次出现“爆棚”，人们在场馆外排着长队等候参观。

【学生勇救落水儿童】 2015年3月20日，广州番禺职业技术学院表彰六名勇救落水儿童的同学。2014年12月25日下午，广州番禺职业技术学院郑磊、陈政东、杨锐豪、余根炼、邹健生、许建衡等6名同学，在途经广州塔珠江边时，见一男童跌落江中。情急之下，6名同学，利用江边救生设施，在保证自身安全的情况下成功将落水男童救起。

2015年10月23日上午，广州市见义勇为基金会在水上公安分局东河道派出所对广州番禺职业技术学院勇救落水儿童的郑磊、陈政东、杨锐豪、余根炼、邹健生、许建衡六名同学表彰并颁发慰问奖励证书。

【学生创新创业获150万元天使投资】 2015年，广州番禺职业技术学院创业教育中心创业训练营第一期成员熊晟、范伟安同学分别获得50万元和100万元的天使投资。熊晟同学负责的图钉网络科技项目团队“我要创业”项目与IFP投资集团CEO陈剑楠签订合作协议，获得50万元投资。范伟安同学负责的《佳法商城》与广州志辉信息技术有限公司签订合作协议，获得公司100万元的天使投资。

创业训练营是广州番禺职业技术学院公共选修课项目，旨在为具有自主创业计划的学生提供个性化的学习辅导；重点帮助他们整合人力、物力和财力资源，以提升学生自主创业能力与成功率。

（广州番禺职业技术学院）

【关注残疾人群体教育】 2015年，番禺电大通过学历教育、技能培训，文化补习，公益讲座等多种形式，满足残疾人群体日趋旺盛的学习需求，取得良好的社会效益。番禺电大主动联系区残联与义工联，分析番禺地区残疾人士的具体情况，做到专人跟踪，鼓励符合条件的残障人士参与大专、本科的学习，先后有6名残疾学生通过随班就读的方式，取得电大开放教育大专或本科文凭。番禺电大设立奖励与减免政策，对于完成学业的残疾学员，给予高达3000元的奖励。11月，番禺电大联合区残联开展“残疾人文化补习班”培训活动，分赴大石、洛浦、东环和桥南四个镇街的工疗站，为残疾人提供文化补习教学服务。

（番禺电大）

文化广电新闻出版

【文化艺术中心筹建】 2015年，番禺区筹建区文化艺术中心。经广东省建科建设设计院论证，区文化艺术中心的选址确定在东桂园地块，并委托广东省建科建设设计院借鉴与学习全国及周边地区建设大型公共图书馆的先进经验，编写文化艺术中心概念性设计方案。

【2015广东粤曲私伙局大赛】 2015广东粤曲私伙局大赛由省委宣传部、省文化厅、广州市委宣传部、番禺区委、区人民政府联合主办，由番禺区委宣传部、番禺区文化广电新闻出版局、番禺区文学艺术界联合会、广东省文化馆、番禺区沙湾镇人民政府等单位承办，被列为省委宣传部2015年文化惠民“十件民生实事”之一。通过层层举办初赛、选拔，来自全省的50支粤曲私伙局队伍进入总决赛。经过角逐和评选，广州市越秀区近水楼台曲苑子

10月24日，广东粤曲私伙局大赛颁奖晚会 （区文广新局供稿）

喉独唱《珠水长流》等10个节目获得金奖，广州市文化广电新闻出版局等6个单位获得优秀组织奖。在参加总决赛的831名参赛者中，年龄最小的6岁，年龄最大的73岁。本届大赛番禺区荣获11项大奖：广州市番禺区市桥街桥城曲艺社、广州市番禺区市桥街百花筒乐社获节目综合奖金奖，广州市番禺区石壁街石壁乐社、广州市番禺区美心乐苑获节目综合奖银奖，广州市番禺区沙湾镇翠园乐社、广州市番禺区石碁镇碁龙乐社获节目综合奖铜奖，广州市番禺区石壁街石壁乐社、广州市番禺区美心乐苑获最佳乐队奖，广州市番禺区市桥街百花筒乐社陈海潼、广州市番禺区市桥街桥城曲艺队游瑞民获得最佳演唱奖，广州市番禺区文化广电新闻出版局获优秀组织奖。

【音乐剧《烽火·冼星海》】 为纪念世界反法西斯战争暨中国人民抗日战争胜利70周年以及冼星海诞辰110周年，中共番禺区委员会、番禺区人民政府与南方歌舞团共同创作“冼星海”题材大型原创音乐剧《烽火·冼星海》，2015年11月19日至20日在广州大学城广州大学演艺中心连续演出2场。音乐剧运用舞台全息影像艺术，为剧中的场景、人物、情节、舞台提供独特、逼真、冲击力强的视觉环境，使舞台艺术与影视艺术完美融合，台下观众可近距离看到冼星海家书、感受背景上黄河的雄伟、桌案上闪闪烛光的摇曳等，为观众带来全新的视听盛宴。

【美丽乡村绘画大展】 2月7日—3月3日期间，番禺博物馆举办“番禺·新风计划”美丽乡村绘画大展。“新风计划”是从2011年9月3日至2014年1月23日举办，历时2年4个多月，开展活动83次，前后有87位画家、绘画爱好者参加的美术写生活动。此次大展是从“新风计划”项目3000多幅画作中挑选出166件优秀作品进行系统而详细的回顾。在此活动中，画家、绘画爱好者们自愿结队，以文化志愿者身份到番禺222个乡村，开展绘画写生、给村民画像、赠画村民300多幅、举办20回写生画展，以文化志愿服务添力美丽乡村建设工程。

【规范平安文化体育市场秩序】 区文广新局采取联合检查、错时检查、暗访检查等方式，以出版物批发零售场所、印刷复制企业、繁华街区、旅游景点、交通枢纽、校园周边、城乡结合部以及文化经营场所密集地段等为重点检查区域，全面加大对文化市场的执法检查力度和密度，确保全区文化市场管理工作稳步推进。全年出动执法人员3943人次，自行摸排线索39条，上级转办线索72条，检查音像经营单位281家次、书报刊经营单位356家次、印刷企业279家次、网吧398家次、娱乐场所326家次。查处违规有证网吧7家、违规印刷企业1家、违规书报刊经营单位8家、音像经营单位1家，无证网吧24家、无证娱乐场所14家；取缔无证经营单位2家；立案处罚12宗，行政处罚金额51000元。

【调整网吧准入程序】 按照（粤文市〔2015〕87号）的要求，区文广新局及时调整网吧的准入标准和申办程序，降低准入门槛。上网服务场所最低营业面积统一调整为不低于20平方米，计算机单机面积不低于2平方米。及时更新"一站式"政务服务系统、网上办事大厅，局网站的网吧审批事项，制定新办事指南和表格供申请人下载。通过网站、窗口、电话、短信平台、微信、会议、执法检查等多种渠道告知网吧经营业主，使业主知晓调整后的网吧准入标准、申办程序、管理政策等信息，引导符合申办条件的无证网吧业主申请网络文化经营许可证。

【促进文化体育产业健康快速发展】 2015年，按照上级部门的有关文件精神，区文广新局向全区各文化经营单位传递最新资讯，加强与各文化经营单位的沟通联系，促进区文化产业的稳定发展。浩洋电子获评"国家文化产业示范基地"。同时，积极宣传番禺区岭南文化休闲旅游产业和产业知名品牌创建示范区工作，力促文化产业稳定发展。省、市、区对文化产业发展的力度不断加大，分别出台了《广东省文化产业发展专项资金管理办法》和《广州市关于扶持动漫游戏产业发展的办法》。区成功协助广州市雄翔动漫科技有限公司和广州华立科技有限公司获得广州市战略性主导产业发展资金，并于2015年上半年协助相关企业办理款项到账手续。

体育彩票销售势头良好，截至2015年12月底全区体育彩票销量3.23亿元，其中电脑型2.93亿元，即开型0.30亿元。现有在线销售网点数209个，在售终端284台。开展销售人员岗位培训共165人次，销售业务培训会10场共有1650人次参与培训。今年番禺区23884网点业主被国家体彩中心授予2014年度全国优秀竞彩网点明星业主称号。定期组织部分优秀和新增的网点开展座谈会互相交流经验。

【公共文化体育设施推出惠民服务】 公共图书馆、文化馆、英东体育馆、亚运体育馆及各镇街文体服务中心实施免费开放；番禺博物馆采取"请进来，走出去"交流模式举办精彩临展，发挥爱国主义教育基地功能，全年共接待国内外观众255159人次，其中青少年79637人次；区文化馆完善设施建设和业务管理，重点加大对艺术创作的支持力度，培养本土艺术创作者。

区文化馆、番禺博物馆、区图书馆及16个镇（街）文体服务中心、10个示范点文化室，共29个公共文化服务机构已安装免费WIFI，市民群众在上述场所可享受手机免费上网服务；

全年共放映农村数字电影2124场次，观众23万多人次；番禺博物馆深入学校和社区，制定互惠互利的合作方案，吸引学生走进博物馆开展第二课堂活动，"送展上门"、"送展到校"。

区英东体育馆重点加强对青少年培训，开展篮球培训5期共252人次，暑假游泳培训班8期共307人次。区亚运体育馆自主投资购买户外水上游乐设施，在夏季开设"亲水乐园"

项目。

【区文化遗产普查成果提交验收】 截至2015年年底，番禺区共完成已公布752处不可移动文物和30处不可移动文物线索普查工作，完成《番禺区不可移动文物普查登记表》中767处不可移动文物调查登记表一式三份刊印成册并上报广州市普查办。区内统计收藏有文物的单位共有6个，年内3次组织专家对余下3个国有单位开展可移动文物专家评审会，可移动文物普查队已完成10259件文物的测量、拍摄、信息数据资料采集和登记工作，并上传到可移动文物信息管理平台，完成率100%。

【文物修缮工程】 2015年，番禺区纳入修缮及2014年未完成的修缮项目共计有25处，市、区共拟投入资金近1200万元。2015年度重点推进市文物保护单位沙路炮台的修缮工程，与化龙镇政府协调解决施工用水用电问题，施工单位现已在兵岗开展一期修缮工程，从7月施工以来，区文物办每半月组织施工单位、监理单位、设计单位召开一次修缮工程促进会议，及时反映施工出现问题及困难，监督工程进度及质量。一期兵岗2个炮台的修缮已经基本完工。

【保护版权发展经济】 4月21—27日，为进一步树立“保护版权，发展经济”的新理念，提高全社会的版权保护意识，加大版权宣传和保护力度，结合庆祝第15个世界知识产权日，区文广新局于2015年在全区范围内开展2015年保护著作权宣传周活动。本次活动，区文广新局以“保护·运用·发展”为主题，采取网络宣传、媒体宣传、短信平台宣传，组织文化市场综合行政执法队加强对全区各文化经营单位的巡查力度，以大夫山法治长廊为平台等多种方式宣传有关版权保护知识及相关法律法规。

体　育

【第十五届龙舟赛】 6月20日，番禺区第十五届“莲花·金龙财富广场杯”“禺山·金龙财富广场杯”龙舟赛在市桥河举行。来自全区各镇街15支传统龙舟、8支标准龙舟、50支彩龙共计73支龙舟队的7000名运动员参加三个项目的角逐。组委会还邀请港、澳乡亲及省、市嘉宾观礼，现场观众人数近10万人次。通过紧张角逐和评选，石楼镇赤岗村、洛浦街东乡村龙舟队、大石街队、洛浦街沙溪村队获得“莲花·金龙财富广场杯”金杯奖，大龙街石岗东村毬山清河队、大龙街石岗西村毬山西社队、化龙镇东溪队、沙头街碧沙队获得“莲花·金龙财富广场杯”银杯奖，东环街龙舟队、钟村街龙舟队、石碁镇龙舟队、石楼镇赤岗村队获得“禺山·金龙财富广场杯”第一至四名，大石街涌口村彩龙1队等50支参赛队伍获得“金龙财富广场杯”彩龙竞艳一至三等奖。

【市民体育健身氛围浓厚】 2015年，番禺区举办传统醒狮高桩狮、篮球、龙舟、轮滑、健身气功、羽毛球、体育舞蹈、乒乓球、足球、象棋、登山、自行车、武术、毽球等14个单项体育项目共计27项次区级群众体育赛事，以及全民健身日活动启动仪式、趣味运动会、三级社会体育指导员培训班等群体活动，参加活动人数超过10多万人次。区文广新局积极组队参加广州市“市长杯”羽毛球决赛、广州国际龙舟邀请赛、横渡珠江、“市长杯”乒乓球决赛、健身气功交流、广佛同城龙舟赛、省第二届万村居篮球赛（广州赛区）等市级以上群体活动。其中，在2015年广州国际龙舟邀请赛上，洛浦街东乡村龙舟队夺得传统龙季军，南村镇南村村彭卜年堂龙舟队、番禺泳协姣龙出海龙舟队和番禺泳协浪里白条龙舟队分别获得彩龙竞艳一、二、三等奖。

（区文广新局）

卫生计划生育

【机构改革】 2015年4月，原区卫生局、原区人口和计划生

2015 年 5 月到 10 月，对全区 5000 多名 45 岁以下的医护人员开展三基三严培训 （区卫生和计划生育局供稿）

育局合并成区卫生和计划生育局。区公费医疗管理办公室成建制由区卫计局划转至区人力资源和社会保障局。全区妇幼保健服务工作与计划生育服务资源逐步整合。人口发展规划职能移交区发改局。

【医疗资源】 2015 年年底，番禺区共有各类医疗机构 350 家。三级医院从 2 家增至 9 家，其中三级甲等医院 6 家；二级甲等医院新增 4 家。社区卫生服务中心 16 家，站 37 家。全区共有床位 5777 张，医疗卫生人员 10180 人，其中执业（助理）医师 3600 人，注册护士 4797 人。注册全科医生 299 人，每万人口拥有全科医生 2 人，达到国家和省市标准。公办社区卫生服务机构 100% 实施国家基本药品制度；推进家庭医生式服务，全区已签约家庭 2156 户 5699 人，社区卫生服务机构人员到岗率达 95.65%。

【总诊疗人次超过 1800 万】 2015 年是“十二五”的收官之年，与 2010 年同期对比，全区出院人数增长 9.3%；床位使用率增长 15.92%；平均住院 8.7 日；床位周转次数增长 16.4%。人均预期寿命逐年提升，2014 年达 80.35 岁。全区户籍孕产妇死亡率从 2010 年的 20.67/10 万大幅下降到 2015 年的零死亡，户籍婴儿死亡率一直稳定保持在较低水平，2015 年低至 1.97‰，均提前实现“两个规划”目标要求。全区总诊疗人次超过 1800 万人次，出院超 18 万人次。

【计生指标】 2015 年度，全区常住人口出生 2.9 万人，出生率 14.86‰，自然增长率 12.84‰。政策生育率 89.04%，同比上升 2.56 个百分点；出生人口性别比 111.18，同比下降 1.59；实施计划生育手术 10848 例。完成省市下达的各项人口计划和计划生育指标任务，在广州市计生考评中排全市第三名。沙湾镇、东环街、沙头街、小谷围街、新造镇、钟村街、大石街等 7 个镇街工作扎实，获评为 2015 年度广州市人口与计划生育工作先进镇（街）。南村镇、大龙街、石碁镇、化龙镇、石楼镇、洛浦街等 6 个镇街进步明显，获全市通报表扬。

【医疗技术持续提高】 2015 年，番禺区中心医院成功申报国家自然青年基金项目，实现国家级科研项目零突破。护理专科门诊增至 5 个，包括糖尿病护理专科门诊、助产士专科门诊等。有区心血管研究所、区康复研究所、区肿瘤研究所、区医学影像研究所 4 个临床科研机构。全区省级以上科研立项 109 项，发表 SCI 论文 33 篇。全系统共获得医疗技术设备专利授权 7 项，其中护理专利 3 项。

全区有国家级医学专业委员会副主委 3 人，省级医学专业委员会正、副主委 23 人，市级正、副主委 27 人，全区有医学博士生导师 1 人，医学硕士生导师 41 人，专科护士 36 人，其中赴港培养专科护士 6 人。全年新增正高 12 人，副高 75 人。全系统高级人才数达 951 人，5 年翻一番。其中正高职称达 149 人，高级人才岗位设置核定数占比已从 5% 增长到 70%。6000 多名医务人员通过“三基三严”考核；加强区域协同性胸痛急救网络建设，310多名医生实时在线成功救治122例急性心肌梗死患者，全年实现“零纠纷”。

【医疗纠纷逐年下降】 2015年，番禺区建立多部门联动加强平安医院建设。引入第三方机制，规范医疗纠纷处理“专家第三方评鉴、医调委第三方调解、保险第三方赔偿”运作机制；完善医患纠纷应急处置预案处理群体性医疗纠纷机制。全区医疗纠纷数量逐年下降，从2009年249起逐年递减到2015年的82起，比2014年下降22.6%。群众医疗服务投诉由多变少，从原每年近千宗降至2014年400多宗。

【强化公共卫生体系】 2015年，番禺区有效控制登革热、人感染H7N9禽流感、诺如病毒等重大突发公共卫生事件。实施梅毒防治、耐多药肺结核防治、消除疟疾，以及窝沟封闭、大肠癌筛查等重大公共卫生项目。全面完善预防接种异常反应调查诊断、鉴定、补偿工作规范。重点加强结核病、性病以及慢性非传染性疾病防治体系建设。积极开展慢性病社区综合防治工作，全区建立居民健康档案123万份。落实肺结核病患者管治，推进实施消除疟疾行动计划，巩固消除碘缺乏病成果。开展健康教育和健康促进工程，提高居民健康意识和自我保健能力。

【创建妇幼健康示范区】 2015年，番禺区成功创建广州市妇幼健康示范区。区妇幼保健指导管理中心与计生部门联动机制和信息共享机制，推进妇幼保健机构标准化、规范化建设。增设区中心医院为区域重症孕产妇、重症儿童救治中心。十二五期间共免费为12万余名农村妇女提供乳腺癌和宫颈癌检查、为10万余名农村待孕和孕早期妇女提供叶酸、为近5.2万名农村地区符合政策的产妇提供住院分娩补助、为近21万名孕产妇进行艾滋病、梅毒、乙肝等三个项目筛查。

【互联网+服务市民健康】 2015年，番禺区继续建设智慧健康公共服务平台，为市民提供健康咨询、健康教育、健康档案查阅、健康监测、医院信息查询等应用。推进“健康包进家庭、健康小屋进社区，健康通配医生”工作，居民足不出户即可享受全方位医疗保健服务的新模式。发放1000套家庭健康包轮转向居民提供居家监测服务。升级医学影像系统（PACS）等信息平台，实现医院与社区之间互联、互通、互动。微信挂号、支付和智慧药房建设等医疗服务优化就医流程，提高工作效率及患者满意度。

【医务监督委员会】 2015年2月11日，番禺区卫生系统全面推开医务监督委员会工作，按市卫生局要求应开展此项工作的19家医疗卫生单位全部开展了此项工作，成立了领导小组，制定工作方案，选出委员，医务监督工作持续有效开展。

（区卫生和计划生育局）

档案地方志

【档案收集】 2015年，番禺区档案局（馆）收集番禺区具有历史凭证作用和科学研究价值的各种门类、各种载体形态的档案，档案资源建设得到加强。馆藏各类纸质档案121289卷，177470件，排架总长度1983米；照片档案49995张，磁带443盒，光盘1475张，实物1642件，资料10311册。年内新增纸质档案10200件、光盘50张、实物档案16件、照片1000张、资料101册、档案征集25件。年内收录有区委十二届六次全会、区委全面深化改革领导小组第五次和第六次会议等重大活动的珍贵影像资料；为全面展现建设“和谐幸福新番禺”的各项工作成就，举办“聚焦民生实事、记录番禺发展”大型档案纪实摄影作品展览征稿活动。

【全区档案管理系统升级】 为配合档案移交进馆时限改革工作，提高档案数字化水平并确保数据安全，区财政增拨专项资金50万元，用于全区档案管理系统升级改造，并对全区档案员进行操作使用培训。区档案馆全年完成20万页馆藏档案数字化扫描和馆藏实物档案数字化拍摄。

【《乡情—凌运凰水彩画集》】 2015年，番禺区档案馆编印出版《广州市番禺区档案馆简介》和画家凌运凰《乡情—凌运凰水彩画集》。《广州市番禺区档案馆简介》宣传小册子以图文并茂的形式，介绍区国家档案馆的职能、馆藏档案基本情况和设备设施。《乡情—凌运凰水彩画集》画集收集凌运凰取材于农舍、祠堂、巷道、马路商店等日常生活所见场景所创作的水彩画，作品充满怀旧气息和温暖的乡情，从而使人们获得一种特定时空的历史记忆，很好的诠释了档案传承历史的作用。

【档案提前移交进馆试点】 根据《广东省档案局关于开展档案提前移交进馆时限改革试点工作的通知》（粤档发〔2015〕20号）精神，番禺区档案馆对全区各全宗单位分期分批将形成满5年、属于进馆范围的纸质档案和数字化副本移交进馆，并于每年6月底前移交上一年度的档案数字化副本。8月10日，召开番禺区档案提前移交进馆试点工作会议，确定区委办、区人大办、区政府办、区建设局、石楼镇、东环街等20个作为第一批档案提前进馆试点单位。

（区档案局）

【地方志】 2015年，番禺区地方志办公室围绕番禺区区委、区政府的中心工作，编纂年鉴、组织地方志年报资料报送、维护番禺地情网，以及以挖掘地方特色历史文化，打造番禺岭南水乡文化精品。《番禺年鉴2015》按计划完成编辑出版工作，12月公开发行。区地方志办公室加强对承报单位的业务指导和督促，大部分年报单位按要求报送相应的资料。列入年度工作计划的《番禺古村落（沙湾古镇）》完成收集资料和实地拍摄古建筑、古街巷图片工作。

下半年，根据省、市的工作部署，选取东环街作为番禺区自然村落历史人文普查工作试点单位开展对自然村落历史人文普查的试点工作。由番禺区科工商信局、番禺区厂商会合作编纂的《番禺工业发展史》7月出版发行，该书记述秦朝至2013年番禺工业的发展历程。

（区地方志办公室）

广播电视

【围绕中心工作，贴近百姓生活】 2015年，番禺广播电视台开设《学习贯彻十八届四中全会精神》专题报道，对各部门及社区积极推进四中全会、五中全会精神的传达落实进行主要报道。从年初开始，跟踪采访报道区内开展的“三严三实”活动及有关党课的录播录像，为践行“三严三实”营造了良好的舆论氛围。番禺电视台密切关注区内经济发展与建设，对各总结性会议进行及时常规报道，方便市民掌握区内最新的经济动态。

新闻栏目进一步加强社会、民生热点的宣传力度。“两会”前期对以往人大、政协工作进行回顾，对涉及民生热点进行深入采访，会议期间引入群众关心的话题报道会议热点。日常增加与群众利益息息相关的话题报道，如2016年将有200万人享受医保漫游、广州南站开通至上海虹桥的高铁列车、广州首座超大型足球场选址番禺等。

【拍摄纪录片《黄河大合唱》】 2015年，番禺电视台为弘扬星海文化，推进番禺岭南文化示范区建设，联合星亚影视制作公司，历时八个月拍摄制作纪录片《黄河大合唱传奇》。该片是有关《黄河大合唱》最全面、最客观、最准确的电视纪录片，获得2015年广州市二等奖。为纪念中国人民抗日战争胜利70周年，番禺广播电视台联合星亚影视制作公司，拍摄制作纪录片《爱国武术家黄啸侠》。

【高清一体化系统投入使用】 根据区委、区政府建设文化强区的要求，自2月18日起，番禺广播电视台新闻播出启用新的高标清采编播一体化系统来编辑制作。该系统包括高清节目制作子系统、媒资升级子系统和一体化演播室子系统。新系统提高画面质感和清晰度，完善新闻资料管理，使节目制作更多元化。

（区广播电视台）

番禺日报

【围绕中心工作开展宣传】 2015年，《番禺日报》围绕番禺区加快广州时尚创意都会区和幸福美丽番禺建设加强舆论引导，大力开展主题宣传报道，开设《开展“三严三实”专题教育活动》《深入贯彻落实十八届五中全会精神》《促进经济转型升级》《创建干净整洁平安有序城市》《盘点2014番禺民生十件实事》、“南粤幸福活动周”系列报道等重点专栏，全方位配合万博商务区招商会、创新驱动发展大会、2015广州国际美食节、冼星海诞辰110周年暨番禺区第九届星海艺术节、第三届民俗文化节、2015年广东私伙局大赛、纪念中国人民抗日战争暨世界反法西斯战争胜利70周年等重大活动和全国、省、市、区重要会议的宣传报道。

【民生新闻占据头条】 《番禺日报》积极改进公务活动报道，把头条让给民生新闻，2015年报纸头版头条除全区性的重大会议、活动外，九成以上是民生新闻。大幅减少会议新闻及区领导工作性调研新闻的数量和字数，刊发区领导出席活动的新闻报道比2014年减少20%。

【多渠道增加经营创收】 番禺日报社在逆境中克服困难，多渠道创收。全年举办首届番禺经济人物评选、区招商办万博商务区发展论坛和座谈会等经营性、公益性活动31项，出版《番禺撤市设区十五周年特刊》等特刊15期，实现广告经营额1341万元，同比增长8.79%；广告实收款1291万元，下降2.52%。

【新闻报道获奖】 2015年，《番禺日报》共有13篇（个、幅）新闻报道（版面、照片）共24人次获全国、省、市新闻奖，其中获2014年度广东新闻奖2人次，2012、2013年度广州新闻奖9人次，2014年度广东省报纸副刊好版面奖2人次，2014年度中国县市区域报新闻奖12人次。通讯《从信访到信法》（记者丁山海，编辑林晓）获2014年度广东新闻奖二等奖；通讯《“三资”监管劲吹智能风》（记者蒋蕾蕾，编辑李敏珊）获2014年度中国县市区域报新闻奖一等奖。

（番禺日报社）

镇街概貌

沙湾镇

【概况】 沙湾镇位于番禺区西南部，面积37.45平方公里，下辖14个行政村和5个社区居委会，2015年年末全镇总人口11.28万人，其中户籍人口5.62万人，流动人口5.66万人。

2015年，全镇实现生产总值67.9亿元，同比（下同）增长5.4%；工业总产值105.4亿元，增长10.6%，其中规模以上工业总产值68.3亿元，增长14.2%；固定资产投资总额24.7亿元，增长1.9%；商品销售总额62.6亿元，增长10.8%；财政总收入3.7亿元，增长7.4%；三次产业结构优化为2.4:42.1:55.5；农村居民年人均纯收入21149元，增长10.3%。

【产业发展亮点增多】 荔园新天地“三旧”改造项目一期基本完成，二期项目已与香江家私集团签约，计划打造面积达6万平方米的家居卖场；广州钻石交易中心成功挂牌落户沙湾珠宝产业园，广东省珠宝玉石交易中心筹建工作取得突破性进展；紫泥堂文化创意产业园一期改造项目竣工，新兴文化产业业态初步形成；龙岐盛汇广场前期工作顺利启动，预计总投资18.5亿元。强化引资引技引智，鹏辉电池有限公司成功登陆深圳创业板市场，石头造环保科技有限公司正式在新三板挂牌；成功引入俊南电子、超耀物业、依妙实业等一批投资项目，共消化建筑面积18.8万平方米；莲香楼、新力实业、迈德乐糖果等企业的增资扩产项目进展顺利；荔购·番禺跨境电商直销体验中心正式开业。花卉种植、水产养殖等农业产业优质发展，完成农业总产值2.7亿元，增长0.6%。落实强农惠农政策，办理各类农业设施建设补贴申请13.3公顷，农业现代装备水平不断提升。

【古镇营业收入增长】 沙湾广东音乐馆顺利建成并于5月1日正式对外开放。成功举办2015广东（沙湾）音乐美食欢乐节等大型旅游节庆活动，启动沙湾古镇及滴水岩片区概念规划研究工作，大力推动沙湾古镇创建国家AAAA级景区。滴水岩森林公园升级改造工程全面开展，环山步行径一期正式开通启用。龙湾峡湿地停车场改造工程进展顺利，已完成施工图编制。宝墨园、南粤苑旅游辐射效应不断扩大。全镇共接待游客262.9万人次，其中古镇旅游景区客流量124.1万人次，古镇营业收入647.5万元，增长41.8%。

【城乡建设】 2015年，沙湾镇完成新农村建设项目8个，新立项项目2个，投入资金约770万元。深入推进美丽乡村建设，沙湾北村、三善村成为第三批市级美丽乡村试点，紫坭村申报创建工作进展顺利。积极探索农村社会治理新模式，成立沙湾北村共建参事会，着力创建广州市农村社会治理特色平台。幸福社区创建工作扎实有序，渡头社区完成市级幸福社区验收评估，沙湾社区申报创建广东省宜居社区，紫坭社区完成硬件设施改造。镇农村集体资产资源管理交易中心共成功签订合同225宗，交易额超过3亿元，溢价率达2.13%。

优化统筹城乡发展，完成福龙路改造工程，龙古路改

2月26日，沙湾镇组织开展“清死角 除四害 保健康”春季爱国卫生专题活动 （沙湾镇供稿）

造完成工程量80%。完成村庄规划编制任务，编制成果已全部提交。全面落实基本农田补贴和饮用水资源保护区补偿工作，切实保障城乡生态环境安全。着力整治城中村安全隐患，沙东村试点顺利通过区级验收，福涌村、龙岐村完成年度整治任务。福涌村、涌口村农村生活污水治理工程基本完工。四大片区企业污水管网接驳工程建设进展顺利，已完成335家，完成率为60%。

【创建“全国安全社区”行政镇】 2015年，沙湾镇全力创建全国安全社区，顺利通过国家专家组评审验收，成为全区首个“全国安全社区”行政镇。“平安沙湾”创建持续推进，顺利通过区首批平安街镇考核验收，新洲村被评为区第三批“平安村居”。落实禁毒防邪任务，被评为“广州市无邪教创建工程示范点”。在全区率先创新实施社区矫正“三新”项目，有效加强社矫人员服务管理。全面推进各项优生惠民工程，连续28年圆满完成上级下达的人口控制任务。来穗人员和出租屋管理服务不断优化，全面推进出租屋智能门禁系统建设工作，精心组织全区首个由镇级主办的来穗人员子女免费夏令营活动。

【城市管理升级】 2015年，沙湾镇深化数字化大城管，全年共受理区长专线案件3863宗，按期办结率100%。积极探索沙

10月20—22日，2015广东粤曲私伙局大赛总决赛在沙湾镇文化中心举行 （沙湾镇供稿）

东村网格化管理试点工作，建立专职网格员队伍，拓宽网格事项，共计采集信息18355条、上报问题11817宗，网格服务有效提升。创建“干净整洁平安有序”城市环境成效显著，开展“清洁番禺”行动，投入专项资金落实设备购置、奖惩激励和闲置地升级改造等工作，每月测评成绩均位全区前列。严查严控违法建设，全年共查处违法建设476宗，查处面积10.3万平方米，“两违”管控水平名列全区前茅。政务服务效能不断提升，沙东村公共服务站示范点顺利建成并正式启用。圆满完成2015年全国1%人口抽样调查工作，被评为全市唯一“全国统计规范化建设先进单位”。

【提升社会服务水平】 2015年，沙湾镇继续健全完善社会保障体系，着力推动城乡劳动力就业，城镇登记失业人员就业率为74%，全年培训城乡劳动力850人，超额完成培训任务。社会民生保障全面落实，大力推进新型农村合作医疗，基本实现社会保险全覆盖；及时完成各类困难家庭生活保障调标工作，共发放各类生活保障救济款316万元。养老服务日益完善，村（社区）级老年人活动站点实现全覆盖，镇社区居家养老服务部在广州市老龄委的年度评估中名列前茅。镇家庭综合服务中心完成年度政府购买服务合同签订，累计开展服务达16917人次。

持之以恒开展志愿服务活动，志愿服务时数达12000小时，连续8年被评为“番禺区五四红旗团委”。规范村（社区）“妇女儿童之家”建设，仁宝妇女儿童活动中心建成全区首个“广州市乡村儿童活动中心”和“广州市妇女儿童之家”。

【文化】 2015年，沙湾镇连续

四届蝉联“全国文明村镇”称号。群众文化事业日益繁荣，共组织群众性文体活动84场次。文化遗产保护传承工作取得新进展，沙湾飘色协会成为省级非物质文化遗产传承基地，省级代表性传承人何世良砖雕作品《六国大封相》获国家民间文艺最高荣誉“山花奖”，沙湾广东音乐研究著作《粤乐寻源·辨踪》出版发行。

【教育】 沙湾镇教育资源投入力度持续加大，2015年投入1600万元完成各幼儿园、中小学校的升级改造工程，紫坭幼儿园教学楼正式投入使用；坚持“和美教育”理念，区域教育品牌建设成效突出；象达、象骏中学中考成绩名列全区镇级单位前列。基层科普建设进一步加强，沙湾社区被评为首批广州市科普示范社区。

【卫生】 沙湾镇镇区域医疗卫生资源不断优化，社区卫生服务中心创建全国社区中医药工作先进单位，与何贤医院等8所医疗机构共建区域医疗联合体系。爱国卫生行动深入开展，大力推动无烟单位创建，登革热防控成效明显。

（沙湾镇党政办）

石碁镇

【概况】 石碁镇总面积46.20平方公里，下辖17个行政村和2个社区居委会。2015年年末常住户籍人口48790人，外来人口约9万人。

6月4日，区政协主席李广杭（左二）到石碁镇调研黄啸侠文化打造工作

（石碁镇供稿）

2015年，石碁镇实现地区生产总值96.2亿元，同比（下同）增长10.9%；农业产值8.3亿元，增长2.7%；规模以上工业产值87.6亿元，增长18.1%；限额以上商业营业额28.8亿元，增长35%；固定资产投资32亿元；财政收入3.64亿元，增长2.6%；财政支出3.35亿元，下降3.5%；国税入库2.53亿元，增长5%；地税入库2.81亿元，增长3.2%。农民年人均纯收入18678元，增长11.7%；城镇居民年人均可支配收入37747元，增长8%。

【创新成立招商服务中心】 2015年，石碁镇强化“引资、引技、引智”工作，整合原经济服务办、经济发展总公司、石碁商会、石碁红木家具协会等部门，成立石碁镇企业招商服务中心，下设“四部一室”，招商服务部、物业管理部、物业开发部、财务部、办公室，为企业提供“一个项目、一个工作组、一条龙服务”全程跟踪服务。招商服务中心通过调研摸查，掌握全镇土地厂房的开发、存量和取得效益情况，并建立数据库，帮助企业解决制约发展的瓶颈问题。2015石碁镇招商推介会向外界推介全镇近千亩村级经济留用地，共吸引16个项目签约，总投资达63亿元。华创动漫产业园二期在加快建设，目前签约进驻8家企业；台湾产品展贸交流中心项目已完成初稿设计方案；南方文化产业中心一期进驻新华里、粤教总部两个项目；番山总部e谷一期封顶；合劲科技创新城项目完成，进驻3家企业。广州市浩洋电子有限公司荣获文化部授予的第六批“文化产业示范基地”称号；石碁红木协会发布“一牌一卡一证一书”联盟标准，打造红木文化小镇，强化特色名片建设。2015年，全镇新增工商登记企业382家，其中23家注册资本超1000万元；新增外资企业9家，注册资金776万元；12家企业返回规模以上企业。

【联合巡查保障企业安全生产】 2015年，石碁镇整合环保所、工商所、食药监所、整规办、食安办、安全办、消防队、流管中心、供电所、自来水公司等部门，组建企业联合巡查队，规范各企业、经营户的生产经营行为，最终达到安全生产提升经济效益的总体要求。巡查队要求全体队员提升业务水平和依法办事的能力，达到“一专多能”；制定《石碁镇企业联合巡查队工作制度》和《石碁镇企业联合巡查队工作人员管理规定》，突出联合协调互动机制，明晰职责，以难点、热点、钉子户为整改对象，以日常巡查与突击巡查执法相结合，避免重复行动。共检查生产经营单位约7000家次，发现安全隐患15000多宗，整改率99.27%。

年内，巡查队妥善解决伟成鞋厂、瑞华鞋厂等900多宗劳资纠纷案件；解决石碁村清央美术园经济纠纷；整治无证照小作坊84间，加快推进学校食堂餐饮服务食品安全量化分级工作；共开展消防安全检查400多次，检查单位1600多间，整治火灾隐患1400多处；对132家排污企业的污染治理设施进行现场检查。

【组建城市管理联合执法队】 2015年，石碁镇在各执法单位（部门）执法主体不变、任务不变、目标不变的前提下，以“统一指挥、队伍整合、联合执法”为工作准则，整合公安、城管综合执法、交警、交管等执法管理部门的力量，成立城市管理联合执法队，成员由城管综合执法中队、派出所、交警六中队、交管所、镇运行指挥中心等部门抽调的人员以及部分预备役民兵和参战复退老兵共约80人组成。联合执法队针对非法营运、五类车、城市“六乱”等问题进行综合整治，其中重点整治石碁文化广场、亚运城康体路周边及海傍地铁口周边、石碁地铁站周边等黑点。全年开展集中整治行动20余次，出动人员4400余人次，教育处理乱摆卖1129宗，查扣车辆262辆。

【三农稳步发展】 2015年，石碁镇种养总面积1780公顷，粮食作物面积35.9公顷，以薯类作物居多；常年蔬菜种植面积503.9公顷；水果面积48.4公顷，主要以种植香蕉为主；以盆栽种养为主的花卉种植面积726.7公顷；水产养殖面积405.3公顷。在禽畜养殖方面，生猪存栏2500头、出栏6500头；家禽出栏260.2万只，实现畜牧总产值13630万元。据统计，2015年共完成1500份蔬菜样品农药残留速测，合格率为99%，并未发现存在使用禁用农药现象。

【着重农村环境建设】 2015年，石碁镇将城乡建设的重点放在农村，全面改善农村人居环境。塱边村完成村北公园建设、荷塘及荔枝湖整治和松露公园建设。莲塘村建设新村公园、旧市莲路南浦村路段升级

11月3日，市政协主席苏志佳（左一）到广州市浩洋电子有限公司调研 （石碁镇供稿）

改造、文边一队街巷硬底化、塱边村官塱路人行道扩建、塱边村环村绿道第二期、塱边村南社公园建设、塱边村村道硬底化及休闲小径等项目完工或建设中。华创大道扩建及海涌路低涌村段的道路扩建和金龙路供水主管网改造，前锋北路、海涌路、大刀沙岛内道路路灯改造完成。桥山村试点开展“三线”（通信线、电力线、有线电视线）专项整治，重点整治乱拉乱挂现象。“双百共建”活动完成小龙村垃圾压缩中转站工程、小龙村公园围墙改造和厕所扩大工程等项目；小龙村被广州市正式任命为“第十批文明示范村”。

【加强基层党建工作】 2015年，石碁镇党委开展领导干部驻点普遍直接联系群众活动，要求全体驻村（居）组成员和村（居）干部对各自联系村（居）进行全面入户，收集群众意见建议共9129条。推进“大党委”建设工作，成立由大龙社区党支部、岐山社区党支部、石碁供销社党支部、石碁供销社退休党支部、石碁建筑公司党支部共同组成的龙岐社区党委。深化非公经济组织党组织覆盖的各项工作，成立广州市鸿基金属有限公司党支部、广州市浩洋电子有限公司党支部、广州雄义精密五金有限公司党支部3个非公经济组织党组织。

镇党委结合群众路线教育实践活动关于建章立制的要求，修订完善了33项制度，并编印《石碁镇工作制度汇编》。以廉洁文化进农村、社区为契机，选取塱边村、大龙居委、官涌村为示范点，以点带面，开展廉洁文化进村居工作。

【通过国家卫生镇复审】 2015年，石碁镇通过大力开展环境卫生整治行动，顺利通过了国家卫生镇复审。建立起“五个一”（即每月一任务、每月一考核、每月一排名、每月一奖惩和每月一通报）和“五到位”（即领导到位、分工到位、责任到位、资金到位和措施到位）的爱卫工作运作机制，保证环境卫生整治工作得到落实。卫生巡查小组，每月分上、下旬两次对全镇各村（社区、海傍农场）的环境卫生进行打分考核，镇财政向每个村（社区）划拨10万元专项资金，用于提升村（社区）环境卫生质量。

【创建来穗人员融合示范镇】 2015年，广州市来穗局将石碁镇列为“广州市来穗人员融合示范镇”创建单位。围绕“以人为本，和谐融入”的理念，石碁镇在服务理念上求优化、在管理手段上求创新、在共建共享上求突破，创新推行独具石碁特色的来穗人员服务管理模式。推行出租屋主“物业管家”管理模式，落实出租屋主季度会议制度；开展出租屋专项整治行动，打击违法违规租赁行为，开展出租屋安全星级评定工作，完成率100%；对办理居住证满三年的来穗人员免费建立健康档案、看病绿色通道、家庭病床等服务，为26家厂企3600多名来穗人员免费建立健康档案；“金雁团总支”和“金雁儿童之家”为广大流动儿童提供优质、合适的免费课外辅导和兴趣课程。

【试点建设村居服务站】 2015年，作为区建设村（居）公共服务站试点和区社会创新管理项目之一的大龙居委、凌边村两个公共服务站建成并投入使用，为群众提供计划生育、劳动就业、社会保障等多项便民服务，并全面推动村（居）公共服务站建设，永善、石碁、文边、前锋、海傍、桥山公共服务站的场地装修基本完成。石碁镇政务服务中心投入10多万元对政务中心大楼进行升级改造，全年办结业务46876宗，在2015年度番禺区行政服务效能考评中并列第一。商事主体设立登记“一口式”工作有效整合工商行政管理、地税、国税三个部门力量，实行“一个窗口受理、互联互通、信息共享”。

【挖掘历史文化资源】 2015年，石碁镇挖掘和整合岭南书法大师麦华三和爱国抗日武术大师黄啸侠文化资源。建设“华三书院”，打造麦华三书法文化品牌；全面铺开黄啸侠武术文化的推广工作，“发掘和传承黄啸侠精神，培育番禺文化品牌”，被区政协定位为本年度常委会重点调研课题。

石碁镇凌边乞巧文化节 （郭锦华摄影）

【帮扶困难群体】 2015年，石碁镇举办1场大型招聘会和7场“零距离”招聘会，1176人初步达成用工意向，82名参战复退人员得到安置就业。全年向辖内低保对象、五保户、孤儿、困难群众、重点优抚对象发放低保金、慰问金、救助款等各类款项共约753万元，向全镇70岁以上的老年人发放长寿保健金共227万元。镇对口帮扶五华县棉洋镇中新村2013—2015年“双到”扶贫工作顺利通过梅州市及广东省扶贫办考核，增城区派潭镇汉湖村通过2015年农村扶贫开发阶段性考评，区内扶贫工作顺利通过年度考核。

【创建平安石碁】 2015年，石碁镇以莲塘村为示范点，全面完成18支村级（含海傍农场）治安联防队伍整合工作。石碁镇被命名为番禺区首批“平安镇街”，辖内“平安村居”创建活动覆盖率达100%，其中有7个村（居）通过验收，被正式命名为“平安村居”；全镇共有4所校园被评为“广州市安全文明校园”，另有8所校园被评为“番禺区安全文明校园”。镇综治信访二级平台全年共受理并办结案件58宗，通过广州市云信访综合业务处理系统完成处理信访案件37宗。镇财政鼓励各村开展视频监控系统高清改造工作，对参与改造的村给予工程总造价50%的补贴（补贴封顶为10万元），15个村370个高清视频监控点竣工验收并投入使用。

【妥善安置龙卷风受灾群众】 10月5日，金山村金山市场一带遭受猛烈龙卷风吹袭，导致50人受伤（其中2人死亡），37间总面积约56680平方米厂房和37间居民住房倒塌受损，农作物受损面积约70.7公顷，造成直接经济损失约5840万元。区委书记卢一先、区长何汝诚等区领导专程赶赴金山村视察灾情，指导抢险救灾工作。石碁镇迅速抢修供电、供水、通信等基础设施，妥善安置受灾群众，开展救助伤员和防病防疫，清理路障恢复交通，防止次生灾害发生。

【凌边村创新村民自治建设】 凌边村地处石碁镇偏北，土地总面积约3.13平方公里，耕地面积121.1公顷。全村10个生产队，共有户籍人口977户2410人，流动人口约2600人。2015年，实现村集体纯收入834万元，村集体资产总额4428万元，农民人均纯收入22932元。凌边村是乞巧文化传承村，现凌边村仍有7个生产队保留每年在祠堂摆“七夕”的习俗。2012—2015年，石碁镇举办两届“石碁镇凌边乞巧文化节”，进一步传承和推广凌边乞巧文化。

2015年，凌边村创建村务公开和民主管理示范村，通过落实村级“五项规范”，实现“墙上有制度，会议有记录，议事有地点，公开有专栏，资料有档案”，提升村级综合服务水平；通过建立和完善各级议事制度、升级改造民主议事厅，提升农村民主议事效率，凌边村民主议事厅全年共进行27项村级重大事项的决策。凌边村公共服务站于10月正式投入使用，为村民提供计划生育、劳动就业、社会保障等方面的服务，截至12月31日，受理业务9宗，办结9宗。公共服务站还设有24小时服务区域，配置带冷冻保险功能的蔬菜和物件自提柜等设备。

（石碁镇党政办）

新造镇

【概况】 新造镇位于番禺区东北部，面积 13.85 平方公里，下辖 10 个行政村和 1 个社区居委会，常住人口 3.1 万人（其中外来人口 1.5 万人）。

2015 年，全镇实现地区生产总值 25.9 亿元，同比（下同）增长 16.5%。第一、二、三产业的增加值分别为 0.7 亿元、13 亿元、12.1 亿元，三产业结构为 3∶50.4∶46.6。全年实现财政总收入 1.255 亿元，为年度预算收入的 101.47%。实现税收收入 2.53 亿元。农村居民年人均纯收入 16522 元，增长 9.1%。

全镇实现工业总产值 66.1 亿元，增长 11.99%，其中，规模以上工业产值 61.2 亿元，增长 14.1%。立白集团有限公司实现工业产值 39.2 亿元，增长 19.8%；至润油脂公司正筹备上市。引进广州市悦风新能源汽车科技有限公司，半年销售额超 2 亿元，2015 年拉动全镇限上商业增长 2.5 倍，拉动 GDP7.3 个百分点。

全镇耕地面积 312.5 公顷，农作物总播种面积 907.5 公顷，其中粮食播种面积 131.9 公顷，总产量为 648 吨。蔬菜种植面积 559.9 公顷、水果种植面积 128.7 公顷、花卉种植面积 205.3 公顷；水产养殖 86.9 公顷。

全镇第三产业增加值为 12.1 亿元，增长 23%。

【广州国际创新城建设】 2015 年，新造镇围绕广州国际创新城规划定位，确立“依据规划推项目、依靠项目促发展”的工作思路。经过多方配合，创新城土规修编工作完成，为创新城的启动完成了基础性工作；政府储备地和南大干线项目完成农用地收储 105 公顷，为创新城用地全面收储创造条件；创新城配套路网“6 路 1 隧”建设顺利推进，南大干线创新城段确定建设方案和线型设计；创新城广医路（原新造路）、新谷过江隧道已确定投资及建设方案；新造新城、盛龙二期留用地项目作为创新城起步区征地拆迁安置及村留用地集中区域，已初步完成项目现场钻探及测量等前期工作，按市区工作思路，将项目统一调整为“收储—公开出让—配建安置房”模式进行开发。

【城市环境管理】 新造镇推进城市管理精细化工作，将全镇 8628 户群众划分为 21 个网格进行管理，年内网格员巡查发现并交办事件 1143 宗，办结率 100%。发动干部职工、村（社区）群众参与“清洁番禺”行动，全年共清理卫生死角 2540 处，疏通沟渠 923 处，市政设施维修 46 处，清除各类乱张贴 29000 余张，清理各种垃圾约 262 吨。对曾边地铁出入口市容环境进行铁腕整治，开展专项行动 34 次，出动 750 人次，整治地铁口周边乱摆卖 130 多宗，依法全部拆除地铁口周边违建 9 处，共计 1100 平方米，查扣五类车 430 多辆，营造“干净、平安、有序”的地铁出行环境。

【社会综合治理】 2015 年，新

4 月 15 日，区长何汝诚（右三）带队到新造镇谷围新村开展“清洁新造”大行动

（新造镇供稿）

11月6日，新造镇举行第二届青春正能量圆我中国梦歌唱比赛暨“南粤幸福活动周”主题活动
（新造镇供稿）

造镇加大治安防控力度，各类治安、刑事案件大幅下降。刑事案件视频破案率为60.8%，在区排第三名。在“社会矛盾化解年”行动期间成功化解5宗属地矛盾案件，化解率名列全区前茅；受理各类矛盾纠纷案件134宗，办结率100%，案件涉及的各类赔偿金额149.5万元。深化平安新造创建工作，10村1居全部通过“无毒村（社区）”和“安全社区”验收。整治隐患出租屋570套，以曾边村为试点完成18栋出租屋居住证门禁系统建设。实现年内无发生人员伤亡火灾事故及重大以上生产安全事故、食品安全零事故，新造渡口所连续25年被市公路管理局评为先进渡口，镇安监中队（2015年度）被广州市评为“镇街一级示范单位”。

【帮扶贫困】 2015年，区交投公司支持85万元用于大学城被征地村改善办公条件；镇投入近15.5万元对大学城被征地村符合帮扶条件的651人次贫困人员进行个人帮扶。通过举办招聘会提供就业岗位2243个，初步达成录用意向1057人。参战复退就业困难人员跟踪就业服务率为100%。年内区、镇两级共计发放各类补助资金近88万元，惠及农村特困人员、城镇居民、低收入家庭等各类困难人员1418人次。新造镇帮扶五华县联西村2015年集体收入达到12.6万元，196户贫困户实现100%脱贫。

【教育】 省二师附中顺利通过“广州市安全文明校园”专家组现场评估；省二师附小被评为“广州市红领巾示范学校”，成功申报“番禺区幸福教育实验学校”；中心幼儿园连续多年被评为“番禺好园所”；新造成校被评为区职成系统先进单位。完成总投入近200万元的省二师附中“合”文化校园一期工程建设，为创建“广州市特色学校”奠定基础。

【医疗卫生】 新造医院完成内部改造装修工程以及门诊急诊等业务科室局部改造工程。计生服务发放优生免费券390张，为347人进行免费筛查，为696人次申领各类奖励金、扶助金累计达73万元。

【党建引领社区服务】 2015年，新造镇试点成立新造社区“大党委”和社区纪委，整顿软弱涣散党支部，探索以党建引领社区服务的模式。建立镇纪委廉政制度、办案规程、村务监督委员会制度等共计62项制度，形成《新造镇纪委制度汇编》。领导干部普遍直接联系群众活动，全镇11个驻点累计接待群众1735多人次，接访收集意见184条，发放民情联络卡10923多张，帮助群众解决生产生活问题146件。开展党代表工作室活动，区领导班子成员共6次组团近50多人次到镇党代表工作室开展接访党员群众活动并参加“清洁番禺”行动，共接访50多名党员群众代表，收集意见和建议21条，党代表工作室联系党员群众的桥梁作用得到充分发挥。

【秀发村】 秀发村位于新造镇东北部，处于广州大学城发展区之内。村域面积（含珠江水域）共计94.5公顷，有秀发、华阳、得月、正面街4个街坊。

2015年，秀发村户籍人

口1211人，522户，外来人口1666人。村的经济收入主要以厂房或直接出租土地收取租金等为主。农业种植以蔬菜、红萝卜为主，鱼塘养殖有四大家鱼，鸭场、鸽场。有经营砂石的码头和手工业加工等其他行业，村内有中小型企业10间，2015年村集体总收入2300万元。

秀发村历史文化底蕴深厚，拥有黎炎孟烈士故居、二一八抗战烈士纪念碑、得月街3号古民居、得月街三巷4号古民居等四处传统建筑，保留了端午节扒龙船、观音诞、黎氏祭祖等三项传统风俗。

（新造镇党政办）

南村镇

【概况】 南村镇总面积47平方公里，下辖8个社区居委会，16个行政村，居住人口37万人，其中户籍人口6万多人。2015年，南村镇实现地区生产总值152.83亿元，同比（下同）增长10.5%；完成固定资产投资102.51亿元，增长22.7%，实现税收收入49.4亿元，增长26.31%，其中地税收入29.4亿元，增长13.56%，国税收入20亿元，增长51.35%；实现财政收入4.47亿元，增长14.2%。

【工业】 2015年，南村镇制定完善产业发展扶持政策，鼓励传统工业企业转型升级，以技术创新、质量提升、自主品牌、标准服务获取高附加值。泽荣旅行用品公司工业园项目一期已投入使用，华鑫集团汽车小镇项目已开业运营，广汽丰田4S店已纳入区重点项目并准备施工。珠江灯光演艺文化产业园已基本完成土地平整，番禺电缆集团总部基地正在办理土地出让手续，酒类批发中心项目正在办理报建手续，大华面机的企业孵化器项目顺利启动，企业转型升级成效明显。全年实现规模以上工业总产值177亿元，增长15.5%。

【第三产业】 以万博商务区16个大项目为抓手，充分发挥区位优势和万博商务区辐射带动作用，大力发展总部经济。海印又一城奥特莱斯广场、沃尔玛山姆会员店、天河城购物中心等大型商业体营业额实现较快增长。住宿业持续畅旺，7天连锁、北海稻、维也纳等多家大型连锁酒店扎堆进驻，番禺大道"美食集聚区"快速发展。全镇实现限上商业总额172.65亿元，其中，限上批发业销售额84.25亿元，限上零售业销售额81.48亿元，限上住宿业营业额2.59亿元，餐饮业营业额4.26亿元。江山颐景、四海城、荔园悦星等楼盘先后推出，中铁诺德中心、奥园国际中心、招商城市主场、广晟数码产业总部等项目正在加快建设。2015年，南村镇房屋销售面积共计79万平方米。

【文化】 南村镇大力实施"文化名镇"发展战略，深入挖掘南山文化，提升城市发展软实力。2015年，共开展元旦广场舞大赛、书画协会第八届赠春联活动、2015南村镇迎新春摄影展、南村镇文联中秋敬老活动等群众性文体活动40多场次，文化下乡7场次，电影下乡200多场次。南村村参赛龙

5月17日，区长何汝诚（左三）率队到南村镇调研民营企业发展情况
（南村镇供稿）

舟获2015年广州市国际龙舟邀请赛彩龙竞艳一等奖。

【教育】 2015年，南村镇顺利通过省教育强镇第二次复评督导验收。樟边小学、市头幼儿园等工程建设进一步加快，罗边幼儿园教学楼等项目已完工。完成剑桥郡小区配套小学开办工作。投入100万元经费，启动全国社区教育示范镇创建工作。

【医疗卫生】 南村医院推进胃肠镜室、数据中心改造及医疗设备更新，完成社区卫生服务中心医护人员配备。社区进一步扩大医疗服务项目，为辖区群众提供健康档案管理等12项基本公共卫生服务。经过新农合并入城乡医保制度改革工作，共登记城乡居民社会医疗保险参保人数60375人，参保率99.4%。完成农村户籍人员参加城乡居民社会养老保险登记任务，45岁以上参保率达100%。

【农村建设】 2015年，南村镇投入约3455万元开展47个新农村建设项目。官堂村大庙路公路、镇西路公路和樟边村为民路延长线公路等自然村通公路项目完成建设验收。创新“南村模式”，通过“各村自筹资金、政府给予补贴”的形式，镇政府补助1300万元，完成全镇65个箱式变压器建设，破解城中村用电难问题。完成永大社区供水加压改造项目工程。巩固坑头村美丽乡村建设成果，白

7月22日，全国工商联调研组到南村总商会调研 （南村镇供稿）

岗自然生态改造工程、北园新区市政工程、古村景观道路面铺设沥青工程竣工验收。加快推进污水主管网及余荫山房周边污水管网建设，新基村农村生活污水工程已完成。充分发挥村居交通安全服务站作用，改善村居内交通、治安秩序。在乱停乱放比较突出的市新路、文明路等路段安装8套移动电子警察，交通拥堵问题得到缓解。

【市政建设】 2015年，全镇村庄规划编制工作已完成。推进南大干线南村段9+2成片更新、岭南电缆、塘东村工业园升级改造等“三旧”改造项目的资料上报和完善工作。坑头村广明高速和南沙港快速路留用地、市头村暨南大学留用地已办理《建设用地批准书》，樟边村节能科技园留用地、地铁四号线留用地先后办理用地手续。积极推进珠江堤防工程（大学城南岸段加固一期）项目。完成市头涌、陈边涌、员岗下涌、罗边涌尾段清淤工程。推进市新路、兴业大道等主干路段的市政管道清淤养护工程。

【治安综合管理】 南村镇推进创建社会治理示范镇工作和里仁洞社会管理综合整治，加强里仁洞村村容村貌、“六乱”整治，强化“人屋”管理，消除安全隐患，开展“亮灯”工程建设，开展治安视频监控高清升级改造。继续推进社区封闭式、半封闭式建设工作，里仁洞村等5个村完成建设工作。开展九打九治“打非治违”专项行动和隐患排查治理工作，2015年共巡查企业9862间次。加大对黑网吧、无证照经营、制假售假以及“三合一”“二合一”违规安装燃气热水器等存在重大安全隐患的出租屋和单位进行重点整治。2015年全年共摸查出租屋内存在安全隐患150宗，整治“三合一”、无证照经营417宗，存在较大安全

隐患场所122间，取缔黑网吧6间。设文明路、国泰路为食品药品安全“严管街”，对辖区内1113家次的集体食堂、餐饮企业、农贸市场的食品样品进行抽样检验，合格率99.2%。

以南村村为试点，投资近200万元新增高清视频180个。全镇6306栋出租屋安装普通门禁系统，31栋（含950套）出租屋安装智能门禁系统，2128栋出租屋安装视频监控设备。

【社会保障】 南村镇落实低保家庭社会救济工作，全年发放低保金51.88万元，分类救济金6.24万元，医疗救助及临时生活救济35.53万元。实施镇村干部、商会企业家“一帮一”扶贫工作和新基村大学城扶贫工作。镇慈善会全年筹集到各类慈善捐款122万元。镇敬老院居家养老服务全面开展，有19名老人享受该服务。家庭综合服务中心累计开展个案辅导、小组活动及社区活动240多次。全年举办现场招聘会4场，举办劳动力培训班69期。

【人口与计划生育管理】 在各村（居）推行计划生育“一站式”办证服务。开展计划生育服务均等化工作，开展流动人口“八上门、八免费、两补助”活动，推行户籍人口“八必访、十告知”工作，为群众提供优质的计生服务。2015年出生人口3125人，出生率14.00‰，自然增长率12.31‰。累计指导对象参加优生筛查763对，优生筛查率100%，优生咨询指导率100%。

【淘宝村里仁洞】 里仁洞村位于南村镇西南部，村域面积4.1平方公里。2015年，里仁洞村在册户籍人口5665人，户数2110户，村集体年收入约2602万元。因里仁洞村地理位置优越，交通便利，邻近中心城区、物流便捷，聚集了600多户淘宝商家，2013年12月，成为阿里巴巴研究中心公布的全国20条“淘宝村”之一。

（南村镇党政办）

12月14日，省教育强镇复评专家组实地调研南村镇教育发展情况

（南村镇供稿）

化龙镇

【概况】 化龙镇总面积55.7平方公里，下辖13个行政村、2个社区居委会、1个驻地部队。户籍人口32529人，流动人口41829人；2015年实现地区生产总值108.85亿元，同比（下同）增长22.8%；农业生产总值5.49亿元，下降1.8%；规上工业总产值338.8亿元，增长27%；限上商业158.44亿元，增长85倍；固定资产投资61.2亿元，增长54.6%；税收28.34亿元，增长49.23%。

【汽车产业增长势头强劲】 广汽乘用车完成产值161.85亿元，增长45.6%。广汽三期、广菲克、鞍钢项目稳步推进。广汽江森、荻原、优利得、申雅、保商钢等广汽配套企业经济效益逐年增长；中鼎、巨志、华益盛等汽配企业落户化龙；零部件工业园内9个地块完成出让，进入建设状态。为配合广汽建设，化龙镇前后完成A地块、BD地块、C地块的收地工作，南大干线先行段、220千伏化龙输变电线路工程征地工作；完成广汽C地块填土施工便道建设工程；全力推进广汽物流通道桥工程、塘复路工程、同丰路改建工程、BD地块供水管迁改工程建设。

【推进重点招商项目】 2015年，按，共有3家注册资本5000万元以上企业落户化龙。国际商品展贸城招商工作推进取得突破，计划投资300亿元建设的中国国际酒类商品交易中心、30万人次驾考场、京东广州分公司相继落户展贸城，有力盘活展贸城用地。

【维力医疗器械股份有限公司上市】 2015年3月，广州维力医疗器械股份有限公司在上海证券交易所正式上市，是番禺第一家在上海主板上市的本土企业。另外，广东好太太科技集团有限公司筹备上市，化龙镇积极做好上市企业的专项跟进工作。

【推进市政建设项目】 2015年，化龙镇开展多项市政建设工程。投资250万元完成龙津路扩建工程，并对施工范围内的管线给予迁改地埋，改善了交通环境。投入216万元筹建化龙大道北延段，解决沙亭村村民出行问题和减轻柏沙路的交通压力。落实“亮化工程”，在山门村下山门环村路、翠湖路安装照明路灯。推进农田基础设施建设，改善农田耕作条件，投入280万元在明经、塘头、水门实施机耕路硬底化建设约6公里。四沙水闸主体部分完工投入正常运行，管理房、配电房等附属设施正进一步建设；七沙水闸完成一期围堰施工。

【精细化城市管理】 2015年，化龙镇继续推进数字化大城管模式，全年共受理区长专线案件3465宗，按期办结率99.5%。成立化龙镇网格化服务管理工作办公室，搭建镇村协调平台，下辖设置14个村居二级网格，40个基础网格，全面推行社会网格化管理。共发现涉嫌“两违”施工建设751宗，实施停水、停电案件662宗，涉及建构筑物面积约13.4万平方米。开展创文巡查督导，共巡查督办环境卫生、“六乱”等各类问题1355宗，办结率100%。

12月4日，华南理工大学—化龙镇校地对接到广汽参观

（化龙镇供稿）

【扶持农畜业发展】 化龙镇着力提升农业现代装备水平，全年办理机具购置补贴447台（套），农户获得补贴金额32.67万元；办理设施农业喷淋系统4.2公顷，补贴农户4.84万元。加强农产品和农资监管以及重大动物疫病防控、牲畜屠宰检疫及牲畜屠宰属地管理，有效确保农产品、畜禽肉品质量安全。

【推进“平安化龙”建设】 2015年，化龙镇以建设“平安化龙”为抓手，组织开展各类专项整治行动，维持社会秩序平稳顺畅，全年无发生重大安全生产事故、食品安全事故以及火灾事故。安全生产工作被番禺区评为安全生产责任制考核优秀单位。草堂村、山门村成功创建为番禺区“平安村（居）”，广州国际商品展贸城被确定为化龙镇平安商场创建示范单位，广州弘迅电梯配件有限公司工会委员会被评为全国模范职工之家。潭山村、盛龙社区实施智能封闭管理，45家出租屋安装智能门禁系统以及人口自助申报系统。

【创建美丽乡村】 2015年，化龙镇美丽乡村建设完成化龙第二小学周边环境改造、老人娱乐活动中心、文化综合社区建设、许氏大宗祠配套设施建设、寿山公园升级改造、潭山村飘色文化广场、公厕建设及周边建筑立面整饰改造，中心塘及槟榔桥景观整治、柯子树公园、水牛山生态公园建设，潭九社路段景观改造、潭山村二马路和工业一路改造、环村公路绿化升级和明渠覆盖及硬底化扩路、标志指示牌建设等18个项目，完成投资金额约为2180多万元，2015年2月潭山村顺利通过第二批市级美丽乡村试点验收。

【设立流动党员工作室】 化龙镇与重庆綦江区东溪镇签订《流动人员服务管理区域协作协议书》，设立重庆綦江红岩党员化龙流动支部来穗人员服务工作室，发挥流动党员的先锋模范和联系群众的纽带作用，联系和团结在化龙工作的綦江籍外来人员，并租用独立的办公楼房为外来人员提供临时住宿、就业介绍、政策咨询等服务。工作室成立后，接待了7户留守儿童家庭，慰问了18户外来工家庭，介绍150名綦江籍外来人员到化龙镇厂企工作。

【发展科教文卫事业】 扎实开展各类文体惠民活动，成功举办潭山飘色、潭山乞巧文化节等传统文化活动，打造化龙镇文化品牌。镇内中小学开展“创学校特色、建一流品牌”岭南校园文化建设工作。2015年化龙中学中考成绩平均分547分，超广州市中考平均分14.6分，近三年总分实现台阶式跃升。中考达到提前批录取分数线640分的学生有113人，占总人数的30%；达到高中录取分数线的有274人，上线率达到73.7%。

化龙医院住院楼改扩建工程9月开工建设。该工程是番禺区重点工程项目，2012年立项，2014年配套设置立项，工程项目共8层，总建筑面积13046平方米。

化龙镇制定《化龙镇对村治安队举报偷倒工业垃圾行为线索奖励试行办法》，打击垃圾偷排偷倒行为；重点整治化龙车站周边乱摆卖、广汽及展贸城周边及其他“三不管”地带的环境秩序，整体提升镇容镇貌。成功创建广东省卫生镇，全镇省、市卫生村成功创建率100%。

【完善社会保障体系】 2015年，化龙镇推进各类养老保险、医疗保险的扩面工作。共有4663人参加城乡养老保险，3294人享受退休待遇；5052人参加农转居养老保险，其中1861人享受退休待遇；日间托老服务中心开展服务2000多人次；全年发放长寿保健金、各类生活保障金、分类救济款、优抚、补助等共698.4万元，为困难群众申请临时困难救助资金共20.97万元；成功推荐41名参战退役人员就业，发放2014年冬季退役士兵自主就业补助73万元。2015年2月6日，化龙镇慈善会成立，并统筹镇内所有慈善资源，累计筹得善款730多万元。

【龙卷风吹袭化龙】 6月4日下午4时，化龙镇西山村、潭山村、山门村等地出现8级大风，造成山门村、西山村、潭山村、爱莲新村、明经村石化路段、化龙大观园等地约100棵树木倒断，潭山村、山门村、西山村、明经村、水门村、草堂村、

5月10日，潭山飘色 （化龙镇供稿）

塘头村、莘汀村等8条村停电。其中，西山村源昌金属制品厂星瓦屋顶（600平方米）被掀翻，潭山村化龙第二小学及化龙大博小学教室较大面积窗户破碎。两起突发事故造成6名工人及14名学生受轻微伤。

（化龙镇党政办）

石楼镇

5月13日，石楼镇举办2015年法律调解培训班 （石楼镇供稿）

【概况】 石楼镇总面积121.04平方公里，2015年年末户籍人口74962人，外来人口109767人；下辖22个行政村、3个社区居委会。

2015年，石楼镇实现地区生产总值94.6亿元，同比（下同）增长1.7%；规模以上工业产值158.5亿元，增长0.5%；农业产值18.7亿元，增长3.1%；商品销售额402.5亿，增长5.2%；公共财政预算收入6.0亿元，增长3.8%；税收收入16.2亿元，增长14.3%，其中，国税8.7亿元，地税7.5亿元。

【新项目推动经济发展】 2015年，众多新项目开工建设或完工成为石楼镇经济发展的新动力。广州市质量技术检测园区全面投入使用，3间检测研究院注册地址迁至石楼镇；莲花山货运港完成升级改造，吞吐能力达到每年200万吨，集装箱进出口能力达到每年20万标箱，为物流业提供强劲动力；广日工业园二期完成工程量80%，明峰科技园完成工程量60%；诗尼曼和九恒条码2家企业筹备上市；万鼎项目、中科海通、巨大集团、利合房地产、利联地产等重点项目加紧建设。

镇政府不断强化暖企服务，落实上级扶持企业政策，搭建服务企业平台，协调解决项目建设涉及的土地、规划、环保、安全等问题。通过区招商办、区厂商会、以客商带客商等方式，多渠道向外宣传推介镇内投资环境。港钜电子地块被香港上市公司成功收购，新公司计划再投资2亿元建设数据交换中心，投产后年产值预计达15亿元，成为经济新增长点。

【水产养殖业成为农业龙头】 2015年，全镇水产业发展迅速，全镇养殖总面积2755公顷，实现产值8.5亿元。海鸥岛现代渔业园区获得市级资金2946万元，完成机耕路和人家路硬底化50公里，提高渔业现代装备及基础设施建设水平。农业龙头企业申报名牌品牌，时利龟农民专业合作社获评市示范社，辣木鲩、海鸥岛麻虾等7个农产品获得省名特优新农产品称号，金洋水产获得省名牌产品称号。

【发展乡村旅游】 2015年，海鸥岛乡村生态旅游开发工作取得阶段性成果，游客中心、驿站、停车场、临时摆卖点、农家乐旅舍示范点、原生态体验区等项目于国庆前完工喜迎宾客；卫生保洁、绿化管养、“六乱”整治、路牌清理等整治项目初见成效；成立石丰旅游公司和旅游行业分会，全面加强旅游开发、旅游行业单位管理整治等工作。结合美丽乡村建设，积极发展休闲观光旅游农业，进一步擦亮乡村旅游业品牌。大岭村善元庄公祠及太婆厅修复工程完成80%。投入552万元完成胜洲村公共服务站、牛墩、庙口涌边、马岗东侧等环境整治工程，提升村内整体环境。

【加快基础设施建设】 年内，莲花山国家中心渔港建设工程顺利推进，完成200HP（匹）和400HP（匹）码头建设，累计完成投资4770万元。完成1007公顷高标准基本农田建设任务，投入3364万元、按200年一遇标准建设的联围十二涌水闸工程顺利完工，投入90多万元改造“一村三岛”部分水闸应急装置，完成联围围旧纸厂段改造和九塞涌南岸整治工程，启动莲花围整治、两盛水闸重建等项目，有效提升防汛排涝能力。沙北村等6个农村生活污水治理、赤岗村明渠改暗渠、海心村中心村公园、沙北村人家路路灯等项目投入使用。投入280万元新建日处理量达64吨的莲花山垃圾压缩站，实现垃圾收运“一镇一站”和“一村一点”。

组织开展“雷霆五号”“飓风”等专项拆违行动，集中清拆一批典型违法建设，营造严查严控的高压态势，全年查处违法建设816宗120635平方米，拆除违法建设86宗27710平方米。

【改善文教卫设施】 2015年，总投资2600万元的江鸥幼儿园等6个校安工程完成；海鸥学校室场、莲花山中学食堂等改造项目顺利推进。镇工疗站、康疗站完成升级改造；潮田站和沙浦站2个卫生服务站投入使用，茭东村和岳溪村2个卫生服务站完成装修；石楼医院住院楼(门诊楼)装修改造工程、住院楼扩建工程以及镇颐养院升级改造工程正逐步铺开。搭建“百姓广场群众舞台”活动平台，设立莲花水乡摄影创作基地；全镇25个村（社区）文化室实现专职管理；在第十五届“莲花杯”“禺山杯”龙舟赛中获传统龙竞逐第一名、彩龙竞艳一等奖、标准龙第四名。

【完善社会保障服务】 全镇35周岁以上人员参加社会保险参保率91%，60周岁以上人员领取退休待遇率99%。城乡低保规范化建设全面铺开，全年累计发放低保金179.9万元、分类救济金20.6万元、医疗救助金262.2万元。落实创业就业扶持政策，723人获得就业补贴14.5万元、创业小额担保贷款40万元，为3500多名城乡居民提供就业援助服务，充分就业社区（村）增加到21个，成功对接3个创业项目。退休人员管理工作连续三年获评省级退管服务示范点。18个村级老人活动中心和亚运城星光老人之家完成建设，镇居家养老服务站、星光老人之家顺利通过市级评估认定为A级。全面铺开免费优生检查、人口计生信息化等试点项目，优化二元监督管理架构，获得省人口与计划生育目标管理责任制考核检查组高度评价。优化来穗人员服务管理，获得广州市优秀异地务工人员服务先进集体称号，管理经验获得多家新闻媒体专题报道，优秀来穗人员唐雷华、温德忠分别获评为广州市优秀异地务工技能人才和番禺区优秀异地务工人员。

10月16日，石楼镇举办第三届广场舞大赛　　（石楼镇供稿）

【平安创建促社会稳定】 2015年，石楼镇多管齐下，推进“3+2”、“雷霆2015”等专项打击行动，重拳打击突出违法犯罪活动，在“3+2”专项行动中破获各类案件281宗，全年各类警情同比下降3.6%。成立“剑锋15”专项行动领导组和缉毒专业队，出动执法力量610人次，检查重点场所4705间次。推广智能化封闭式管理模式，建立

12 月 31 日，石楼镇举办 2016 年元旦文艺汇演　（石楼镇供稿）

3 个智能化封闭小区。投入 230 万元全面升级改造两个视频监控中心，建设高清和标清视频图像采集点 4086 个，借助信息化、科技化手段有效提升治安防范能力。全年受理矛盾纠纷 112 宗，同比下降 43%，快速平息环亚制衣劳资纠纷、莲花水乡劳资纠纷、亚运城天誉业主维权、涉军群体维权等多起矛盾纠纷。

通过抓创建平安石楼 12 大工程 70 个项目，石楼社区、石一村等 16 个村（社区）顺利通过区创建平安考核验收。动员社会力量参与平安创建，多渠道多形式宣传，提高群众参与的积极性和主动性。加大农产品质量安全检测力度，狠抓重大动物疫病疫情防疫监测，让市民吃上“放心肉菜”。加大安全监管力度，在全区率先开展夜间安全执法检查，顺利通过广州市镇街安全生产执法监察队伍标准化建设验收，成为全市首批达标单位。

（石楼镇党政办）

市桥街

【概况】　市桥街面积 11.35 平方公里，下辖 28 个社区居委会和 8 个行政村。2015 年末总人口 233490 人，其中户籍人口 155746 人，登记暂住人口 77744 人。

2015 年，市桥街实现地区生产总值 204.47 亿元，同比（下同）增长 9.5%。社会固定投资 59.43 亿元，增长 31.3%；全年完成税收总额 17.82 亿元，下降 0.5%。

【建设服务业为主的重点项目】　2015 年，市桥街建设多个第三产业项目。基盛总部经济商贸中心项目招商中心建成，D 区综合楼封顶；投资一亿元的骏和通信总部工程项目蚁蝗跨境直购体验中心处于内部装修阶段；黄编商业中心项目引入项目运营商并进行全面内部装修；东郊村旧村改造项目进入施工阶段，其附属商业体将打造番禺第一条融穗澜湾金融街；西郊村商业楼（原西郊村水果批发市场）项目进入施工阶段；友利电商园项目累计投入 1.2 亿元，产业园区以电子商务为主题，计划纳入番禺区科技园区；柏丽汇藏品与陶艺文化特色商业街项目、番发东泓商务大厦建设工程项目、正太广场、星海园等重点项目正有序推进中。

街道大力扶持各新增总部经济项目，街道班子成员直接分别对接辖区内 74 家规模以上企业，总部经济项目已引进广州谢瑞麟珠宝首饰集团和中酒网络科技有限公司。星巴克、小肥羊、耐克等多家知名品牌入驻喜悦新天地和钻汇广场。全年新设立企业 1274 户，增长 7.24%，新设立个体工商户 1500 多户。

【建设村（居）公共服务站】　2015 年，市桥街完成华侨城公共服务站和友利创意园公共服务站建设。服务站现实行对外服务，24 小时便民自助区设备已进场并逐步提供给社区群众使用。公共服务站整合流管、综治、劳动社保、计生等职能部门业务，实行区、镇（街）、村（居）三级联动，“一个窗口”受理、“一条龙”服务的工作模式，可根据事项特点和服务对象需求提供上门服务、现场受理、全程代办等服务。

【建设平安市桥】　2015 年，辖

7月13日，市桥街中片社区、西片社区党委、纪委成立揭牌仪式（市桥街供稿）

区刑事警情下降27.84%；“两抢”、盗窃汽车警情分别下降5.31%和55.07%，刑事案件立案数得到有效消减。

街道以平安村居、平安商场等平安细胞创建为重点，不断完善并创新工作方法，全力构建治安防范体系。2015年新增三个社区通过“平安村居”考核，全街共有23个社区被区命名为“平安村居”，创建覆盖率为100%，成功率为64%。

为有效化解基层矛盾纠纷，街道推进“法律六进”工作，加强干群联系，畅通群众纠纷诉求、法律咨询、社情民意反馈渠道。街道两级调解会共调处各类矛盾纠纷451起，调解成功445起，成功率99%。受理各类信访案件130宗（减少19%），办结率98.4%。

继续开展防火安全、食品安全、市场整规等专项整治工作，通过街、社区（村）级安全办的层级管理，实现安全监管“关口前移，重心下移”。2015年，市桥街共组织安全生产、食品安全等专项检查33次，共检查生产经营单位4946家次，抽检1323份食品样品，整改安全隐患3411项，整改率达100%。

【计生流管服务到位】 2015年度，全街户籍人口出生2039人，出生率为13.13‰，自然增长率为9.01‰，政策生育率92.25%。全街有出租屋21634栋、69425套（住宅55043套、非住宅14382套），在册登记流动人员86543人。全年共更新登记流动人员信息80564条，办理居住证业务56501人（新办证13888人，居住证续期签注42613人次），采集更新育龄妇女信息32802条。

【“清洁番禺”美化家园】 2015年，市桥街利用公益宣传与企业宣传结合的模式开展垃圾分类宣传，引入环保企业参与低值可回收物的回收利用，实现垃圾减量化、资源化。通过入户宣传、设桶设点等一系列工作，小区居民知晓率达到98%以上，小区餐厨垃圾减量30%，混装垃圾大大减少。

从2015年1月开始，市桥街把环境整治工作、城市管理工作和精神文明建设工作有机结合，发动市民群众参与清理室内外环境卫生，清理堆积垃圾及卫生死角。2015年“清洁番禺”工作累计投入230多万元，约3万人次参加，清理卫生死角2915处，清扫公共区域累计超过35万平方米。

【打造居民群众“幸福港湾”】 市桥街已建成的四个家庭综合服务中心全年共接待社区群众5.2万人次，开展小组活动363次。全街建成并投入使用的星光老年之家有24个，市桥街星光老年之家、东丽社区星光老年之家、康裕社区星光老年之家、禺山社区星光老年之家继续成为广州市“A类”星光点。西涌、德兴、康裕、侨基、桥东积极申报创建第三批市级幸福社区。东丽、华侨城、康乐、社学四个社区申报创建2015年广东省宜居社区。

【社会服务事业】 坚持以人为本，服务群众的方针，2015年累计办理城乡居民养老保险740人；累计办理城镇居民医疗保险3594人。组织辖内企业为登记失业人员开展以“真情帮扶、个性服务”为主题的就业援助岗位开发工作。共开发空岗信息3571个，促进就业1874人次，举办各类招聘会共6场，招聘会上达成录用意向合计有512人。共开展劳动监察检查用工单位1085间次，受检企业涉及员工3.38万人次；主动优化服务流程，7月底在全区镇街级劳动保障中心服务领域内率先开通微信公众服务平台。在原有民政救济的基础上，通过市桥街慈善会对市桥街困难群众救助19宗，资助金额88600元，为107名困难群众做了救助，合计发放救济金36万元。组织社会力量对辖区内困难群众开展各类慰问活动6次，举办“2015年市桥书画会义卖画作品拍卖”活动，共筹得善款168560元。为1578位残疾人建立了残疾人“人人享有康复服务”的个人档案。街辖内共有225名参战涉核退役人员，2015年安置公益性岗位37人。

【综合治理城区环境】 以整治市桥城区“六乱”行为作为突破口，以跨单位，多部门联合执法为手段，抓突出问题专项治理。大北路、东涌路、桥东路、繁华路、禺山大道5条道路为“严管路”试点，“严管路”从规范街面秩序、净化环境卫生、优化设施建设、美化市容市貌、整治内街小巷、深化常态管理等六大方面着手，提升城市管理的综合水平，万丰路“天光墟”被取缔。在辖区各地铁站出入口、三堂市场、原泰安市场旧址以及解放桥等投诉热点地段设置“城管执勤点”，常态化整治上述地段乱摆卖现象，乱摆卖问题得到有效遏制。以守点和巡查相结合的方式，实施长效管理，改善市桥城区夜间市容卫生和通行秩序，共查处各类违章案件8541宗。

街道以信息技术为支撑，整合服务管理职能和优化工作流程，完善工作架构和运行机制，提升社会服务管理的科学化、智能化、精细化水平。2015年，市桥街终端信息采集量为102510条，每台终端平均达到323条；问题上报共40497宗，其中网格员直接解决36438宗，问题处理满意度达96.8%，形成“小问题不出网格、一般问题不出村（社区）、突出问题不出镇街、老大难问题及时报区”的工作格局。通过加强对辖内在拆及兴建住宅的监管、监控，对各类违法建设行为果断采取措施，共立案查处各类违法建设119宗，面积25300平方米。

9月23日，市桥街组织“两代表一委员”、街各职能部门负责人和友利电商园租户召开政企座谈会，通过抓党建为园区企业提供优质服务
（市桥街供稿）

【“美丽乡村”建设结合“三旧”改造】 2015年，市桥街将“美丽乡村”建设与“三旧”改造结合，以名村创建规划的项目库为基础，全力推进现代化美丽乡村建设。纳入2015年建设计划项目5个，预算投入341万元，云星村、珠坑自然村路口绿化景观整治工程已完成施工。东郊村推进政府“三旧”改造项目工作；西郊村着力解决“原水果铺改造工程”工作；北郊村开展村集体物业的更新改造，提升物业价值；黄编村潮润广场的招商引资增加集体收入。

【基层党建全面加强】 2015年，市桥街中片社区、西片社区党委成立，实现社区大党委建设全面覆盖，形成社区党总支—社区中心支部、社区退休支部、社区流动支部—网格党小组的组织架构。街道管辖的

10月25日，市桥街举办"陈文卫杯"广州市中小学生速度轮滑赛（市桥街供稿）

两个二级党委、21个党总支、152个党支部、5916名党员全部纳入开展"三严三实"专题教育范围。领导带学促学，全街副处级以上领导干部分别深入联系点讲党课，并通过组织入党积极分子培训班、组织新党员入党宣誓、老党员重温入党誓词、组织党员干部到党员教育基地参观、走访慰问困难党员、老党员、老干部等方式开展党性教育活动。利用街党代表工作室和西片社区党代表工作站两级工作平台，组织辖内党代表逢单月开展社区走访活动和履职活动。每逢星期三，街党工委全体领导带头到所联系的村、社区开展驻点联系工作，市桥街36个驻点团队在接待点累计接待群众15286人，接待率为6.5%，到群众家中走访58848户次，入户率为91.63%，共发放民情联系卡约67236张，收集意见建议1427条。

【协调发展群团组织】 市桥街坚持"党建带工建""党建带团建""党建带妇建"，突出创新发展主题，运用多种载体，提高群团组织的凝聚力。街关工委发挥"拾遗补缺，配合补充"作用，充分调动社会各界力量参与未成年人思想道德建设和青少年教育培养工作，2015年共资助困难青少年47名，发放资助金47000元。工会、共青团、妇联、残联、慈善会、商会、商会青俊会、联谊会等团体履行社会责任，开展上门慰问单亲特困母亲、空巢老人，困难职工等多种形式的志愿服务，运用家长学校和妇女儿童之家教育阵地，开展家庭美德宣传和小公民道德建设活动。年内新建基层独立工会8个。

（市桥街党政办）

沙头街

【概况】 沙头街位于番禺中心城区西部，面积18.1平方公里，下辖9个行政村和2个社区居委会。2015年年底有户籍人口21728人，登记在册异地务工人员76431人。

2015年，全街实现地区生产总值67.97亿元，同比（下同）增长11.1%，其中：第一产业2891万元，第二产业33.81亿元，第三产业33.87亿元；实现税收10.6亿元（其中：国税6.86亿元，地税3.73亿元），增长31%。农村集体资产总值5.88亿元，农村集体收入1.39亿元，农民人均收入24859元。

【促进产业升级】 沙头街有各类经济组织9606家（其中：内资企业3380家，外资企业213

家，个体工商户6013家），主要涉及珠宝首饰、创意产业、汽车配件、冷冻食品储运交易、五金、电子、化工、印刷、服装等行业。上市公司总部3家，上市公司子公司2家。

2015年，沙头街推进珠宝首饰加工、冷冻食品储运等传统产业转型升级，大罗塘珠宝首饰集聚区被列入广州市十大特色产业平台和广州市新型城市化发展100个重点项目之一。推进集聚区产业发展规划编制和环境整治提升，完成和在建的商贸项目17个，其中已投入使用的11个，总建筑面积5万多平方米，商铺1400多间。2015年成功举办第二届广州番禺珠宝文化节，“世界珠宝，番禺制造”品牌价值不断凸显。冷冻行业依托冷库基地资源，探索冷链配送新业态，推进公司化改制。海伦堡创意产业园有百度（中国）广州分公司、得克信息咨询公司和江苏大亚集团等以信息科技、广告设计、服装设计、能源贸易为主体的280家公司签约进驻。

4月14日，沙头街大罗塘珠宝首饰集聚区一角 （沙头街供稿）

【实施新农村规划】 2015年，沙头街新农村建设工作由规划转向规划实施。莲花大道沙头段等4条骨干道路全部纳入区建设计划，困扰沙头多年的交通堵塞问题有望得到缓解。区街财政投入1000多万元，进行农村道路、公园、视频监控、村居政务服务中心建设及明渠改造、城中村三线下地工程。城中村及专业市场开展安全隐患整治行动；落实“河长制”相关工作，开展三类河涌整治；开展“清洁番禺”和“创建星级卫生村居”工作，城乡环境面貌不断改善；榄山村通过“广州市美丽乡村”创建验收。

【综合管理保平安】 沙头街全面推行社区网格化服务管理工作，发挥“一队三中心”作用，改革创新社会服务管理模式。加强社会治安综合治理，统筹街村力量，成立特警巡逻中队，形成高压严打态势，各类警情均呈下降趋势。街内有出租屋9331栋67581套，各村大力推进出租屋安全星级评定工作，提升来穗人员和出租屋服务管理，开展出租屋专项整治暨干净整洁平安有序出租屋创建。开展“九打九治”、燃气安全等专项检查整治行动，辖区安全生产形势持续稳定，年内顺利通过国家安全社区验收。落实种植屠宰、生产加工、流通销售、餐饮消费“四大环节”的食品安全监管。

【教育文化】 沙头街内有公办中学1间、小学6间，公立幼儿园1间。2015年，街道成立奖教奖学基金，开展崇文尚德、尊师重教“奖教奖学”活动；街道中心幼儿园落成投入使用，南双玉幼儿园工程完工。沙头街“扒龙舟”习俗（南山古庙龙舟习俗）成功申请成为广州市非物质文化遗产项目和番禺区非物质文化遗产项目；组织举办春节游龙醒狮、华光诞、端午龙舟以及趣味运动会等文体活动。

【双向交流村街干部】 2015年，沙头街创新实施街村两级干部双向交流挂职锻炼机制，共分3期选派27名街道干部到村挂任第一副书记（第一副主任），选派27名优秀的农村“四个培养”对象到街道跟班学习锻炼。创建“沙头学堂”和“村居课堂”，定期邀请专家到沙头街授课，组织街驻村干部到村居开展政策宣讲。开展领导干部驻点普遍直接联系服务群众工作及“培强扶弱行动”、整顿软弱涣散党组织、统筹农村基层治理、打造群众工作微信平台等党建重要工作，成效明显。

【大平村】 大平村位于沙头街的中部，全村面积约1.5平方公里，户籍人口1495人412户，异地务工人员约6500人。

大平村具有深厚的历史文化底蕴，邓氏宗祠经过修复保持完好，每年清明节集合小平、石碁、屏山、塘西、汀根各村邓氏兄弟共聚拜祭先人，怀缅先祖。为改善村容村貌和促进精神文明建设，村投入大量资金建设多项民心工程，开展村环境整治，完善工业区挡土墙建设，完成农民培训中心室内装修及周边环境配套，修缮文体中心，建成标准灯光篮球场、健身路径、绿化公园等。

（沙头街党政办）

东环街

【概况】 东环街位于番禺中心城区北部，全街面积11平方公里，辖甘棠、蔡一、蔡二、蔡三、龙美、东沙、榄塘、左边8个行政村以及东环、江南、富豪3个社区居委会，总人口70847人，其中常住人口20414人，外来人口50433人。

7月26日，法国华裔青少年番禺寻根夏令营与东环街蔡边精诚龙狮会开展交流活动 （东环街供稿）

【建设重点发展园区经济】 2015年，东环街抓住发展园区经济、重点项目建设两大核心，通过抓招商、引项目、强服务三项措施，全力调结构、保效益。全年实现地区生产总值88.1亿元，规上工业产值68.24亿元，限上商业零售额78.64亿元，固定资产投资18.35亿元，实现税收收入17.45亿元（同比增长19.9%）。2015年由东环街牵头的区重点建设项目有7个动工，其中龙美国际动漫总部基地、东环天地、信业悦都荟和番禺节能科技园等项目已封顶或建成，并对外进行招商和出售，左边商贸城已顺利完成招商。2015年新增注册企业686家，同比增长28.5%。总部园区聚集优质企业，包括中铁三局、天扛雨路、布言布语等一批规上企业入园，五湖四海电商体验店落户金山谷，总投资超过20亿元的广物汽贸汽车城完成签约。有3家新兴产业企业成功上市，辖区内有上市企业7家，申办上市企业4家。

【改善环境】 2015年，东环街将“清洁番禺”活动、创文和防控登革热工作有机结合，按7×24的模式全方位整治环境卫生和管理秩序，全年共投入资金190万元，开展清洁活动51次，清理卫生死角1187处，清理垃圾90吨，消杀面积达98万平方米，街内垃圾分类“定时定点”收运试点扩大到景峰园、映绿华庭、富宾梓雅园及星誉花园4个小区。街内物业小区打破各种壁垒组建业委会，辖内50%的物业小区组建了业委会。

年内东环街由区立项的新农村建设项目有4个，计划投资681万元。甘棠村、蔡一村等市级美丽乡村项目建设工作已全面铺开，完成率达89.47%。登记在建农村村民房屋182宗，共查处违法建筑337宗，其中强拆33宗，涉及面积6152.75平方米。投入120万元对榄塘涌进行疏浚，清除榄塘涌底淤泥，改造榄塘、左边的排污闸口，水质明显改善。

【平安建设】 2015年共开展矛盾纠纷排查28次，街综治信访维稳中心受理案件13起，各村居工作站共受理案件33起，全部调处成功；处理劳资纠纷112宗，调解成功率92%。按部署先后开展“和谐使命2015”“雷霆扫毒”“3+2”等专项打击行动，全年共发警情2520起，下降4.3%，其中刑事警情1304起，下降22.1%。“3+2”专项打击中捣毁多个犯罪团伙，破获一起连环诈骗案，抓获境外犯罪嫌疑人1名。全年共组织开展22次专项清查行动，检查动漫游戏企业554间，重点打击赌博游戏机生产、销售。“一村一法律顾问”活动，全街进驻村（居）律师共开展法制教育课堂44次，提供服务总数107人次。全街累计投入2029万元用于完善村居基础安全设施、建立安全发展长效机制、消除安全隐患，全年累计开展17次安全生产大检查，共检查“三小”场所、企业、工厂、出租屋2503间次，检查食品经营单位555家次，整改各类安全隐患3729处，拘留人数达12人次，没有发生任何重特大安全责任事故。

【政务服务】 2015年，东环街政务中心开展“三证合一、一照一码”登记制度改革，率先核发了全市首宗镇街“三证合一”证照，业务流程时间比原来缩短了90%。在全区率先启用“一口式”受理综合窗口并办理全区首宗基层受理业务。2015年，中心累计登记受理业务11070宗，共接待办理业务市民约1.4万人次，办理事项满意率100%。计划生育工作顺应政策变化转移工作重点。推进家庭能力发展建设试点创建；加强社会抚养费征收，当年征收到位率达73.35%；整合卫生、计生工作，为已婚育龄妇女提供优质服务；严打“两非”，辖内没有发生“两非”案件。街道流动人员管里工作站投入资金50万开展升级改造，强化对出租屋和来穗人员的管理服务工作，2015年登记在册流动人员51712人，巡查出租屋40901套，拆除违规安装热水器1468套，完成出租屋安全星级评定5859户，蔡二村、甘棠村出租屋门禁安装试点工作完成。强化企业用工管理，全街企业劳动合同签订率达99.06%。

街道全年发放各类低保金、救济金、优待金、困难慰问金等共175万元；落实“人人享有康复服务”先行先创区创建工作，完成81户残疾人居家无障碍改造工程；家庭综合服务中心跟进辅导个案42例，举办社区活动44场次，累计服务3320人次。

8月13日，东环街领导到增城拖罗村开展扶贫工作调研
（东环街供稿）

【对口扶贫村全部脱贫】 2015年，东环街在五华县河东镇增塘村投入各级资金265万元，推进村内基础设施项目，村集体经济收入达到15万元，农民年人均纯收入超过1万元，贫困户年人均纯收入达到9342元，脱贫率达到100%。在增城区派潭镇拖罗村，2015年共投入资

金160多万元，完成村民主议事厅及农村小广播系统等建设，修复一批农田水利设施和村内道路设施，建设篮球场及小公园各2个，投入40万元对农产品加工厂进行升级改造，开展贫困户结对帮扶、种养帮扶和就业帮扶，实现有劳动力贫困户家庭人均收入达1万元以上，村集体经济收入32万元。

【强化村级廉政建设】 街道制订《东环街农村集体资产资源交易竞投守则》，进一步堵塞“三资”交易漏洞。2015年组织完成公开交易竞投350宗，总成交金额超过7.6亿元，各村共计增收超过4600万元，与交易底价相比增长6.6%，规范交易率达100%。各村务监督委员会通过日常检查、年度述职等形式，工作水平明显提高。

（东环街党政办）

桥南街

【概况】 桥南街位于番禺中心城区南面，总面积17.85平方公里，下辖南郊、陈涌、蚬涌、草河4个行政村和绣品、华景、福景、华荟、陇枕、御院、番奥、昊龙、新世纪9个社区居委会。2015年年末辖区总人口8.01万人（其中户籍人口4.08万人，流动人口3.93万人）。

2015年完成地区生产总值62.56亿元，同比（下同）增长9.4%；规模以上工业总产值23.89亿元，增长13.70%；限额以上商业销售总额60.79亿元，增长6.70%；固定资产投资总额2.89亿元，下降25.90%；国地税收入总额7.35亿元，增长16.13%。

1月16日，桥南街召开“清洁番禺”动员大会 （桥南街供稿）

【促进产业转型升级】 2015年，桥南街成立招商工作机构，全面摸查掌握辖区招商资源，以“一对一”服务模式协调各部门跟进解决企业在落户过程中遇到的问题。番禺大道沿线汽车销售服务产业集聚，有广汽本田、英菲尼迪、福特、奔驰、大众、现代创虎、广汽日野等10多家品牌汽车销售服务产业项目，总投资额约3亿元。

桥南健康新城连片更新改造，国叶奥园投资公司与陈涌、蚬涌、草河等三个行政村签署改造合作意向书；原特旺玩具厂升级改造为文华汽车产业园；陈涌村旧厂房引入投资额近亿元的德家日用品有限公司，生产自有品牌化妆品；广州市锐捷安全技术股份有限公司顺利挂牌上市；陈涌村商业综合楼项目封顶。

【提高社会服务效能】 街道政务服务中心全年受理各类事项3.9万件，全部按期办结，90%以上的承诺件提前办结；接受群众各类事项咨询4万多宗，群众满意率99.9%；番奥社区、御院建成社区公共服务站并投入运行。街道家庭综合服务中心服务群众近3.1万人次，开展志愿服务活动130场，参与服务志愿者800多人次，志愿服务时数1200多小时。番奥社区开展广州市城乡社区治理协同创新试点、创建广州市融合示范社区工作，被评为全国和谐社区建设示范社区。

【卫生与计划生育服务】 街道整合基层计生管理员和出租屋管理员队伍，在各村居全面开展“一站式”计生办证服务。全年发出《征收决定书》41例，处罚金额328万元。全街出生缺陷优生筛查率97%，产前诊断率100%，随访率100%。社区卫生服务中心建立居民健康档案4.5万多份，规范建档率达99.65%，健康档案管理、妇幼保健等8大项公共卫生项目被评为区级示范点，建成陈涌社区卫生服务站。

【流动人口管理】 2015年，桥南街登记在册流动人员3.9万人，采集流动人员信息1.9万多人次；办理出租屋保险近3500份，完成率达152%，增长15%；征收个人出租屋综合税1087.3万元，完成率达186%，增长18%。流管工作年度考核成绩居全区第一名。开展1%人口抽样调查工作，抽查9个村居1190户，总人数1852人。

【落实民生保障措施】 桥南街道全年发放各类慰问、补助、救助金223万多元，乐怡居家养老服务中心投入运行。在全区率先整合各村劳动保障工作站。2015城镇居民医保扩面征缴年度参保率达98%。成功调处劳动争议案件58宗，涉及劳动者592人，涉及金额260万元。

【完成扶贫"双到"目标】 2015年，桥南街投入122万多元帮助五华县河东镇下一村改造农田排灌渠、建设文化休闲广场、加建和加固修缮村委会办公楼、扩建改造饮用水主管；以下一村名义注资50万元到五华县财政融资平台。新一轮扶贫开发"双到"工作三年中，桥南街共计投入各类帮扶资金700万元帮扶下一村，圆满完成扶贫工作任务，街道被评为2013—2015年广东省扶贫开发"双到"工作先进单位。

【加强环境整治】 街道依托城建中心组建环卫保洁队伍，落实街道、村居干部包干责任制以提高保洁水平。开展"清洁桥南"行动607次，出动8500多人次，清理垃圾243.07吨，清理卫生死角4000多处。6个单位成功创建广州市"无烟单位"。

5月26日，桥南街举办"诚信教育"月暨社会主义核心价值观情景剧比赛 （桥南街供稿）

【完善城乡基础设施】 2015年，恒联围加固工程（三期）征地拆迁工作完成；草河村生活污水管网建设总体完工，陈涌村和蚬涌村生活污水管网进入设计施工阶段。投入380万元开展4个行政村封闭式智能小区建设。投入1000多万元开展草河村滨江大道、南郊新村围墙修缮、陈涌村金业路、蚬涌村中心大道等工程改造。

【深化创平实践成果】 2015年，蚬涌村、华荟社区、昊龙社区被评为番禺区"平安村居"，番奥社区、城南源著被评为区五星级"治安防范达标小区"，保利香槟、流金岁月、花样年华小区被评为四星级"治安防范达标小区"。街道全年发生刑事治安警情2862宗，其中刑事警情1334宗，下降18.3%；社会影响较大的侵财抢劫警情下降35.3%。安全生产检查各类经营单位2500多间次，实施行政处罚案件19宗。查处"两违"案件304宗，清拆违法建设92宗，面积近9000平方米。全年"一号通"系统接收案件近8000宗，市民满意率90.23%；镇街城市管理运行考核中均排名全区前5名。全街设置132个网格，配置133名专职网格员、63名兼职网格员，采集信息的房屋总数5.9万多间，楼栋1万多栋，出租房屋4.4万多户，人员7.2万多人；上报各类问题案件1.1万多件。

【组建基层党组织】 2015年，成立桥南街第二个社区党委御院社区党委；成立月芽教育培训中心党支部、飞马信息传播有限公司党支部、胜捷消防集团党支部；完成陈涌村、陇枕社区软弱涣散党组织整顿任务。全年投入基层党建工作经费270.2万元，慰问、帮扶困难党员11.635万元。

【成立村居驻点工作队】 桥南街成立13个村居驻点工作团队，领导干部驻点走访、面谈基层干部群众7600多人次，入户近1.5万户次，收集基层党建、民生保障、农村建设、企业发展、城市管理等方面的群众意见建议308条。组织“两代表一委员”开展联动收集社情民意工作，开展河涌整治、清洁番禺、经济发展专题调研。

（桥南街党政办）

小谷围街

【概况】 小谷围街道位于广州市番禺区北部，面积17.9平方公里，下辖穗石、北亭、南亭、贝岗4个行政村和星汇1个社区居委会，是广州国际创新城的核心区。总人口约21.3万，以大学城师生为主。其中，高校教职工约2万人、大学生约16万人、村民约1.4万人、流动人口约1.9万人。

2015年，小谷围街实现地区生产总值61.12亿，同比（下同）增长11.3%。总税收3.2亿元，增长16.2%，其中国税6862万元，增长33.3%；地税2.5亿，增长12.3%。健康产业产学研孵化基地、广州国家IC产业化基地获批国家级科技企业孵化器，六矽空间获国家级众创空间。同年5月，被正式授予全区唯一的“国际安全社区”称号。

7月22日，小谷围街接受“国际安全社区”旗帜和牌匾

（小谷围街供稿）

【创新带动经济发展】 广州大学城管委会和小谷围街充分利用大学城丰富的教育、人才、科研、创新资源优势，基本形成了以“一核”（智核）定位，“双擎”（广州超算中心、广东国际创客中心）引导，“三园”（数字家庭、健康产业、集成电路基地）、“十校”（各高校创新创业平台）支撑，“多极”（以广州国际科技交流中心为龙头的公共区域多个孵化器项目）发展的创新驱动格局。先后引进加拿大溢思得瑞国际创新创业苗圃、中南智慧产业孵化器、厚德孵化器、超谷科技园孵化器等项目。相继举办第四届中国创新创业大赛港澳台赛等一系列全国性创新创业大型赛事。大学城数字家庭、健康产业、集成电路设计等三大产业园区共进驻企业270余家，年产值达16.6亿元，纳税总额近1亿元，共有有米科技等5家科技型企业挂牌新三板。

【市区联合整治大学城】 2015年12月底，针对广州大学城社会管理存在的突出问题，由广州市综治委牵头，组织市、区有关部门、广州大学城管委会、小谷围街，联合启动对广州大学城社会管理突出问题开展为期9个月（2015年12月底至2016年9月上旬）的综合整治专项行动。内容涉及完善校地共管共建机制、加强社会治安管理、完善交通组织管理、疏堵结合整治“六乱”、地铁口周边环境整治、保留村城市化管理等。

【完善城市配套设施】 年内大学城基础设施配套不断完善，广大附中初中班、广大附小相继增班，可保障初中班12个、小学班36个、幼儿园班6个；南、北区教师公寓812套公共租赁房建成；大学城道路更名和指路标识牌更换工作全部完成。市水务局完成大学城公共区域排水系统改造工程，共更换、修复管网192段、长度约25公里，对全部河涌进行了清淤，改造水闸11座；市林业和园林局在中心湖、观龙驿站等地种植观花乔木8000余株，改造景观节点5万平方米。南汉二陵博物馆奠基并动工建设；广州市文创中心进驻广州雕塑院、广州画院、广州文研院以及广州话剧艺术中心等4家文化艺术创作单位。

（小谷围街党政办）

大石街

【概况】 大石街总面积19.34平方公里，下辖涌口、大山、河村、礼村、植村、东联、北联、大兴、山西、大维、猛涌、诜村、会江、官坑等14个行政村和大石、富丽、富庭、星河湾、银湾、丽景等6个社区居委会，户籍人口5.54万人，登记在册来穗人员12.6万人，服务总人口近30万人。

2015年，大石街实现地区生产总值187.19亿元，同比（下同）增长9.5%，排名全区第八。工业总产值247.3亿元，增长9%；第三产业总收入177.2亿元，增长10.5%；社会消费品零售总额84.69亿元，增长5%；固定资产投资40.08亿元，增长20.6%；税收总额22.6亿元，下降7.6%。

【大企业支撑经济增长】 工业是大石街经济增长的首要引擎。2015年，大石街制定保增长促发展方案，组建对口联系工作小组深入企业了解经营状况，破解发展难题。日立电梯公司在房地产市场低迷的困境中实现工业产值181亿元，增长9.7%。巨大音响、冠美家具、至信药业、盛泽油脂、康视电器、世诚电子等超亿元产值的企业实现不同程度的增长。加快完成石北工业区规划修编，提高土地利用率。巨大创意产业园持续发挥中小企业孵化器的作用，进驻的82家企业年度工贸总产值将近40亿元。街道对闲置的土地和厂房资源进行摸查，开展招商引资工作，成功引进投资重点项目5个，推荐投资5000万元以上项目企业4个，2015年新注册企业消化利用招商闲置资源超过番禺区的达标线。

街道大力发展旅游、商贸金融、电子商务等现代服务业，带动传统服务业转型和提升。进一步完善南大路、朝阳路、沿江路、105国道以及番禺大道大石段等主干道的“三横两纵”特色餐饮产业布点。

【强力查控违法建设】 2015年，大石街坚持对各种偷建抢建行为实施强有力的打击，累计清拆违法建设138宗，拆除

7月15日，区长何汝诚（右三）带队调研区第二人民医院在建工地

（大石街供稿）

面积34.78万平方米。强力推进严查严控违法建设工作，组建20个村居工作组，通过加强日常巡查、迅速组织强拆、每周例会通报等行之有效的制度，464宗在建违法建设在疏导政策出台前全部得到控停。查扣与违法建设相关的违规泥头车、搅拌车26台，卫片图斑和违法用地整改工作基本完成。制定村民住宅建设整治工作实施方案，为规范全街村民住宅建设提供指引。

【整治市容环境】 年内街道先后启动多个专项行动，重点整治朝阳西路、地铁口、南大路、105国道等热点“六乱”投诉区域，组建由综合执法、公安、交警、交管、城市管理、综治维稳、食药监等部门人员组成的联合执法队伍，增添民兵预备役和施工队，通过强有力的联合执法，对各种违法行为实施“顶格处罚”，盘踞朝阳西路主干道多年的40多家烧烤档被成功取缔。为巩固执法成果，建立巡查守点机制和考核奖惩机制，地铁口“六乱”难治理的状况得到有效扭转。

每周三集中到各村开展清洁行动，全年累计组织51场次，村自行开展“清洁大石”行动969场次；每季度进行一次“清洁大石”评比，强化村居环境卫生考核和奖惩通报制度。建立环境秩序整治新机制，各村组建卫生监督员队伍，各社区设定卫生清理应急资金使用额度，环卫处组建卫生清理应急队，全方位开展环境秩序综合整治工作，全力完成区下达的环境秩序整治通知单。据统计，街道和各村居全年环境卫生投入近4000万元。在原会江垃圾填埋场建设废旧家具处理点，处理废旧家具和大件废弃物。强化垃圾分类管理，购置分类垃圾桶7400个，11个小区实现垃圾分类“定时定点”投放收集。

【平安建设】 街道完善矛盾纠纷排查调处、监测预警机制，制定更加务实高效的应对预案，全年各级调委会处理民间纠纷674宗；劳动部门化解劳资纠纷372起，涉及1140人、金额3100多万元，大型劳资纠纷32宗，集中在制衣业、建筑业；信访办受理信访案件55宗，办复率100%。全面铺开一村(居)一法律顾问工作，各村（居）法律顾问累计为1026人次提供过法律服务。四个小区被评为区治安防范星级达标小区，全街案件类警情下降2.9%，其中刑事警情下降20.7%。加强来穗人员和出租屋服务管理工作，累计巡查出租屋263090套次，登记来穗人员137634人，评定星级出租屋13860栋。

年内大石街接受国家安全社区现场评定验收，大型游乐设施安全促进项目和关爱残疾人无障碍设施促进项目作为全国安全社区创建亮点项目进行推广。

【民政服务】 大石街城乡新增就业2629人，举办职业技能培训班33期，培训学员570人；为参战复退就业困难人员申报“城管市容监督员”公益性岗位。2015年新建工会165家，新签订专项合同535家，吸纳2万多名农民工入会。开展区内扶贫，落实低保、临时救济和救灾等工作，发放各类低保金、救助款、优待金、保健金等297万元。筹集资金366万元到五华县横陂镇华阁村实施一系列民生工程，开展送药下乡和义诊活动，村集体年收入位居番禺区帮扶单位前列；增城市派

9月9日，大石街举行2015年度新兵入伍欢送大会 （大石街供稿）

潭镇玉枕村，以优秀成绩通过2015年度广州市扶贫开发工作综合考核。

【文化教育】 2015年，大石街坚持每月开展“讲文明树新风”主题月活动，常态化开展志愿服务活动，办好用好道德讲堂，在全街范围内评选出2773户“五星文明户”。组队参加番禺区第十五届“莲花杯”、“禺山杯”龙舟赛暨彩龙竞艳活动，获得“莲花杯”金杯奖第三名，三艘竞艳彩龙分别获得一、二等奖。举办“大石十年”系列活动，展现大石风土人情以及建街十年以来的变化和成就。加强校园周边整治，加大教育支持力度，执信中学被评为全国生态文明教育示范学校，石北中学突破性获得广州市高中毕业班绩效评比一等奖。

（大石街党政办）

洛浦街

【概况】 洛浦街面积25.38平方公里，人口近30万，其中户籍人口79528人，流动人口22万人。下辖沙溪、厦滘、上漖、洛溪、东乡、西一、西二、西三、桔树9个行政村和洛溪新城、丽江花园、珠江花园、广州碧桂园、广州奥林匹克花园、洛涛南居、锦绣半岛、洛湖、和悦9个社区居委会。

5月6日，区长何汝诚（左三）调研洛浦街重点企业金华美集团

（洛浦街供稿）

【经济转型见成效】 2015年，全街实现地区生产总值92.26亿元，同比（下同）增长5.8%，税收总额14.82亿元，增长45.07%。洛浦街以“五个一批”企业为重点，增强“暖企”力度，通过政企联动、银企联动、招商引资等各种措施，大力扶持企业发展，推进企业转型升级、鼓励企业上市，最后促成区域经济实现转型。五湖四海国际水产交易中心升级转型为集购物餐饮、休闲娱乐、商务办公于一体的“广州·渔人码头”创意中心；占地约1.6万平方米的南浦明珠商业楼开始建设；“岭南鞋城”成功转型成电商产业集群的岭南国际电子商务产业园，影响力辐射华南地区；沙溪专业批发市场群升级改造工程的前期工作有序推进；集经营珠宝、玉器、有色宝石批发零售、网络销售以及商品展示拍卖功能的商务交易市场源源商贸城完成动工前期工作。

【推进民生工程建设】 2015年，洛浦街不断强化人居环境综合整治，重点推进多项民生工程项目建设：南浦三桥建设、环岛南路（南天名苑－南浦大桥）工程、沿沙路整治工程（含南浦大桥环形岛整治工程）、环岛北路（华荟名苑段）建设工程、南浦大道（东新高速至新合路）环境整治工程等工程正稳步推进；完成南浦地铁口周边河涌、上滘涌、丽江花园北侧河涌清淤工程和海天花园、碧海路、迎宾路东海花园辅道等路段排水管网整治清疏；推进厦滘村名村及美丽乡村创建，2015年厦滘村通过省文明村复评，并成为广州市第四批名村及美丽乡村建设验收选点村。全街以“清洁番禺”行动为契机，重典整治厦滘、南浦、洛溪地铁站周边的“六乱”现象，乱摆乱卖、占道经营、乱停乱放、“五类车”穿行等违章行为被全面遏止。

【抓治安建安全社区】 洛浦街派出所以“3+2”专项行动为重点打击违法犯罪行为，坚持“大案快破，小案多破”的理念，警情压减和破案查处工作均取得良好成效，全街社会治安形势稳定。以建设全国安全社区为抓手，围绕防盗抢安全促进项目、外国人管理服务促进项目、专业市场火灾防控安全促进项目等8个重点项目，建立安全社区伤害监测体系并有效运转，提高全民安全意识和安全素质，整体推进安全社区建设，成绩突出。高分通过区平安办考核验收，被命名为番禺区“平安街镇”，“平安细胞”示范点建设深入推进；全街“平安村居”创建活动覆盖率达100%；实现“一村（居）一法律顾问”对接；全街18个村（居）中有13个村（居）被区命名为“无毒社区（村）”，顺利通过全国安全社区促进中心专家组对我街全国安全社区建设工作的评定。领导包案，多措并举，妥善有效解决了东新高速西三村段8户被拆迁户拆迁补偿的历史遗留难题；扎实开展社区矫正和安置帮教工作，助力平安洛浦建设。

【城市管理高标准有成效】 2015年，洛浦街处理数字大城管系统案件9535宗，PDA巡查员共计上报数字城管案件5400余宗，按期办结率均为100%，辖区内基本形成干净、有序、和谐的环境。街道按照执法队伍“四化六统一”标准，抓执法监察队伍标准化建设工作。安全管理重点开展各行业（领域）的安全隐患排查治理及“回头看”，先后组织开展了机械行业、船舶修造业、人员密集场所、“小印漂洗”行业、建筑工地、专业市场、瓶装液化气、危险化学品、渡口渡船等各类专项检查行动。查封取缔、拆除无证“小印漂洗”污染企业设施设备。全年排查并督促企业整改安全生产隐患12500多处，遏制重特大生产安全事故。在社区全面铺开网格化服务管理工作，全街划分为396个基础网格，并对网格实行“每天一巡，巡访结合”的模式，切实做到舒民困，解民忧。把大量苗头性、倾向性问题解决在属地。

【公共服务有序开展】 街道“妇女儿童之家”帮助妇女提升自我，深化“巾帼建功”“双学双比”“巾帼志愿”活动，引导妇女积极参与经济建设。番禺

6月17日，集购物餐饮、休闲娱乐、商务办公于一体的洛浦街“广州·渔人码头”创意中心

（洛浦街供稿）

区中心医院洛浦分院住院部正式启用，医院信息系统纳入区智慧健康平台试点，医疗服务质量和水平不断提高，医疗配套逐步完善。各村（居）委继续开展“农家书屋”、体育指导员服务站、“绿色网园”的配套设备和制度建设。就业指导服务通过开展“就业援助月”“送岗位进村入户”等活动，提供“一对一”帮扶服务，“春风行动”就业招聘会、“零距离”就业社区招聘会为解决就业问题提供帮助；信基沙溪酒店用品博览城（市级）和沙溪国际酒店用品城（区级）创业基地，吸纳创业人员过千多人，带动1.5万余人就业。工会推进“农民工入会集中行动”工作，将全街362家用人单位、13700多人外来务工人员分解到辖区18个村（居）推进。全街7个星光老年之家，9条行政村的老年人活动中心已通过年度评估。辖内9个社区、9条村都已建立社保经办点，零距离为群众提供社保服务。

【民间体育异彩纷呈】 2015年，洛浦街社区空竹队创作的当代舞蹈《舞》参加广州市第十二届“美在金秋”老年人风采大赛和广东省第二届中老年舞蹈大赛，分别获得金奖和银奖并受邀参加中央电视台综艺频道《舞蹈世界》。东乡村龙舟队参加“广州国际龙舟邀请赛”获第三名。东乡村、沙溪村龙舟队参加第十五届“莲花杯”“禺山杯”龙舟赛，分别获得传统龙比赛的第二名和第四名。街道门球队参加广州市第十一届体育节门球邀请赛和广州市“三八杯”门球赛分别获第一名、第二名。上漖村龙舟制作技艺申报非遗项目，先后入选番禺区第三批非遗保护名录、广州市第五批非遗保护名录。

年内石壁乐社参加广东第三届粤曲私伙局大赛，获得成人组“银奖”和“最佳乐队奖”。

【民生十件实事】 2015年，洛浦街工作侧重的民生大事有番禺区城中村及专业市场安全隐患整治三年行动计划、农村生活污水治理工程、康复中心建设及农村危房改造项目、消防楼建设工程、美丽乡村建设、社区家庭综合服务中心建设及分设居委工作站、小区围蔽管理、农村卫生治理（垃圾分类）、完善物业公司监管项目、中心医院洛浦分院工程等十件。街道为促进教育事业的蓬勃发展、改善就学环境、解决学位问题、促进幼儿教育事业健康快速发展，先后完成西一小学转制工作，丽江小学、洛浦中心小学进行扩班，解决南浦岛学位不足的问题。珊瑚湾畔小学、锦绣金月湾幼儿园、珊瑚湾畔加拿达幼儿园于2015年正式开办。

（洛浦街党政办）

石壁街

【概况】 石壁街面积27.2平方公里，是广州南站所在地。户籍人口2.29万人，外来人口约2.79万人，下辖石壁一、石壁二、石壁三、石壁四、屏山一、屏山二、都那、韦涌、大洲9个行政村和南站社区居委会。

2015年，石壁街经济平稳发展，实现地区生产总值38.46亿元；规上工业实现工业总产值为68.97亿元；限上商业商品销售收入实现4.47亿元，同比（下同）增长50.6%；固定资产投资完成33.82亿元，增长42.5%。

【保障南站运营】 2015年，广州南站累计到发旅客9564.65万人次，全年日均到发旅客达26.2万人次，高峰日（2015年10月1日）旅客到发量约39.8万人次。广州南汽车客运站发送旅客量达291万人次。按“干净、整洁、平安、有序”的要求，石壁街制订《广州南站地区环境综合整治工作总方案》，落实35项整治任务。至2015年12月止，完成南站东、西广场前置防控点和应急处置集结点建设、石山大道人行隧道加装治安监控设备、在地面层增设立柱信息岛和在南站停车场新增标识指引建设。街道全年持续加强南站周边联合执法工作，共组织公安、交警、交通局执法力量37906人次，查处违章出租车1796宗，查处违章大客车9宗，查扣非法营运蓝牌车110辆、克隆出租车16辆；抓获涉嫌非法“拉客”人员6966人次，行政拘留69人；整治交通违法18032宗，暂扣五类车1770辆，拖移违停车辆38辆，查处酒驾7宗。开展市容专项整治行动，全年共开展行动36次，检查建筑废弃物运输车辆超过350车次；开展“六乱”专项整治行动超过20次，整治“六乱”行为2534宗，南站核心区再次实现无“六乱”工作目标。

1月22日，石壁街在广州南站地区举行2015年春运应急演练

（石壁街供稿）

【南站商务区开发建设】 2015年，省政府批复同意泛珠三角区域合作与发展论坛暨经贸洽谈会永久会址、泛珠合作园区落户广州南站商务区。广州南站商务区全面加快推进华南地区大中型骨干企业公共服务平台和新业态总部基地建设。市、区重点项目（社会投资项目）完成投资额11.31亿元，年度投资完成率为100.8%。

【城乡建设以南站地区为核心】 2015年，石壁街配合市、区开展南站商务区外围地区控规编制，制定南站地区综合景观整治提升改造概念规划方案。完成污水管网（二期）工程涉及韦涌段的全部征地拆迁补偿和屏山段农用地的青苗补偿、佛莞城际项目临时用地及青苗补偿、落实武广客运专线、广深港客运专线、地铁“二八”号线、地铁七号线、新客站核心区及石北围储备地等征地过程中或征地后的征地差价补偿、留用地租金、文明施工遗留问题。完成韦涌村农村改水工程第一期施工和初期验收、大洲村第一期农村改水工程的预算评审。建成汉溪大道、钟村污水处理厂等公共配套设施。

全街已征地重点项目应计提留用地约114.3公顷，已核发“建设用地规划许可证”面积约92.9公顷，完成农转用的面积约69.7公顷，完成用地结案55.3公顷，取得建设用地批准书约34.2公顷。严查严控“两违”建设，控制在建项目150宗，查处“两违”案件98宗，涉及面积约40011平方米。

【规范市场经营秩序】 全年检查经营单位451间，查处无证照经营单位72间，高效处理群众投诉案件21宗；严厉打击制售假烟行为，查获违规售卖私、非烟经营单位3户，捣毁假烟制造窝点1处，抓获犯罪嫌疑人3名，查获假烟及制假工具等涉案货值约500万元。推动校园、工地食堂规范化建设，没有发生集体食品安全事故。农田蔬菜农药残留检测，全年共抽检食品经营单位657间次，检测蔬菜肉类样本3141份，合格率98.9%。

【安全生产监管】 街道与各村和辖内企业签订《安全生产责任书》，全年共检查企业3300间次，发现安全隐患7037处，发出安全巡查记录及整改意见书3219份。石壁一村和屏山一村开展村级安全办规范化建设试点。全国安全社区建设工作大力推进8个安全促进项目及下设的20个特色子项目，实现伤害和事故数据持续降低，全年没有发生工矿企业（含建筑）生产安全事故。

【卫生计划生育服务】 2015年，石壁街新型农村合作医疗参合率达到99.98%，门诊报销实现全覆盖。社区服务机构开展信息化管理，2015年群众健康档案建档率达82.6%。计划生育服务站打造“五优”品牌（优孕、优生、优育、优教、优享）

服务，全年发放优生免费筛查券927张，196对夫妇参加免费孕前优生健康检查，37个高风险家庭得到有效干预。全年有391人次献血9万毫升。

【强化农村集体资产监管】 2015年，石壁街农村集体“三资”交易平台共有310宗合同到期，其中重新交易229宗，成功交易212宗，成交总额约3419万元，增收率8.11%。10个村（居）公开栏版面全面审计改造。

【“平安石壁”创建】 石壁街是番禺区首批平安镇街之一。街道升级村（居）治安视频监控系统等硬件配套，共安装436个摄像头，视频上传率为100%。在都那村、碧桂东苑社区等8个村（居）实施封闭或半封闭式“智能化”管理。建设出租屋安装居住证门禁系统，推进出租屋安全星级管理和“双积分”制度，完善优化智能巡查手机、“二维码”门牌及错峰上门为一体的网格巡查模式。全街住宅类出租屋已全部纳入安全星级管理，84%的出租屋获评安全星级。

结合群众路线教育实践活动，街道常态开展密切联系群众进村（居）走访调研。2015年，辖内各驻村团队入户率达到100%，共走访群众9250多户，收集意见及建议863条，帮助群众解决生产生活问题351宗。全年综治信访维稳二级平台共受理案件139宗，办结率100%，成功调处134宗。开展季度领导公开大接访活动4次，村级接访日活动28次，受理群众来访、来电、来信及上级交办案件58件。积极协调化解13宗信访积案，街两级人民调解委员会共调处矛盾纠纷260起，成功调处255起，成功调处率达到98%。

【政务服务中心】 街道政务服务中心系统平台开设网上办事业务，在韦涌村设立政务服务便民服务站点。政务服务中心共设置办事窗口17个，可受理餐饮服务许可证、酒类零售许可证、临时场所使用证明等业务66项。全年受理业务26481件，按时办结率和群众满意率100%。全面推行“阳光计生”和“一站式”办证服务。

5月8日，石壁街举行庆“五·一”系列文体活动暨第四届广场舞蹈比赛　（石壁街供稿）

【来穗人员服务】 全街在册登记来穗人员30052人，通过拓展星级积分可兑现的优惠项目，推动实现来穗人员享受本地落户、子女入学、分娩医疗、就业推介、家庭综合服务等社会服务。在屏山二村成立“和谐共融家园”，为来穗儿童青少年提供课外辅导、兴趣小组等服务，加快来穗人员子女融入本地。更新采集来穗人员信息12761人次，注销15206人次；新办居住证5653张、续期签注881同登记备案554宗；个人出租房屋综合税征缴326万多元。

（石壁街党政办）

钟村街

【概况】 钟村街位于番禺区的西北部，总面积25平方公里，距广州南站核心区2.5公里。下辖汉溪、洗敦、谢村、胜石、钟一村、钟二村、钟三村、钟四村8个行政村和钟村、祈福新邨、锦绣花园、南奥花园4个社区居委会。辖内户籍人口59017人，总居住人口20万人。

【“一企一策”扶持企业】 2015年，钟村街实现地区生产总值100.21亿元；实现规模以上工业总产值128.94亿元；固定资产投资总额35.4亿元；限上商业累计25.06亿元。全年国税收入10.84亿元，同比（下同）增长76.15%；地税收入11.86亿元，增长18.46%。全街累计新成立公司507家，引进外资4家，实际利用外资8282万美元，增长27倍。

2015年，钟村街进一步优化经济发展环境，抓“五个一批”和“暖企”行动，完善领导挂钩联系重点企业制度，实施“一企一策”帮助企业解决实际困难，扶持企业做大做强。广州同欣康体设备有限公司电机能效和清洁生产升级改造项目进展顺利。广州嘉憬家用电器有限公司、广州市保伦电子有限公司、广州露纯化妆品有限公司等一批企业参加区创新成果交易会。借助省、市、区对企业创新、电机能效和清洁生产改造等支持政策，引导原有企业进行转型创新，推动工业区发展升级，以此带动整体经济提质增效。祈福城市综合体、国际水暖城、福汇广场、雄峰商城等重点项目建设的实施，钟一钟四工业区向大型综合性服务行业方向发展。

2月12日，区政协主席李广杭（左三）检查钟村街清洁工作 （钟村街供稿）

3月3日，钟村街举办庆“三八”文艺汇演暨家庭教育影片观赏会 （钟村街供稿）

【驻点工作促进社会管理服务提升】 2015年，钟村街建立领导干部驻点普遍联系群众制度，通过收集群众意见建议促进社会管理服务改善。以村（居）为单位，组建12个驻点工作团队，街领导带头每周深入驻点村（居）开展走访、接待群众工作。钟一村、胜石村、南奥社区、钟村社区人大代表联络站开展人大代表进社区活动16次，收集选民群众意见建议21件。对群众提出的一般性问题及时协调相关部门解决，重点难点问题则通过召开专题会、座谈会、现场会、碰头会等形式研究解决。全年共接待群众18655人次，入户26021人次，入户率101%，发放联系卡25000多张，收集意见建议1329条，解决1299件，主要涉及征地、基础设施建设、矛盾纠纷调解等。

2015年，钟村街按要求整合“一号通”平台与区长专线，做到即时性案件1小时内有回复，提高投诉案件的处置效率。在农村开展社区示范点建设，进一步完善社区、村（居）民共建参事会等议事协商机制，选取汉溪村试点建立农村居民理事会，钟村居委试点建立城市社区理事会。钟四村运用村规民约和集体经济组织管理规定加强农村房屋租赁管理。

【基础设施和城乡建设】 2015年，多个省市重点项目在钟村街铺开。街道大力推进胜石村、汉溪村村庄规划工作和广州南站地区、市广路等的控规调整修编工作。加强对农村建房的巡查力度，全年共查控违法建设155宗，面积100010.71平方米，拆除违法建设26宗，拆除面积10694.5平方米。加大“六乱”整治力度，重点加强大夫山北门、汉溪长隆旅游度假区、中心城区等重点区域的整治力度，营造干净、整洁、有序的市容环境。街道开展“清洁钟村”行动，每周三在全街范围内统一开展一次卫生大扫除，共计出动人力6960人次，清理卫生死角2836处，清理垃圾256吨。

街道投入1526万元升级改造钟灵路、毓秀路、人民路、社学路等中心城区道路。投入500多万元，对胜石河、诜敦河河道实施硬底化、清淤工程。

投入了128万元升级改造汉溪村休闲公园及村道硬底化工程。为有效缓解城中村停车难及交通拥堵的问题，推进村（居）停车场建设，胜石村、诜敦村各建成一个停车场。

【创建平安细胞】 2015年，钟村街全面推进平安创建12大工程56个项目和“平安”细胞创建活动，汉溪村、钟三村、诜敦村通过“平安村居”的命名考核验收；育英小学通过区、市两级安全文明校园验收。钟一村、钟四村、钟村居委试点推行物业小区平安建设和出租屋居住证门禁系统建设，提升治安防范水平。深入开展“春雷行动”“红棉剑锋”“3+2”等专项行动，打击各类违法犯罪，八类暴力案件警情数同比下降46.5%。全年，村（居）法律顾问累计服务216人次，开展“六长接访”活动12次。

【改善政务服务】 钟村街加强网上政务服务和政务公开建设，街道进驻番禺区网上办事大厅的事项有84项，街道政务中心共接件27439件，办结率100%。加快村居工作服务站建设，锦绣社区、钟村社区公共服务站建成并投入使用，区、街、村三级政务服务资源得到优化整合，有效提升政务服务和社会服务的均等化、规范化、高效化水平。全面推进社区网格化服务管理建设工作，全街设置312个基础网格，配备112名兼职网格员，并选取胜石村、南奥社区作为网格化管理试点村（居）。

【落实社会保障】 钟村街通过落实各项救济政策、就业推荐、节日慰问、助学、发动社会力量帮扶等措施，深入开展街内扶贫工作，全年发放各类救助资金122万余元。钟村街敬老院投入30多万元安装电梯、更换管道天然气及对太阳能热水器进行改造。强化就业引导，开展职业技能培训工作，开设青年电子商务创业培训班、初级育婴员培训班、养老护理员培训班等多场职业技能培训班，参训人员达1055人。举办大型就业招聘会2场，开发就业岗位2600余个。

【完善教育卫生设施】 2015年，钟村街加大资金投入用于完善学校基础设施建设和奖教奖学，优化办学条件。完成毓秀小学室内体育馆、室外篮球场及足球场改造工程，钟村街中心幼儿园大门围墙修缮工程，完善北城珑翠幼儿园配套设施。谢村幼儿园在建设中。街内中小学以“特色环境”“特色课程”“特色项目”三大板块为抓手，开展校园文化建设工作，完成中心小学、祈福英语实验学校和北师大南奥实验学校的“特色学校”申报工作。街内社区启动全国社区教育示范街创建工作，以成人学校为中心阵地，打造学习型社区。

钟村医院创建二甲医院，投入300万元更新医疗设备及落实高职称人员、护士补贴资金，该院全年新增24名专业技术人员，医院立体停车场建成并投入使用，医院软硬件水平进一步提升。增建社区卫生服务中心免疫接种规范化门诊一个，对社区卫生服务中心停车场进行修缮。

（钟村街党政办）

大龙街

【概况】 大龙街地处番禺区中部，辖区面积24.8平方公里，下辖12个行政村，6个社区居委会，户籍人口5.3万，在册登记流动人口16.8万。

2015年，全街实现地区生产总值160.14亿元，同比（下同）增长11.7%。其中规上工业产值214.11亿元，增长16.5%；限上商业营业额80.36亿元，增长7.5%；全社会固定资产投资额50.82亿元，增长32.7%；国税入库4.8亿元，增长10.67%，地税入库5.4亿元，增长3.37%。

【打造番禺新商圈】 大龙街利用毗邻市桥的地理位置，重点发展现代服务业。全街有1100多家餐饮企业，全街新增外资企业13家、内资企业1760家、个体经营户1062家，一个充满活力的番禺东部商圈基本形成。2015年，永业大厦、和业大厦、汇贤大厦、尚誉大厦等多个重点经济项目正稳步推进，其中番禺区重点项目永业大厦、尚

4月23日，大龙街举办第五届单亲特困母亲子女助学暨困难家庭帮扶活动　　（大龙街供稿）

誉大厦开盘销售；珠江钢管金龙财富广场8月启动建设，高端大型购物商城永旺梦乐城正式开门迎客，上河坊步行街招商成绩喜人。佛朗斯叉车、华立科技、广东韶钢等企业总部持续壮大。广州市铭慧包装机械有限公司在新三板上市，珠江钢管、正力通用电器等多家规模以上企业发展势头迅猛。

【城市建设】 2015年，大龙街各项与民生相关的基础设施工程有条不紊推进。新水坑村北帝广场完成青花围墙建设，沙涌村荔枝园道路硬底化，石岗东村钟家庄路升级改造。立项和建设的有竹山村工业路路灯升级改造等8个新农村项目。农村开展旧厂房、旧商铺改造，新水坑村委旧办公楼、市新路北侧旧厂房等“工改商”，促进村集体和农民持续增收。金龙路、佛莞项目及莲花大道完成征地拆迁；罗家桥虹小学教学楼天面排水系统改造及课室翻新，长沙路路灯工程、城区大道（市莲路至亚运大道段）两侧绿化带改造，石碁二中和傍西小学改扩建；石碁医院旧水坑分院建成投入使用。

【社会管理和服务】 大龙街全街划分为338个基础网格，设置专职网格员138人，在各村居共抽调567名工作人员或治安员作为兼职网格员，就地实时服务群众。2015年共采集房屋信息4907栋，人口信息数98486人次，上报民情及问题2239宗，问题处理率达到98.5%。推进政务服务改革，根据群众、企业实际需求，对政务服务中心进行升级改造，分设社会事务服务大厅和商事服务大厅，并不断拓宽网上办事大厅功能，全面提升行政服务水平。街道每年投入200万元购买社会服务，推进家庭综合服务中心、社区卫生中心、康园工疗站、康复站、日间托老中心、敬老院的建设，夯实公共服务硬件基础，调动同创社工、金雁青少年之家等36支社工和志愿队伍，实现服务网络全覆盖。

【治安综合管理】 2015年，大龙街案件类警情同比下降3.2%。技防方面，依托城市管理运行监察指挥中心平台，建立起多部门快速反应的对讲机通信系统；在原有4个农村智能化封闭小区的基础上推进石东、傍西两村的智能化封闭小区建设；新建高清视频监控点，实现重点部位、重点出租屋、重点地段的全覆盖，不断提升治安管理技防能力。人防方面，在辖内两个派出所新增一批三级辅警及组建一支44人的“老兵人防”治安协管员队伍，按照实际需求配齐配强执法人员，全面加强日常防控。社会矛盾纠纷排查调处，共受理各类矛盾纠纷43宗，办结42宗，接处诉前联调案件5宗，全部调处成功。成功拦截、调处大型群体性劳资纠纷案件22宗，涉及1504人，涉及金额967万元，追发金额达890万元。

【社会事务】 完善石碁医院旧水坑分院、大龙街社区卫生服务中心和三个服务站点建设，充实医护人员力量，增加基础药物和完善医疗设备，提升辖内医疗水平和服务质量。全年街道城乡居民社会养老保险参保8241人，参加农转居养老保险5086人，参加城镇居民基本医疗保险22123人。642对夫妻接受孕前免费优生检查，734人实施出生缺陷重病筛查。全年开展清洁番禺及垃圾分类活动63场次；定期开展病媒生物防制和动物疫病防控工作，落实存栏禽畜免疫全覆盖，保障人民群众健康安全。

街道举办就业技能培训班23个，帮助农村劳动力及在岗职工职业技能培训930人；组织“春风行动2015”等3场大型招聘会，提供就业岗位12286个。

全街共建成2个五星示范文化室、2个四星级文化室和13个三星级文化室，并利用村居文化阵地，举办“共圆中国梦”等各类群众性活动37场。

对口增城市派潭镇双合寮村、五华县龙村镇塘湖村和贵州省独山县下司镇的双到扶贫工作，实现了有劳动能力困难户100%脱贫，村集体经济收入达到5万元以上。

（大龙街党政办）

12月30日，大龙街开展“全民健身促健康 同心共筑中国梦”2015年迎新年健步美丽乡村活动

（大龙街供稿）

狮子洋航道管理设施
（杨达超摄影）

文献文摘

番禺年鉴·2016

在区委十二届八次全会第一次全体会议上的报告

（2016年1月29日）

卢一先

现在，我代表区委常委会向全会作工作报告。

一、过去一年的主要工作

2015年，区委认真贯彻落实市委、市政府决策部署，主动适应经济发展新常态，破解改革发展难题，应对各种风险挑战，推动各项工作取得新进展。一年来，区委坚持把学习贯彻习近平总书记系列重要讲话精神作为一项重大政治任务来抓，区委常委会带头学习领会，用讲话精神武装头脑、指导实践，推动全区形成浓厚学习氛围，使讲话精神深入人心。高度重视科学谋划“十三五”发展，多次召开区委常委会、专题研讨会、征求意见座谈会，深入调查研究，广泛听取意见，审议通过《关于制定国民经济和社会发展第十三个五年规划的建议》，确定了“十三五”时期我区发展的指导思想、目标定位和重大举措。把创新作为转型发展的战略基点，确立以资本驱动创新、以创新驱动转型的思路，理清着力重点和工作措施，在构建开放型创新生态系统上积极探索。下大力气创建干净整洁平安有序城市环境，召开系列专项会议部署推进，健全巡查督导机制，出台严肃问责办法，层层压实责任，发动全区参与，使城市环境面貌有了较大改善。扎实开展“三严三实”专题教育，区委班子坚持以上率下，抓好各环节关键动作，认真查摆和整改问题，带动形成全区践行“三严三实”的良好风貌。经过一年来全区上下共同努力，我区经济社会发展再上一个台阶，实现“十二五”发展圆满收官。全年实现地区生产总值1608.78亿元、增长8.5%，“十二五”期间年均增长11%；一般公共预算收入84.47亿元，按可比口径增长9.8%；税收总额（不含海关代征）267.3亿元、增长17.9%；城镇常住居民年人均可支配收入4.45万元、增长8.5%，农村常住居民年人均可支配收入2.74万元、增长9.5%。

（一）经济发展提质增效。面对较大经济下行压力，着力推动产业转型升级，狠抓重大平台项目建设，加大引资引技引智力度，实现经济有质量有效益增长。以汽车、通用设备为主的先进制造业集群迅速发展，广汽传祺年产值增长45.7%，全区规上工业完成产值1747.14亿元、增长9.6%。服务业规模不断壮大，全区服务业增加值1017.15亿元、增长8.5%，商贸业发展态势平稳，旅游业发展势头强劲，被评为全国岭南文化休闲旅游产业知名品牌创建示范区，全区接待游客总人数、旅游总收入分别增长16.3%、27.6%。重点项目建设全面推进，完成固定资产投资579.7亿元、增长15.4%。广州国际创新城南岸起步区完成重点区域土地收储，交通基础设施建设扎实推进；广州南站商务区加大综合整治力度，配套基础设施不断完善；万博商务区建设进一步提速，完成投资44.2亿元，成功签约一批优质项目。招商工作成效显著，全年引进重大项目 17 个，总投资约 350 亿元。

（二）创新驱动发展战略加快实施。成立区创新驱动发展工作领导小组，召开创新驱动发展大会，出台“1+11”政策体系，推动创新发展实力不断增强。引进厚德、溢思得瑞、广东国际创客中心等新型孵化器和中美超谷科技园、中加创新创业园、IBM 产业互联网创新中心等创新平台，创新载体集聚壮大。在全市率先设立创业投资引导母基金，引入盛景网联、英诺基金等创投机构，完善科技贷款风险准备金，科技金融发展渐入佳境。建立辖内 16 所高校与镇街对接合作工作机制，成功举办大学城创新成果交易会、两岸四地大学生创新创业大赛等活动，创新创业氛围日益浓厚。全年新增国家高新技术企业 25 家、上市企业 3 家、新三板企业 19 家，创新与资本呈现加速融合态势。

（三）改革开放深入推进。区委全面深化改革领导小组加强全面统筹、综合协调，先后召开 3 次领导小组会议，审议通过一批改革实施方案，推动各领域改革全面铺开、紧密衔接。完成新一轮政府职能转变和机构改革，行政审批“三集中、三到位”初见成效，商事登记实现“一照一号”和“一口式”办理，区对镇街财政管理体制进一步调整理顺，区属国企转型改制步伐加快，基层医疗卫生机构管理体制机制得到健全，以区为主的基础教育办学体制初步确立。坚持以开放促改革促发展，对内着眼放大高铁枢纽集聚辐射效应推进区域合作，与顺德区、黔南州签订合作共建协议；着眼强化区域资源配置功能推进要素交易平台建设，积极筹建广东珠宝玉石交易中心、广州钻石交易中心。对外积极拓展国际友好城市，大力发展旅游商品出口、跨境电子商务、服务外包等外贸新业态，推进“三互”大通关建设，外经贸稳步发展，全年外贸进出口总值 183.4 亿美元、增长 1.2%，实际利用外资增长 20.8%。

（四）城乡建设管理水平进一步提升。地铁 7 号线、广莞惠城际、佛莞城际等轨道交通项目和南浦三桥、海华大桥等路桥项目加快建设，广明高速提前建成通车，交通基础设施逐步完善。“清洁番禺”行动深入开展，“六乱”、“五类车”乱象明显减少；火烧岗垃圾填埋场综合整治取得阶段性成效，通过省住建厅无害化考核，垃圾分类和无害化处理水平不断提升；“两违”建设查控俱严，共清拆违法建设面积 33.4 万平方米。海鸥岛、大夫山森林公园二期、番禺湖森林湿地公园、大象岗森林公园等生态项目加快建设，新建绿道 15 公里。美丽乡村建设深入推进，沙湾镇沙湾北村、沙头街榄山村等 9 条村成为第三批市级美丽乡村试点。省级新农村建设示范片工作扎实开展，建成 20 个村居公共服务站示范点。

（五）文化建设亮点纷呈。深化文明城市创建，南村镇获评全国文明村镇，沙湾镇通过全国文明村镇复评，石碁镇小龙村等 4 条村（社区）成为市文明示范点，涌现出一批国家、省、市级“好人”和道德模范。实施文化惠民工程，成功举办纪念冼星海诞辰 110 周年暨第九届星海艺术节、广东粤曲私伙局大赛、“莲花杯”“禺山杯”龙舟赛等活动，沙湾广东音乐馆顺利开馆，支持创作的舞剧《沙湾往事》、音乐剧《烽火 · 冼星海》受到社会各界广泛赞誉。大力发展文化产业，浩洋电子获评国家文化产业示范基地，锐丰音响等 4 家企业获评广州市企业文化示范基地。

（六）民生福祉持续改善。加大民生社会事业投入，全年民生支出占公共财政预算支出比例达 75.3%。10 件民生实事全面实施。以“上品教化”理念引领教育品质提升，获评全国数字化学习先行区，公办学校标准化建设率达 96.6%，中考、普通高考成绩保持全市领先。实施全民体检、妇儿关爱等健康工程，区中医院等改扩建项目有序推进，何贤医院获评省妇幼基本公共服务示范单位。实施创业带动就业工程，就业创业服务水平不断提升，城镇登记失业率控制在 1% 以内；扎实推进社会保险扩面征缴，城乡社会医疗保险正式并轨，城乡居民最低生活保障标准、农村五保供养标准稳步提高。

（七）社会大局和谐稳定。全面推进社区网格化服务管理，组织架构、工作机制、网格划分、入格事项等基本确定。健全村级组织运行和议事决策机制，完善农村“三资”监管模式，全年完成“三资”交易额36.7亿元、溢价率17.4%，被评为全国“三资”管理示范县。深化幸福社区建设，新增26个市级幸福社区。启动来穗人员服务管理示范区创建，完善出租屋安全星级管理制度，全区获评安全星级类出租屋比例达95.6%。深入排查化解社会矛盾纠纷，矛盾纠纷调处成功率99.6%，群体性事件下降20.6%。深化平安番禺创建，全区共创建平安镇街16个、平安村居108个，小谷围街获评国际安全社区；严厉打击违法犯罪活动，10项社会难点综合治理工作初见成效，全面排查整治公共安全和安全生产风险隐患，及时妥善处置突发龙卷风事件，有力维护群众生命财产安全。全年案件类刑事警情下降19.7%，各类安全事故起数、直接经济损失分别下降6.5%、61.4%。

（八）党的建设全面加强。落实领导干部普遍直接联系服务群众“四固定”全覆盖，开展“两代表一委员”联组联动收集社情民意活动，打通联系服务群众“最后一公里”。推广社区“大党委”制，开展“两新”组织党组织“培强扶弱”行动，采取选派第一书记等措施集中整顿30个软弱涣散村（社区）党组织，基层党组织战斗堡垒作用得到增强。选优配强区二级领导班子，加大优秀干部培养选拔力度，全年共提拔处级领导干部44名、处级非领导干部18名。健全作风问题暗访曝光、查处追责机制，开展行政不作为专项监察，推动全区干部作风持续改进。出台落实党风廉政建设党委主体责任和纪委监督责任的意见，增设11个纪检派驻巡查组，实现对镇街和区直单位派驻全覆盖，全年共立案查处违纪违法案件101件101人。

一年来，区委高度重视民主法治建设，支持区人大依法行使法定职权，支持区政协更好履行职能，依法治区工作深入开展，统一战线、党管武装等工作富有成效，工会、共青团、妇联、残联等群团组织工作不断加强，区内区外扶贫工作取得新进展。过去一年和“十二五”期间我区改革发展稳定各领域取得的成绩来之不易，是全区上下凝心聚力、奋力拼搏、务实进取的结果。在此，我代表区委向大家致以崇高的敬意和衷心的感谢！

在总结成绩的同时，我们也要清醒看到存在的不足和面临的挑战，主要是：经济下行压力仍然较大，产业发展层次和集聚度不够高，结构和后劲存在隐忧；城市管理精细化、长效化水平不高，城乡区域协调发展水平有待提升；改革攻坚力度仍需加大，开放型经济水平有待提升；交通拥堵、环境污染等治理任务加重，安全生产形势仍然严峻复杂；基层治理面临一系列新挑战新课题，一些干部作风不正、作风不实问题还比较突出，等等。对此，我们必须高度重视，采取有力有效措施加以解决。

二、扎实推动我区“十三五”发展开好局、起好步

今年是“十三五”开局之年，做好今年工作十分重要。在近期召开的中央经济工作会议、中央城市工作会议和中央农村工作会议上，习近平总书记发表一系列重要讲话，强调指出，认识新常态、适应新常态、引领新常态，是当前和今后一个时期我国经济发展的大逻辑，必须科学把握新常态怎么看、新常态下怎么干的重大问题，要求坚持“十个更加注重”，实施“五大政策支柱”，抓好“三去一降一补”五大任务，为我们做好今年及今后一个时期的工作指明了方向。省委十一届六次全会贯彻落实中央精神，强调要着力推进结构性改革，深入实施创新驱动发展战略，推动经济持续健康发展，确保社会和谐稳定。市委十届八次全会围绕建设国家中心城市总目标，聚焦“三中心一体系”以及国家创新中心城市、三大战略枢纽、一江两岸三带等，全面部署了今年全市工作。我们要认真贯彻中央、省委、市委决策部署，紧密结合我区实际，适应新常态，把握新机遇，培育新动力，推动经济社会发展全面上新水平。

今年我区工作的总体要求是：全面贯彻党

的十八大、十八届三中、四中、五中全会精神，深入贯彻习近平总书记系列重要讲话精神，按照省委十一届六次全会、市委十届八次全会部署，牢固树立创新、协调、绿色、开放、共享发展理念，围绕建设广州时尚创意宜居新区这一总目标，坚持稳中求进工作总基调，实施创新驱动发展战略，着力推进结构性改革，着力构建高端高质高新现代产业新体系，着力提高新型城镇化水平，着力加强生态环境建设，着力深化改革开放，着力增进民生福祉、创新基层治理，全面落实从严管党治党责任，努力推动“十三五”发展开好局、起好步。

今年经济社会发展的预期目标是：全区生产总值增长8%以上，固定资产投资增长13%，社会消费品零售总额增长10%，一般公共预算收入可比增长8.3%，城乡居民收入增长与经济增长基本同步。实现以上目标，我们必须主动适应和引领经济发展新常态，突出重点、解决难点、形成创新点、找到平衡点，全力以赴稳增长、调结构、促改革、惠民生、防风险。

今年要重点抓好七个方面的工作：

（一）以建设城市创新体系为抓手，加快打造新的动力源

加快建设创新平台。以构建“一核一廊、多点支撑”创新经济发展格局为方向，规划建设大学城科技产业园，引导新型孵化器集群发展，推动传统孵化器转型发展，成立大学城创客空间联盟，促进产学研协同创新；加快国际创新城南岸起步区交通基础设施建设和土地收储工作，推动IBM产业互联网创新中心、思科万物互联制造云中心等项目落地建设；加快广州南站商务区华南地区新业态经济总部基地建设，完善配套设施和投资服务；加快万博商务区创投服务基地建设，推动盛景网联华南创新中心等项目落地运营；加大扶持民营科技园区力度，引导园区对接国内外创新资源，发展众创、众包、众扶、众筹空间。

大力培育创新主体。实施高新技术企业培育计划，完善企业经济信息综合服务平台，推进项目服务库、政策资源库建设，力争新增高新技术企业50家。实施研发机构建设行动计划，支持工业骨干企业建立企业技术中心、产业共性技术研发基地。健全覆盖初创期、成长期各阶段的扶持措施，完善中小微企业公共服务平台，促进中小微企业转型升级、创新发展。

全力发展创新金融。扩大政府创业投资引导母基金规模，推动在不同行业和领域设立专业子基金。组建政府主权基金，搭建综合性金融服务平台。整合、激活民间资本，引导、支持设立番禺创业投资基金，壮大驱动创新的资本要素。完善企业上市融资培育体系，加大企业上市辅导力度，鼓励创新型企业走向资本市场，全年力争新增30家企业挂牌上市。

优化创新生态环境。建立创新政策效果考核评估、动态调整机制，进一步细化、落实各项创新政策。以集聚“高精尖缺”人才为导向，出台具有突破性和竞争力的人才政策，健全人才评价激励机制和服务保障体系，培育引进重点领域领军人才和团队，用好人才发展专项资金，为人才居留创业提供优质环境。深化镇街与高校结对共建，推动产学研深度融合，实现“一镇街一特色、一高校一品牌”。办好大学城创新成果交易会、大学生创新创业赛事等活动，进一步激发创新创业活力。

（二）实施“双轮驱动”战略，构建高端高质高新现代产业新体系

优先发展现代服务业。实施科技服务业发展行动计划，大力引进创业孵化、技术转移、成果转化服务机构。实施金融服务业发展行动计划，大力发展科技金融、汽车金融、珠宝金融、融资租赁等服务。实施总部经济发展行动计划，大力引进总部型企业或区域型、功能型总部。提升商贸业发展水平，加快沙溪批发市场、大罗塘珠宝首饰集聚区等升级改造，大力推动大型骨干企业产销分离。提升旅游业发展水平，深化岭南文化休闲旅游产业知名品牌示范区建设，优化沙湾古镇、海鸥岛等重点旅游区域开发建设，继续办好广州国际美食节、珠宝文化节等活动，促进文商旅融合发展。

加快发展先进制造业。加快现代产业基地

建设，推动广汽乘用车三期、广菲克等项目建成投产，积极发展新能源汽车、互联网汽车，做大做强汽车板块。大力发展工业机器人、智能装备、医疗器械等先进制造业，支持研发型生产企业开展核心技术攻关。实施工业转型升级行动计划，制定细分行业行动方案，推动灯光音响、珠宝首饰、服装服饰、红木家具等传统优势产业加快升级。

培育战略性新兴产业和新业态。培育发展大数据、物联网、云计算、节能环保、新材料、新能源等战略性新兴产业。制定“互联网+”行动计划，推动互联网与商贸、物流、制造业等融合发展，打造珠三角产业互联新高地。支持发展观光休闲农业、生态农业、农产品电商等新产业新业态，改造提升海鸥岛现代渔业园区，加快莲花山中心渔港建设，壮大都市型现代农业。

加大引资引技引智力度。优化招商机制和政策，完善招商联席会议制度，健全项目评审、考核奖励等机制，凝聚招商合力。利用广州国际投资年会等重大招商平台，精心办好专题招商推介会，实行以商招商、中介招商，提升招商专业化水平。加强招商服务保障，力促已签约项目尽快落地、开工建设。

优质高效服务企业。积极构建新常态下的良好政商、政企关系，健全区领导挂点联系、镇街上门服务重点企业制度，深入细致做好“五个一批”和“暖企”工作。加大品牌培育扶持力度，建设品牌强区。发挥商协会职能作用，更好联系服务广大企业。办好年度经济人物评选活动，培育更多具有国际视野、创新精神的企业家，支持企业家攻克难关、勇于开拓，不断把企业做大做强。

（三）提升规划建设管理科学化水平，强化城市功能和综合承载力

完善城乡规划体系。以区委“十三五”规划建议为统领，科学编制“十三五”规划纲要，加紧修编城乡发展总体规划，精心编制重点区域规划和生态、综合交通等专项规划，优化城市设计，统筹各类空间性规划，推动实现“多规合一”，提升规划的系统性、针对性和可操作性。

加快交通基础设施建设。积极推进广莞惠城际、佛莞城际等轨道交通项目建设，保障地铁7号线年内建成通车。完善广州南站配套设施，优化公交路网和交通组织，提升服务管理水平。启动大学城-新造过江隧道建设，优化改造兴业路、富怡路，加快南大干线、南浦三桥、莲花大道等路桥建设，积极推动广州大道快捷化改造。启动光明大桥、市桥环线快速化改造等工程，加大交通拥堵黑点治理力度，改善中心城区交通路网。推进莲花山港、龙沙码头等客货运枢纽建设，大力发展港口与其他方式联运。积极推进与周边地区跨界路网建设，实现互联互通、高效快捷。

建设智慧城市。加快信息基础设施建设，争取年内全区光纤覆盖率达95%。加强区级电子政务云中心建设，整合政府各类信息系统，构建电子政务信息管理平台和政府数据统一开放平台，打破信息孤岛，推动信息互动、资源共享。依托国家超级计算广州中心，培育大数据、云计算产业集群。完善网上办事大厅建设，提高群众网上办事便利性。

推进城市有序更新。用足用活市城市更新政策，制定好我区城市更新近、中、远期计划。加快实施万博片区、南站地区、东郊村等城市更新项目，启动大学城保留村旧村微改造，加快推进村级工业园改造试点以及番禺氮肥厂、紫坭糖厂等改造项目，协同推进工业化与新型城镇化。

推进城乡一体化发展。制定实施美丽乡村建设三年行动计划，高标准打造一批市级美丽乡村。推进省级新农村建设示范片建设，扶持一批新农村建设项目。加强农村人居环境综合整治，推进农村二次改水工程、污水处理等基础设施建设。扎实做好农村土地承包经营权确权登记颁证和集体经济组织资产清理核实工作。规范引导村民依法建房。推进农村社区建设，鼓励扶持农民自主创业，培育新型职业农民，促进农民持续增收。

深化干净整洁平安有序城市环境创建工作。坚持标本兼治，突出标准化、精细化、品质化，健全城市环境综合整治长效机制，继续加强广州南站、广州大学城、地铁出入口以及学校、医院等重点区域环境整治，保持严查严控违法建设高压态势，推动整治向纵深发展、向内街小巷延伸。开展“科学管理年”活动，全面提高城市管理专业化、科学化水平。

（四）牢固树立绿色发展理念，建设美丽番禺

深化水环境综合治理。严格落实“河长制”，建立跨部门统筹联动、常态化监督考核、多元化融资、全社会参与的综合治水新机制。加快污水支管网建设，推动干支管网衔接互通，完善城镇污水处理系统，提高污水无害化处理能力。重点推进市桥河综合治理，年内实现市桥河主干河道基本消除劣Ⅴ类水质。

深化垃圾综合治理。大力创建垃圾处理文明区，推广“定时定点”分类投放模式，巩固资源回收利用管理网络，提升源头减量效果；合理布局垃圾收集点，加强垃圾运输车辆管理，完善垃圾收运体系；加快厌氧生物质处理项目建设，建成垃圾终端分选项目，提高垃圾终端处理能力；持续加大火烧岗垃圾填埋场综合整治力度，确保实现排险、除臭、减量目标。

深化大气等污染综合治理。加强大气污染防治，推动“无燃煤区”创建，强化机动车尾气等污染源控制，持续改善空气质量。加强土壤污染防治，推进农业面源污染综合治理。加强噪声污染防治，减少噪声扰民。落实环保机构监测监察执法垂直管理，加强环境日常监督执法，“零容忍”打击环境违法行为。

建设绿色生态屏障。重点推进市桥河“一河两岸”生态景观带建设，完善滨水公园和亲水平台，塑造水清岸绿景美滨水风光。重点提升番禺大道、南沙港快速路等主干道沿路绿化，塑造美观舒展生态景观长廊。推进尖峰山、大象岗森林公园建设。高标准建设海鸥岛湿地公园，打造岭南水乡湿地公园精品。完善提升绿道网络，构建城市慢行系统。

促进资源节约高效利用。实施建设用地、水资源、能源等总量和强度双控行动，强化约束性指标管理，确保控得住、控得好。坚持节约集约利用土地，推进建设用地多功能开发和复合利用。执行阶梯水价制度，建设节水型社会。大力发展循环经济和节能环保产业，推广节能建筑和建材，鼓励绿色生活，倡导全民节能。

（五）深化改革开放，不断增强转型发展内生动力

着力推进供给侧结构性改革。今年是搭建改革主体框架的关键之年，也是推进供给侧结构性改革的攻坚之年。供给侧改革的基本要义是在适度扩大总需求的同时，去产能、去库存、去杠杆、降成本、补短板，从生产领域加强优质供给，减少无效供给，扩大有效供给，提高供给结构适应性和灵活性，提高全要素生产率，使供给体系更好满足需求结构变化，促进经济社会持续健康发展。我们要准确领会中央、省、市精神，认清改革的正确方向，把握改革节奏和步伐，紧紧围绕“三去一降一补”，精准发力，主动出击，贴身紧逼，力争推出一批有力度、有份量的改革成果。深化行政审批制度改革，继续压减行政审批备案事项，建立市场准入负面清单、行政审批清单和政府监管清单。深化政务服务改革，继续完善“三集中、三到位”，促进政务服务标准化、效能化、透明化。深化商事制度改革，完善“一照一码”实施，推进“七方信用平台”建设，健全事中事后监管体系。深化财政预算绩效管理改革，试点开展跨年度项目综合支出绩效评价工作。深化投融资体制改革，探索推行PPP模式，选择一批基础设施和民生项目引入社会投资。深化科技管理体制改革，改革科技经费使用绩效评估制度。深化国资国企改革，推进区属企业重组整合，组建国有资本投资公司，提升资本运作水平，优化国资战略布局。加大教育、医疗卫生等公共服务领域改革力度，让市民对改革有更多获得感。一体化推进全面深化改革和全面依法治区，深化法治政府建设，落实司法体制改革任务，全面加强普法工作，加快建设法治社会。

着力构建开放发展新格局。主动对标广东自贸试验区，结合我区实际，抓紧实施可复制可推广的改革事项，提升投资和贸易便利化水平。深化与顺德区在产业、交通、环境等领域合作，共建广佛同城化合作示范区。依托广州南站高铁枢纽，加强与高铁沿线城市合作交流，积极推进泛珠合作论坛与合作园区建设，打造广州南站泛珠省会城市合作示范区。借助港澳人才资源、管理经验、渠道优势，积极推进服务贸易自由化。大力发展跨境电商、旅游购物、保税展示、服务外包等外贸新业态，建立企业走出去综合服务平台，深化“三互”大通关建设，推动外经贸优化升级。做好港澳台和海外工作，进一步拓展国际友城网络，为转型发展提供更多力量支持。

（六）切实保障和改善民生，促进发展成果更好共享

扎实办好民生实事。以民生需求为导向，认真做好调研，广泛听取民意，充分研究论证，科学谋划确定今年10件民生实事，明确责任分工，加强督查督办，强化资金保障，关注民意反馈，确保民生实事如期保质完成，把实事办好，让群众满意。

大力发展社会事业。坚持“上品教化”理念，促进教育均衡优质发展。深入实施学前教育三年行动计划，抓好中小学校布点规划和新改扩建工作，推进品牌高中升级改造，完善中职教育体系，规范和扶持民办教育发展，打造番禺教育“升级版”。深化健康番禺建设，继续实施全民健康工程，加强社区卫生服务机构建设，推进何贤医院改扩建等工程，提升重大疫情防控治能力和突发公共卫生事件应急处置水平，完善妇幼健康服务体系，落实“全面两孩”政策，努力建设医疗卫生强区。深化全国文明城市创建，加强历史文化遗产、非物质文化遗产发掘、保护和活化，启动区图书馆新馆、新儿童福利大楼建设，办好星海合唱节等大型文化活动，扶持创意设计、演艺音乐、动漫、珠宝等文化产业发展，进一步擦亮城市文化名片。

加强就业服务和社会保障。实施创业带动就业工程，完善就业创业政策和服务体系，注重充分就业，提升就业质量。健全社会保障体系，聚焦重点人群，进一步扩大社会保险覆盖面。构建多层次住房保障体系，逐步扩大住房保障覆盖面。提高城乡低保标准，推进社会救助体系和慈善事业发展，培育慈善品牌。实施精准扶贫、精准脱贫，进一步提升对口帮扶和区内扶贫开发工作水平。

（七）加强社会治理创新，保持社会大局和谐稳定

创新城乡社区治理。优化社区网格化服务管理，完善信息系统建设，落实入格事项内容，建好网格员队伍，实现服务管理精准到位。推进基层民主协商共治，健全社区议事协商机制，推进议事平台建设，畅通居（村）民参与社区事务渠道。深化幸福社区建设，完善公共服务站建设，整合社区资源，改善社区环境，改进社区服务。培育扶持、规范管理社会组织，推动社会组织健康有序发展。完善农村“三资”交易管理实施办法，优化运行机制，使“三资”交易更加规范公正。

促进来穗人员有序融入。实施来穗人员融合行动计划，以居住证为载体，以积分制为手段，提升积分入户、子女入学等基本公共服务水平。完善出租屋安全星级管理，深化出租屋综合治理，提升出租屋安全防范水平。支持南村镇、石碁镇、番奥社区等创建来穗人员服务管理示范镇和示范社区，引领带动来穗人员服务管理示范区建设。

维护社会安全稳定。坚决落实党政“一把手”维稳第一责任，坚持守土有责、属地管理，提高运用法治思维和法治方式化解社会矛盾能力，建立健全重大事项社会稳定风险评估机制，持续开展重大矛盾纠纷排查化解活动，努力把矛盾纠纷化解在基层和萌芽状态。深化平安番禺建设，提升平安细胞创建质量，完善社会治安立体防控体系，强化社会治安综合治理，加强广州南站、广州大学城等重点区域和复杂区域安全管理，坚决防范打击暴力恐怖活动，保持打击刑事犯罪高压态势，切实维护社会公共安

全。坚持安全生产“党政同责、一岗双责、失职追责”，严格落实安全生产责任制和安全管理员制度，加强安全生产法治建设，深化安全专项排查整治，堵塞各类安全漏洞，消除各类安全盲点，坚决预防和遏制重特大事故发生。加强食品生产经营全过程监管，确保群众食得放心。健全城乡应急管理和防灾减灾救灾工作机制，提升应急处置和防灾减灾救灾能力，切实做到科学应对、妥善处置。

三、落实全面从严治党责任

要坚决贯彻落实中央、省、市关于全面从严治党的决策部署，强化党的领导核心作用，增强党组织凝聚力、战斗力，营造良好政治生态，为“十三五”开好局、起好步提供坚强的政治和组织保证。

一要严守党的政治纪律和政治规矩。扎实开展“两学一做”（学党章党规、学系列讲话、做合格党员）主题教育，进一步强化纪律和规矩意识。加强思想理论武装，全面系统深入学习贯彻习近平总书记系列重要讲话精神。进一步增强政治敏感性和政治鉴别力，确保在大是大非问题上站稳立场、头脑清醒，牢牢坚持正确的政治方向。

二要提高领导经济社会发展的能力。加强对新常态下经济社会发展规律的研究，加强对全区经济社会发展重大事项的决策统筹，加强对人大、政府、政协工作的领导和支持。组建区决策咨询委员会，提高决策科学化水平。各级各部门要加强执行力建设，坚决把上级和区委的决策部署转化为实际行动，转化为实际效果。落实党委（党组）意识形态工作责任制，加强舆论引导能力建设，为改革发展稳定营造良好舆论环境。

三要调动干部干事创业积极性。坚持激励和约束并举，既坚持党纪国法“高压线”，也重视正面激励，完善容错纠错机制，鼓励大胆试、放手干。健全干部考核评价和选拔任用工作机制，严格实施选人用人问题责任倒查制度。今年区、镇两级换届任务很重，要周密组织部署，落实好干部“20字标准”，严把选人用人关，重用政治强、业务精、敢作为、作风正的干部，营造风清气正的用人环境。

四要夯实基层党建根基。完善镇街党（工）委书记抓基层党建工作述职评议考核制度，抓好基层党建创新“书记项目”，落实党（工）委书记抓党建第一责任。加强基层干部队伍建设，选好配强基层党组织带头人。完善番禺社区党建模式，推广社区“大党委”制，健全村级党组织工作制度和村级组织协调运行机制，加大整顿软弱涣散党组织工作力度，着力解决好村务纠纷、历史留用地等方面突出问题。落实领导干部驻点普遍直接联系群众和“两代表一委员”联组联动收集社情民意等制度，提高基层党组织服务群众的能力和水平。

五要加强党风廉政建设和反腐败斗争。坚决贯彻十八届中央纪委六次全会精神，严格落实主体责任和监督责任，深入贯彻廉洁自律准则和纪律处分条例，坚决把纪律和规矩挺在前沿、执行到位。锲而不舍落实中央八项规定精神，加大作风暗访曝光、查处追责力度，健全党员领导干部“八小时以外”活动监督管理机制，推动作风建设常态化长效化。始终保持反腐败高压态势，完善纪检派驻组工作机制，加大对群众身边的不正之风和腐败问题的查处力度，推动全面从严治党向基层延伸。

同志们，新起点继往开来，新使命催人奋进。让我们在市委的正确领导下，进一步振奋精神、鼓足干劲、真抓实干，奋力开创各项工作新局面，为实现“十三五”发展良好开局，加快建设广州时尚创意宜居新区而不懈努力！

注释：

1. 行政审批“三集中三到位”：部门行政审批职能向一个科室集中，承担审批职能的科室向政务服务中心集中，行政审批事项向电子政务平台集中；行政审批事项进驻政务服务大厅到位，行政审批授权承担审批的科室到位，电子监察到位。

2.“十个更加注重”：推动经济发展，要更加注重提高发展质量和效益；稳定经济增长，更加注重供给侧结构性改革；实施宏观调控，更加注重引导市场行为和社会心理预期；调整产业结构，更加注重加减乘除并举；推进城镇化，要更加注重以人为核心；促进区域发展，要更加注重人口经济和资源环境空间均衡；保护生态环境，要更加注重促进形成绿色生产方式和消费方式；保障改善民生，要更加注重对特定人群特殊困难的精准帮扶；进行资源配置，要更加注重使市场在资源配置中起决定性作用；扩大对外开放，要更加注重推进高水平双向开放。

3.“五大政策支柱”：宏观政策要稳，就是要为结构性改革营造稳定的宏观经济环境；产业政策要准，就是要准确定位结构性改革方向；微观政策要活，就是要完善市场环境、激发企业活力和消费者潜力；改革政策要实，就是要加大力度推动改革落地；社会政策要托底，就是要守住民生底线。

4. 三中心一体系：国际航运中心、国际物流中心、国际贸易中心和现代金融服务体系。

5. 三大战略枢纽：国际航运枢纽、国际航空枢纽、国际科技创新枢纽。

6. 一江两岸三带：珠江两岸的经济带、创新带和景观带。

7.“互联网 +”：新互联网的创新成果与经济社会各领域深度融合，推动技术进步、效率提升和组织变革，提升实体经济创新力和生产力，形成更广泛的以互联网为基础设施和创新要素的经济社会发展新形态。

8.“五个一批”：选择引进一批，加快建设一批，重点发展一批，积极扶持一批，大力宣传一批企业。

9. 智慧城市：运用信息和通信技术手段感测、分析、整合城市运行核心系统的各项关键信息，从而对包括民生、环保、公共安全、城市服务、工商业活动在内的各种需求做出智能响应。

10.PPP：公私合作模式，是公共基础设施中的一种项目融资模式，该模式鼓励私营企业、民营资本与政府进行合作，参与公共基础设施建设。

11.“三互”大通关：口岸管理相关部门信息互换、监管互认、执法互助。

市桥三桥两岸 （郭锦华拍摄）

在区委十二届八次全会第二次全体会议上的总结讲话

（2016 年 1 月 29 日）

卢一先

经过大家的共同努力，本次全会顺利完成各项议程，即将圆满闭幕。全会期间，大家围绕会议主题，就我代表区委常委会所作的工作报告进行了认真热烈的讨论，提出了许多好的意见和建议。刚才，汝诚同志就今年经济工作作了全面部署，提出明确要求，请大家认真抓好落实。会议还报告了干部选拔任用工作，对本年度干部选拔任用工作进行了民主评议，对新提拔的处级领导干部进行了群众满意度测评。全会议题紧凑、讲究实效，达到了统一思想、明确方向、鼓舞干劲的目的。下面，我就贯彻全会精神、抓好今年工作强调三点意见：

一、切实把思想和行动统一到区委的决策部署上来

今年是实施“十三五”规划、全面建成小康社会决胜阶段的开局之年，也是推进结构性改革的攻坚之年。面对新常态、新形势、新要求，区委审时度势，立足实际，理清了发展思路，明确了工作目标，对做好“十三五”开局之年工作作出了全面部署。全会结束之后，各级党组织和党员干部要认真学习好、贯彻好、落实好这次区委全会精神，切实把思想和行动统一到区委的决策部署上来。要牢固树立“实干是真本领、落实是真功夫”的理念，迅速行动起来，以严的精神、实的干劲、硬的作风，把区委全会精神转化为推动发展的强大动力，用实实在在的成果向市委、市政府和全区人民交出一份满意的答卷。区委办、区政府办要加强督查督办，强化目标导向、结果导向，把全会提出的任务进行细化分解，确保每一项任务都落实责任到单位、到岗位、到人头，推动区委决策部署落实到位、取得实效。

二、扎实推动我区“十三五”发展开好局、起好步

起跑决定后势，开局关系全局。做好今年工作，要注意突出重点、解决难点、形成创新点、找到平衡点，在适应和引领新常态中实现新发展。

要把稳增长调结构摆在全局工作的突出位置来抓。日前召开的中央经济工作会议明确提出去产能、去库存、去杠杆、降成本、补短板五大任务，强调要更加注重供给侧结构性改革，提高供给体系质量和效率，提高投资有效性，加快培育新的发展动能。当前，我区同样存在部分领域产能过剩、整体营商成本偏高、一些企业利润率下降等问题。要针对这些问题，研究制定我区“三去一降一补”行动方案，注重从实施创新驱动战略、全面深化改革攻坚、帮助企业降低成本、保持有效投资力度、补齐软硬件短板等多个维度同时发力，同时继续优化需求侧各项改革举措，推动我区实现高质量、有效率、更加公平、更可持续的发展。

要全力深化改革攻坚。中央强调，全面深化改革头3年是夯基垒台、立柱架梁的3年。从我区情况看，第一年开局起步，第二年夯实基础，今年是要把改革主体框架搭建起来的关键之年。要紧跟中央、省、市改革部署，聚焦我区经济社会发展遇到的瓶颈制约和突出问题，坚持问题导向，做到精准发力，大力推进重点领域和关键环节改革。要强化改革督查、总结评估、宣传发动等工作，充分调动各方面支持改革、参与改革的积极性，力争推出一批有份量、让群众有获得感的改革成果。

要持续深化干净整洁平安有序城市环境创建。一年来，在环境综合整治方面，区有关部门和各镇街、各村居做了大量艰苦细致的工作，使我区城市环境面貌总体上有了较大改观，也赢得了群众的认可。但应该看到，现在只是开了个头，绝不能松懈。建设干净整洁平安有序的城市环境，既是攻坚战，更是持久战，必须坚持标本兼治，形成行之有效的常态化长效化机制。要突出标准化、精细化、品质化，严格落实市容环境卫生责任区制度，完善城市管理标准体系；持续深入开展城市环境各类专项整治，推动干净整洁平安有序的整治效果由主干道、次干道逐步向内街小巷延伸；以"网格化+大数据"为支撑，提升城市管理信息化智能化水平，使城市管理更加精准到位。

要高度重视保障和改善民生。解决民生问题是最大的政治，改善民生是最大的政绩。近年来，区委、区政府把解决好人民群众最关心、最直接、最现实的利益问题作为重中之重，坚持每年办好10件民生实事，扎实推进一批重大民生工程，民生建设取得较大成就，但与我们建设时尚创意宜居新区的目标定位、与市民群众的期待还存在不小差距。下来要进一步加大民生方面的投入，逐步提高民生支出占一般预算财政支出的比重，坚持民生需求导向，充分听取群众的诉求，使民生建设由政府"配菜"转变为群众"点菜"，更加符合群众的需求和意愿。

要统筹做好区人大、政协"两会"和区、镇两级换届工作。今年是区、镇两级集中换届之年，区人大、政协"两会"也将召开，必须从加强执政能力和基层政权建设的高度，确保区"两会"和换届工作顺利进行。要周密部署、精心组织开好区"两会"，充分发挥代表和委员的聪明才智，调动各方面的积极性，凝聚各方面智慧和力量。要牢牢把握换届工作主导权，统筹组织，精心准备，确保选好人用好人。特别强调的是，要严肃换届工作纪律，立明规矩，破潜规则，真正选出一批政治强、懂专业、善治理、敢担当、作风正的领导干部，为我区改革发展稳定提供强有力的组织保障。

三、坚决守住安全、稳定、廉政三条底线

安全、稳定、廉政是底线、红线和警戒线，是经济社会协调健康可持续发展的前提和保障。在全年工作中，各级领导干部一定要切实强化底线思维和意识，时刻绷紧这根弦，确保不出问题。

要坚决守住城市安全这条底线。安全无小事，一定要抓得严而又严、实而又实、紧而又紧。要严格落实"党政同责、一岗双责、失职追责"，加快健全城市公共安全体系，健全各级各部门安全生产管理员制度，持续深入开展安全隐患排查整治，坚决遏制重特大安全事故发生。加强出租屋安全星级管理，避免小隐患导致群众生命财产损失。突出重点整治，聚焦仓储物流等重点行业、广州南站等重点地区以及重点企业、重点人员、重点敏感时期，严防死守、严查严控，不留死角、消除隐患，确保不发生暴恐事件，不发生城市公共安全事件。

要切实维护社会大局和谐稳定。严格落实维稳责任，完善大调解工作体系，依法依规过细做好社会矛盾纠纷排查化解调处工作，落实重大行政决策社会稳定风险评估制度，加大社会治理难点的综合整治力度，畅通群众诉求表达、利益协调、权益保障渠道，努力把社会矛盾纠纷化解在基层和萌芽状态，确保不发生大的群体性事件。

要营造政治上的绿水青山。严格遵守政治

纪律和政治规矩，牢固树立纪律和规矩意识，做政治上的明白人；坚持纪严于法、纪在法前，严格贯彻执行新修订的廉洁自律准则和纪律处分条例，注重抓早抓小、惩前毖后，让干部时时处处守纪律、守规矩、明底线、知敬畏；持之以恒落实中央八项规定精神，坚持不懈践行“三严三实”要求，以“零容忍”态度和铁的纪律整治各种顶风违纪行为，切实防止“四风”问题反弹。

目前，春节快到了，岁末年初之际，要抢前抓早，全力以赴，赶快行动起来，把握工作主动权，确保一季度各项工作取得开门红，为完成全年目标任务打下一个好的基础。同时，认真做好春节期间各项工作，加强值班应守，帮扶困难群众生产生活，全力保证市场正常供应，严格食品安全监管，周密组织春运工作，精心办好“迎春花市”等各类文化体育活动，让全区人民过一个欢乐祥和的春节！

同志们，“十三五”新征程已经启航，我区发展面临着更加广阔的前景。让我们凝心聚力、奋发有为，开拓创新、真抓实干，为加快建设广州时尚创意宜居新区而努力奋斗！

和谐号动车　　（郭锦华摄影）

在区委十二届八次全会第二次全体会议上的讲话

（2016 年 1 月 29 日）

何汝诚

今天上午，卢一先同志代表区委常委会作了工作报告，详细分析了我区经济社会发展形势，对今年工作进行了全面部署。大家要认真学习领会，抓好贯彻落实。下面，我就经济工作讲几点意见。

一、充分肯定成绩，进一步增强发展信心

2015 年，全区上下在市委、市政府和区委的坚强领导下，积极应对复杂多变的外部环境和经济下行压力，牢牢把握稳中求进工作总基调，全力以赴稳增长、促改革、调结构、惠民生、增后劲，经济社会发展总体平稳，稳中有进，稳中有好，实现“十二五”圆满收官。

一是经济保持稳定增长。2015 年全区实现地区生产总值 1608.78 亿元，增长 8.5%，总量和增速分别居全市第 4 和第 3 位；人均地区生产总值达 10.8 万元；完成一般公共预算收入 84.47 亿元，按可比口径增长 9.8%；在外需市场严重萎缩的形势下，实现进出口总值 183.4 亿美元，增长 1.2%。我区综合实力位列 2015 年度中国最具投资潜力百强区第三名。二是产业结构更加优化。三次产业结构比例调整为 1.7∶35.1∶63.2，工业高新技术产品产值占规模以上工业总产值比重达 48.05%，现代服务业对经济增长的贡献率达 34.6%。传统制造业加快转型升级，民营经济发展态势良好。现代产业基地形成了以广汽传祺为龙头，集汽车研发、生产、物流和零部件生产等于一体的汽车产业集群。持续推动跨境电商等外贸新业态发展。出台电子商务扶持政策，推动电子商务与传统产业融合发展。三是创新引领释放动能。积极开展“引资引技引智”招商，设立总规模达 10 亿元（首期规模 1 亿元）的战略性新兴产业创投引导基金。广东国际创客中心、厚德孵化器、溢思得瑞国际创业苗圃、中美超谷科技园等相继落户广州国际创新城，成功举办广州大学城创新成果交易会。全区现有上市公司 10 家，挂牌“新三板”企业 22 家。成为全省首个“全国岭南文化休闲旅游产业知名品牌创建示范区”。四是城市功能日益完善。“四区一轴”城市布局逐步成形。确定以开启平桥方式建设光明大桥。南大干线先行段、南浦三桥等一批重大交通基础设施项目动工。广明高速、新化快速路、景观大桥建成通车。儿童公园二期建成开放。五是生态环境明显改善。深入开展“清洁番禺”行动，大力推进垃圾分类处理，60% 的社区人口参与“定时定点”分类投放。实施火烧岗垃圾填埋场综合整治、垃圾处理技术改造和消除垃圾山三大工程，实现沼气上网发电。建成区绿化覆盖率达 48.1%。空气优良天数达 295 天，比上一年增加 40 天。落实三级“河长制”，完成河涌整治 11.04 公里，新建污水管网 14.58 公里。六是民生福祉不断提升。区财政投入民生项目资金 94 亿元，占全区一般公共预算支出的 75.3%，十件民生实事全面实施。就业形势总体稳定，城镇登记失业率 0.8%。社保覆盖面进一

步扩大，城乡最低生活保障再次提标。安全生产执法监察标准化建设经验在全省推广。高效稳妥处置“10.4”龙卷风灾害，救灾工作得到市委主要领导高度评价。这些成绩的取得，是市委、市政府和区委正确领导的结果，是全区人民团结奋斗的结果，成绩来之不易。

但是我们也要清醒地看到，我区的经济工作还有不少短板。一是经济下行压力持续加大。企业投资意愿下降，外需总体疲软，消费增长动力不足。二是部分企业生产经营困难。土地资源稀缺，现有厂房和用地无法满足企业发展和产能扩张需求。企业综合成本持续上涨，仍然面临融资难、融资贵问题。三是结构调整任重道远。产业集聚集群程度不高，现代服务业比重偏低，先进制造业增长点尚未形成。新兴产业不大不强，传统产业处于调整优化期，总体增长速度放缓。四是整体创新能力不强。全社会创新研发投入不足，高新技术企业和科技孵化器数量不多、实力不强，科技服务业发展滞后。五是“城市病”问题愈发凸显。城市管理精细化品质化水平亟待提高，一些重点难点区域问题多发。城区交通拥堵问题日益严重，垃圾、河涌等环境治理效果与群众期待仍有差距。对此，我们必须高度重视，坚定信心，勇于担当，采取切实有效措施加以解决。

二、正确认识和把握今年经济工作思路和目标任务

今年是“十三五”开局之年，做好今年的经济工作意义重大。上个月，区委十二届七次全会审议通过了“十三五”规划建议，描绘了未来五年我区建设广州时尚创意宜居新区的发展蓝图，也为做好今年经济工作指明了方向。

今年经济工作的总体考虑是：牢固树立创新、协调、绿色、开放、共享发展理念，主动引领经济发展新常态，围绕广州时尚创意宜居新区建设，以提高发展质量和效益为中心，坚持稳中求进工作总基调，坚持稳增长、促改革、调结构、惠民生、防风险，突出价值创新引领，加强结构性改革，培育新的动力源和增长极，着力打造市场化国际化法治化营商环境和干净整洁平安有序城市环境，切实增进民生福祉，努力实现“十三五”经济社会发展良好开局。

今年经济社会发展主要预期目标是：地区生产总值增长8%以上，固定资产投资增长13%，社会消费品零售总额增长10%，一般公共预算收入可比增长8.3%，城乡居民收入增长与经济增长基本同步。

将GDP增速目标定为8%以上，主要有三方面考虑：一是充分体现我区加快发展的基础条件和现实需要。在确保达到全市8%左右预计增速的前提下，争取8%以上的增速，符合我区“十三五”目标和当前经济发展的实际，顺应广大群众期盼过上美好幸福生活的迫切愿望。二是适当增加预期目标的弹性。综合分析我区未来的产业支撑、重大项目建设、需求空间及资源环境承载能力等因素，同时考虑经济发展步入新常态，土地、资源、能源等支撑要素和环境约束趋紧，设置8%以上的增速，可以给我区着力提升经济增长质量和产业转型升级留出回旋余地和空间。三是具有一定的支撑条件。从产业看，预计规模以上工业总产值增长9%左右，商品销售总额增长10%左右。从需求看，预计投资增长13%左右，消费增长10%左右，出口增长8.2%。按照这种预测，8%以上的增速是有保证的。只要大家咬定目标不放松，振奋精神，积极作为，努力把各项工作抓得更主动、更扎实，就一定能完成今年的发展目标。

三、以创新引领产业转型升级

当前，我区正处于加快转变经济发展方式的关键时期，以创新引领产业转型升级，既是推进经济结构战略性调整、加快形成新发展方向的客观要求，也是应对人口红利逐渐消失和新一轮工业革命挑战的必然选择。

一是供给与需求协调拉动。中央经济工作会议提出要加强供给侧结构性改革。对此，我们要辩证理解和认识，供给和需求是经济增长的两个方面，必须统筹协调推进。在供给侧方面，主要是“三去一降一补”。一要去产能，支持国

有企业加强内部资本和业务重组，集中力量做好主业，化解落后过剩产能。严把环保审批和产业政策关，杜绝新增落后产能。二要去库存，引导传统制造企业加强产销对接，开拓线上线下销售市场，加快去库存步伐。加强房地产市场形势分析和研判，协调解决房地产项目建设和销售问题，发展住房租赁市场，扩大住房保障面，保持房地产市场健康平稳。三要去杠杆，落实中长期政府化解总体债务方案，足额安排偿债风险准备金和土地储备专项资金，有效化解政府性债务。防范互联网、民间借贷等非正规金融风险。四要降成本，开展降低实体经济企业成本行动，落实减税降费措施减轻企业负担，想方设法降低企业融资成本。实行工商登记“全城通办”，加快办理重点项目前期审批手续，保障重点项目建设。五要补短板，继续加大基础设施建设力度，加快建设质量强区，提升科技、金融和总部经济实力，增强区域“软实力”，提高供给的质量和效率。在需求侧方面，主要是多措并举拓展消费、投资、外贸新需求，协调拉动经济增长。一要加快广东省珠宝玉石交易中心和广州钻石交易中心建设，加快广州国际美食广场土地整理和收储，加快祈福缤纷世界等大型城市综合体建设，营造良好消费氛围。二要积极发展电子商务、网络购物等新型消费方式，以扩大服务消费带动消费结构升级。推进知名品牌创建示范区建设，实施“一镇街一品牌”战略，以品牌引领消费。三要扩大居民消费，着力稳住住房和汽车等大宗消费，培育信息消费、文体娱乐、旅游休闲、健康养老等新型消费热点。四要扩大有效投资，加大力度推进100个重点项目建设，实现年度投资300亿元，着力解决重点项目征地拆迁、资金筹措等瓶颈问题。积极探索PPP模式，开放一批基础设施和民生公共服务项目与社会资本合作。五要实施外贸优进优出战略，积极参与广州跨境电商综合试验区建设，支持荔园荔购、岭南海淘等跨境电商项目发挥更大效益，培育外贸新增长点。加大“走出去”企业服务力度，鼓励企业赴境外投资，全球配置资源。

二是现代服务业和先进制造业双轮驱动。推动产业迈向中高端水平，构建高端高质高新现代产业新体系。在现代服务业方面，一要大力发展现代金融，提升金融服务实体经济水平，推动企业上市，年内新增30家上市公司和挂牌“新三板”企业，新建33家农村（社区）金融服务站。二要发展生产性服务业，发挥国家检验检测高技术服务业集聚区（番禺园区）带动作用，开展传统优势产业检验检测认证。三要壮大生活性服务业，发挥批发零售专业市场优势，促进业态转型升级，推动广州渔人码头首期项目建成运营。加大旅游资源开发力度，加快推进长隆国际生态旅游度假区三期项目建设。进一步完善沙湾古镇旅游配套服务设施，突出岭南文化特色，整合周边旅游资源，打造西部旅游休闲带。支持大学城健康产业产学研孵化基地和华大基因检测所创新发展，引领健康服务业向便利化、精细化、品质化方向发展。四要大力发展总部经济。以万博商务区、广州国际创新城和广州南站商务区为主战场，组织专题招商推介会，吸引金融保险、现代物流、商务会展等行业领军企业入驻。积极推进京东电商综合服务园、亚信集团华南总部等项目建设，吸引企业总部和功能性机构向我区集聚。五要加大“引资引技引智”力度。要围绕重点产业招强引优，以投资推介、网络招商、上门招商、个性化招商、专业招商等多种形式，瞄准世界500强、央企100强、国内民企500强，组织小分队上门招商，增强工作实效。要统筹全区招商资源，强化政企联动招商，进一步发挥招商中介机构和招商顾问作用，形成“大招商”格局。在先进制造业方面，主要是推动制造业从“生产型制造”向“服务型制造”转型。大力实施工业升级三年行动计划，推动传统制造业智能化升级，满足多样化、个性化消费需求。整合传统特色产业资源，重点打造石楼灯光音响文化产业园和石碁红木文化小镇。充分发挥区工商联、厂商会和行业协会、商会作用，促进民营企业做大做强。加快完善现代产业基地配套设施，大力支持广汽传祺等先进制造企业发展壮大，推动广汽菲克项目和广汽乘用车三期建成投产。同时，要大力发展现代农业，做强花卉种植、水产养殖等高效农业，推进海鸥岛现代渔业园区、莲花山中心渔港、华大锐护水产养殖等项目建设，增加农民收入。

三是推动科技创新全面发展。围绕广州建设国际科技创新枢纽战略部署，发挥广州国际创新城、大学城位于广州科技创新枢纽核心位置优势，对标创建珠三角国家自主创新示范区。一是落实“1+11”创新驱动发展政策，加大财政科技投入，深化产学研用合作，鼓励协同创新。二是以“孵化＋总部”模式加快建设广州国际创新城。加快创新城用地报批，推进大学城－新造过江隧道、广医路、新造大道等交通基础设施建设，抓紧升级改造锦绣工业园。推动浪潮南方中心运营总部、电子城广州创新公园、北斗卫星导航民用应用产业化项目落地建设。三是提升民营科技园区。在做好原有一大批科技园区培育工作基础上，加快推进番山创业中心、合劲嘉福产业园、超能科技产业园等建设招商，引入高端孵化器，壮大电商发展平台，优化“一城多园”发展格局。四是加快推进厚德孵化器、广东国际创客中心、中德柏林加速器、中美超谷科技园建设，争取全区科技企业孵化器数量达15家，孵化总面积达80万平方米，在孵企业达180家，构建“孵化器—加速器—产业园”三位一体产业培育体系。

四、着力建设宜业宜居品质区

认真贯彻中央城市工作会议精神，统筹规划、建设、管理三大环节，提高城市工作的系统性。按照市委、市政府整体部署，全力打造干净整洁平安有序城市环境。

一是不断优化城市布局。开展海绵城市规划研究，探索开展“多规合一”和地下综合管廊规划编制，科学确定项目推进时序。结合综合发展功能片区要求，优化建设用地布局，划定城市生态绿地。结合广州市城市更新“1+3”政策，探索研究我区城市更新配套政策。重点推进洛溪村、南浦村等村级工业园升级改造试点，着力推进东郊村等城市更新项目实施。推进康裕南园二期、南景园西园一期安置区建设。完成大学城提升计划第三阶段15项任务。

二是加快完善基础设施。推动南大干线全线开工建设。继续推进虎门二桥、南浦三桥、景观大道、莲花大道、沙溪大桥扩建等路桥建设。启动光明大桥建设，加快搬迁市桥汽车站。科学调研论证，分期推进市桥环城道路快速化改造。全面落实治理交通拥堵黑点工作总体方案，以整治拥堵黑点、打通“断头路”为重点，完善交通管理设施，优化公交线网，提高见警率，破解交通拥堵难题。开展番禺大道景观绿化、美化、亮化升级改造。配合做好广州大道快捷化改造征地拆迁、规划调整、信访维稳等工作。优化电网结构，加快楚庭、化龙、松涛输变电工程和金山湖片区高压线落地工程等重点电力工程建设，切实解决重点项目用电问题。

三是加快智慧城市建设。围绕建设全面感知、高度整合、智能服务、全民共享的智慧城市目标，加快智慧城市试点建设。一是加快引进思科、IBM、微软等世界500强企业落户建设，大力发展互联网经济。依托广州超算中心等重大创新平台，成立超算番禺分中心，推动大数据、物联网、云计算等新兴产业发展。加快信息基础设施建设，健全政府数据共享机制，将大数据作为提高政府服务管理针对性和有效性的重要手段。二是加快“数字大城管”、“一号通”公共信息服务平台和“七方信用平台”建设，加强治安视频监控系统建设和维护，推动出租屋居住证电子门禁系统和食品溯源系统建设。三是深化推进“四个民生”工程。拓展民生卡在智慧医疗、智慧旅游、智慧交通、智慧教育和商盟支付等领域的应用，完善民生卡线上服务系统和线下服务网点。

四是打造干净整洁平安有序城市环境。在干净整洁方面，按照《广州南站地区环境综合整治工作总方案》要求，全面完成出租车场搬迁等35项整治内容，建立高水平、科学化管理机制，展现南站新形象。严格执行新修订的《大气污染防治法》等法律法规，落实华南轮胎厂年内完成搬迁。建立联合监管饮用水源保护区工作机制，推进应急备用水源建设。以市桥河流域水系为重点，全面查找问题，深入调查论证，听取专家意见，加快污水主管网、支管网建设，全力推进水环境治理，确保市桥河主干河道基本消除劣Ⅴ类水质。推进现有污水处理厂提标改造扩容，实现城镇生活污水处理率达91%以上。进一步提升火烧岗垃圾填埋场综合改造和管理水平，继续实施除臭、排险、消除垃圾山等整治工程，实现生活垃圾100%无害化处理。推进500吨生物资源化利用中心建设，扩大厨余垃圾分散处理试点范围。严格落实市政府《关于严查严控违法建设的通告》精神，采取“黑名单”管理、“快速程序”清拆、区级拆违队强拆等强有力措施严控违法建设，对新增违法建设坚持“零容忍”，以铁的手腕确保违建“零增量”。在平安有序方面，落实习近平总书记、李克强总理关于安全生产和维护公共安全的重要指示精神，持续推进安全发展示范区建设。深化危化品、油气管线等重点行业和领域的安全整治，切实保障道路交通安全，全面落实创建国家食品安全城市各项工作。加强综合应急救援队伍建设，提高公共安全事件预防预警和应急处置能力。完善立体化治安防控体系，建立常态化武装执勤和巡逻防控机制。夯实反恐基础，严打涉黑犯罪，维护社会稳定。

五、持续改善民生福祉

民有所呼，我有所应。推进基本公共服务均等化，切实改善民生，是落实共享发展理念的重要体现，也是解决城乡发展不平衡的关键举措。

一是切实办好民生实事。前一阶段，我们通过广泛公开征集公众意见，确定了今年十件民生实事，涵盖公共交通、医疗卫生、文化教育、食品安全、社会保障、扶贫济困和政务服务等群众关注的热点领域。下一阶段，要切实抓好民生实事的督办落实，责任要落实到人、工作要落实到位、资金要落实到项目。各牵头单位要及时协调解决办理民生实事过程中的困难和问题，确保效率要高、过程要细、办事要实，以实际成效取信于民。

二是统筹城乡均衡发展。加快建设省新型城镇化“2511”综合试点区。推动区图书馆新馆、工人文化宫、村（居）健身路径等城乡公共文化体育设施建设。创新社区治理模式，推动城乡社区协商试点，引导基层政府、社会组织、驻区单位、居民群众等多元主体有序参与社区事务。完成第四批市级美丽乡村试点村创建任务。深化农村综合改革，完善农村集体“三资”管理体系，创新农村金融改革，加快农村留用地开发。深化落实城中村及专业市场安全隐患整治三年行动计划，加大力度推进城中村光纤入户和用电增容工作。

三是提高社会民生保障水平。持续加大对医疗卫生、教育文化等社会事业的投入，让群众享受到更多的发展成果。一要保就业稳定。进一步放宽市场准入门槛，推动“大众创业、万众创新”，健全创业政策扶持体系和创业就业服务体系，确保城镇登记失业人员就业率达70%以上。二要促教育提升。落实推进教育均衡发展实施意见，增加中小学、幼儿园学位供给。推进仲元中学改造和番禺中学新校区建设，加快大学城内配套中小学、幼儿园建设，支持社会力量举办优质民办教育。三要促医疗创优。围绕创建卫生强省目标，引入高端医疗项目，提升整体医疗水平。落实各项基本公共卫生服务，深化医疗卫生体制改革，完善医联体建设，建设何贤纪念医院医疗综合大楼，推广家庭医生式服务。四要兜民生底线。继续提高城乡最低生活保障标准，进一步扩大社保覆盖范围，完善社会救助体系，提升基础民生托底保障水平。继续筹建保障房，破解来穗务工人员和低收入群体住房难题。五要保基本养老。建设区级居家养老综合服务中心，发展居家养老服务。实现城乡居民养老保险全覆盖，将“银龄安康”行动政府统保范围扩大到70周岁以上户籍老年人和特殊困难老年人。六要保重点人群。深入推进全国第二批未成年人社会保护和全省适度普惠型儿童福利制度建设试点，积极发展慈善事业，完善残疾人社会保障体系，推动残疾人就业展能基地全面投入使用。

六、建设廉政高效服务型政府

深化行政管理体制改革，进一步转变政府职能，是创新发展机制、激发市场活力和社会创新力的基本前提。今年，要继续加大力度，以改革促发展，以作风助发展，以法治保发展。

一是开展重点领域改革。一要推进行政审批“集成服务”改革，实现全部行政审批和公共服务事项“前台综合受理、后台分类审批、统一窗口出件”。进一步简政强镇，结合行政审批制度改革，把更多资源、更多权限、更多力量下沉到基层，激发基层活力。进一步完善网上办事大厅和基层网办服务站点，全面推进村（居）公共服务站建设。二要深化商事登记制度改革，大力开展“两建”工作，明确监管责任，通过信息共享优化“前端”服务，强化“后端”监管。三要深化国企改革和投融资改革。改革国资监管体制，探索完善现代企业管理制度，设立广州番禺基金。四要推进基层社会治理改革，实现社区网格化服务管理全覆盖。结合村（居）实际情况，分类推行网格化管理模式。做好网格员队伍整合工作，实现队伍专业化。加快完善网格化服务管理应用系统，融合消防安全、来穗人员管理、残疾人服务和政务服务等资源，实现数据统一采集、动态管理。要进一步完善考核方案，避免“双重考核”。

二是加强作风建设。一要进一步强化纪律观念和规矩意识，提高干部素质能力。要加强干部管理，既要选拔任用敢于担当、善于担当的干部，鼓励他们勤想事、能干事、多成事，又要着力解决庸政懒政、不作为、乱作为等问题。二要加强督查督办。要强化责任管理，把各项工作落实到个人，确保各项部署落地生根见实效。要强化责任追究，对已经落地的要问结果，正在落实的要查进度，尚未落实的要找原因，落实不力的要一督到底，实行行政问责和责任倒查。三要坚持廉洁从政。全面运行党政机关廉政风险防控信息系统，加强重大工程、重点项目和专项经费等领域的廉政风险防控，促进廉洁自律。要发挥审计监督作用，对公共资金、公共资源、国有资产加强监管，对腐败行为“零容忍”。

三是加强法治政府建设。切实推进依法治区，落实重大行政决策合法性审查制度。依法规范行政权力运行，坚持严格规范公正文明执法。积极推进行政复议案件庭审工作，完善人民调解与司法调解衔接机制。创新政务公开形式，拓展政务公开内容，推进决策、执行、管理、服务和结果“五公开”。继续落实厉行节约规定，加强财政收支管理，优化支出结构。

春节将至，各镇街、各部门要切实关心群众生活，做好困难群众救助慰问工作。要下大力气做好春运保障工作，全面排查化解劳资纠纷，以铁的手腕和决心抓好安全生产和维护公共安全，确保人民群众过一个安全欢乐祥和的春节。

同志们，做好今年的经济工作，关键在落实。全区上下要坚定发展信心，勇于探索实践，积极化解矛盾，确保既定的各项工作部署落到实处，为“十三五”时期加快建设广州时尚创意宜居新区奠定坚实的基础！

广州市番禺区人民代表大会常务委员会工作报告

——2016年4月26日在广州市番禺区第十六届人民代表大会第六次会议上

广州市番禺区人大常委会主任 卢一先

各位代表：

我受区人大常委会的委托，向大会报告工作，请予审议。

2015年主要工作

2015年在区委的正确领导下，区人大常委会深入贯彻党的十八大和十八届三中、四中、五中全会精神，围绕中心，服务大局，依法履职，为促进我区全面深化改革和经济社会发展作出了应有的贡献。一年来，常委会共召开会议16次，听取和审议专项工作报告27项，作出决议、决定38项，组织执法检查1次，任免地方国家机关工作人员110人次，接受辞职20人。

一、紧扣中心任务，积极促进经济社会发展

促进经济稳步增长。常委会高度重视我区主动适应和引领经济发展新常态的情况，紧扣区委经济工作部署，认真听取和审议政府上半年工作情况和下半年工作安排，支持政府积极应对经济下行压力，全面推进改革创新，着力构建高端高质高新现代产业体系，促进产业集群集约集聚，确保经济平稳健康发展。根据我区上半年预算执行情况和全年收入预测，及时批准预算调整方案，大力支持政府发挥财政资金在经济社会发展中的杠杆作用。进一步完善全口径预算监督机制，探索对部分部门预算进行审查，督促政府及有关部门切实完善预算编制，强化预算管理。常委会高度重视并积极参与我区“十三五”规划纲要编制工作，充分发挥各工作委员会、人大代表的作用，专题听取规划纲要编制情况汇报，广泛收集意见建议，为“十三五”发展打好根基。关注我区经济发展新亮点和产业转型升级，通过听取专题汇报、组织代表视察、开展专题调研等形式，督促政府盘活国有资产，深化国有企业改革；以推进经济转型升级为着力点，围绕推进村级工业园转型升级开展调研，视察我区科技创新工作、留学人员创业基地建设、“五湖四海”水产交易中心升级改造，跟进我区与友好城市交流合作工作情况，支持政府积极谋划发展新思路。

促进民生持续改善。一是关注重大事项和重点建议的落实。常委会根据过去8年综合治水的成效和存在问题，结合我区实际，审议和批准了政府提交的《番禺区河涌综合整治任务调整方案暨今明两年综合治水工作计划》，进一步完善了工作思路，明确了工作目标，重点跟踪督办丹山河水系、七沙水闸等综合治水重点工程工作情况，力促综合治水这一重大事项落到实处。常委会通过满意度测评、视察、暗访等形式，督促三件重点建议加快办理，其中，《关于整体开发城北公园及星海青少年宫资源，建

设中心城区北部群众活动中心的建议》已圆满办结，《关于加快我区厨余垃圾处理点建设的建议》正进一步完善办理方案，《关于加快管道燃气建设，以提高村居覆盖面的建议》取得了阶段性进展。二是积极回应群众和社会期盼。全过程跟踪我区十件民生实事的推进情况，成立专项小组加强跟踪监督，通过听取专题报告和开展满意度测评倒逼各项民生实事的落实。高度关注食品安全工作，通过抽检、明查暗访等方式，对《食品安全法》实施情况进行执法检查，督促有关部门强化安全监管，形成依法有序的食品安全监管体系。着眼于完善社会关怀体系，组织视察我区社会组织管理、民营养老机构运营、特殊教育、职业教育和公共体育设施建设等，监督有关部门落实惠民政策，让广大群众共享社会发展成果。推动基础设施改善，就光明大桥、南浦三桥、莲花山渔港建设等进行专题调研，督促政府有关部门加快基础设施建设。持续跟进被征留用地落实情况，推进村集体经济可持续发展。

二、善用法治思维，推动形成依法治区新格局

加强行政司法监督。听取和审议区依法行政工作情况报告，督促政府巩固和深化法治政府示范区建设工作，为经济社会发展提供良好的法治环境和保障。审议区法院关于未成年人审判工作情况报告，区检察院关于反贪污贿赂工作、惩治和预防医疗卫生领域职务犯罪情况报告，支持“两院”稳步推进司法体制改革，探索健全司法工作新机制。抓实抓好规范性文件备案审查工作，全年共对9件规范性文件进行备案审查。把信访与监督有机结合起来，重点推动涉法涉诉信访件的办理，全年受理群众来信来访31件次，已全部办复。

深入推进依法治区工作。积极贯彻落实中共中央《关于全面推进依法治国若干重大问题的决定》，在依法治区“五五”规划、普法教育“六五”规划收官之年，深入推进我区依法治区重点工作，组织内容丰富、形式多样的“12・4”法治番禺宣传周活动，以优秀成绩顺利通过市对我区进行的法治广州建设、依法治市（区）“五五”规划、“六五”普法规划实施情况检查验收，为我区实施依法治区“六五”规划奠定坚实基础。

三、发挥主体作用，扎实做好代表工作

着力提高代表素质。创新代表培训工作，坚持“请进来”和“走出去”相结合，邀请专家全面解读“全面推进依法治国的新蓝图”；针对开展全口径预算审查监督工作组织专业培训；组织代表赴全国人大深圳培训基地进行专题培训；依托省人大和市人大培训平台加强理论业务培训。通过内容丰富、形式多样的培训，不断拓宽代表视野，增强履职能力。全年共组织各级人大代表300多人次参加培训活动8次，收到良好效果。

着力构筑履职平台。结合“两代表一委员”进社区活动，进一步优化人大代表联络站布局，新增10个代表社区联络站。从制度抓“严”、程序抓“细”、活动抓“实”入手，形成了接访、约访、走访、回访、视察、调研相结合的人大代表进社区新模式，全年各级人大代表共775人次参加了进社区活动，接待群众711人次，收集群众意见建议340件，推动解决了一批群众关心的热点难点问题。

着力创新活动方式。一是进一步完善代表集中视察工作，加强对各代表小组的沟通指导，改进集中视察议题确定和组织形式，使集中视察更符合代表意愿、更好反映群众诉求、更有力推动问题解决。全区16个人大代表小组围绕区中心工作、区域发展状况、民生关切问题开展视察，共提出关于经济、社会、民生、环保、城建等方面的建议意见43条。二是进一步提升代表小组活动实效，把“创新开展代表小组活动、增强活动实效”作为常委会重点调研课题，学习借鉴先进地区开展代表活动的好做法，深入研讨创新活动方式，推动代表小组活动创新、增效。一年来，市人大代表番禺联组和16个区人大代表小组共开展活动64次，参加活动代表

642人次。三是进一步扩大代表对常委会工作的参与，积极组织代表参与全口径预算的审查监督，邀请专业对口代表列席常委会会议和参加视察、执法检查、专题调研等活动，认真听取代表的意见和建议。

着力完善代表建议工作。一是在提高质量上下功夫。重视组织代表开展前期调研，使代表建议有依有据、切中问题。规范建议撰写工作，在人代会前组成议案建议组对代表拟提交的建议进行规范化审查，首次将代表建议和办理答复在人代会上印发通报，着力提高建议质量。二是在加强督办上下力气。认真贯彻落实《代表建议、批评和意见督办工作试行办法》，成立常委会领导牵头、相关工委负责的代表建议督办小组，完善视察、调研、座谈、走访代表、督办情况报告、满意度测评等督办流程，对“一府两院”办理工作进行全过程监督，力促办理质量不断提高。一年来，交办代表建议137件，代表表示“满意”或“基本满意”占96.3%。

四、加强自身建设，推动人大工作上新水平

加强作风建设，提升工作效能。按照市委、区委部署要求，结合人大工作实际，扎实开展“三严三实”专题教育，常委会领导班子成员深入镇街与基层人大干部、代表面对面谈心交流，充分倾听意见和建议，组织召开高质量民主生活会，认真查摆存在问题，精心制定整改措施并严格抓好落实，促进作风持续改进。大胆创新和改进监督工作，首次将监督政府工作从区内延伸到区外，组织常委会组成人员到贵州独山县和梅州五华县监督我区扶贫帮扶工作，进一步拓展人大监督工作的深度和广度。坚持“谋事要实、创业要实”积极开拓人大工作，扎实开展我区全口径预算审查监督工作，紧贴人民群众关注的十件民生实事和重点建议推进情况开展满意度测评，增强监督的刚性和实效。

加强基层建设，提升工作水平。组织全区各镇、街人大学习中央《关于加强县乡人大工作和建设的若干意见》精神，全面梳理我区基层人大工作和建设存在的问题和困难，及时向市委、市人大提出工作建议。根据市人大制定的《镇人大规范性工作制度指引》，指导各镇、街加强和完善制度规范化建设，取得阶段性成效，在全市镇（街）人大工作经验交流会上南村镇人大专门作经验介绍。坚持每季度召开镇街人大工作座谈会，及时了解、解决基层人大工作中存在的困难和问题，推进全区人大工作协同发展。

各位代表，过去一年常委会各项工作的进展和成效，是区委正确领导的结果，是全体区人大代表、常委会组成人员辛勤努力的结果，是“一府两院”和镇街人大密切配合的结果，也是社会各界和全区人民关心支持的结果。在此，我代表区人大常委会表示衷心的感谢！

与此同时，我们也清醒地看到，常委会工作还有许多需要改进的地方，如监督工作的深度有待拓展、实效有待增强，代表履职积极性和履职能力有待提升，代表建议意见办理实效仍需进一步增强等。对此，我们将认真研究，切实改进。

2016年工作计划

2016年是实施“十三五”规划的开局之年，也是区、镇两级人大换届选举年。区人大常委会将深入贯彻党的十八大和十八届三中、四中、五中全会精神，认真落实区委十二届七次、八次全会部署要求，着力推动人大工作与时俱进，着力抓好换届选举工作，着力推进依法治区，为我区“十三五”规划开好局、起好步发挥应有作用。

（一）依法行使职权，增强履职实效。一是继续加强监督工作。把区委确定要干的、“一府两院”必需干的、人民群众期盼干的事情作为人大监督工作的重点，实现监督与支持有机结合，进一步增强监督实效。认真贯彻落实新预

算法，加大对财政资金使用的监督力度，探索对审计查出问题的整改落实情况进行监督，不断健全全口径预算审查监督工作机制。促进“一府两院”依法行政和公正司法，对综合治水、污水管网建设、“三农”惠民政策落实、现代农业发展、农村土地承包确权登记颁证、市场监管体制改革、垃圾填埋场综合治理、光明大桥和南浦三桥建设、民办教育发展、公共体育设施建设、友好城市（区）缔结等专项工作进行监督，听取和审议“两院”关于司法规范化建设、刑事审判工作情况等专项工作报告。加强执法检查工作，对台胞投资保护法进行执法检查，确保相关法律在我区得到贯彻执行。运用满意度测评或专题询问等监督手段，对政府推进十件民生实事、相关职能部门落实政府工作报告目标任务、重点建议办理落实情况等进行跟踪监督。认真做好规范性文件备案审查，切实提高工作质量和水平。二是依法行使讨论决定重大事项职权。根据“十三五”规划纲要确定的发展目标和任务，有计划地讨论决定我区的国计民生重大事项。抓住今年我区经济社会发展中带有全局性、根本性、长远性的问题，及时启动重大事项讨论决定程序，积极推动全区中心工作开展。加强对重大事项决议决定落实情况的监督，把行使重大事项决定权与监督权有机结合，促进重大事项落到实处、取得实效。三是依法履行人事任免职责。结合今年区、镇两级人大换届的新要求，进一步健全和完善人事任免工作，保证党委的意图得到落实，确保我区地方国家机关正常运作。按照中央、省、市要求，实施宪法宣誓制度，增强国家机关工作人员的宪法观念。

（二）坚持代表主体地位，切实加强代表工作。从搭建和完善学习平台、服务平台、履职平台着手，进一步提升代表综合素质，丰富活动内容和形式，改进集中视察方式，扩大代表对常委会工作的参与，拓宽代表知情知政渠道，深入推进代表进社区工作，健全代表报告履职机制，切实增强代表活动实效。加大对代表建议的督办力度，适时对重点建议办理工作进行满意度测评，调动代表依法履职积极性。做好新一届区人大代表初任培训工作，灵活运用连任代表“传、帮、带”和举办专题培训班等形式，使新一届代表尽快掌握履职的法律知识和业务知识。

（三）加强自身建设，提高履职能力。坚持把加强自身建设作为依法履职的重要基础，将“三严三实”专题教育成果落实到人大工作的各个环节，深入开展“两学一做”学习教育，进一步增强政治意识、大局意识、核心意识、看齐意识，全力营造风清气正、干事创业政治生态环境。贯彻落实省、市部署，进一步加强区、镇、街人大工作和建设，推动新一届人大常委会工作有新气象、新风貌、新成就。加强对新一届常委会组成人员的任职培训，夯实履职基础。加强机关科学化、精细化管理，提高为常委会服务保障工作的质量和水平。密切常委会和镇、街人大的沟通联系，加强对镇人大工作和镇人大代表换届选举工作的指导，开拓街道人大工作新思路，全面提高我区人大整体工作水平。

（四）严格依法依规，扎实开展换届选举工作。认真贯彻新修订的《地方组织法》、《选举法》和《代表法》，坚持党的领导、充分发扬民主、严格依法办事有机统一，依法开展人大代表换届选举工作，加强对换届选举工作领导，切实把好人大代表“入口关”，周密部署换届选举各环节的组织工作，加大对换届选举全过程的监督力度，坚决查处选举中的不正之风和破坏选举的违法行为，确保区、镇两级人大代表换届选举工作依法有序开展。做好召开新一届人民代表大会第一次会议的各项筹备工作，坚决贯彻落实党委意图，依法选举产生新一届地方国家机关领导班子。

各位代表，新的一年是“十三五”规划的开局之年，是继往开来、创新发展人大工作的重要一年。让我们在中共番禺区委的领导下，更好地依法履行宪法和法律赋予的职责，奋发有为、扎实工作，为番禺率先全面建成小康社会、加快建设时尚创意宜居新区而努力奋斗！

政府工作报告

——2016年4月26日在广州市番禺区第十六届人民代表大会第六次会议上

广州市番禺区人民政府区长　何汝诚

各位代表：

我代表番禺区人民政府，向大会作工作报告，请予审议，并请政协委员和其他列席人员提出意见。

一、“十二五”时期和2015年工作回顾

“十二五”时期，是我区经济社会发展进程中极不平凡的五年。在市委、市政府和区委的坚强领导下，我区积极应对复杂多变的外部环境和经济下行压力，牢牢把握稳中求进工作总基调，着力稳增长、促改革、调结构、惠民生、增后劲，实现“十二五”发展圆满收官。

五年来，我区综合实力跃上新台阶。2015年，完成地区生产总值1608.78亿元，增长8.5%，“十二五”期间年均增长11.0%；人均地区生产总值10.81万元，比2010年增加4.63万元；一般公共预算收入84.47亿元，“十二五”期间年均增长12.7%；财税总收入270.76亿元，“十二五”期间年均增长7.8%。在2015年度全国综合实力百强区中排名第九。

五年来，我区产业转型成效明显。都市型农业优化提升，先进制造业稳中提质，现代服务业加快发展。着力打造以广州国际创新城为龙头，以番禺节能科技园等园区为支撑的“一城多园”创新经济发展格局，连续第四次获评全国科技进步先进区，成为全省科技金融结合试点区。2015年，实现服务业增加值1017.15亿元，现代服务业对经济增长的贡献率达34.6%；万元GDP能耗比2010年下降22.2%; 三次产业结构由2010年的4.3:41.2:54.5优化为1.7：35.1：63.2。

五年来，我区城市功能日益完善。成为首批国家智慧城市试点区。“四区一轴”布局逐步成形，城市综合承载力显著增强。广明高速公路（广州段）、新化快速路（番禺段）、景观大桥等建成通车。广州南站日均到发旅客量26.2万人次，成为华南地区最大的客运交通枢纽。儿童公园建成开放。新建绿道124公里、污水管网48.43公里。2015年，完成固定资产投资579.72亿元，“十二五”期间年均增长15.0%。

五年来，我区改革开放深入推进。成为国家发展改革试点区和广东省新型城镇化综合试点区。重点领域和关键环节改革取得重要进展，成功创建广州市法治政府示范区。与港澳台和泛珠地区交流合作更加密切，新增国际友好城区7个，广州国际创新城成为全国首批中欧城镇化合作项目。2015年，实现进出口总额183.4亿美元，“十二五”期间年均增长4.8%；实际利用外资3.44亿美元，“十二五”期间年均增长14.6%。

五年来，我区民生福祉持续改善。公共服务优质化、均等化水平稳步提高，城乡收入差距逐步缩小。城乡一体化就业创业补贴政策稳步实施，资助就业48万人次，各类创业（孵化）基地进驻企业3876家。获评全国义务教育发展基本均衡区和全省推进教育现代化先进区。“健康番禺行动计划”扎实开展，区内三甲医院从无到有增至6家，成功创建“国家慢性非传染性

疾病综合防控示范区”。“四个民生”工程获评全省基层社会治理创新优秀项目。“星海故里”等文化品牌进一步擦亮，番禺粤曲等4个项目入选广东省民间文化艺术之乡。2015年，城乡常住居民年人均可支配收入分别达4.47万元和2.74万元，比2010年增长65.1%和80.6%。

回顾2015年，我们迎难而上，积极作为，主要做了以下工作：

（一）创新引领、双轮驱动，经济实力实现新提升

创新经济释放新动能。出台“1+11”创新驱动发展政策体系，设立战略性新兴产业创投引导基金，依托广州超算中心等重大创新平台，推动大数据、物联网、云计算等新兴产业发展。广州国家现代服务业集成电路设计产业化基地成为国家级科技企业孵化器，“六矽科技”获国家级众创空间称号。承办中国（小谷围）“互联网+”运输服务创客大赛和第四届中国创新创业大赛（港澳台赛）等大型赛事。16所高校与各镇街开展“1对1”合作共建，成功举办广州大学城创新成果交易会，550项创新成果参与展示对接。加快创新主体建设，全区新增高新技术企业25家、上市公司3家、“新三板”企业19家，获专利授权5370件。推进质量强区和品牌强区建设，新增中国驰名商标3件、广东省著名商标9件、广东省名牌产品8件，中国驰名商标和广东省名牌产品数量居全市各区首位。

先进制造焕发新活力。坚持“五个一批”和区领导挂点联系重点企业制度，促进灯光音响、珠宝首饰、红木家具、动漫游戏等传统制造业加快转型升级，市场份额不断扩大。现代产业基地形成了以广汽传祺为龙头，集汽车研发、生产、物流和零部件生产等于一体的汽车产业集群，广汽乘用车公司生产汽车18.22万辆，完成产值161.85亿元，分别增长52.5%和45.6%。积极支持工业机器人及智能装备、新能源、医疗器械等高端制造业发展。全区实现规模以上工业总产值1747.14亿元，增长9.6%，其中民营企业占比37.4%。工业高新技术产品产值占规模以上工业总产值比重为49.8%。

现代服务对接新需求。荔园新天地、永旺梦乐城等大型商业综合体相继开业。沙溪批发市场、清河市场等专业市场升级改造有序推进。出台电子商务扶持政策，推动电子商务与传统产业融合发展。获评全国岭南文化休闲旅游产业知名品牌创建示范区，全年接待游客3502.47万人次，实现旅游总收入358.56亿元，分别增长16.3%和27.6%。完成社会消费品零售总额1030.22亿元，增长11.1%。推动“三互”大通关建设，出口实现“零等候”。促进加工贸易转型升级，大力发展服务外包、跨境电商等外贸新业态。全年旅游购物商品出口15亿美元，拉动进出口增长8.3个百分点。积极发展观光休闲农业和生态农业，做强花卉种植、水产养殖等高效农业。完成农业总产值46.1亿元，增长1.1%。

重大平台取得新突破。全区100个重点项目完成投资323.93亿元，增长18.0%。厚德科技孵化器、溢思得瑞国际创业苗圃等落户广州国际创新城，广东国际创客中心启动建设。泛珠合作与发展论坛暨经贸洽谈会永久会址和泛珠合作园区选址广州南站商务区。番禺大道五星商旅带“食、住、游、购、乐”要素加快集聚，成功举办2015广州国际美食节和番禺珠宝文化节。招商工作成效显著，举办万博商务区大型招商推介会，吸引欢聚时代等优质企业入驻，全年共引进中国国际酒类商品交易中心、盛景网联华南总部、京东电商综合服务园等优质项目17个，总投资约350亿元。

（二）深化改革、扩大开放，社会治理开创新局面

重点改革更加深入。全面推行行政审批“三集中、三到位”，进一步完善行政许可事项目录。推动区级商事主体登记审批权下放到镇街，实施商事登记“一口式”办理，推行“三证合一、一照一码”制度，全年新增商事主体1.8万户，增长12.0%。完成政府机构改革，开展部门权责清单编制工作。实施新一轮区对镇街财政管理体制调整，大力推进财政支出绩效评价改革。加快国企改革步伐，启动国企负责人薪酬改革。新整合4家供水企业，实现水务一体化。

依法依规实施阶梯式水价，稳妥调整火烧岗垃圾填埋场进场处理费。开展“惠农贷”授信业务，促进农村金融有序发展。

开放交流更加活跃。深化国际合作，引入中美超谷科技园、中加创新创业园等创新平台，在德国耶拿市成功举办“番禺日”活动。深化与周边及高铁沿线城市全方位合作，与佛山市顺德区签订共建广佛同城化合作示范区框架协议，与贵州省黔南州签订合作共建协议。扶贫“双到”和对口帮扶工作成效显著，向贵州省独山县、梅州市五华县、增城区派潭镇累计投入对口帮扶资金1亿多元，扎实推进产业园区和500余项民生项目建设。

社会治理更加精细。加快完善“五个一”社会治理模式。全面推进社区网格化服务管理，整合专（兼）职网格员2036名，落实第一批176项入格事项，实现街道全覆盖。“一号通”公共信息服务平台全年受理各类投诉、建议17万宗，办结率98.3%，市民满意率93.6%。行政审批和社会服务事项可网办率均达100%，业务网办率98.3%。在22个村（居）建设公共服务站示范点。健全基层群众自治机制，34个村（居）试点建立村（居）民议事会。

（三）统筹城乡、优化环境，城市面貌呈现新气象

着力优化城乡布局。深化“三规合一”成果，编制综合发展功能片区土地利用总体规划和土地储备规划。结合广州市城市更新“1+3”政策，探索村级工业园改造新模式，促进土地节约集约利用。统筹推进36条城中村安全隐患整治，做到认识到位、措施到位、资金到位、整治到位。深入推进美丽乡村建设，沙湾北村等9条村通过第三批市级美丽乡村检查验收，莲塘村等9条村入选“广东名村”。

着力完善基础设施。地铁7号线、南大干线先行段、南浦三桥等一批重大交通基础设施项目动工，海浦大桥、海华大桥、莲花山过江通道等工程有序推进，光明大桥确定以提升式开启平桥方式建设，交通基础设施逐步完善。番禺湖森林湿地公园和大夫山森林公园（二期）加快建设，东新高速生态景观林带完工，全区新增绿地面积30万平方米，建成区绿化覆盖率48.1%。区社会福利院何添大楼正式投入使用。新扩建学校26所、校舍9.7万平方米，移交9个房地产小区配套小学（幼儿园）。

着力改善生态环境。大力推广垃圾定时定点分类投放，火烧岗垃圾填埋场综合整治通过广东省住建厅无害化考核。落实三级“河长制”，深入开展综合治水，建设13座水闸、泵站，完成堤防建设5.09公里、河涌整治11.04公里，新建污水管网14.58公里。前锋净水厂（三期）投产试运行。加强污染物总量减排，整治38台高污染燃料锅炉。强化机动车排气污染监管，启用黄标车自动识别抓拍系统。实施管道燃气三年发展计划，新增管道燃气用户4.5万户。全年空气优良天数295天，比上一年增加40天。开展水源保护区联合执法行动，对饮用水源保护区内13家企业实施行政处罚。

着力加强城市管理。扎实开展清洁番禺行动，集中力量做好广州南站、广州大学城等重点场所专项整治，取得明显成效。大力整治乱摆卖和占道经营，全面开展地铁口环境秩序整治，查扣“五类车”4.66万辆。严查严控“两违”建设，清拆违法建设1324宗、面积33.4万平方米，358宗村民违建列入“黑名单”管理。组建区级泥头车整治联合执法队，强化建筑废弃物运输车辆源头管控，创建干净整洁平安有序城市环境迈上新水平。

（四）以人为本、改善民生，社会事业取得新进步

努力增进民生福祉。全年安排民生支出94亿元，占公共财政预算支出75.3%。十件民生实事顺利实施。连续9年提高城乡低保标准。社保覆盖面进一步扩大，职工社会保险五险、城乡居民医疗保险参保分别达256.22万人次和46.76万人。企业退休人员、城乡居民养老保险人均待遇达2914元和720元。就业形势总体稳定，城镇登记失业人员就业率75%，失业率0.8%。成为全国第二批未成年人社会保护工作和全省适度普惠型儿童福利制度建设试点区，在全省

率先创建残疾人“人人享有康复服务”先行先创区。全区新建成保障房812套，新筹建307套，为2142名来穗务工人员提供1445套公租房。

大力发展社会事业。践行“上品教化”理念，高考高位实现“一五九”目标，在全市率先实现特殊教育由义务教育阶段向学前和高中阶段延伸。组建区中心医院和何贤纪念医院牵头的两个医联体，完善基层首诊、分级诊疗机制，建立123万份居民健康档案，在15家医疗机构实现持民生卡就医。文化建设亮点纷呈，沙湾广东音乐馆开馆，成功举办广东粤曲私伙局大赛总决赛、第九届星海艺术节、“莲花杯”“禺山杯”龙舟赛等重大文体活动。“幸福社区”建设扎实推进，新增19个市级“幸福社区”。妥善处置“10·4”龙卷风灾害，有力维护群众生命财产安全。国防动员、民族宗教、海防打私、港澳台、双拥、武装、统计、档案、保密、气象、慈善等工作取得新进步。

全力维护社会稳定。深入开展“平安番禺”建设，落实“六位一体”立体化治安防控工作机制，大力充实警力，新布设1270个视频监控点。积极创建广州市来穗人员服务管理示范区，推进出租屋居住证门禁系统建设，95.6%的出租屋获评安全星级出租屋。推进“食得放心”工程，重点保障校园食品安全。加强安全生产监管，率先在全省、全市开展安全生产执法监察标准化建设，事故死亡人数和直接经济损失分别下降4.4%和61.4%。

聚力加强政府建设。扎实开展“三严三实”专题教育，加大暗访、查处、追责、曝光力度，完善智能防腐信息系统建设，促进作风持续转变。加强政府性债务管理，制定中长期债务化解方案，强化对财政专项资金使用情况审计监督。从严控制一般性支出，全区“三公”及会议费支出决算同比下降20.7%。扎实推进依法行政，制定区政府重大行政决策合法性审查办法、风险评估办法和听证事项目录。全面深化政务公开，顺利通过全国首次政府网站普查。自觉接受人大法律监督和政协民主监督，全年办理区人大代表建议137件、区政协提案124件，办复率100%，满意率98%。

回顾过去五年，我们深切体会到，做好政府工作，必须始终坚持党的领导，全面落实“四个全面”战略布局；必须始终依靠广大群众，坚持问政于民、问计于民、问需于民、问效于民；必须把发展作为第一要务，以深化改革、创新驱动提升经济增长质量和效益；必须重视加强政府自身建设，提高政府执行力和公信力。

过去五年取得的成绩来之不易，这是市委、市政府和区委科学决策、正确领导的结果，是全区人民迎难而上、团结奋斗的结果。在此，我代表番禺区人民政府，向全区人民致以崇高的敬意！向奋斗在各条战线的同志们，向驻区部队和武警官兵，向各位人大代表、政协委员、各民主党派、人民团体和社会各界人士，向各驻区单位、企业和关心番禺发展的港澳台同胞、海外侨胞、国际友人表示衷心的感谢！

五年的发展攻坚克难，存在的问题不容忽视。我们清醒地看到，我区经济社会发展还存在不少短板：整体创新能力不强，高新技术企业不多；产业集聚集群程度不高，现代服务业比重偏低，先进制造业增长点尚未形成，传统制造业转型升级缓慢；城市管理精细化、品质化水平亟待提升，生态环境压力增加，交通治堵、垃圾处理、河涌整治等效果与群众期待仍有差距；城乡发展不平衡，户籍人口与非户籍常住人口比例倒挂，社会治理面临新问题；政府职能转变还未到位，干部思想作风、素质能力仍需提高。这些问题事关全局、影响长远，我们必须采取更加有力的措施切实加以解决。

二、“十三五”时期指导思想和主要目标

根据《中共广州市番禺区委关于制定国民经济和社会发展第十三个五年规划的建议》，我们编制了《广州市番禺区国民经济和社会发展第十三个五年规划纲要（草案）》，提交大会审议。

“十三五”时期是全面建成小康社会的决胜阶段，我区处于广州建设国际科技创新枢纽的核心区域，拥有独特的区位优势、交通优势和市场优势，必能吸引更多高端要素汇集，形成

新的强劲发展动力。总体上看，我区发展仍处于可以大有作为的重要战略机遇期，但也面临诸多挑战，我们必须保持清醒头脑，增强忧患意识，努力推动政府工作再上新台阶。

“十三五”时期我区经济社会发展的指导思想是：高举中国特色社会主义伟大旗帜，全面贯彻党的十八大和十八届三中、四中、五中全会精神，以马克思列宁主义、毛泽东思想、邓小平理论、“三个代表”重要思想、科学发展观为指导，深入贯彻习近平总书记系列重要讲话精神，坚持人民主体、科学发展、深化改革、依法治区、扩大开放、党的领导基本原则，树立创新、协调、绿色、开放、共享发展理念，坚持发展第一要务，坚持稳中求进、稳中求质，以提高发展质量和效益为中心，以建设广州时尚创意宜居新区为总目标，着力建设创新发展引领区、宜业宜居品质区、岭南文化特色区和共享善治示范区，推动经济社会发展全面上水平，在广州建设国家中心城市实践中走在前列。

“十三五”时期我区经济社会发展的主要目标是：经济发展提质增效，现代产业新体系基本形成。创新能力显著增强，基本形成国内一流的创新生态系统。城市功能巩固提升，城市管理更加精细化品质化，环境综合竞争力位居全市前列。城乡一体协调发展，户籍人口城镇化率进一步提高。改革开放全面深化，初步形成与国际接轨的营商制度环境。文明程度明显提高，文化软实力显著增强。民生福祉持续改善，基层社会治理体系更加完善。到2020年地区生产总值达到2400亿元，年均增长8%以上，人均地区生产总值达到15万元左右。城乡居民收入与经济发展同步增长，提前两年实现地区生产总值和城乡居民人均收入比2010年翻一番。

三、2016年工作意见

2016年是“十三五”开局之年。今年工作的总体要求是：按照市委、市政府和区委十二届七次、八次全会部署，树立创新、协调、绿色、开放、共享发展理念，围绕建设广州时尚创意宜居新区这一总目标，坚持稳中求进工作总基调，坚持稳增长、促改革、调结构、惠民生、防风险，突出价值创新引领，推进结构性改革，培育新的动力源和增长极，增进民生福祉，创新基层治理，加强政府自身建设，着力打造市场化国际化法治化营商环境和干净整洁平安有序城市环境，努力实现“十三五”发展良好开局。

今年经济社会发展主要预期目标是：地区生产总值增长8%以上，固定资产投资增长13%，社会消费品零售总额增长10%，一般公共预算收入可比增长8.3%，城乡居民收入增长与经济增长基本同步。

实现上述目标，我们必须增强发展信心，破解发展难题，厚植发展优势。重点抓好以下工作：

（一）突出创新驱动，激发经济发展新动能

以创新引领转型发展。紧抓广州创建珠三角国家自主创新示范区机遇，落实“1+11”创新驱动发展政策，加大财政科技投入，深化产学研用合作，着力构建“一核一廊、多点支撑”创新经济发展格局。发挥广州国际创新城创新枢纽优势，加快创新城征地和用地报批，推进金光东隧道、广医路、兴业大道等交通基础设施建设，升级改造锦绣工业园，加快推进新造新城和盛龙安置区（二期）建设。推动IBM产业互联网创新中心、思科（广州）智慧城、电子城广州创新公园、北斗卫星导航民用应用产业化项目等落地建设。加快推进厚德科技孵化器、广东国际创客中心、中德柏林加速器、中美超谷科技园建设，争取科技企业孵化器达15家，孵化总面积80万平方米，在孵企业超过700家，构建“孵化器—加速器—产业园”一体化产业培育体系。强化科技平台和新技术应用，支持大学城健康产业产学研孵化基地和华大基因检测所创新发展，成立超算番禺分中心，促进超算服务业发展。继续办好大学城创新成果交易会，推动各镇街、企业与高校全面合作共建科技园区，促进创新成果就地产业化。加快推进番禺节能创新园、清华科技园广州创新基地（四期）、巨大创意产业园、海伦堡创意产业园、番山创业中心、合劲嘉福产业园等建设招商，引入高端孵化器。突出企业创新主体地位，鼓励协同创新。组建政府主权基金广州番禺基金，搭建综合性金融服务平台。整合、激活民间资本，引导、支持设立番禺创业投资基金，壮大驱动创新的资本要素。年内新增30家企业挂牌“新三板”，新建32家农村（社区）金融服务站。

以创新激活消费需求。加快建设广东省珠宝玉石交易中心和广州钻石交易中心，推进广州国际美食广场土地整理和收储，引导企业应用“互联网+”拓展消费市场，继续办好美食节、珠宝节等主题展销活动。加快沙溪批发市场、大罗塘珠宝首饰集聚区等升级改造，推动广州渔人码头项目（首期）建成运营。稳住住房和汽车等大宗消费，有序化解房地产库存，保持房地产市场健康平稳。培育网络购物、文体娱乐、旅游休闲、健康养老等新型消费热点。推进知名品牌创建示范区建设，实施“一镇街一品牌”战略，以品牌引领消费。

以创新提升引资引技引智水平。投资300亿元推进100个重点项目建设。积极探索PPP模式，开放一批基础设施和民生公共服务项目与社会资本合作。以万博商务区、广州国际创新城和广州南站商务区为主战场，组织专题招商推介会，积极开展产业招商、中介招商。推进浪潮集团南方中心运营总部、亚信广州产业互联网总部基地、中国国际酒类商品交易中心和京东电商综合服务园等项目建设，吸引企业总部和功能性机构向我区集聚。扶持百度公司、欢聚时代等重点互联网企业发展，打造珠三角产业互联新高地。培育引进重点领域领军人才和团队，用好人才发展专项资金，为人才创业提供优质环境。

（二）注重统筹兼顾，提高发展协调均衡性

推动产业协调发展。实施现代服务业和先进制造业双轮驱动战略，构建高端高质高新现代产业新体系。推进祈福缤纷世界等大型城市综合体、长隆国际旅游度假区（三期）和海鸥岛生态旅游岛建设。突出岭南文化特色，整合沙湾古镇、滴水岩森林公园、宝墨园等旅游资源，打造西部旅游休闲带。实施工业升级三年行动计划，整合传统特色产业资源，重点打造灯光音响文化产业园、红木文化小镇、珠宝产业园等产业集群。加快完善现代产业基地配套设施，大力支持广汽乘用车公司等先进制造企业发展壮大，推动广汽菲克项目和广汽乘用车（三期）建成投产，推进广汽研究院（二期）建设。发展新一代信息技术、高端装备制造、节能环保、生物医药、新材料、新能源等战略性新兴产业。积极构建新常态下的良好政商、政企关系。充分发挥区工商联、贸促会、厂商会和行业协会、商会作用，解决影响制约民营企业发展的现实问题。扩大农业集约化生产和适度规模经营，发展都市型现代农业，促进海鸥岛现代渔业园区、莲花山中心渔港、华大锐护水产养殖项目等加快建设。

统筹城乡均衡发展。推进广东省新型城镇化综合试点区建设。深化农村综合改革，完善农村集体“三资”管理体系，创新农村金融改革。全面铺开农村土地承包经营权确权登记颁证，加强对农村留用地开发的指导。分类推进美丽乡村建设，高标准完成省级美丽乡村示范片和第四批9条市级美丽乡村试点村创建任务。深化落实城中村及专业市场安全隐患整治三年行动计划，加大力度推进城中村燃气进村、光纤入户和用电增容工作。推动区工人文化宫等文化基础设施建设。创新社会治理模式，开展城乡社区协商试点，引导基层政府、社会组织、驻区单位、居民群众等多元主体有序参与社区事务。加大对社会组织的扶持力度，引导社会组织规范发展。完善“两个延伸、三级管理、四方联动”的来穗人员和出租屋服务管理网络，创建来穗人员服务管理示范区。

确保社会平安发展。持续推进安全发展示范区建设，深化危化品、油气管线等重点行业和领域安全整治，切实保障道路交通安全。开展“食品安全年”活动，全面落实广州创建国家食品安全城市各项工作。搭建区突发事件预警信息发布中心业务平台，加强综合应急救援队伍建设，提高公共安全事件预防预警和应急处置能力。强化涉农、劳资、环保等领域社会矛盾排查化解。完善立体化治安防控体系，建立常态化武装执勤和巡逻防控机制。夯实反恐基础，严打涉黑犯罪，深化禁毒专项行动，维护社会和谐稳定。

（三）坚持建管并重，打造绿色宜居生态环境

不断优化城市布局。对接上级规划，完善区域发展总体规划，实现“多规合一”。开展地下综合管廊规划编制和海绵城市规划研究，促进内涝防治、水质净化、雨水利用和水生态修复相协调。加强土地开发管理，优化建设用地布局，划定城市生态绿地。落实广州市城市更新“1+3”政策，分期推进南大干线沿线、市桥河两岸等区域的有序更新，重点开展南浦村、洛溪村等村级工业园改造和番禺氮肥厂、华凌空调厂等旧厂房改造，提高土地利用效率。加快建设康裕南园（二期）、南景园西园（一期）等安置区。完成大学城提升计划年度15项任务，启动大学城保留村微改造。

持续完善基础设施。推动南大干线全线开工建设，继续推进景观大道、莲花大道、海华大桥、虎门二桥、南浦三桥和沙溪大桥扩建等路桥建设。全面落实交通拥堵治理工作总体方案，重点整治拥堵黑点，打通“断头路”，深化智能交通建设应用，开展市桥环城道路快速化改造工程前期研究，加快搬迁市桥汽车站，统筹规划建设城区公共停车场等交通配套设施。配合做好广州大道快捷化改造，加快建设广州市新驾考场。开展番禺大道景观绿化、美化、亮化升级改造。推动大象岗森林公园建成开放，加快尖峰山、大镇岗等森林公园建设。优化电网结构，加快楚庭、化龙、松涛输变电工程和金山湖片区高压线落地工程等重点工程建设，切实保障重点项目用电。

加快建设智慧城市。完善区政府数据中心，统筹建设五大数据库，促进信息数据高度整合。充分利用云计算、大数据和物联网等现代信息技术，健全政府数据共享机制，不断提高政府服务管理的针对性和有效性。推动社区网格化服务管理平台融合消防安全、来穗人员管理、残疾人服务和政务服务等资源，实现网格化管理全覆盖。拓展“一号通”平台服务，加快完善“四个民生”工程和“七方信用平台”。加强治安视频监控系统、出租屋居住证电子门禁系统和食品溯源系统建设管理。

扎实开展环境整治。严格执行《大气污染防治法》，积极创建无燃煤区，切实消除校园周边环境污染，推动华南轮胎厂年内完成搬迁。加快沙湾水道一级饮用水源保护区防护带建设，建立联合监管饮用水源保护区工作机制，推进应急备用水源建设。加快污水主干网、支管网建设，有序开展黑臭水体治理，确保市桥河主干河道基本消除劣Ⅴ类水质。推进市桥河“一河两岸”生态景观带建设，打造水清景美滨河风光。深入开展清洁番禺行动，继续实施火烧岗垃圾填埋场排险、除臭、消除垃圾山等整治工程，实现生活垃圾100%无害化处理。推进500吨生物质资源化利用中心建设，完善再生资源回收利用管理网络。深入推广垃圾分类，提高居民生活垃圾分类投放准确率。持续开展广州南站地区环境综合整治。综合采取“黑名单”管理、“快速程序”清拆、区级拆违队强拆等方式，严查严控违法建设，确保实现“零增量”目标。

（四）强化内外联动，力促改革开放深入推进

深化对外开放合作。推动广州南站积极融入“一带一路”、泛珠区域合作、珠江-西江经济带和粤桂黔高铁经济带战略，着力打造泛珠CBD。对标广东自贸试验区，抓紧实施可复制可推广的改革事项。引导企业利用自贸区政策和港口优势，降低物流成本提升竞争力。加强与佛山市顺德区对接，推动交通网络互联、发展平台共建、产业链条联动，共建广佛同城化合作示范区。实施外贸优进优出战略，积极参与广州跨境电商综合试验区建设，培育荔园荔购、岭南海淘等跨境电商项目形成新增长点。加大企业“走出去”服务力度，鼓励企业赴境外投资，全球配置资源。拓展友城网络，用好侨力资源，吸引跨国企业和高端人才落户。

开展重点领域改革。按照中央、省、市“去

产能、去库存、去杠杆、降成本、补短板”部署，加强供给侧结构性改革。进一步简政放权、简政强镇，把更多资源、更多权限、更多力量下沉到基层，激发基层活力。加快编制和公布政府部门权责清单，建立市场准入负面清单，推进行政审批“集成服务”改革，实施受理与审批相分离，实现“前台综合受理，后台分类审批”。加快办理重点项目前期审批手续，保障重点项目建设。大力开展“两建”工作，进一步规范市场经济秩序。深化商事制度改革，落实工商登记“全城通办”，优化“前端”服务，强化“后端”监管。深化财政预算绩效管理改革，试点开展跨年度项目综合支出绩效评价工作。改革国资监管体制，加快构建现代企业制度。

建设法治效能政府。强化纪律观念和规矩意识，持续整治庸政懒政、不作为、乱作为等问题，推动作风建设常态化长效化。全面运行党政机关廉政风险防控信息系统，促进廉洁自律。严格落实厉行节约规定，加强财政收支管理，优化支出结构，稳步推进审计监督全覆盖。深入推进依法治区，落实重大行政决策合法性审查制度和政府法律顾问制度，促进行政复议案件审理规范化，完善人民调解与司法调解衔接机制。创新政务公开形式，拓展政务公开内容，推进决策、执行、管理、服务和结果“五公开”。全面提高行政效能，完善网上办事大厅和基层网办服务站点，争取年内每个村（居）至少建成1个公共服务站。

（五）促进共建共享，持续改善民生福祉

认真办好民生实事。坚持为民用心做事理念，集中力量办好十件民生实事。1.动工建设番禺中学新校区，促进品牌学校升级改造；2.建设何贤纪念医院医疗综合大楼，深化健康番禺建设；3.扩大“银龄安康行动”政府统保范围；4.深化民生卡应用；5.进一步完善公交线网；6.加强食品安全监管；7.启动建设区图书馆新馆，开展文化惠民活动；8.推进未成年人社会保护和普惠型儿童福利制度建设试点；9.推进社区卫生服务机构建设；10.启动光明大桥建设，突破交通节点瓶颈。

切实筑牢保障底线。大力推进创业带动就业，健全创业政策扶持体系和创业就业服务体系。加快推进高技能人才公共实训鉴定基地（二、三期）建设，大力发展职业技能培训。进一步扩大社保覆盖范围，实现城乡居民养老保险全覆盖。完善社会救助体系和残疾人社会保障体系，提升基础民生托底保障水平，推动残疾人就业展能基地全面投入使用。大力发展居家养老服务，建设区级居家养老综合服务中心。按照精准扶贫、精准脱贫要求，提高扶贫“双到”、对口帮扶和区内扶贫开发水平。明确村民建房指引，继续做好保障房筹建和管理工作，破解来穗人员和低收入群体住房难题。

加快发展社会事业。主动适应“全面两孩”政策和基本公共服务均等化新要求，统筹谋划好教育文化、医疗卫生等社会事业发展的方向思路和重点任务。落实教育均衡发展实施意见，加快国家学前教育改革发展实验区建设，实施以区为主、区镇共管的基础教育办学体制。推进仲元中学改造提升，加快大学城内配套中小学、幼儿园建设，支持社会力量举办优质民办教育。建设医疗卫生强区，落实各项基本公共卫生服务，继续开展优生优育出生缺陷干预和重点病种筛查。深化医疗卫生体制改革，加快区中医院扩建，完善医联体建设，推广家庭医生式服务，鼓励社会办医，引入高端医疗项目，提升医疗卫生整体水平。深化文明城市创建，办好星海合唱节、民俗文化节、第七届区运会、第九届中国盆景展览会等文化惠民活动。综合利用亚运城体育场馆等资源，广泛开展全民健身运动。进一步做好国防动员、民族宗教、海防打私、港澳台、双拥、武装、统计、档案、保密、气象、慈善等各项工作。

各位代表，实现今年和“十三五”时期发展目标，任务艰巨，使命光荣，让我们在区委的坚强领导下，凝心聚力、攻坚克难、开拓创新，为加快建设广州时尚创意宜居新区而努力奋斗！

名词解释：

1. 四区一轴：“四区”指时尚创意区、时尚购物区、时尚休闲与高端服务区、时尚生活区；“一轴”指时尚创意轴。

2. “四个民生”工程：以民生档案为基础，以民生卡为钥匙，以民生积分为导向，以民生服务为目的，环环相扣，互为依托，寓管理于服务之中，以服务促管理。

3. “1+11”创新驱动发展政策体系：“1”为区委、区政府《关于加快创新驱动发展的实施意见》，作为我区实施创新驱动发展战略的纲领性文件。“11”为落实《实施意见》的11条政策措施。政策体系旨在扶持创新主体、打造创新载体和构建创新生态。

4. 五个一批：选择引进一批企业、加快建设一批企业、重点发展一批企业、积极扶持一批企业、大力宣传一批企业。

5. 三互：口岸管理相关部门信息互换、监管互认、执法互助。

6. 三集中、三到位：“三集中”是指部门行政审批职能向一个科室集中、承担审批职能的科室向政务服务中心集中、行政审批事项向电子政务平台集中；“三到位”是指行政审批事项进驻政务服务大厅到位、行政审批授权承担审批的科室到位、电子监察到位。

7. “一口式”办理：对区内商事主体设立登记涉及的营业执照、组织机构代码证、税务登记证、印章备案等业务进行整合，实行“一口受理、一表申报、证照同发”。

8. 三证合一、一照一码：指通过“一个窗口受理、互联互通、信息共享”，将原由工商行政管理、质量技术监督、税务三个部门分别核发不同证照，改为由工商行政管理部门核发加载统一社会信用代码的营业执照。

9. 惠农贷：指银行通过抵（质）押担保、宅基地房产不完全抵押、保证担保和信用等方式，向符合条件的业务对象发放的用于解决其从事种植、养殖等农业生产以及为农业生产提供配套服务所需经营资金的专项授信业务品种。

10. “五个一”社会治理模式：“五个一”分别是一卡、一号、一格、一网、一窗。“一卡”是指推行市民卡；“一号”是指完善“一号通”公共信息服务平台；“一格”是指全面推行社区网格化服务管理；“一网”是指完善网上办事大厅；“一窗”是指所有行政审批、公共服务事项“前台综合受理、后台分类审批、统一窗口出件”。

11. 三规合一：将国民经济和社会发展规划、城市总体规划、土地利用规划中涉及到的相同内容统一起来，并落实到一个共同的空间规划平台上。

12. 广州市城市更新“1+3”政策：“1”为《广州市城市更新办法》；“3”为《广州市旧村庄更新实施办法》、《广州市旧厂房更新实施办法》和《广州市旧城镇更新实施办法》

13. 五类车：电动车、摩托车、三轮车、残疾人机动轮椅车、改装（拼装、报废）车。

14. “一五九”目标：即高考上重点本科率一成、本科率五成、总上线率九成。

15. 医联体：“医疗联合体”的简称，指由1所三级医院联合1-2所医院、若干基层医疗卫生机构组成的以医联体章程为共同规范的非独立法人组织。

16. 六位一体：指以情报、指挥、巡逻、视频、卡口和网络为基础的立体化社会治安巡逻防控工作机制。

17. 一核一廊、多点支撑：以大学城为“智核”，以地铁7号线、南大干线为纽带串联广州国际创新城、万博商务区、广州南站商务区等重大功能区，打造联通珠三角东西岸城市带的创新走廊，辐射带动全区创新产业园区发展，为珠三角自主创新示范区建设提供支撑。

18.PPP模式：“PublicPrivatePartnership”（公私合作模式）的缩写，指政府与私人组织之间，为了提供某种公共物品和服务，以特许权协议为基础，彼此之间形成一种伙伴式的合作关系，并通过签署合同来明确双方的权利和义务，以确保合作的顺利完成，最终使合作各方达到比预期单独行动更为有利的结果。

19. “两个延伸、三级管理、四方联动”管理网络：“两个延伸”即从社区（村）流管工作站向重点管理出租屋、重点管理企业延伸；“三级管理”即区、街（镇）、社区（村）都建立服务管理领导机构；“四方联动”即区、街（镇）、社区（村）、企业都有服务管理办事机构。

20. 海绵城市：指城市能像海绵一样，在适应环境变化和应对自然灾害等方面具有良好的“弹性”，下雨时吸水、蓄水、渗水、净水，需要时将蓄存的水释放并加以利用。

21. 五大数据库：指人口、法人、产品、宏观经济、空间地理等五大数据库。

22. 七方信用平台：是我区创新企业和产品商品监管的平台，“七方”是指法人档案、法人卡、法人积分、法人服务、产品档案、产品评分和产品服务。

附件一：

2015 年十件民生实事完成情况

一、实施清洁番禺工程	以建设“干净、整洁、平安、有序”城市为目标，落实清洁番禺工作实施方案，投入资金 7075 万元，清理卫生死角 7.4 万处，清理垃圾 8.9 万吨，创建 110 个星级卫生村、55 个星级卫生社区、2.38 万户五星文明户。
二、高标准实施火烧岗垃圾填埋场综合整治、垃圾处理技术改造和消除垃圾山三大工程	推进垃圾场边坡绿化，覆膜除臭，改造和提升垃圾自动分选系统，实施中部污水处理厂管道迁移；东侧渗滤液提升泵井及渗滤液收集池完工；修复修建道路 2226 米，修整边坡 5.68 万平方米，修整场地 8 万平方米，使用 HDPE 防渗膜覆盖 13.84 万平方米；种植树木 5000 余株，新种植草地 1 万平方米；实现沼气上网发电，总发电量 231 万度。
三、促进民生卡广泛应用	制发 84.27 万张民生卡，深化民生卡在政务服务、便民服务等领域应用，实现持民生卡在村（居）公共服务站办理 38 项政务服务事项和 24 项便民服务事项。“银医通”系统在首批 15 家医疗机构上线，实现持卡就医率达 80% 以上。完成区儿童公园民生卡一卡通项目。完善民生卡在线和移动互联网的支付功能等，何贤医院沙湾院区实现民生卡智能停车应用。
四、改善市民出行条件	优化及新增公交线路 57 条。市广路长隆天桥进场施工，骏升天桥完成初步方案；禺山西路海伦堡天桥进行规划报建；中华美食城及南大路附近地区交通设施改善工程进场施工。开展全区交通拥堵黑点治理工作；开展沙溪大桥至新光快速路交通改善前期工作，完成初步成果；开展市桥环城道路快速化改造可行性研究等工作。
五、综合整治丹山河水系	综合利用截污、清淤、调水、生物治理等措施整治丹山河水系，投资 3370 万元完成 14 宗整治项目，COD 等主要指标大幅下降，丹山河水环境整体得到较大改善。
六、加强校园食品安全	打造学校“饮食放心”工程，406 所中小学、幼儿园全面安装食堂食品安全视频监控系统，学校食堂全面配备取得合格证书的食品安全管理员，食品采购索证索票率达 100%。
七、完善社区居家养老服务设施网络	建设区级居家养老综合服务中心，新建 5 个日间托老机构和 46 个农村老年人活动站点，实现镇街日间托老机构和农村老年人活动站点全覆盖。
八、提高特殊人群救助水平	城乡最低生活保障标准、城乡低收入困难家庭认定标准、城镇“三无人员”和福利机构供养人员供养标准、孤儿养育标准、“五保”人员供养标准分别提高到每人每月 650 元、975 元、1177 元、1547 元、2087 元，“五保”人员供养标准达到农村上年度人均收入水平。
九、建设大象岗森林公园	完成用地、设计、财审、招标等前期工作，开展铁丝网围蔽和林相改造，实现进场施工。
十、优质农副产品进社区	以村（居）公共服务站为平台，以“百越网购”等为载体，建设 10 个示范网购便民提货点，实施“网上下单、保鲜柜提货”便民模式。引进 8 家小型优质农副产品超市进驻小区，提供质优价平的农副产品。

附件二：

2016 年十件民生实事

一、公共教育	动工建设番禺中学新校区，促进品牌学校升级改造，增加学位供给。
二、医疗保障	建设何贤纪念医院医疗综合大楼，深化健康番禺建设，进一步缓解群众“就医难”问题。
三、养老保障	将“银龄安康行动”政府统保范围扩大到 60 周岁及以上户籍老人和特殊困难老人，引导更多 60 周岁以上老年人自费参与“银龄安康行动”。
四、公共服务	完善民生卡智慧医疗应用，拓展民生卡在智慧旅游、智慧交通及停车、智慧教育和商盟支付等领域的应用；加大民生卡宣传推广力度；继续完善民生卡网站、手机 APP、微信公众号等三位一体的线上服务系统，结合线下民生卡服务网点，打造线上线下一体化服务体系。
五、公共交通	进一步完善公交线网，新增及优化调整公交线路 15 条，方便市民出行；更新一批新能源公交车辆，减少尾气排放污染。
六、食品安全	对本地食品生产企业和食品重点经营主体（大型超市、食品批发市场、大型餐饮单位）实施 100% 监督抽检，对主要消费类食品（蔬菜、水产品等食用农产品，粮食加工品、食用油、肉制品等加工产品）实施 100% 监督抽检，累计抽检不少于 1200 批次，快筛快检不少于 15000 批次。
七、公共文体	启动建设区图书馆新馆，加大公共文体设施免费或低收费向社会开放力度，开展丰富多彩的文化惠民活动。
八、重点人群服务	推进未成年人社会保护和普惠型儿童福利制度建设试点，对孤儿、重残、重病、监护人无力、无法监护、其他需要帮助的等 6 大类困境未成年人实施救助保障；关注特殊儿童身心健康，从政策、经济等方面给予支持和帮助。
九、公共卫生	在 100 个村（居）开展家庭医生式服务，进一步提升社区医疗卫生服务水平。
十、交通设施	突破交通节点瓶颈，启动光明大桥建设，优化中心城区交通网络；改造番禺大道现有平交环岛路口，提高通行效率，缓解中心城区拥堵现状。

中国人民政治协商会议
第十三届广州市番禺区委员会
常务委员会工作报告

——2016年4月25日在政协第十三届广州市番禺区委员会第八次会议上

李广杭

各位委员：

我代表政协第十三届广州市番禺区委员会常务委员会向大会报告工作，请予审议。

2015年工作回顾

2015年，在中共番禺区委的领导下，区政协常委会认真贯彻落实中共十八大以来中央一系列决策部署，深入学习领会习近平总书记重要讲话精神，高举爱国主义、社会主义旗帜，坚持团结和民主两大主题，围绕全区中心工作，充分发挥人民政协协商民主重要渠道和专门协商机构作用，认真履行职能，为推动全区经济社会平稳健康发展作出了新的贡献。

一、把牢方向，优化机制，扎实推进协商民主建设

（一）准确把握协商民主方向。围绕协商民主建设，区政协党组、主席会议3次集体学习研讨，深刻领会习近平总书记在庆祝人民政协成立65周年大会上的重要讲话精神，贯彻落实中共中央《关于加强社会主义协商民主建设的意见》、中共中央办公厅《关于加强人民政协协商民主建设的实施意见》等规定，将协商贯穿于政协履职的全过程，重点通过专题协商、对口协商、界别协商、基层协商和提案办理协商，增加协商密度，提高协商实效，努力营造既畅所欲言、各抒己见，又理性有度、合法依章的协商氛围。

（二）构建多层次协商机制。坚持在继承中发展、在发展中创新，不断拓展协商内容，丰富协商形式。一是优化全体会议协商制度，围绕全区性重大问题进行整体协商；二是完善常委会专题议政制度，围绕重要事项开展重点协商；三是规范主席会议专题协商，每年2次与党派团体开展双向联系协商活动；四是健全提案办理协商制度，定期召集或参与提案办理协商座谈会；五是建立界别协商座谈会制度，专委会及委员小组与有关部门举行民主监督性协商；六是探索基层协商，镇街工作室围绕基层民生热点灵活开展协商活动。

（三）活跃有序开展协商议政。区政协根据中共番禺区委《政治协商规程》及2015年度协商工作计划，精心组织实施协商活动。十三届七次会议期间，委员们围绕创新驱动发展、经济转型升级、加快区属国企改革步伐、海鸥岛

生态旅游建设、营造和谐法治环境等议政建言，通过大会发言、小组讨论与区党政领导及职能部门协商交流，有效促进协商成果的转化。常委会议、主席会议分别听取区“一府两院”工作、区党风廉政建设等情况通报，围绕区政府职能转变和机构改革、综合治水等进行专题协商。全年开展专题协商15次，界别协商3次，提案办理协商6次，综合协商报告24篇。2015年11月，市政协苏志佳主席就加强协商民主建设工作到番禺专题调研，认为番禺协商民主工作富有成效，区委重视支持，政协主动规范、形式多样、有声有色。

二、广纳群言，善谋良策，紧扣改革发展献计出力

（一）献计“十三五”发展规划。区政协把主动服务“十三五”规划作为全年履职的重中之重，动员各界别委员在制定前、制定中进行调研。针对区委、区政府关于“十三五”规划的建议及纲要，以协商座谈会、对口部门征求意见会等方式建言献策，70多条意见建议大多被吸纳。深入调研分析广州南站和大学城的优势及存在问题，撰写提案，由本区的市政协委员联名提交，分别在市政协十二届五次会议界别委员座谈会和委员发言大会上作重点发言，建言促进南站商务区建设全面提速、发挥大学城创新驱动作用，力求南站、大学城在全市“三大战略枢纽”、“三中心一体系”的战略布局中发挥更大优势作用。《关于借力南沙自贸区制度红利优势，促进我区经济进一步升级发展的建议》的重点提案，由区委主要领导牵头督办，专门成立了课题研究小组，并将其作为区全面深化改革的1号课题，着力转变政府职能，优化行政服务，深化社会领域改革。

（二）建言番禺文化品牌培育。为纪念中国人民抗日战争暨世界反法西斯战争胜利70周年，区政协以“挖掘整合爱国武术家黄啸侠资源，培育番禺文化品牌”为重点课题，由区政协办、石碁镇工作室和文化、教育、体育等界别委员组成调研组，通过研讨座谈、实地走访、外地考察等方式系统调研，常委会议组织视察，召开专题议政会，形成建议案，从完善硬件设施建设、深挖资源立体化宣传、做好黄啸侠精神及拳法传承工作等方面提出建议。区政府常务会议研究制定办理方案，明确成立以分管副区长任组长的领导小组，负责统筹黄啸侠文化品牌的培育工作，部署推进硬件设施建设和开展立体化宣传活动。

（三）助力交通环境改善。伴随城市化进程提速，营造顺畅的交通环境成为事关经济发展和群众生活的热点，区政协连续多年关注交通问题，九三学社番禺委员会提交了《暂缓光明桥隧建设，加快市桥环城道路快速化改造》提案；经济委牵头重点对市桥城区尤其是市桥河两岸的交通状况进行调研。主席会议就“改善我区中心城区交通状况”召开专题协商会，提交建议案，建议从市桥河一河两岸的交通规划建设、设立城区环线公交、加大交通设施建设等着手，综合提升、系统解决中心城区的交通拥堵问题。区政府主要领导跟踪督办，现场调研，协商方案，制定实施规划，光明平桥建设和环城路改造有序推进。与佛山市南海区政协围绕两区主要干道的对接，开展跨区域联合视察，建言交通先行，推进广佛同城。

（四）助推宜居番禺建设。为优化我区生态环境、营造绿色家园，科教文卫体委牵头围绕“完善我区绿地规划，推进生态文明建设”开展调研，提出要科学规划、严格控制、引绿围城、加强管养，构建网络化的公园空间布局，将番禺建设成为宜业宜居新区。针对进一步完善社区网格化服务管理工作，社会与法制委牵头组织开展座谈和问卷调查，形成调研报告，提出构建网格化三级联动工作机构、分类推行网格划分与管理模式、加强网格员队伍建设等建议，区委主要领导批示要求相关部门“认真研酌、充分吸纳”。

三、创新理念，发挥优势，积极打造“界别+基层”双平台履职模式

（一）突出界别委员小组特色优势。优化设

置界别委员小组，将31个界别的委员划分到6个专委会、13个委员小组，建立界别召集人制度，增强界别的代表性和凝聚力。巩固专委会作为界别活动的桥梁纽带，健全指导服务机制，开展有针对性的协商、调研、视察、提案等活动。围绕促进文教卫事业发展、推进法治建设、适应经济新常态等主题召开界别协商座谈会，听取文教医卫、政法综治、科技经贸等部门情况通报，界别委员充分发挥专业优势，提出不少符合区情实际、体现各界诉求、专业特点较强的意见建议。

（二）强化镇街工作室基层优势。区政协领导分工联系各工作室，定期走访，加强指导。工作室联络委牵头组织工作室主任赴南京、常州、宜兴、深圳等地考察基层协商民主建设，对工作室工作人员进行集中培训。召开工作室主任座谈会，交流经验，研讨工作。各镇街工作室认真制定并实施工作计划，组织委员就镇街重大事项开展视察调研，围绕美丽乡村建设、产业发展、“三旧”改造等献计出力；推进委员驻点村居，参与接访活动，听取群众意见和呼声；积极开展社会公益事业，在促进镇街经济社会发展、推动基层民主政治建设中发挥重要作用。

（三）实现“界别＋基层”双平台有机融合。专委会平台突出界别优势，联系各委员小组，开展专业性界别活动，侧重从宏观整体上、从“四个全面”的战略布局上助推经济社会发展。工作室平台突出“接地气”和联系群众优势，侧重帮助基层化解矛盾、改善民生。各专委会和镇街工作室加强协作、互相促进，先后围绕社区治理、交通管理、历史文化资源整合等，开展联合调研视察，拓展履职渠道，提升议政成效。

四、增进共识，发扬民主，广泛凝聚改革发展正能量

（一）着力提高提案质量和效果。拓宽提案线索征集渠道，通过区政府门户网站、区政协信息网站、《番禺日报》，公开征集提案线索供委员选题参考。建立健全提案数据管理系统，优化提案网上编辑、分类统计、内容分析和跟踪反馈。完善提案办理协商机制，规范重点提案遴选和督办程序。在充分协商的基础上，确定6件重点提案，区委、区政府、区政协主要领导分别主持召开协商座谈会，开展专题视察，有序督办。提案委与职能部门加强沟通协商，组织承办单位与提案者面对面交流，使提案的合理化意见建议得到采纳落实。十三届七次会议以来，立案并交办提案128件，交由47个部门办理，提案内容涉及经济、社会各重点领域，提出的问题针对性、时效性强，办理效果明显。

（二）联合聚焦民生社会事业。落实中央统战工作会议和《中国共产党统一战线工作条例（试行）》精神，以走访、座谈、双向联系等形式，与各民主党派、工商联、人民团体和无党派知识分子联谊会，以及各界别代表人士共商发展大计、关注民生事业。主席会议与党派团体联合视察区残疾人就业展能基地，举办纪念抗日战争胜利70周年座谈会，跟踪督办民革番禺区总支部关于促进抗战史迹保护的提案。民盟番禺区委员会举办“铭记历史，强我中华”书画摄影作品展，联合区妇联调研青少年心理健康教育；民建番禺区基层委员会关于“完善我区交通路网”的建议得到区交通部门的重视；民进番禺基层委员会与区教育局就“建设番禺全民终身学习数字化资源库”召开协商座谈会；农工党番禺区委员会围绕提升污水处理水平、加强社区卫生服务工作组织广泛深入的调研；致公党番禺区总支部建言流动摊贩综合治理工作；区工商联围绕“激发民营经济活力”开展研讨、寻求对策；区无党派知识分子联谊会建言海鸥岛建设文化生态旅游岛工作。各民主党派、工商联和无党派人士着眼番禺改革发展，共提交集体提案24件、大会发言材料12篇、社情民意信息50多条，为我区改革发展凝聚共识和力量。

（三）密切联系港澳台侨。不断活跃海外联谊联络，进一步密切与港澳台侨和海外人士的联系。区政协联合区有关部门拜会何厚铧、霍震霆等港澳知名人士，走访港澳委员企业。港澳台侨外事委组织港澳委员考察南沙自贸区、

广汽研究院、广州超算中心等，调研视察饮用水源保护、河涌整治和垃圾处理等民生工程，为委员知情明政创造良好条件。通过组织港澳青年组委员参观侵华日军南京大屠杀遇难同胞纪念馆、走访杭州阿里巴巴集团，加深爱国主义教育，鼓励支持他们参与番禺经济社会建设和香港澳友好交流。港澳委员热心支持社会慈善事业，每年开展慰问孤儿、捐资助学、关爱老人等活动。近几年来，共资助我区的贫困大学生352人次，资助金额达200多万元。2015年，香港委员为区老干活动中心捐资15万元。

五、践行“严”“实”，科学履职，强化自身建设

（一）持续提升政治把握能力。全年共组织2期委员集中学习、7次主席会议学习活动和4次专题辅导，编印学习资料5期，共培训800多人次。将中共十八大和十八届三中、四中、五中全会精神，以及习近平总书记系列重要讲话精神渗透到政协履职中，引导各党派团体和广大政协委员统一思想，凝聚共识，增强做好政协工作的责任感和自觉性。区政协理论研究分会以“加强专委会和工作室两大平台建设，发挥政协在我区协商民主中的重要作用”为主题，组织开展专题性研讨活动，以科学理论指导基层协商民主实践。

（二）持续提升服务保障能力。按照区委的统一部署，区政协党组及机关支部扎实开展“三严三实”专题教育活动，查摆问题，着力从完善作风建设长效机制、改进调查研究、加强制度建设、密切联系群众等方面进行整改，力求将整改成果体现在经常性工作的推进上。全面落实党风廉政建设责任制，认真贯彻执行中央八项规定和省市区有关要求，切实转变政协机关作风，提升工作效能。

（三）持续提升联系群众能力。建立联系群众工作机制，区政协领导定期走访所联系的镇街、村、社区，参与“清洁番禺”行动，协助解决经济发展、乡村建设等问题；走访委员和委员企业，了解企业在科技引领创新、打造自主品牌等方面的理念和运营情况，广泛听取基层群众和各界委员的意见建议。支持番禺百越艺术研究会开展内地及港澳台书画、摄影、盆景展览和书画进校园等活动，组织10多位书画家深入莲花山，创作《莲花山揽胜图》长卷，为传承岭南文化、推介番禺特色、促进我区文化建设作出贡献。支持历届委员联谊会开展学习考察活动，各小组积极开展交流联谊和反映社情民意信息。组织委员参加“广州市政协杯”运动会，获得羽毛球赛团体冠军。密切与各级政协的联系合作，参加区域性政协工作经验交流联谊活动。全年共向市政协、区委、区政府及新闻媒体报送宣传信息稿100多条，升级区政协信息网，启动《番禺政协志续编》及文史资料《黄啸侠暨番禺武术文化专辑》的征集工作，不断加强政协信息和文史工作的力度。

各位委员，过去一年区政协工作取得的成绩，是在区委坚强领导、区政府大力支持及社会各界协同帮助下取得的，也是区政协各参加单位和广大委员共同奋斗的结果。在此，我代表区政协常委会表示衷心的感谢！

对照上级和区委的要求、各界群众的期待，我们的工作还存在不足，如，协商民主还不够广泛多层，民主监督还比较薄弱，重点提案的培育成效不够明显，“双平台”建设还需要进一步完善，委员服务和管理还有待提升等。这些都需要认真研究，并在今后的工作中切实加以解决。

2016年工作意见

2016年是“十三五”规划的开局之年。在新的一年里，区政协要深入学习贯彻中共十八大和十八届三中、四中、五中全会精神及习近平总书记系列重要讲话精神，认真贯彻落实中共中央关于发展社会主义协商民主的重大战略部署，高举爱国主义和社会主义旗帜，坚持团结和民主两大主题，围绕“十三五”规划的实

施，牢固树立“创新、协调、绿色、开放、共享”的发展理念，认真履行职能，为番禺率先全面建成小康社会作出积极贡献。

一、学习新理论，努力为协商民主提供保障

要运用政协党组学习会、专题学习会、理论研讨、委员学习日等形式，认真学习贯彻社会主义协商民主理论，融会贯通，知行合一，将社会主义协商民主精神贯穿于政协履职实践全过程。既要总结区政协基层协商等方面的新鲜经验，又要继续加强界别协商的成功做法，更要寻求在提案办理协商等方面取得创新突破。要通过建立健全协商议题提出、协商活动组织、协商办理沟通、协商成果采纳落实和反馈等协商制度机制，推动形成广泛多层制度化协商的格局，不断提高协商民主制度化、规范化、程序化水平。

二、聚焦新常态，努力为经济发展献计出力

新常态下，番禺进入增长速度换挡期、转型升级关键期、深化改革攻坚期，面临着前所未有的挑战，也面临着难得的转型发展机遇。在新的一年里，我们要按照区委的总体部署，主动顺应新常态，积极谋划新思路，突出五大发展理念，增进共识，汇聚力量。围绕番禺“十三五”规划提出的战略目标、任务要求、政策措施，紧扣供给侧结构性改革，选择我区中小企业发展、南站商务区建设、市桥河一河两岸环境优化等议题，运用调研、视察、座谈等履职手段，有组织地开展协商议政活动，为促进我区去产能、去库存、去杠杆、降成本、补短板，增强持续增长动力建言献策，力求形成一批质量较高、富有建设性的建言报告。尤其要突出创新驱动发展的主题，围绕以大学城为“智核”的优化创新经济格局，培育创新主体，营造创新生态环境等组织开展调查研究和视察监督活动，努力推动我区经济转型升级。

三、顺应新期盼，努力为社会和谐出谋划策

要突出议政为民、履职为民的宗旨，关注群众期待，谋利民之策，献安民之计，促惠民之举，努力为民生福祉尽责出力。要突出建言立论，重点围绕健全公共法律服务体系、卫生强区建设、垃圾环保利用、完善公园配套设施等与群众利益密切相关的热点、难点问题，深入开展调查研究，积极提出意见建议，努力在推进各项民生事业健康发展中发挥更大的作用。要突出民主监督，选择创建干净整洁平安有序城市环境、创建市来穗人员服务管理示范区、地铁站点周边环境综合治理等重大民生课题，开展视察监督，协助党委、政府做好协调关系、化解矛盾、增进共识的工作。要突出提案质量，建立健全重点提案培育和遴选机制，大幅增加集体和联名提案，精简数量，优化质量。要突出提案落实，进一步加强重点提案高层办理协商、同类提案集中办理协商、热点提案专题办理协商、难点提案跟踪办理协商，推动提案所提建议得到更好落实。要突出社情民意，坚持工作重心下移，深入实际、深入基层、深入群众，做到知民情、解民忧、暖民心，畅通和拓宽各界群众的利益诉求表达渠道。要突出为民造福，积极组织委员开展帮困济弱、扶残助残、捐资助学等社会公益活动，真心诚意帮助困难群众反映和解决生产生活中的实际问题，促进各项惠民措施落到实处。

四、营造新环境，努力为深化改革凝聚力量

为改革凝聚共识、为发展凝聚力量，是政协的职责所在、使命所在。要继续加强与各民主党派、工商联、人民团体和无党派人士的团结合作，支持他们在政协会议上踊跃发表意见，加大对重大课题开展联合调研的力度，积极协调解决履行职能中遇到的困难和问题，努力为他们知情出力、参政议政搭建平台、创造条件。协同区有关部门依托海外华侨华人社团、当地

民间组织，进一步加强与海外华侨华人和外国友人的联系，广泛开展海外联谊交流。充分发挥港澳委员的作用和优势，组织他们通过参加政协例会、座谈会、调研视察、参观考察等活动履行职能，推动香港澳地区间的交流与合作。以番禺百越艺术研究会、历届委员联谊会为平台，更为广泛地开展艺术文化交流和委员联谊等活动。

五、落实新要求，努力为自身建设夯实基础

要进一步加强专委会界别协商平台建设，突出各专委会的不同界别和功能特征，密切与委员及界别群众的联系，加强与对口部门的交流协作，切实发挥专委会在政协工作中的基础作用。进一步加强镇街工作室基层协商平台建设，以“下基层、听民意、办实事、促发展”为主题，积极组织委员开展学习培训、调研视察、协商座谈活动，为促进基层经济社会发展、推动民主政治建设支招出力。进一步加强委员队伍建设，以丰富学习方式、拓展知情渠道等形式，提高委员整体素质，努力使全体委员做到懂政协、会协商、善议政，做到守纪律、讲规矩、重品行。进一步加强政协机关建设，深入开展“学党章党规、学系列讲话，做合格党员”学习教育，不断改进机关作风，努力提高服务水平。完成《番禺政协志续编》、《黄啸侠暨番禺武术文化专辑》编辑出版工作。认真贯彻区委决策部署，扎实细致地做好政协换届工作。

各位委员、同志们，全面建成小康社会的蓝图已经绘就，加快建设广州时尚创意宜居新区的奋斗目标进一步明确。政协肩负着光荣使命和重要责任。让我们更加紧密地团结在以习近平同志为总书记的中共中央周围，在中共番禺区委的坚强领导下，坚定信心、群策群力、履职尽责，为实现“十三五”发展良好开局，为番禺的明天更加美好而努力奋斗！

番禺广场

（郭锦华摄影）

广州市番禺区人民法院工作报告

——2016年4月27日在广州市番禺区第十六届人民代表大会第六次会议上

广州市番禺区人民法院院长 何国雄

各位代表：

我代表广州市番禺区人民法院向大会报告工作，请予审议，并请各位政协委员和其他列席人员提出意见。

2015年，在区委领导、区人大及其常委会监督和各界支持下，我院深入贯彻党的十八大和十八届三中、四中、五中全会精神，紧紧围绕司法为民、公正司法工作主线，狠抓执法办案、司法改革、队伍建设，努力让人民群众在每一个案件中感受到公平正义，各项工作取得新进展。全年共受理各类案件29491件，审（执）结各类案件18406件，结案标的35.5亿元，法官人均结案155件，法定审限内结案率99.88%。

一、围绕执法办案，充分发挥审判执行职能

严厉打击刑事犯罪。全年共受理刑事案件2594件3266人，审结2288件2766人。审结杀人、绑架、强奸、故意伤害等严重暴力性犯罪案件247件；重点打击严重危害治安的犯罪，审结抢劫、抢夺、盗窃、诈骗犯罪案件599件；深入开展禁毒专项斗争，审结毒品犯罪案件389件；惩治贪污、贿赂、渎职犯罪，审结此类案件50件。严惩危害社会民生的犯罪行为，成功审理了彭某生等14人开设赌场案1、周某云等46人电话诈骗案2等一批重大刑事案件，有力震慑了犯罪份子的嚣张气焰，维护了社会的稳定，促进“平安番禺”建设。优化审判力量配置，加大人力物力投入，严把案件事实关、证据关和法律关，提升刑罚惩治的效果，审结黑恶类“3+2”刑事案件3共136宗267人。注重人权刑事司法保障，严格执行罪刑法定、罪责相当、疑罪从无原则，共对462名罪行轻微、主观恶性不深、人身危险性较小、有悔改表现的被告人依法判处缓刑、管制等非监禁刑。依法适用证据裁判、非法证据排除、证人出庭等规则，保障律师知情权、会见权、阅卷权、辩护权，维护被告人合法权益。严格执行审限规定，实现零超期羁押。

妥善处理民商事纠纷。共受理民商事案件15186件，审结9715件，结案标的30亿元。在民事审判中突出保障和服务民生，着力维护妇女、儿童等弱势群体的合法权益，审结婚姻家庭纠纷、继承纠纷案件869件，促进家庭和谐。审结劳动争议案件1223件，妥善处理广州市荣祥五金锻冲压铸造有限公司欠薪案等4多批群体性劳资纠纷，依法保护劳动者和企业的合法权益，有效防止矛盾激化，促进劳资关系和谐。妥善处理涉小区业主、物业公司、房地产企业的群体性纠纷，审结涉及城乡建设、征地拆迁、物业管理等各类涉房地产纠纷案件1144件。在

商事审判中贯彻诚实信用原则，维护市场公平交易秩序，审结各类金融合同案件1834件，促进金融业创新发展。积极开展调解工作，灵活运用人民调解、诉前调解和诉讼调解等多种方法，及时化解矛盾，通过调撤方式成功化解了3086件民商事纠纷，促进社会和谐。

积极开展行政审判。共受理行政诉讼案件285件，审结215件，有效保护了公民、法人和其他组织的合法权益，支持和监督行政机关依法履行行政管理职能，推行行政机关负责人出庭应诉制度，进一步推进我区法治政府建设。审查非诉行政执行案件580件，保障了合法、正当的行政管理秩序。判决行政机关履行法定职责、确认行政行为违法或无效、撤销或变更行政机关具体行政行为的案件41件，切实保护行政相对人的合法权益。积极配合做好行政诉讼案件移交广州铁路运输法院集中管辖5工作。

加大执行工作力度。共受理执行案件11397件，执结6159件，执结标的5.4亿元。依法强化搜查、查封、扣押财产、拍卖、变卖、冻结、划拨以及罚款、拘留等强制措施，加强对执行案件信息的社会化管理，在融资、投资、经营、置产、出境、注册新公司等方面给予被执行人必要的限制，从而形成强大的社会威慑力，促使被执行人自觉履行法定义务，全年共搜查赖债者的住所227处，司法拘留35人，对21人采取限制出境措施。强化失信惩戒机制6，公布失信被执行人名单1347人次，因纳入失信当事人而主动联系本院履行债务的案件有57件。健全执行指挥中心建设，整合资源开通“总对总”网络执行查控系统7，全面提高执行效率。协调相关职能部门开展重大的执行联合行动，落实执行工作的协助和保障措施，形成社会执行合力，切实保护债权人的合法权益。重点处理涉民生案件，全年执结90多批次2253件涉及群体性的工资案件，执结标的963.72万元，维护了辖区的社会稳定。

二、围绕改革创新，提高法院整体司法水平

加强立案登记制工作。从施行立案登记制度8首日开始，严格落实最高人民法院相关规定，对于符合立案条件、诉讼材料齐全，均予当场登记立案，严格执行登记立案范围，认真执行登记立案程序，落实一次性告知制度。完善诉讼引导、立案登记、排期开庭、文书送达、信访接待、诉前调解、判后答疑等各项功能，着力发挥诉前联调机制的作用，加强纠纷分流，减少群众讼累。

完善诉讼服务中心建设。在原有诉讼服务窗口的基础上，完善窗口服务功能，扩建安检保卫等候区、诉讼材料收转、接待来访等专用场所，配置智能化导诉设备和查询设备，将直接面对当事人的诉讼服务功能前移至窗口并集中管理，充分发挥诉讼服务中心的纠纷诉前分流和诉后繁简分流的作用，更好地为群众提供全方面司法服务。

积极推进人民陪审员工作。落实“人民陪审员倍增计划”，优化人民陪审员的选任、退出机制，扩大选任范围和规模，提高基层群众参审比例，2015年共向全区公开选任人民陪审员155名。拓宽陪审案件范围，建立随机抽选机制，提高人民陪审员参审水平，全年人民陪审员参与审结的案件占普通程序结案案件总数的98.06%，增强了人民群众对法院工作的满意度。

推进诉讼档案电子化工程。设立诉讼材料收转管理中心，对立案、审判、执行等各阶段形成的诉讼材料及时扫描录入，同步建立电子卷宗9。完善诉讼材料转化流程、传送机制和备份方式，充分发挥电子卷宗在提高效率、节约成本、便民利民方面的功能。加强电子档案的多层次、高效率利用，确保各类诉讼信息一次录入、多种用途、资源共享，实现诉讼信息的自动及时公开。

建立财产保全统一管理制度。设置审判辅助中心专职负责全院民商事案件的诉讼财产保全10，统筹协调安排处于同一片区、同一路线的保全工作，将审判事务和辅助事务进行适度剥离，实现民商事案件财产保全科学化管理，把法官从繁重的事务性工作中解脱出来，把更

多精力用于裁判工作，发挥司法资源的最大效用，提高办案质量和效率。

三、围绕司法为民，全力维护社会和谐稳定

深化司法公开工作。全面推进审判流程公开、裁判文书公开、执行信息公开三大司法公开平台建设，以司法公开促进审判执行工作水平全面提升。对审判法庭进行数字化改造，保障案件庭审实现记录、录音、录像“三同步”，全年通过网络直播各类案件庭审291件。积极推进裁判文书上网公开，严格监管上网公布的文书质量、数量和信息安全，通过中国裁判文书网等平台公布各类裁判文书5314份。通过“12368”诉讼信息服务平台实现“一对一”个性化人工服务，做到办案信息“主动告知”，当事人“有问必复”。开通官方微信11，深入打造与社会公众相互沟通、彼此互动的信息化平台。

延伸少年审判职能。积极探索教育挽救涉罪未成年人的途径，做好社区矫正工作，实现“教育、感化、挽救”的法律效果和社会效果。积极回访帮教，针对判处监禁刑的未成年犯和未成年缓刑犯，分别采取信件与监所探望相结合或定期回访的措施，预防重新犯罪，鼓励积极改造。努力争取有关单位、部门支持，帮助未成年犯进行劳动技能培训，通过就业重新融入社会，全年共审结未成年人刑事案件71件88人。

加强人民法庭建设。发挥人民法庭贴近基层、贴近群众的优势，增加物质装备，配齐配强人员，推进人民法庭窗口建设，努力为当事人的诉讼活动提供集成式、一站式服务，及时高效地处理辖区纠纷。我院三个中心人民法庭积极参与基层社会治理，切实发挥人民法庭桥梁纽带和司法保障作用，全年共审结各类民商事案件2714件，结案标的2.62亿元。

积极开展司法救助。加大司法保护力度，充分保障弱势群体诉讼权益，全年共为经济确有困难的141件案件当事人缓、减、免交诉讼费40.91万元，确保符合救助条件的当事人打得起官司。落实法律援助制度，依法为34名刑事被告人指定了辩护律师。完善司法救助工作机制，推行《关于开展司法救助工作的实施细则》，为确需救助的涉诉信访当事人解决实际困难，全年共向52名符合条件的被执行人发放司法救助资金38笔共计141.25万元。

四、围绕自身建设，切实提高司法公信力

广泛接受各界监督。加强人大代表联络工作，通过向代表回复意见建议落实情况、发送短信、工作通报、上门走访、召开座谈会、邀请参与调解、旁听庭审、见证执行等方式接受监督。完善联系机制，主动向人民政协、各民主党派、工商联、无党派人士通报法院工作，听取意见建议并认真研究处理。自觉接受检察机关法律监督，高度重视和认真对待检察机关提出的意见建议。

抓好党风廉政建设。开展“三严三实”专题教育和廉洁司法集中教育活动，不断强化理想信念教育，引导干警牢固树立群众观念，深入查摆存在问题，迅速落实整改措施。严格落实党风廉政建设主体责任和监督责任，对一名严重违纪违法原业务庭庭长作出开除党籍、开除公职处分，深刻总结经验教训，制定廉政责任清单，进一步加强廉政档案、廉政监察员、审务督察、防止内部干扰、重大事项报告等制度建设，健全权力监督制约，促进廉洁作风建设。

注重司法能力提升。分层次、多渠道、多形式地加强业务培训，突出抓好对新法律法规、司法解释的学习培训，组织各类培训895人次。立足司法实践，围绕审判执行工作中折射出的社会问题，进行前瞻性调查研究并提出对策建议，全年共向各级单位发出司法建议34条，部分建议获省市领导批示，为打造法治政府贡献力量。开展重点课题调研和学术讨论活动，注重成果转化，在广东法院学术讨论会上获得多个奖项，连续五年被省法院授予“论文组织工作先进奖”，卜晓虹法官获评全国法院先进个人。

各位代表，过去的一年，我院所取得的成绩，是区委正确领导、人大和政协有力监督、政府和社会各界共同关心支持的结果，是各位代表、委员理解支持的结果。我代表番禺区法院，向

关心支持法院工作的有关部门和各界人士，表示衷心的感谢！

同时，我们也清醒地认识到工作中存在的问题和困难：司法服务与人民群众对公正司法的期待还存在差距，司法为民举措仍需进一步改善；司法体制改革试点工作已经开展，但一些配套方案、规定办法还需要制定并落实；执法办案任务越来越重，司法改革与现有工作之间的矛盾尤为突出；队伍思想建设、能力建设、作风建设有待进一步加强等。对此，我们将认真研究，加以解决。

2016年，我院工作的总思路是：深入学习贯彻党的十八大和十八届三中、四中和五中全会精神以及习近平总书记系列重要讲话精神，牢牢把握司法为民、公正司法工作主线，深入推进司法体制改革，努力提升办案质效，为“十三五”规划全面实施提供有力的司法服务和保障。按照这一思路，我院将重点抓好以下工作：

一是逐步落实推进司法改革。按照推进司法体制改革试点12的工作部署，做好法官员额改革，落实司法责任制。深化审判辅助人员管理改革，推动以审判为中心的诉讼制度改革，强化庭审中心作用。扩大人民陪审员参审范围，健全冤假错案有效防范、及时纠正机制。

二是不断发挥审判职能作用。坚持把保障民生案件作为法院工作的重要内容，切实维护群众合法权益。突出强化诉前联调、涉诉信访和执行工作，注重从源头上减少矛盾，着力在创新管理、案结事了上下功夫、求实效。

三是健全审判监控管理机制。建立良性的“计划目标、执行落实、检查验收、纠正调整”监控体系，加强审判流程管理，升级案件管理系统，推进案件繁简分流，严格审限管控，提升办案效率。加大财产查控和执行联动力度，提升执行工作效能。

四是不断强化党风廉政建设。认真落实全面从严治党要求，严守政治纪律和政治规矩，巩固和扩大党的群众路线教育实践活动的成效。全面落实领导干部一岗双责、党风廉政建设主体责任和监督责任，完善承诺约谈、报告述责、考核奖惩、检讨倒查等工作机制。

五是继续加大司法公开力度。积极构建“开放、动态、透明、便民”的阳光司法机制，实现案件流程全公开、节点全告知、程序全对接、文书全上网。整合诉讼服务中心职能，努力将其建设成为集立案登记、涉诉信访、诉讼服务等多项功能为一体的综合性诉讼服务平台。

各位代表，努力让人民群众在每一个司法案件中感受到公平正义，是我们不懈奋斗的目标！在新的一年里，我院将贯彻落实本次代表大会精神，求真务实，开拓创新，忠实履行宪法和法律赋予的职责，维护公平正义，为我区全面实施“十三五”规划作出新的贡献！

附件：

《广州市番禺区人民法院工作报告》有关用语说明

1. 彭某生等14人开设赌场案：2014年3月至10月间，被告人彭某生与黄某潮在本区沙湾镇，利用赌博网站CK2提供的网络操作平台，合伙运营该网站股东级别账号aw110，发展下线被告人曾某辉等担任总代理或代理，再由该下级代理发展多名下线会员接受投注，进行六合彩、重庆时时彩等赌博活动。我院经审理认为，被告人彭某生等14人无视国家法律，开设赌场，情节严重，其行为均已构成开设赌场罪，分别判处有期徒刑三年九个月至七个月不等。

2. 周某云等46人电话诈骗案：2014年6月至2015年5月间，就职于“广州正保教育科技有限公司”“广州张博氏教育咨询有限公司”的周某云等46人，根据通过网络贴吧等渠道获取的考生报考信息，按照公司拟制的“话术单”通过QQ、手机与被害人取得联系，先以公司注册资金达人民币200万元、能在网上查询到工商注册资料等幌子骗取被害人信任，再以有内部渠道获取职称考试原题和答案能保证考试通过、考试不通过可退款、有内部关系能将不合格的分数改为合格分数等虚假承诺，通过收取“保过费”“保密费”“改分费”“退款手续费”

等各种名义，骗取全国各地数百名被害人钱款达人民币6043690元，事后以屏蔽被害人QQ、不接听被害人电话等手段拒不退款。周某云等46人通过上述方式各自骗取被害人钱款达人民币6000元至318420元，其行为已构成诈骗罪。由于在共同犯罪中，周某某等46人均起次要、辅助作用，是从犯，依法均应减轻或从轻处罚。其中被告人周某某等28人被判处有期徒刑一年三个月至九个月不等，并处罚金一万元至五千元不等；被告人何某某等18人被判处有期徒刑十个月至拘役六个月不等，缓刑一年六个月至一年不等，并处罚金八千元至一千元不等。

3. 黑恶类“3+2”刑事案件：特指五种类型的刑事犯罪案件，“3”即涉毒、涉黑恶、涉盗抢专项，“2”即涉食药假、涉诈骗专项。在开展“3+2”专项活动过程中，各职能部门集中资源，集中精力，强势出击、持续发力，掀起新一轮打击犯罪高潮，有力摧毁整个利益链条，严厉惩处危害民生的组织者、经营者和获利者，对犯罪团伙予以毁灭性打击。

4. 广州市荣祥五金锻冲压铸造有限公司欠薪案：2015年4月21日，我院受理了彭某圭等225人申请查封广州市荣祥五金锻冲压铸造有限公司（下称荣祥公司）的仲裁程序中的财产保全一案。我院劳动庭一方面迅速统一查封了荣祥公司全部的生产原材料及半成品，确保了查封财产的安全性，另一方面积极协同区人社局、大龙街切实做好涉事企业释法说理工作，敦促企业落实工资筹集工作。4月23日，我院劳动庭配合区人社局、大龙街等相关职能部门在荣祥公司现场向该企业的225名员工全额发放了拖欠多月的工资合共410多万元。该起群体性劳动纠纷在我院及区相关职能部门的多方联动配合下，短时间内得到妥善解决，及时保障了劳动者的合法权益，稳定了我区经济社会秩序。

5. 行政诉讼案件移交广州铁路运输法院集中管辖：2014年10月，广东省高院向省委报送了《关于开展我省铁路法院管辖试点工作有关事项的请示》，提出利用和整合我省铁路法院现有司法资源，集中管辖广州市行政案件的基本思路，省委批示同意。根据试点改革的工作部署，广州铁路运输法院已更名为广州铁路运输第一法院，在受理原有案件的基础上，从2016年1月1日起，集中受理广州市一审行政案件和非诉行政案件审查。根据案件管辖调整情况，广州两级法院行政审判庭的机构、编制、职数相应划入广州铁路运输中级法院和广州铁路运输第一法院。相关试点文件明确规定，2016年1月1日以前广州两级法院已经立案尚未审结的，由原受理法院继续审理；广州各区基层法院2016年1月1日起审结的一审行政案件，上诉法院为广铁中院；广州各区基层法院2016年1月1日前审结并已发生法律效力的行政案件，当事人申请再审的，由广铁中院依法受理。

6. 失信惩戒机制：失信被执行人，俗称“老赖”的存在，严重影响着社会诚信体系建设和社会稳定，也严重损害着司法权威。法院将失信被执行人名单信息向政府相关部门、金融监管机构、金融机构、承担行政职能的事业单位及行业协会等通报，供相关单位依照法律、法规和有关规定，在政府采购、招标投标、行政审批、政府扶持、融资信贷、市场准入、资质认定、出境入境、乘坐飞机、高铁等方面使失信被执行人受到限制，压缩其经营发展空间，对其进行信用惩戒，督促被执行人自觉履行义务。

7. “总对总”网络执行查控系统：法院利用计算机网络等现代信息手段，与全国多家金融机构实现专线连接，通过“总对总”的实时电子数据交换，系统自动向法院反馈被执行人在银行开立的账户、余额、资金往来等信息。法院执行人员只需通过系统填写申请表、制作法律文书、领导审批、电子文书盖章，直接发送给各银行，便可快速冻结、扣划被执行人账户内的存款。“总对总”网络执行查控有效提升执行与协助执行的效率，压缩消极执行的存在空间，形成快速反应、规范协调的网络执行机制，改变了被执行人难找、被执行财产难查的“执行难”局面。

8. 立案登记制度：2015年4月15日，最高法院发布《关于人民法院推行立案登记制改革的意见》，自5月1日起施行。适用范围为初始案件，即一审案件和最初提出申请的案件，包括民事起诉、行政起诉、刑事自诉、强制执行和国家赔偿申请。对上诉、申请再审、申诉等，法律另有规定，不适用登记立案的规定。实行立案登记制后，法院立案庭对诉讼要件不再进行实质审查，仅对起诉的形式要件进行一般性核对，对符合法律规定的起诉、自诉和申请，一律接收诉状，当场登记立案。

9. 同步建立电子卷宗：根据诉讼规律及审判流程，设置卷宗扫描节点，各诉讼阶段各负其责，对每一个节点的案卷材料随收随扫，同步生成，结案时完整的电子卷宗同步生成完毕。为进一步提升审判工作、档案工作信息化水平，我院加快科技强院的建设步伐，将纸质文件转化成电子易查询的文件，正式将电子卷宗投入使用，进一步提高结案速度，方便群众查询，实现办案信息化。

10. 诉讼财产保全：诉讼财产保全是在诉讼进行过程中，对于可能会由于当事人一方的行为或其他原因，而使将来作出的判决难以执行或造成当事人损害，人民法院可以根据当事人的申请，或在必要时依职权对有关财产采取一定的强制措施。财产保全是保障权利人进行民事诉讼的结果能够得以实现的一种制度，因其能够有效防止当事人对财产的恶意转移、保护申请人权益及促进执行程序的进行而具有非常高的制度价值，在民事诉讼中使用的比例非常高。

11. 开通官方微信：为深入打造与社会公众相互沟通、彼此互动的信息化平台，为群众提供一站式的司法公开和民意沟通服务，2015年10月我院微信公众平台正式上线开通。我院官方微信主要分为“微官网”“在线服务”“更多资讯”三大模块，下设法院简介、新闻中心、法院公告、审务公开、庭审直播、裁判文书、案件绑定、执行在线、诉讼服务、网上立案、举报中心、费用计算等子模块，同时向用户重点推送法治新闻、工作动态、典型案例、法律知识等丰富内容，让群众足不出户，就能第一时间了解法院工作动向，享受更优质、更便捷的司法服务。关注我院官方微信方法之一：登陆个人微信账号——点击“添加朋友”——选择“公众号”——输入“广州市番禺区人民法院”或“panyufayuan”——点击“关注”。方法之二：扫描下面的二维码添加关注。

12. 推进司法体制改革试点：作为全国第一批司法改革试点省市，广东省确定了深圳、佛山、汕头、茂名四市作为省内第一批试点城市，从2014年11月启动改革试点。2015年12月29日，包括我院在内的广州市两级法院纳入全省第二批改革试点，主要改革任务是完善司法责任制、完善法院人员分类管理制度、健全司法人员职业保障制度和推动全省法院人财物统一管理。

鸟瞰番禺区政府 （郭锦华摄影）

广州市番禺区人民检察院工作报告

——2016年4月27日在广州市番禺区第十六届人民代表大会第六次会议上

广州市番禺区人民检察院检察长　暨中党

各位代表：

我代表番禺区人民检察院向大会报告工作，请予审议，并请政协委员和其他列席人员提出意见。

一、2015年履行检察职责整体情况

2015年是全面深化改革、强化司法规范化建设的重要一年，我院认真贯彻落实党的十八大、十八届三中、四中、五中全会精神和习近平总书记系列重要讲话精神，以"让党满意、让人民满意"为目标，忠实履行检察职责，大力推进平安番禺、法治番禺建设，在打击和预防犯罪、维护社会和谐稳定等方面做了大量工作，取得了明显成效，为全区经济社会又好又快发展作出积极贡献。

——坚持保障社会和谐稳定。切实履行审查逮捕、审查起诉职责，依法打击各类刑事犯罪，全年共受理审查逮捕案件1957件2734人，批准逮捕1562件2091人；受理移送审查起诉案件2466件3158人，起诉2246件2774人，审查批捕和审查起诉案件人数同比分别上升了7.2%和26.57%。

——坚持保持惩治腐败高压态势。共立案查办职务犯罪案件40件44人，其中贪污贿赂犯罪案件37件37人，查办渎职侵权案件3件7人，涉案总额达人民币3千多万元。在所查办的贪污贿赂案件中，依据群众举报或自行扩线发现的有28件28人，占同期办案总数的75.7%。

——坚持法律监督质效双提升。共改变侦查机关定性案件42件57人，监督立案3件；追加逮捕17人，追诉漏罪31人，追诉漏犯61人，不批捕628人，不起诉22人；发出检察建议和纠正违法通知书34份；对认为确有错误的刑事、民事、行政裁判提起抗诉(注释1)1件，提请抗诉(注释2)4件，现已成功改判2件，获市院支持1件。

二、2015年着力抓好的重点工作

（一）全面发挥检察职能，努力构建基层良好法治氛围

依法打击各类刑事犯罪。突出打击危害国家安全、公共安全和人民群众生命财产安全的犯罪，共查办涉黑恶、涉盗抢、涉毒等严重暴力刑事犯罪案件1071件1219人；成功办理了广州大学城"6.29"女尸命案(注释3)，新疆籍16人涉嫌偷越国境、参加恐怖组织案以及涉案数额达60余亿元的番龙公司骗取贷款案等一大批社会影响较大的严重刑事犯罪案件。

始终保持惩治腐败的高压态势。明确案件查办重点，所查办案件均涉及医药卫生、电力系统和涉农惠民等重点民生领域，其中，查办行贿犯罪案件18件18人，1000万以上特大案1件1人，100万以上大案6件6人，副处级以上干部要案6件6人。为相关单位提供行贿犯罪档案查询(注释4)服务5428次。突出抓好追

逃追赃工作，成功追逃2名犯罪嫌疑人，追回赃款共计人民币8952万元。

不断强化诉讼监督职能。继续将群众关心的食品药品安全和破坏生态环境的犯罪作为打击重点，共批准逮捕涉药刑事案件6件8人，环境污染案件5件5人，涉食品安全案件6件11人。对江某某非法持有毒品一案成功抗诉，二审将原判有期徒刑一年九个月改判为有期徒刑七年。受理民事行政申请监督案件38件，执行监督案件18件，发出检察建议(注释5)共10份，成功息诉22件。加强刑罚执行和监管活动监督，与在押人员进行个别谈话教育359人次，受理在押人员提出的控告、举报和申诉10件，核查怀疑超期羁押935人次，有效确保刑事案件羁押“零超期”。

加强机制创新，努力实现执法办案质效双提升。成立未成年人检察工作办公室，依托“捕诉监防一体化”工作模式(注释6)，全面保障未成年人在刑事诉讼中的合法权益。积极探索以刑事速裁机制(注释7)为中心的认罪认罚制度，通过“一专二简三集中”(注释8)的工作机制和远程视频提审的信息化手段，成功办理速裁案件440件441人，全面实现“效率”与“公正”的有机统一。

（二）坚持服务大局，主动保障民生民利

立足地区大局，努力保障经济社会平稳健康发展。加大民生领域犯罪打击力度，共审查起诉生产、销售假药案件30件30人，生产、销售不符合安全标准食品案件3件7人，生产、销售有毒、有害食品案件2件3人。严厉打击经济领域犯罪，共审查起诉扰乱市场秩序、金融诈骗以及侵害知识产权案件128件192人。其中，重点办理了一批涉案金额巨大、涉及面广、社会影响恶劣的严重经济犯罪案件，如涉案案值3.5亿元的冯某某非法吸收公众存款案、被害人逾千人的邓某某等65人诈骗案等。

立足职务犯罪预防，努力营造地区良好的政务生态。紧密结合办案开展职务犯罪专项预防工作，全年共开展警示教育活动119批9822人，预防宣传99次，发出预防检察建议22份。涉农领域职务犯罪专项预防工作成效突出，以“预防犯罪宣讲团”(注释9)、3个派驻检察室以及“预防职务犯罪警示教育基地”为依托，通过“千人预防课程”(注释10)、法制宣讲等形式等实现了对全区16个镇街177条行政村近千名干部的深度覆盖。

立足民生民情，夯实和谐稳定的民心基础。共受理控告、申诉、举报以及其他群众来信来访160件，解答群众来访来电咨询826件986人次。依法审查胡某某不服法院生效刑事判决提出的申诉并提请抗诉，两名被告人最终由7个月有期徒刑改判为无罪，社会反响良好。对番禺区某娱乐场所拖欠工人工资一案成功促成和解，168名工人如愿收取欠薪，有效化解了劳资纠纷引发的社会矛盾。三个派驻镇街检察室(注释11)不断坚持理念创新，主动开展检察服务、监督工作，先后受理群众来信来访共129件188人次，解决群众疑难问题19件，通过基层走访、法制宣传、专题讲座、现场咨询等多种方式，着力维护群众合法权益。

（三）坚持打造“阳光番检”，着力提升检察工作满意度和公信力

主动接受人大、政协民主监督和社会监督。共举办以“司法规范化成果展示”和“职务犯罪预防”为主题的2次大型检察开放日活动。邀请人大代表参加旁听出庭支持公诉活动1次，主动向人大常委会报告工作3次。组织人民监督员对7件职务犯罪案件进行监督，对6起拟不起诉案件进行公开听证。

积极构建良性互动检律关系。着力加强律师执业权利保障工作的专项排查和整改，设立统一律师接待室和听取意见室，规范工作流程，为律师提供“一站式”法律服务；依托“服务承诺、满意度评分、问卷调查、座谈交流、专题工作会议”等五项工作机制，推进检律互动常态化、制度化、长效化。

进一步深化阳光检务。持续推进案件程序性信息查询、法律文书公开等工作，共发布案件程序性信息4169件，公开法律文书830份，发布重要案件信息37条。加强检察宣传主阵

地和新媒体平台建设，积极推进官方网站的改版升级，通过新闻媒体开展检察工作宣传 69 篇次，官方微博“番禺检察”(注释 12) 发布信息 2360 余条。灵活运用“微电影”等新媒体平台，制作以“阳光番检”为主题的检察宣传片 3 部，以更加阳光、开放、亲民的方式主动展示检察队伍风貌和检察工作成效。

（四）坚持加强自身建设，夯实检察工作发展根基

全面加强思想政治教育。把“三严三实”专题教育、学习贯彻党的十八届四中、五中全会精神与新颁布的中国共产党廉洁自律准则、纪律处分条例相结合，增强队伍的党章党规党纪意识。将规范司法行为专项整治工作 (注释 13) 作为贯穿全年的重点工作来抓，全面建章立制，积极进行整改。有针对性的做好司法改革中的思想政治工作，确保队伍稳定。

大力加强执法能力建设。邀请西南政法大学专家学者来院作专题讲座，加深检察人员对司法改革新形势的理解认识；组织干警员工进行专题“规范司法行为素能培训”，进一步提升规范公正司法的履职能力。成功申报省级课题《检察改革视野中自侦权定位》以及市级课题《基层检察视野下认罪认罚从宽制度研究》，为下阶段检察实务工作开展有益探索。全年共获得全国检察宣传先进单位、全省检察机关派驻监管场所二级规范化检察室等 16 项集体荣誉，并有 16 名干警受到区以上表彰奖励。

大力加强基层基础建设。创新发展远程提审系统 (注释 14)，努力提升办案效率。在全省基层院中率先通过分级保护测评，为检察业务工作开展提供安全网络环境。升级改造同步录音录像系统，依法保障案件当事人合法权益。顺利筹建完成“检察宣告、检察和解、公开听证”多功能室 (注释 15)，并已于今年初正式投入使用，力求全面保障当事人及社会公众的知情权、参与权和监督权，实现以规范促公正、以透明促公信的法律效果和社会效果双统一。

各位代表，过去一年检察工作取得的成绩和进步，是区委坚强领导，人大有力监督，政府、政协、社会各界和各位人大代表、政协委员关心、支持的结果。在此，我代表番禺区人民检察院和全院检察干警表示衷心的感谢！

在取得成绩的同时，我们也清醒地看到，我院检察工作仍存在一些困难和不足，如法律监督仍有不到位的地方，执法办案水平仍需进一步提高，司法规范化建设仍要进一步深入，案多人少的矛盾依然突出等等。对此，我们将采取有力措施，认真予以解决。

2016 年，我院将紧紧围绕我区经济社会发展大局，努力适应司法体制改革带来的新形势和新挑战，坚持以法治为引领，以司法办案为中心，不断强化法律监督、自身监督和队伍建设，努力为我区改革发展稳定提供更加有力的司法保障。今年我院将重点抓好以下工作：

第一，更加主动保护经济社会和谐发展。深刻把握新常态下检察机关的重大责任，依法保护企业合法权益，促进激发企业活力；坚决惩治金融领域犯罪，保障资本市场健康发展；加大力度查办和积极预防经济领域的职务犯罪。

第二，更加注重增强检察工作的亲和力和公信力。全面深化司法民主，进一步深化检务公开，努力使检察工作更加符合群众期待，顺利完成最高检提出的“司法公信力明显提高”的阶段性目标。

第三，更加深入推进司法规范化建设。坚持严格、公正、廉洁、理性、文明、规范司法，做到以证据为核心，实体公正与程序公正并重。进一步规范刑事案件查办工作流程，严格把好案件质量关。

第四，更加牢固树立忠诚干净、敢于担当的检察队伍形象。进一步完善人才培养和内部监督制约机制，打造一只廉政强、作风硬、素质高的基层检察队伍。

第五，更加积极推进检察信息化建设与检察工作深度融合。顺应信息技术发展趋势，积极运用检察信息化平台和信息化手段，进一步满足当前工作实际需要和人民群众更加多元化的司法诉求。

附件 3:

2015年番禺区人民检察院业务工作情况分析

一、查办职务犯罪案件情况

立查渎职侵权案件 单位：人

滥用职权案	7
玩忽职守案	0
徇私舞弊案	0
行贿案	0
合计	7

立查渎职侵权案件 单位：人

贪污案	0
受贿案/单位受贿案	16
行贿案	18
挪用公款案	3
合计	37

二、批捕和起诉刑事犯罪案件情况

批准逮捕刑事犯罪案件 单位：人

危害公共安全案	65
破坏市场经济秩序案	170
侵犯公民人身、民主权利案	298
妨害社会管理秩序案	722
侵犯财产案	829
其他	7
合计	2091

起诉刑事犯罪案件 单位：人

危害公共安全案	533
破坏市场经济秩序案	250
侵犯公民人身、民主权利案	302
妨害社会管理秩序案	746
侵犯财产案	907
其他	36
合计	2774

批捕刑事犯罪案件情况分类图

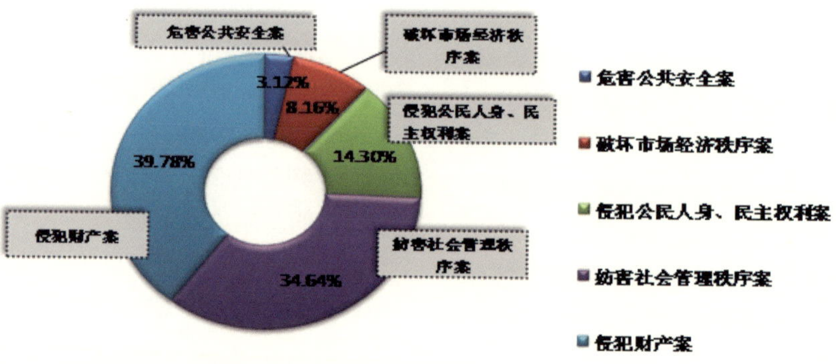

起诉刑事犯罪案件情况分类图

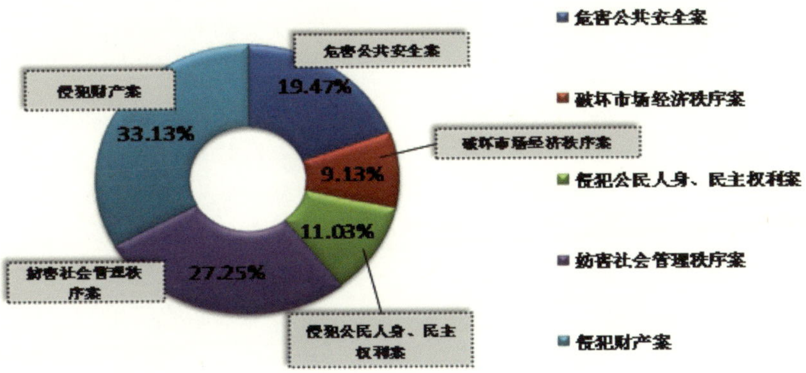

三、民事行政申诉案件受理情况

受理民事行政案件　　单位：件

合同纠纷	17
劳动、人事争议纠纷	3
侵权责任纠纷	4
民事其他	1
行政	13
合　计	38

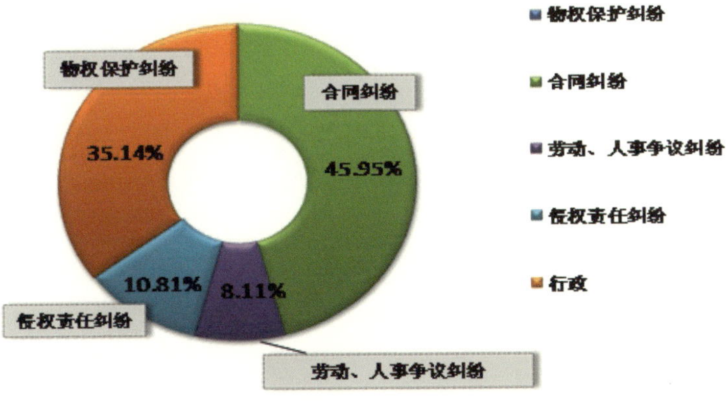

各位代表，在新的一年里，我们将牢记使命、忠于职守、敢于担当、积极作为，努力开创检察工作新局面，为全面深化改革和建设法治番禺提供更加有力的司法保障。

附件 2

《广州市番禺区人民检察院工作报告》

有关用语说明

1. 提起抗诉（P2）：人民检察院依法对人民法院的判决、裁定是否正确实行监督，对人民法院确有错误的判决、裁定，应当依法提出抗诉。提起抗诉是指人民检察院通过原审人民法院向上一级人民法院提出抗诉。其对象一般是原审人民法院尚未发生法律效力的一审判决、裁定，也包括在审判监督程序中对于已经发生法律效力的判决和裁定提出抗诉，人民法院依照第一审程序进行审理后，人民检察院认为人民法院作出的判决、裁定仍然确有错误的案件。

2. 提请抗诉（P2）：指人民检察院提请上一级人民检察院，由上一级人民检察院向其同级人民法院抗诉。其对象一般是原审人民法院已经发生法律效力的判决和裁定，也包括在审判监督程序中对于已经发生法律效力的判决和裁定提出抗诉，人民法院依照第二审程序进行审理后，人民检察院认为人民法院作出的判决、裁定仍然确有错误的案件。

3. 广州大学城“6·29”女尸命案（P2）：2015 年 6 月 18 日，杭州某大学 21 岁女生许某某到广州大学城找高中女同学游玩。2015 年 6 月 24 日，因同学有课，许某某独自在大学城休息区游玩，后失踪。当晚，女同学向广州市小谷围派出所报警。6 月 29 日，有人在大学城自行车滑轮极限运动中心场馆的洗手间内发现一名遇害女性。警方到场后确认死者为许某某。2015 年 7 月 2 日，警方在大学城附近的出租屋内将犯罪嫌疑人唐某某抓获归案。2015 年 7 月 17 日，我院以涉嫌故意杀人罪对犯罪嫌疑人唐某某依法批准逮捕。随后该案上调，广州市检察院以故意杀人罪、侮辱尸体罪向广州市中级人民法院提起公诉。2016 年 4 月 5 日，该案由广州市中级人民法院在番禺区沙湾法庭开庭审理，目前仍在审理阶段。

4. 行贿犯罪档案查询（P3）：为充分发挥检察机关法律监督职能作用，打击商业贿赂违法犯罪，2006 年，高检院决定建立行贿犯罪档案查询系统，录入 1997 年以来经人民法院裁判的行贿受贿犯罪案件的档案。任何个人和单位都可依法向检察机关提出查询申请，查询结果供个人和单位进行商业活动时参考。

5. 检察建议（P3）：检察建议不具有法律上的强制效力，既不需由检察机关执行，也不需要有关部门和单位强制执行。它只是在一定范围内，针对行业、系统和相关单位存在机制、制度、管理等方面的问题，以检察机关的名义，提出堵塞漏洞，消除隐患，改进管理的建议或对策，是一种准“司法文书”。目前检察建议已成为检察机关履行法律监督职能的方式之一。它虽然属于非诉形式的活动，但这种方法针对性强易于被相关单位采纳，见效快。实践证明，检察建议在预防职务犯罪，实现社会治安综合治理方面起到了积极作用。

6.“捕诉监防一体化”工作模式（P3）：即对犯罪嫌疑人是未成年人、共同犯罪的犯罪嫌疑人中有未成年人以及被害人是未成年人的案件实行批捕、起诉、刑事诉讼监督和预防帮教一体化工作。

7. 刑事速裁机制（P3）：该机制是最高人民法院、最高人民检察检、公安部、司法部联合出台的简化轻微刑事案件诉讼程序，于 2014 年 10 月份开始试行，广州是试点城市之一。适用范围：（1）事实清楚，证据充分，犯罪嫌疑人自愿认罪，当事人对适用法律没有争议的危险驾驶、交通肇事、盗窃、诈骗、抢夺、伤害、寻衅滋事、非法拘禁、毒品犯罪、行贿犯罪、在公共场所事实的扰乱公共秩序等十一类情节较轻，依法可能判处一年以下有期徒刑、拘役、管制的案件；（2）依法单处罚金的案件。主要做法：通过进一步简化阅卷、提审、出庭支持公诉等刑事诉讼程序，优化资源配置，提高司法工作效率。其中，人民检察院办理此类案件一般应当在受理案件后八个工作日内作出是否提起公诉的决定。

8.“一专二简三集中”(P3)：指专人办理，简化程序和文书，集中提审、起诉和开庭的办理机制，使“效率公诉”真正落实到位。案件的繁简分流，既保障了被追诉人的各项权利及时回归确定状态，也使其他疑难复杂案件有较为充裕的时间和资源的保障，有利于实现程序和实体公平正义。

9.“预防犯罪宣讲团”(P4)：为深入贯彻党的群众路线，推进检察官“进机关、进企业、进乡村、进学校、进社区”活动常态化、制度化和规范化，我院整合全院资源力量打造专业化检察宣教队伍。该宣讲团主要对本区内国家机关、企事业单位、基层组织、社会团体及广大公民开展预防犯罪宣传教育工作，预防联席单位、预防共建单位为优先进入对象。宣讲团成员均具有检察官资格，由政治思想好，法律功底扎实，检察业务经验丰富，语言表达能力强的业务骨干组成。一年来共开展法制宣讲23场，受教育人数5000多人。

10.“千人预防课程”(P4)：为深入贯彻高检院关于“查办和预防发生在群众身边、损害利益职务犯罪”专项工作的部署和“五进”专题预防活动的要求，落实省检察院关于在全省检察机关开展“查办与预防涉农领域职务犯罪”专项工作的安排，按照番禺区委的指示精神，今年，我院在全区开展“促三农、保民生”涉农职务犯罪惩治和预防专项工作。2015年5月中旬，在番禺区会议中心礼堂举行“千人预防课程”，课程突破了枯燥单一的活动形式，整合涉农展板展示、专业干警解说、派发宣传手册、播放忏悔视频、专题讲座、受邀嘉宾座谈等形式开展预防教育实现了对全区16个镇街177条行政村近千名村干部的全覆盖。

11.派驻镇街检察室(P4)：根据高检院《关于进一步加强和规范检察机关延伸法律监督触角促进检力下沉工作的指导意见》，基层检察院在辖区中心镇街设立派出检察室，主要履行以下职责：(1)接收群众举报、控告、申诉，接待群众来访；(2)发现、受理职务犯罪案件线索；(3)开展职务犯罪预防；(4)受理、发现执法不严、司法不公问题，对诉讼中的违法问题依法进行法律监督；(5)开展法制宣传，化解社会矛盾，参与社会治安综合治理和平安创建；(6)监督并配合开展社区矫正工作，参与并促进社会管理创新；(7)派出检察院交办的其他事项。目前，我院共有南村、石楼、大学城三个派驻检察室，其中派驻南村检察室管辖南村镇、钟村街、大石街、洛浦街、石壁街；派驻石楼检察室管辖石楼镇、石基镇、化龙镇和大龙街；派驻大学城检察室管辖小谷围街及新造镇。

12.官方微博“番禺检察”(P5)：2013年5月，我院官方微博“番禺检察”在新浪网、腾讯网正式运行，以规范化、常态化运作模式，打造出集信息发布、法治宣传、犯罪预防、法律咨询等为一体的“零距离”检民互动网络平台。

13.规范司法行为专项整治工作(P6)：2014年12月27日，最高检召开全国检察机关规范司法行为专项整治工作电视电话会议，部署在全国检察机关开展为期一年的规范司法行为专项整治工作，重点整治八个方面司法不规范突出问题：一是司法作风简单粗暴，特权思想、霸道作风严重，对待当事人和来访群众态度生硬、敷衍塞责、冷硬横推；二是执行办案规范和纪律规定不严格，讯问职务犯罪嫌疑人同步录音录像制度落实不到位，指定居所监视居住强制措施适用不规范，对一些限制性规定变通执行，不严格执行办案安全防范制度；三是不依法听取当事人和律师意见，对律师合法要求无故推诿、拖延甚至刁难，限制律师权利；四是滥用强制措施，刑讯逼供、违法取证，违法查封扣押冻结处理涉案财物，侵害当事人合法权益；五是为追求考评成绩而弄虚作假，违规办案；六是受利益驱动，越权办案，违规插手经济活动；七是私下接触当事人及律师，泄露案情或帮助打探案情，或者受人之托过问、干预办案，利用检察权获取个人好处；八是接受吃请、收受贿赂、以案谋私，办关系案、人情案、金钱案。

14.远程提审系统(P6)：是指对嫌疑人的整

个讯问过程，通过网络视频、无线传输、远程监控等高科技手段，在看守所与检察院建立专门的视频提审室，实现声音、视频的点对点传输，并将整个讯问过程进行全程同步录音录像。通过此方法，检察人员可在提审时节约大量时间，解决基层检察机关案多人少的突出矛盾，实现办案效率的大幅提升。

15.“检察宣告、检察和解、公开听证”多功能室(P6)：为充分保障当事人及社会公众的知情权、参与权和监督权，我院设立专门的“检察宣告、检察和解、公开听证”多功能室，主要用于对向相关人员公开宣布我院依法作出的终结性检察决定，同时也用于刑事和解和公开听证。适用案件主要包括：因不构成犯罪做出的不批准逮捕决定；绝对不起诉、相对不起诉、附条件不起诉决定、刑事案件不予抗诉的答复、对侦查机关要求复议或提请复核案件改变原决定的审查决定、解除或变更羁押措施的决定；民事行政案件不支持监督申请的决定、民事行政案件的终结审查决定；对当事人、申诉人、控告人申请检察机关立案监督案件的答复、刑事申诉案件的复查决定、国家赔偿案件的决定、实名举报后不立案的答复。

新光大道与汉溪大道交汇立交点鸟瞰　(杨达超摄影)

广州市番禺区2015年国民经济和社会发展计划执行情况与2016年计划安排草案的报告

——2016年4月26日在广州市番禺区第十六届人民代表大会第六次会议上

广州市番禺区发展和改革局局长　江奉新

各位代表：

受区人民政府委托，现就我区2015年国民经济和社会发展计划执行情况与2016年计划草案向本次大会报告，请予审议。

一、2015年国民经济和社会发展计划执行情况

2015年，面对复杂严峻的发展形势和经济下行压力，全区坚持稳中求进工作总基调，全面推进改革创新，狠抓稳增长促发展，经济社会保持良好发展，计划执行情况总体较好（见附表）。

（一）经济运行总体平稳

2015年，全区经济增速逐季加快，一季度、上半年、前三季度地区生产总值（GDP）分别增长7.3%、8.1%、8.3%，全年实现GDP1608.78亿元、增长8.5%，增速全市排第三位。

产业结构优化调整。建立区领导联系服务企业工作机制，大力发展总部经济、新兴业态，推进大型工业企业产销分离。全区一、二、三产业增加值分别为26.42亿元、565.21亿元、1017.15亿元，分别增长2.5%、8.8%、8.5%。积极促进现代农业产业化发展，农业生产保持平稳，总产值46.10亿元，增长1.1%。先进制造业加快发展，工业总产值2024.19亿元、增长8.8%，其中，规模以上工业总产值1747.14亿元、增长9.6%，规模以上先进制造业产值961.20亿元、增长10.8%。现代服务业较快增长，实现增加值493.22亿元、增长7.1%，对GDP的贡献率34.6%。

发展质量稳步提升。全区税收收入267.30亿元（不含海关代征），增长17.9%。一般公共预算收入84.47亿元，增长6.6%。一般公共预算支出124.85亿元，增长41.2%，其中社会民生支出比重达75.3%。城镇、农村常住居民人均可支配收入分别为44655元、27403元，分别增长8.8%和9.4%，与GDP同步增长。城镇登记失业率0.8%，保持低位运行。万元GDP能耗预计下降3.88%，氨氮、化学需氧量、二氧化硫、氮氧化物分别削减499吨、3861吨、8.5吨和40吨，完成年度节能减排任务。

发展动力保持强劲。一是投资高位运行。

全区固定资产投资579.72亿元，增长15.4%。100个区重点建设项目完成投资323.93亿元，增长18.0%。二是消费保持旺盛。成功举办广州国际美食节、珠宝文化节。社会消费品零售总额1030.22亿元，增长11.1%。接待旅游总人数3502.47万人次、旅游总收入358.56亿元，分别增长16.3%、27.6%。三是外经贸平稳增长。积极发展旅游商品出口和跨境电商等外贸新业态。进出口总值183.37亿美元，增长1.2%，其中，出口总值113.44亿美元，增长5.8%。实际利用外资3.44亿美元，增长20.8%，合同利用外资3.17亿美元，增长5.0%。

（二）创新发展扎实推进

出台了区加快创新驱动发展实施意见，统筹资金、土地、人才等资源聚焦创新发展，打造特色创新驱动发展体系。

创新发展全面铺开。召开区创新驱动发展大会，发布“1+11”创新政策体系，签约16个科技创新项目，大力推进“大众创业，万众创新”。强化金融支持创新，成立总规模10亿元、首期1亿元的区创业投资引导基金并制订管理办法，区科技型中小企业科技信用贷款风险补偿资金池累计提供200亿元授信额度，专利质押融资新增0.5亿元、累计规模近3亿元。全区上市企业10家，新增3家；“新三板”挂牌企业21家，新增19家；在广州股权交易中心挂牌企业128家，新增58家。落实优秀人才培养资助政策，实施产业提升人才行动计划。创新招商机制，抓好思科华南总部、IBM产业互联网创新中心等项目招商，成功引进中国国际酒类商品交易中心、亚信（广州）软件公司、京东电商综合服务园、幸福运水上飞机、“超谷科技园”等17个优质项目。

科技创新卓有成效。天河二号超级计算机破世界纪录蝉联“六连冠”。全区高新技术企业191家，新增25家；市级以上科技企业孵化器12家，累计孵化企业140家；全区企业研发机构总数158个，其中，市级以上企业研发机构68个，新增9个。全年专利申请量8455件、增长51.7%，专利授权量5370件、增长46.4%，总量均在全市排第三位。

（三）全面深化改革稳步实施

严格对标上级要求，围绕重点任务，坚持问题导向，推动全面深化改革纵深发展。

经济社会加快改革。实施财政支出绩效评价改革和新一轮区对镇街财政管理体制调整，积极化解政府债务。启动区属企业负责人薪酬改革工作。制定区科技经费管理办法及系列实施细则。开展了自来水价格改革，推进全区供水一体化。落实清费减负政策，停征减负13项涉企行政事业性收费1.3亿元。完成村（居）务公开民主管理创建任务，荣获全国农村“三资”监管示范区称号。稳步实施社区网格化服务管理。全面铺开社会组织等级评估工作。实施质量强区战略、标准化战略，荣获“全国岭南文化休闲旅游产业知名品牌创建示范区”称号。全面开展“四个一”示范工程建设，打造番禺特色“两建”工程。

行政改革逐步深化。新一轮大部制改革基本完成。完成区民宗局、区审计局、区安监局等试点单位的权责清单编制。深化行政审批制度改革，进一步完善行政许可事项目录，对保留事项进行规范和优化。实施“三证合一、一照一码”登记制度，实行商事登记“一口式”和“一表制”全程联合审批。开发了建设工程项目联合审批系统，落实企业投资项目清单管理和网上备案制度，进一步健全建设项目竣工环保验收管理制度。稳步推进公务用车制度改革、居民办证制度改革。

（四）城乡建设管理全面加强

统筹推进城乡发展规划编制，加快重点基础设施项目建设，全力打造清洁、美丽新番禺。

发展规划积极推进。抓好区“十三五”规划纲要及专项规划的编制，着力谋划一批重大项目，积极争取将广州国际创新城、广州南站商务区等纳入上级规划和国务院泛珠合作发展指导意见，省政府同意泛珠合作固定会址和合作园区落户广州南站商务区，成功入选省新型城镇化“2511”综合试点区。完成区综合发展功能片区土地利用总体规划编制，加快推进城乡发展规划编制和土地利用总体规划调整，稳步实施广州南站核心区外围地区、大学城等7大重点区域控规修编。

城乡一体统筹建设。完善交通设施建设，推进区内地铁线路纳入市新一轮轨道交通规划，地铁七号线一期完成土建工程的86%，景观大桥建成通车，争取到市对南大干线的资金支持。抓好电力设施建设，建设了一批输变电工程，积极消除城中村用电安全隐患。统筹推进旧城区、村级工业园的更新改造。全年投入7338.57万元推进新农村建设和美丽乡村创建，第三批9个市级美丽乡村试点通过市验收。高标准基本农田首批15100亩建设任务首个通过市级竣工验收，第二、三批建设任务顺利推进。兑现农村留用地60宗、912.08亩，完成储备用地34宗、1888亩。

城市环境不断优化。加快智慧城市建设，建立区政务大数据中心，区长专线全年办理各类案件17万宗，办结率98.3%，市民满意率93.6%。严查严控违法建设，强化建筑施工监管。全面开展“清洁番禺”行动，强化火烧岗垃圾填埋场运营管理、综合整治及复绿，构建垃圾分类和收集体系。落实“河长制”，抓好水安全和水污染防治，全年治水投入9.12亿元，新建外江堤防达标加固5.09公里、水闸及泵站4座、污水管网14.58公里，整治河涌11.04公里，前锋净水厂三期完工试运行。2015年，全区城市生活污水处理率91.2%，提高0.7个百分点；空气优良天数295天，增加40天；沙湾、市桥水道水质分别达到Ⅱ类、Ⅳ类标准。

（五）社会民生事业持续改善

持续加大民生投入，不断提高社会事业发展水平和民生保障能力，积极促进社会公平正义。

社会事业均衡发展。成功举办第九届星海艺术节、2015广东粤曲私伙局大赛、第十五届龙舟赛等活动，抓好公共文体馆所免费开放。推进公共教育服务城乡均衡一体化，建设现代职业教育体系，教育基建投资完成3.29亿元，新、扩建学校26所，校舍9.73万平方米。区公办、民办学校义务教育标准化学校建设率分别为96.6%、75.0%，分别提高2个、11.1个百分点。中考成绩保持全市前列，高考上线率再创历史新高。健全城乡三级医疗卫生服务网络，大力发展省市重点学科，提升疾病预防控制能力，分别以区中心医院、何贤纪念医院为牵头单位组建医联体，在区中医院等实现民生卡自助就医。区第二人民医院主体结构已封顶。

民生保障扎实有效。加大就业扶持力度，实现就业专项资金社保补贴、岗位补贴项目一体化。稳步推进社会保险扩面征缴和政策调整，实现城乡居民同缴费同待遇。城乡居民低保标准由每人每月600元提高到650元，城镇“三无”人员保障标准由每人每月1065元提高至1177元。加强区内、外扶贫帮扶，2015年投入区内扶贫资金1009.41万元，2013-2015年累计向贵州省独山县、梅州市五华县、增城区派潭镇投入帮扶资金1.06亿元。成立区未成年人社会保护工作领导小组，建成区儿童公园、颐养园何添大楼。创建市来穗人员服务管理示范区、融合示范点，有序推进来穗人员基本公共服务均等化。300套新开工保障房任务超额提前完成，建成大学城南北区教师公寓。巩固提升平安番禺建设，深入创建全国安全发展示范区。完善食品药品监管体系机制，推进“食得放心”工程建设，完成新增储备粮任务，区粮油储备库首期扩建工程完工。

2015年是“十二五”规划收官之年。一年来，全区经济运行较好，社会民生有效改善，成绩来之不易。经过五年努力，区“十二五”规划确定的26个经济社会发展指标，除地区生产总值、一般公共预算收入、社会消费品零售总额、出口总值、高考录取人数、年末城镇职工养老保险人数等6个指标的运行值与预期目标存在差距，其余都已实现。当前，国家、省、市全面推进创新发展，供给侧宏观政策力度不断加大，改革红利逐步释放，与此同时，世界经济在深度调整中曲折复苏，新常态下我国经济运行减速换档特征明显，结构调整阵痛持续。我区经济社会发展面临以下问题：经济处于爬坡越坎关口，整体创新能力不强，企业经营成本增大、投资意愿不足，新的经济增长点不多，经济下行压力仍然较大；城区交通拥堵问题日益凸显，垃圾、河涌等环境治理与群众期望仍有差距，社会治理面临新的问题。面对这些问题，需要我们增强危机意识和底线思维，认真应对，切实解决。

二、2016年国民经济和社会发展计划草案

2016年是“十三五”规划的开局之年，也是全面建成小康社会决胜阶段的开局之年，我们要全面贯彻落实党的十八大和十八届三中、四中、五中全会精神，坚持稳中求进工作总基调，以全面建设时尚创意宜居新区为总目标，适应和引领经济发展新常态，推进经济社会协调较快发展。综合考虑必要性和可能性，并与“十三五”规划目标衔接，建议2016年我区经济社会发展主要预期目标如下：地区生产总值增长8%以上，农业总产值增长1%，规模以上工业总产值增长9%，商品销售总额增长10%，固定资产投资增长13%，社会消费品零售总额增长10%，进出口总值增长2.5%，出口总值增长8.2%，一般公共预算收入（可比口径）增长8.3%，城乡居民收入增长与经济增长基本同步，万元GDP能耗下降完成市下达目标，城镇登记失业率控制在3%以内。

为完成上述预期目标，建议重点抓好五方面工作：

（一）力促经济平稳较快增长

一是优化产业结构。促进实体经济加快发展，优先发展先进制造业和现代服务业，增强文化体育产业竞争力。加快广汽乘用车产能（20-35万辆/年）扩建、广汽菲克（16万辆/年）、鞍钢高强热镀锌线工程等大型项目投产，大力发展电子商务，加大批发市场转型升级力度，抓好重点企业的产销分离。推动农业产业结构调整优化，提高农业经营组织化水平。抓好节能减排工作。二是增强发展动力。扩大有效供给，加快新旧动能转换。抓好区重点项目、政府投资项目计划实施，加快土地储备、出让和征地拆迁等工作。2016年，计划安排区重点建设项目100个，年度投资300.62亿元；安排政府投资项目205个，年度投资总规模28.35亿元。加快推进省珠宝玉石交易中心、市钻石交易中心、大罗塘珠宝交易平台以及海鸥岛乡村生态游、长隆旅游等项目建设，积极举办各类节庆展销活动。继续推动旅游商品出口和跨境电商等外贸新业态发展。三是强化企业服务。完善企业数据库建设，深入开展“五个一批”和“暖企”行动，落实惠企政策和稳增长举措，帮助企业降低经营成本，帮助房地产企业化解库存，整合资源帮助本地优质企业在区内发展壮大。大力支持企业上市和挂牌“新三板”。四是强化招商引资。以万博商务区和广州国际创新城为主战场，以思科华南总部等总部经济、新业态项目的招商为重点，多措并举，加强重点产业、楼宇的招商。

（二）大力实施创新驱动发展战略

贯彻落实好区加快创新驱动发展实施意见，加大财政科技经费投入，完善科技创新扶持政策体系和指标体系，推动我区依靠创新增长。完善金融支持创新的政策，成立广州番禺基金，扩大区创业投资引导基金，发展创业投资和风险投资，撬动社会资金加大对创新的支持力度；以万博基金小镇、特色金融建设为重点，积极争取市的支持，推进万博商务区打造广州财富管理中心核心区，推进全区产业创新。推进省科技和金融结合试点区建设，加强科技创新国际交流合作。推进创新创业载体建设，引导镇村级中小工业园区、创客空间等整合提升，加快创业（孵化）基地建设，构建“孵化器—加速器—产业园”的产业培育体系。全力推进转型升级，加大高新技术企业、创新型企业的培育力度，支持企业设立研发机构，推动传统工业智能化升级。强化科技平台建设和新技术应用，推动大数据、物联网、云计算、产业互联网等新兴产业发展。落实知识产权扶持政策，建立专利信息决策服务和市场预警支撑工作机制。深入实施质量强区战略、标准化战略，推动知名品牌创建示范区建设。加强高端人才、

创新团队的引进和培育力度，为区域自主创新提供智力支撑。

（三）全面加快城乡规划建设

全面完成区“十三五”规划纲要及专项规划的编制，继续积极争取广州南站商务区、广州国际创新城等重大项目纳入上级规划和文件。加快推进土规和控制性详细规划修编。配合做好泛珠合作固定会址、合作园区建设。加快完善万博商务区配套设施。抓好区内轨道交通规划布点，推进南大干线、光明大桥、金光东隧道等全面开工建设，加快富怡路、市桥立交等交通堵塞路桥节点改造。用足用活“1+3”政策，统筹有序推进城市更新改造，推进村级工业园转型升级，积极盘活存量土地与村集体留用地。强化用电保障，推进一系列重点输变电工程建设。加大水源保护和大气污染防治力度，谋划取水口优化整合及应急备用水源建设。加快莲花围、南大围等30.28公里外江堤围达标加固建设。制定并实施南粤水更清工作实施方案，完成46.64公里污水干支管网建设，市桥河主干河道基本消除劣V类水质。深入开展“清洁番禺”行动和市容环境整治，完善城市生活、生产垃圾分类、收运、处理体系建设。启动乡村建设规划许可证核发工作，完善农村基础设施和公共服务设施，推进市级美丽乡村试点建设，为打造美丽乡村群奠定基础。强化智慧城市运行保障，继续完善“一号通”和电子政务平台建设，推进民生卡智慧应用。

（四）切实保障和改善民生

加快区图书馆新馆和区、镇街、社区（村）三级公共文化体育基础设施建设，举办好区星海合唱节、第七届区运会等群众文化体育活动。促进义务教育均衡发展，巩固提升学前教育发展水平，加快发展现代职业教育，推进现代学校制度建设，加快番禺中学扩建。加强基层医疗卫生机构建设，落实基本公共卫生服务，深入开展妇幼保健和疾病预防控制。着力抓好就业培训，推进创业带动就业。推进社会保险扩面征缴，实现城乡居民养老保险全覆盖。健全城乡救助体系，试点未成年人社会保护和普惠型儿童福利制度建设。深化“平安番禺”建设，建立常态化巡逻防控机制，抓好社会治理综合整治。实施重大危险源监控和重大事故隐患治理，建立安全生产“倒推式”管理制度。继续抓好区粮油储备库扩建和粮油储备工作，完善食品药品安全责任体系和责任追究机制。完成住房保障建设任务，稳步推进来穗务工人员公租房建设试点。推进来穗人员服务管理示范区创建。推进省村居公共服务平台示范点建设，争取实现每村居一个公共服务站目标。

（五）深入推进全面深化改革

落实改革督查工作制度，以供给侧结构性改革为重点，不断把重点领域和关键环节改革纵深推进，推动改革取得更多实质性进展。筹建区公共事务决策咨询委员会并按不同领域设置专业小组。深化财政绩效管理改革，推进权责发生制政府综合财务报告编制。改革国资监管体制机制，实施区属企业负责人薪酬改革。深化审批制度改革，推进集成服务改革，实施受理与审批相分离，实现前台综合受理、后台分类审批；开发“多规合一”平台，优化建设工程项目审批流程；深化商事登记制度改革，放宽市场准入门槛，进一步下放审批权限，抓好外商投资企业登记多证联办工作。完善农村基层治理机制，出台农村集体资产交易管理实施细则，稳妥推进农村土地承包经营权确权登记颁证工作。加快城镇化综合改革，推进省新型城镇化“2511”综合试点区建设。推进城乡居民议事协商平台建设，做好村（居）法律顾问培训和考评工作。稳步落实医疗卫生体制改革。深入实施“两建”工作，制定和实施区市场监管体系建设规划，加强公共信用信息平台建设。

附件 4：

指标项目		2015 年预期目标（%）	2015 年完成情况（%）		2016 年预期目标（%）	
			增速（%）	总量	增速（%）	总量
GDP（亿元）		9	8.5	1608.78	8 以上	1737 以上
农业总产值（亿元）		1	1.1	46.10	1	46.5
规模以上工业总产值（亿元）		10	9.6	1747.14	9	1900
商品销售总额（亿元）		-	14.8	2551.56	10	2800
固定资产投资（亿元）		14	15.4	579.72	13	650
社会消费品零售总额（亿元）		12	11.1	1030.22	10	1130
进出口总值（亿美元）		8.5	1.2	183.37	2.5	188
出口总值（亿美元）		5.5	5.8	113.44	8.2	122.7
一般公共预算收入（可比口径，亿元）		6	6.6	84.47	8.3	87.8
城乡居民收入（元）	城镇常住居民人均可支配收入	与经济增长基本同步	8.8	44655	与经济增长基本同步	-
	农村常住居民人均可支配收入		9.4	27403		
万元 GDP 能耗下降（%）		2.5	3.88	-	完成市下达目标	-
城镇登记失业率（%）		3 以内	0.8	-	3 以内	-

注：1. 我区一般公共预算收入 2015 年预期目标、完成情况均为实际口径，2016 年预期目标参考市调整为可比口径

2. 居民收入增速为名义增长速度

番禺大道南村华南碧桂园路段 （杨达超摄影）

广州市番禺区2015年预算执行情况和2016年预算草案的报告

——2016年4月26日在广州市番禺区第十六届人民代表大会第六次会议上

广州市番禺区财政局局长　卢永青

各位代表：

受区人民政府的委托，我向大会报告番禺区2015年预算执行情况和2016年预算草案，请予审议。

第一部分 2015年预算执行情况

一、一般公共预算执行情况

（一）一般公共预算执行的总体情况

1. 收入预算执行情况

2015年全区一般公共预算收入实现844749万元，完成年度预算的100.53%，同比增收52019万元，增长6.56%。

（1）收入结构情况：税收收入707426万元，占一般公共预算收入的比重为83.74%，比去年提高6.02个百分点，完成年度预算的98.48%，同比增收91309万元，增长14.82%。非税收入137323万元，完成年度预算的112.60%，同比减收39290万元，下降22.25%。

（2）各部门收入情况：国税部门收入288357万元，完成年度预算的104.98%，同比增收61064万元，增长26.87%；地税部门收入464890万元（含大企业局收入160657万元），完成年度预算的95.16%，同比增收21041万元，增长4.74%；财政部门收入91502万元，完成年度预算的118.74%，同比减收30086万元，下降24.74%。

2. 支出预算执行情况

2015年全区一般公共预算支出1248504万元，完成年度预算的85.73%，同比增支364282万元，增长41.20%。其中：区级（含街道）支出1080339万元，完成年度预算的85.38%，同比增支343791万元，增长46.68%；镇级支出168165万元，完成年度预算的88.02%，同比增支20491万元，增长13.88%。

3. 一般公共预算收支结余

按现行财政体制计算，全区一般公共预算收入844749万元，加上级转移支付收入402574万元（包括返还性收入155048万元、财力性转移支付收入131513万元和专项转移支付收入117311万元）、一般债务转贷收入314872万元、调入资金195893万元（主要是根据财政部的有关规定，将部分政府性基金结转结余项目转列一般公共预算）和上年结余225880万元（含专项结转208859万元），减除对市转移性支出176543万元和一般债务还本支出247755万元，并按预算法有关规定计提预算稳定调节基金净额62425万元和预算周转金净额41259万元后，本年度全区一般公共预算可支配财力为1455843万元，再减去一般公共预算支出1248504万元及专项结转下年度使用资金184238万元后，2015年末全区净结余为23101万元。

（二）一般公共预算执行的主要特点

1. 顺利完成全年预算任务，实现财政收入数量质量双提升。

2015年，一般公共预算收入累计增幅呈现前高后稳、逐月回落企稳态势，全年实现收入844749万元，完成年度预算的100.53%，增长6.56%，顺利完成了年度预算任务，在全市11个区中，收入总量仅次于黄埔(原萝岗区与黄埔区合并)名列第二位，收入增速居全市第五位。与此同时，在全市11个区中，收入质量（税收收入占一般公共预算收入的比例）也仅次于黄埔，居全市第二位。可见，我区财政收入实现了数量质量双提升，而且收入结构更趋优化合理。

2. 主体税种均实现增收，是财政增收的主要来源。

（1）增值税收入216620万元，完成年度预算的102.41%，同比增收36029万元，增长19.95%。增收原因：一是受“营改增”政策影响，改征增值税收入28149万元，增收3714万元，同比增长15.20%，拉动增值税增长2.06个百分点；二是免抵调增值税收入52623万元，同比增收9446万元，增长21.88%，拉动增值税增长5.23个百分点；三是重点税源企业贡献突出，合计增收12875万元，拉动增值税增长7.13个百分点。

（2）企业所得税收入110560万元，完成年度预算的111.39%，同比增收38718万元，增长53.89%。主要是我区近年来着力产业结构的优化调整与转型升级，不断改善城乡生态环境，提升城市品质，为企业营造良好的营商环境，优质企业不断迁入，不断夯实我区税基，带动企业所得税大幅增长。

（3）营业税收入195143万元，完成年度预算的92.56%，同比增收9261万元，增长4.98%。2015年度房地产行业累计贡献营业税10.19亿元，同比增收1.32亿元，增长14.84%，是营业税增收的主要来源，并在一定程度上弥补了“营改增”扩面所带来的营业税减收缺口。

3.2015年非税收入受非常规因素影响较大

一方面，按照《广州市财政局 广州市物价局关于停征我市部分涉企行政事业性收费的通知》（穗财综合[2014]195号）精神，全市范围内停征“堤围防护费”等14项涉企行政事业性收费，政策性因素导致非税收入减少。另一方面，2014年度不可复制的非常规一次性收缴项目垫高了同期基数，致使非税收入与去年同期对比大幅减收。在上述因素的综合影响下，我区非税收入比去年实绩减收39290万元，下降22.25%，制约了财政收入的进一步增长。

4. 厉行节约，财政支出重点保障和改善民生

2015年，我区以保障和改善民生为重点，进一步调整优化支出结构，从严控制一般性支出和“三公”经费支出，提高财政保障力，切实保障民生和公共事业投入，扩大公共财政的覆盖面，促进城乡公共服务均等化。2015年累计安排民生和各项社会事业发展支出94.01亿元，占一般公共预算支出的75.3%。

二、政府性基金预算执行情况

2015年全区政府性基金预算收入137221万元，完成年度预算的51.73%，同比减收345639万元，下降71.58%。减收原因：一是土地出让金收入97410万元，完成年度预算的44.28%，同比减收311869万元，下降76.20%；二是城市基础设施配套费收入29081万元，完成年初预算的93.81%，同比减收22462万元，下降43.58%。

2015年全区政府性基金预算支出(含上级追加)339607万元，完成年度预算的64.59%，

同比减支 269427 万元，下降 44.24%。其中土地出让金支出 256171 万元，同比减支 231689 万元，下降 47.49%。

按现行财政体制计算，全年政府性基金收入 137221 万元，加上转移支付收入 177057 万元、专项债务转贷收入 21125 万元、上年结余 409840 万元，减除对市转移支付支出 1933 万元、专项债务还本支出 21125 万元和调出资金 195893 万元（根据《财政部关于完善政府性预算体系有关问题的通知》有关精神，将部分政府性基金结转结余项目转列一般公共预算）后，全区政府性基金预算可支配财力为 526292 万元。

全年政府性基金收支相抵，年终结余 186685 万元，按“专款专用”规定全部专项结转下年度使用。

三、国有资本经营预算执行情况

2015 全区国有资本经营预算收入 14720 万元，完成年度预算的 32.45%，同比减收 6905 万元，下降 31.93%。

2015 年全区累计完成国有资本经营预算支出 14809 万元，为年度预算的 99.64%，同比减支 6866 万元，下降 31.68%。

按现行财政体制计算，全年国有资本经营预算收入 14720 万元，加上年结余 143 万元后，全区国有资本经营预算可支配财力为 14863 万元。

全年国有资本经营预算收支相抵后，年终结余 54 万元，按规定对口专项结转下年度使用。

四、财政专户预算执行情况

2015 年区财政专户预算收入 52150 万元，为年度预算 105.16%，同比增收 2489 万元，增长 5.01%，增收主要原因：岐山医院从 2015 年起其他医疗服务收入纳入财政专户管理，造成医疗收入增收 1849 万元。

2015 年区财政专户预算完成支出 50388 万元，为年度预算的 81.12 %，同比增支 3062 万元，增长 6.47%。

第二部分 2016 年财政预算草案

一、2016 年财政收支形势

2016 年是“十三五”规划实施的第一年，也是全面深化改革、加快转变经济发展方式的关键一年。目前，国际经济形势仍不明朗，国内经济发展进入新常态，导致我区面临的机遇与挑战前所未有。

结合经济下行压力和向好动力相持，新增长动力孕育和传统增长动力减弱并存、国家拟进一步调整税制对财政收入增减收影响等诸多不确定因素，预计 2016 年我区经济将有望保持在平稳运行区间，财政收支可延续平稳增长态势。收入方面，中央深入实施“一带一路”、中国制造 2025、新型城镇化以及围绕建设广州时尚创意宜居新区等重大战略，为我区加快创新驱动发展，提升产业竞争力带来难得机遇。与此同时，外需疲软，出口压力增大，投资增速放缓，工业回升基础不牢固，消费动力不足，部分企业生产经营仍然困难等，将明显影响主体税种收入的增长；房地产继续实行限购政策，房地产相关税收和土地出让收入形势不容乐观；进一步扩大营业税改增值税试点范围，落实涉企行政事业性收费等降税清费政策将在一定程度上影响财政收入。支出方面，保障“三农”、教育、医疗卫生、社会保障、节能环保等重点民生支出，推进新型城镇化发展，加大基础设施投入，落实支持自主创新和加快战略性新兴产业发展等各项部署，筹集政府性债务还本付息资金等，都需要进一步加大财政投入。在财政收入增速放缓的同时，财政支出仍保持刚性较快增长，财政收支一消一长，加大了财政平衡的难度和压力。

因此，2016 年区级财政收支矛盾仍十分突出。增收节支、统筹兼顾、科学安排仍是本年财政的中心工作。

二、预算编制指导思想和预算安排要点

2016 年我区预算编制的指导思想是：以邓小平理论、“三个代表”重要思想、科学发展观

为指导，全面贯彻党的十八大、十八届三中、四中、五中全会及中央经济工作会议精神，按照《预算法》等法律法规要求，紧密围绕区委、区政府确定的各项任务，坚持稳中求进工作总基调，保持稳增长、促改革、调结构、惠民生、防风险综合平衡，全面深化预算管理制度改革，加大预算统筹力度，盘活财政存量资金，进一步完善收入管理，优化支出结构，硬化预算约束，提高财政资金使用效益，加强绩效评价，为社会经济全面、健康、协调发展提供资金保障。

2016年区级财政预算安排要点是：

1. 加强统筹，盘活存量。推进科技、教育、农业、文化、卫生等重点科目资金的统筹使用，进一步盘活财政存量资金。推进政府预算体系统筹协调，加大政府性基金预算与一般公共预算的统筹力度。建立健全预算执行与预算编制相适应机制，优化财政支出结构，提高财政资金使用效益。

2. 实事求是，积极稳妥。收入预算由约束性转向预期性，财政收入增长以同期地区国民生产总值增长为基础，充分考虑其他经济社会发展指标，以及国际、国内经济社会发展形势、税收政策调整等因素，分税种测算税基和税收收入。规范国有资本收益收缴管理，完善非税收入征缴和监督体系，在确保应缴尽缴的同时禁止虚收空转，提高财政收入质量。

3. 统筹兼顾，突出重点。支出预算编制与财力相适应，发挥预算稳定调节基金的作用，建立跨年度预算平衡机制。民生投入量力而行，守住底线民生，重点抓好就业、义务教育和基本医疗等工作，切实保障群众基本生活。加快市政道路、文化设施等民生基础设施建设，支持创新驱动发展核心战略，推进产业转型升级，安排成立番禺主权基金，增强我区经济社会发展后劲。

4. 厉行节约、突出绩效。认真贯彻中央八项规定和国务院“约法三章”等要求，严控政府性楼堂馆所、机关运行经费以及“三公”经费等一般性支出，结合以往年度公车运行费标准及市的车辆分类目录，拟定我区保留车辆年度运行费支出标准，进一步规范“三公”经费预算。加强政府购买服务管理，降低公共服务成本。推进绩效预算管理改革，将绩效预算评价结果充分运用到年初编制部门预算中，有效提高财政资金使用效益。

三、2016年财政预算总体情况

（一）公共财政预算收支计划

1. 一般公共预算收入和可支配财力情况

经财税等部门测算，预测2016年全区一般公共预算收入为878538万元，可比增长8.3%，结构如下：（1）税收收入737768万元，其中：增值税252874万元、营业税200655万元、企业所得税91560万元、房产税49224万元、城建税91005万元、土地使用税13950万元、印花税20750万元、其他各税17750万元；（2）非税收入140770万元，其中：行政事业性收费收入17500万元、罚没收入11000万元、国有资源(资产)有偿使用收入9100万元、捐资助学行事单位资产处置等其他收入54020万元、教育费附加排污费等专项收入49150万元。

按现行财政体制计算，全区一般公共预算收入878538万元，加上上级转移性收入291268万元，调入资金（其中预算稳定调节基金调入8亿元）81226万元，减除对市转移支付232204万元后，预计当年可支配财力为1018828万元；加上区本级上年结余184456万元（大部分为专项结转），则全区年度可支配财力为1203284万元。

2. 一般公共预算支出计划

按照收支平衡的原则，全区公共财政预算支出按1203284万元予以安排，其中区本级支出825967万元，街道财力支出240817万元，返还镇级财力支出136500万元。

本次报区人大审批的区级支出包含区本级支出和街道支出共1066784万元（不含返还镇级财力136500万元），具体安排情况是：人员经费支出389240万元，占区级支出的36.49%；公用经费支出31418万元，占区级支出的2.94%；专项经费支出646126万元，占区级支出的

60.57%。

在区级646126万元专项经费支出中，街道财力安排的专项经费为93245万元，区本级专项经费为552881万元。区本级专项经费中当年特定项目收入安排的支出合计52305万元，主要包括：

（1）教育费附加、排污费、耕地开垦费、人防费等特定用途的专项支出合计48166万元；

（2）公路运输管理、公路养护等上级转移支付用于指定项目的支出合计4139万元；

剔除上述特定项目支出52305万元以及区本级上年专项结转(大部分为广州追加)156758万元后，区本级全年实际可统筹安排的专项支出为343818万元，占区本级专项支出的62.2%。

区级一般公共预算支出1066784万元主要安排如下：

1. 一般公共服务支出93208万元，占区级支出的8.74%。主要安排人大事务支出1488万元，政协事务支出1248万元，税收事务经费14476万元，政府及相关机构事务经费23306万元，宣传事务支出2216万元，海关事务支出1,991万元，商贸事务支出3413万元，工商行政管理事务6307万元，人力资源事务1242万元，群众团体事务经费2170万元等。

2. 国防支出4235万元，占区级支出的0.4%。主要安排人防经费2000万元，民兵支出1915万元等。

3. 公共安全支出108377万元，占区级支出的10.16%。主要安排公安经费77957万元，武装警察6030万元，检察经费2134万元，法院经费3341万元，司法经费3382万元，其他公共安全支出15534万元等。

4. 教育支出236921万元，占区级支出的22.21%。主要安排学前教育20576万元，小学教育36626万元，初中教育20185万元，高中教育22663万元，其他普通教育56612万元，职业教育9999万元，教育费附加支出53809万元等。

5. 科技支出38969万元，占区级支出的3.65%。主要安排技术研究与开发经费24860万元，科技条件与服务经费12905万元等。

6. 文化体育与传媒支出11211万元，占区级支出的1.05%。主要安排文化支出6818万元（含图书馆支出1661万元），文物支出1872万元，体育支出963万元，其他文化体育与传媒支出858万元等。

7. 社会保障和就业支出90643万元，占区级支出的8.50%。主要安排人力资源和社会保障管理事务6402万元，民政管理事务11784万元，离退休经费支出39964万元，就业补助3868万元，抚恤补助4239万元，退役安置3404万元，社会福利6627万元，残疾人事业7227万元，其他社会保障支出2098万元等。

8. 医疗卫生与计划生育支出81248万元，占区级支出的7.62%。主要安排医疗卫生与计划生育管理事务2549万元，公立医院支出8387万元，基层医疗卫生机构经费18453万元，公共卫生15960万元，医疗保障支出11954万元，计划生育事务16138万元，食品和药品监督管理事务支出6127万元等。

9. 节能环保支出13711万元，占区级支出的1.28%。主要安排污染防治经费3550万元，环境保护管理事务支出3282万元，能源节约利用2798万元，能源管理事务2284万元，污染减排支出764万元等。

10. 城乡社区支出52318万元，占区级支出的4.90%。主要安排城乡社区管理事务34199万元，城乡社区规划与管理经费4045万元，城乡社区公共设施4738万元，城乡社区环境卫生8465万元等。

11. 农林水事务支出53773万元，占区级支出的5.04%。主要安排农业支出32089万元，林业支出2716万元，水利支出13907万元，扶贫支出4122万元等。

12. 交通运输支出36396万元，占区级支出的3.41%。主要安排公交行业财政补贴15461万元、年票互通经营损失补偿款11176万元、公路水路运输7749万元等支出。

13. 资源勘探信息等支出17114万元，占区级支出的1.60%。主要安排制造业支出4115万元，工业和信息产业支出 4121 万元，安全生产监管 3807 万元，其他支持企业类技术改造支出 3860 万元等。

14. 其他支出 31613 万元，占区级支出的 2.96%。主要安排预留增人增资经费 10000 万元、各街预留项目清算资金 14137 万元，智慧番禺建设专项经费 2500 万等。

（二）国有资本经营预算收支计划

我区国有资本经营预算按照“收支平衡，量力而行；统筹兼顾、确保重点；相对独立，相互衔接”的原则进行编制，对国有资本经营收益进行合理分配及使用，加大国有经济结构调整扶持力度，有力推动我区经济转型升级。

1. 国有资本经营预算收入和可支配财力情况

2016 年，预测全区国有资本经营预算收入为 45200 万元，包括：国资收益上缴 5200 万元、国有资产（股权）处置收入 40000 万元，比 2015 年实绩增收 30480 万元，增长约 2.1 倍，增收的主要原因为 2016 年度加大对国有资产的处置力度。

当年国有资本经营预算收入 45200 万元加上上年结余 54 万元后，全年国有资本经营预算可支配财力为 45254 万元。

2. 国有资本经营预算支出计划

按照以收定支的原则，2016 年全区国有资本经营预算支出拟安排 45183 万元，主要用于预留人才引进、产业发展扶持资金 20000 万元、亿隆公司支付大学城留用地租金补贴 10382 万元、番禺主权基金 5000 万元（另外 5000 万元在科技经费中安排）、前锋三期以及水务一体化建设补助款 5312 万元、粮食风险金 4341 万元

市桥河两岸

等等。

（三）政府性基金预算收支计划

1. 政府性基金预算收入和可支配财力情况

政府性基金预算收入计划为 510966 万元，主要包括土地出让分成收入 443700 万元、基础设施配套费 25000 万元、城镇公用事业费附加 12516 万元等，比上年实绩增收 373933 万元，增长约 2.7 倍，增收的主要原因为 2015 年度的约 17 亿元土地出让分成收入延至本年入库。

按现行财政体制计算，全区基金预算收入 510966 万元，加上广州追加我区化解存量债务及经济发展补助款 150000 万元，部分市提前下达转移支付数 1542 万元，减去上解支出 1933 万元，调出资金 1226 万元（按财政部的规定，政府租赁住房和无线电收入转列一般公共预算）后，预计当年可支配财力为 659349 万元。加上上年结余 186024 万元，则全年基金预算可支配财力为 845373 万元。

2. 政府性基金预算支出计划

按照“以收定支”的原则和结合各基金收入支出范围，2016 年全区基金预算支出拟安排 845170 万元。按照资金性质，主要基金预算支出建议安排如下：

（1）国有土地使用权出让收入安排的支出 672451 万元，占区级基金预算支出的 79.56%。主要安排土地储备专项资金 144000 万元、偿债风险准备金（贷款还本付息支出）105000 万元、南大干线 61200 万元、区基建办莲花大道与佛莞并线临时道路等市政道路项目 77353 万元、污水工程建设和污水处理等水利工程项目 65686 万元、补助各街市政环卫保洁经费 21013 万元、桥梁建设项目 25935 万元、区属医院建

（郭锦华摄影）

设补助款6000万元、万博商务区核心区外市政道路建设4500万元、电力管沟工程7000万元、金光东隧道工程2200万元、海鸥岛基础设施建设补助款3000万元、名镇补助资金3000万元等等。

（2）城市基础设施配套费支出101074万元。占区级基金预算支出的11.96%。主要安排预留返还镇街基础设施配套费35363万元、各街道环卫保洁等市政项目结转33394万元、水利工程项目维修养护5440万元、2016年治安类视频建设项目经费5000万元、道路交通安全设施改造增设经费3000万元、番禺区治安管理指挥中心工程2000万元、各镇、街农村垃圾清运定额补助1200万元等等。

（3）城市公用事业附加支出12731万元。主要安排全区路灯电费5300万元、全区路灯中小维护与更新费2137万元、城区绿化管养费1645万元、大学城路灯电费700万元、全区路灯节能更新改造费689万元、城区广场和公园管养费657万元、广州南站路灯电费500万元等。

其他基金按照“专款专用”的原则在相应使用范围内安排支出。

（四）财政专户预算收支计划

1. 可支配财力预测情况

结合相关收入部门预测情况，预计2016年财政专户资金预算可支配财力60749万元，包括：教育收费收入14808万元，医疗收入19547万元，经营服务及其他收入20018万元，上年结余安排的支出6376万元。

2. 支出预算拟安排情况

按照“专款专用”的原则，全年财政专户资金支出预算拟安排60749万元，其中：人员和公用经费17311万元，专项经费43438万元。专项经费各具体支出如下：

（1）教育收费支出10963万元，主要安排学校基建、教学设施维修维护、运行等支出，具体包括：各镇街学校基本建设经费2632万元、各学校业务工作经费类支出5076万元、物业管理费等运行保障类支出1597万元、各学校修缮类项目费用1628万元等等。

（2）医疗收费支出18315万元，主要安排基层医疗机构和公共卫生部门药品、材料支出，具体包括：各社区卫生服务中心药品、材料费9898万元、疾病预防控制中心等公共卫生单位8417万元等等。

（3）经营及其他支出14160万元，主要安排差额和自收自支单位经营成本费用支出，具体包括：单位经营成本等其他经常类支出8431万元、单位业务工作经费类支出4298元、修缮类及设备购置类支出1427万元等等。

番禺大道南村华南碧桂园路段　　（杨达超摄影）

景观大道沙头街横江村路段　（杨达超摄影）

2015年广州市番禺区国民经济和社会发展统计公报

番禺年鉴·2016

二〇一五年广州市番禺区国民经济和社会发展统计公报

广州市番禺区发展和改革局
广州市番禺区统计局
（2016年4月）

2015年是“十二五”规划的收官之年，面对复杂严峻的发展形势和经济下行压力，番禺区委、区政府坚持稳中求进的工作总基调，以提高经济发展质量效益为中心，全面推进改革创新，铆足干劲狠抓稳增长促转型，经济保持了良好的发展势头，为“十三五”良好开局夯实基础。

一、综合

国民经济运行稳中向好。据初步统计，番禺区全年实现生产总值1608.78亿元，同比增长8.5%。三次产业分别完成增加值26.42亿元、565.21亿元和1017.15亿元，同比分别增长2.5%、8.8%和8.5%。在第二产业中，工业增加值479.75亿元，同比增长8.7%。三次产业结构由2014年的1.8:35.8:62.4微调为2015年的1.7:35.1:63.2。按常住人口计算，2015年人均GDP10.81万元，折合1.74万美元。

各种非公有制经济继续发展。年末全区工商注册登记个体、私营企业共16.60万户，从业人员39.89万人，注册资金951.68亿元，同比分别增长12.0%、8.0%、53.5%。

社会保障体系日益完善。年末全区参加城镇职工养老保险人数为49.52万人，参加失业保险50.76万人，参加工伤保险51.54万人，参加生育保险45.80万人，参加城镇职工医疗保险60.89万人，同比分别增长-1.6%、2.6%、2.6%、6.6%、0.7%。城镇登记失业率为0.8%，同比下降0.1个百分点；全年推荐安置城镇登记失业就业人员4649人，城镇登记失业人员就业率为75.5%。参加城乡居民社会养老保险人数为14.90万人，同比增长6.4%，参加城乡居民医疗保险人数为45.70万人，城乡居民医保筹资标准提高至每人每年532元。养老金待遇不断提高，我区5.86万名城镇企业职工离退休人员月人均养老金2914元，比2014年多272元；5.53万人享受城乡居民社会养老保险待遇，每月领取180元至1176元不等的基本养老金。

电力供应稳定。全社会用电量89.35亿千瓦时，同比增长3.0%。第一产业用电0.89亿千瓦时，同比增长8.7%；第二产业用电42.94亿千瓦时，同比增长0.6%，其中工业用电

41.41 亿千瓦时，与去年持平；第三产业用电 21.96 亿千瓦时，同比增长 6.0%；城乡居民生活用电 23.56 亿千瓦时，同比增长 4.9%。

二、农业

农业经济平稳增长。全年完成农业总产值 46.10 亿元，同比增长 1.1%。其中，种植业产值 20.17 亿元，同比增长 7.8%；渔业产值 17.75 亿元，同比增长 1.8%；畜牧业产值 5.84 亿元，同比下降 18.7%。

全年粮食种植面积 4.01 万亩，同比下降 0.1%；蔬菜种植面积 12.80 万亩，同比增长 3.0%；水果种植面积 0.91 万亩，同比增长 3.1%；花卉种植面积 9.20 万亩，同比增长 3.1%。

全年粮食产量 1.4 万吨，同比增长 0.2%；蔬菜产量 19.01 万吨，同比增长 6.6%；水果产量 1.59 万吨，同比增长 31.2%。

全年肉类总产量 2.07 万吨，同比下降 25.2%；生猪出栏量 3.45 万头，同比下降 76.5%；牛奶产量 2804 吨，同比下降 21.2%；水产品总产量 15.28 万吨，同比增长 0.6%。

三、工业和建筑业

工业经济企稳回升。全区工业总产值 2024.19 亿元，同比增长 8.8%。产销衔接良好，工业产品销售率 98.5%，同比提高 0.6 个百分点。规模以上工业总产值 1747.14 亿元，同比增长 9.6%；其中："三资"企业工业总产值 924.21 亿元，同比增长 4.9%；股份企业工业总产值 767.49 亿元，同比增长 15.4%。全年规模以上工业总产值超 150 亿元的镇（街）有 5 个。

全年规模以上工业中，通用设备制造业，电气机械和器材制造业，汽车制造业，计算机、通信和其他电子设备制造业，金属制品业五大行业完成工业总产值 991.19 亿元，同比增长 8.1%，占规模以上工业总产值的 56.7%。其中，汽车制造业产值 183.56 亿元，同比增长

2015 年规模以上工业总产值情况表

规模以上工业总产值	产值（亿元）	增长（%）
按经济类型分	1747.14	9.6
国有企业		
集体企业	0.66	-10.4
集体企业	42.14	15.4
股份合作企业	2.16	22.9
股份企业	767.49	15.4
三资企业	924.21	4.9
其它企业	10.48	16.8

44.6%。

企业效益有所好转。规模以上工业企业实现利税总额 154.18 亿元，同比增长 17.5%，其中利润总额 98.41 亿元，同比增长 23.5%。

建筑业总产值稳步增长。全年资质以上建筑业企业（不含劳务分包，下同）完成建筑业总产值 63.21 亿元，同比增长 10.3%；其中，建筑工程产值 54.06 亿元，同比增长 2.0%；安装工程产值 8.33 亿元，同比增长 1.1 倍。

四、固定资产投资

全年完成固定资产投资 579.72 亿元，同比增长 15.4%。按投资性质分，新建和扩建投资 258.16 亿元，同比增长 33.0%；改建和技术改造投资 75.60 亿元，同比增长 17.8%；房地产开发投资 245.33 亿元，同比增长 0.7%；其他投资 0.62 亿元，同比增长 1.9 倍。按产业投向分，第一产业完成投资 0.36 亿元，同比增长 10.0%；第二产业完成投资 154.98 亿元，同比增长 57.4%；第三产业完成投资 424.38 亿元，同比增长 5.2%。三次产业投资额的比例为 0.1:26.7:73.2。

全年房屋施工面积 1800.37 万平方米，同比下降 3.6%；房屋竣工面积万 440.76 平方米，同比下降 32.5%；商品房销售金额 352.77 亿元，同比下降 18.8%。

五、国内贸易

全年社会消费品零售总额1030.22亿元，同比增长11.1%，其中：批发零售贸易业843.67亿元，同比增长11.7%；住宿和餐饮业186.55亿元，同比增长8.3%。在限额以上批发和零售企业中，粮油食品类、饮料类和烟酒类零售额同比分别增长32.6%、8.0%和27.0%。

各种业态商业共同发展，形成了多渠道、多层次的市场销售格局。全年商品销售总额2551.56亿元，同比增长14.8%。其中，批发业1671.45亿元，同比增长18.9%；零售业880.11亿元，同比增长7.9%。

六、对外经济

外贸经济增长放缓。按海关口径，全年外贸进出口总值183.37亿美元，同比增长1.2%。其中，出口总值113.44亿美元，同比增长5.8%；进口总值69.93亿美元，同比下降5.4%。

全年新批三资企业项目为132个，同比增长11.9%，合同利用外资3.17亿美元，同比增长5.0%，实际利用外资3.44亿美元，同比增长20.8%。

七、交通、邮电和旅游

年末机动车拥有量27.45万辆，其中：汽车26.69万辆、摩托车0.70万辆。年末公路通车里程1093公里，其中：高速公路89公里，一、二、三、四级公路分别为159公里、165公里、356公里、217公里。年末公路桥梁286座，其中：大型及以上桥梁75座。

全社会货运量0.25亿吨，同比增长0.4%，货运周转量13.04亿吨公里，同比下降1.5%；客运量3.15亿人次，同比增长2.2%，客运周转量31.24亿人公里，同比增长3.1%。港口吞

雁洲水闸

吐量439万吨，同比下降3.9%。

全年邮政业务收入1.38亿元，同比增长4.0%。完成邮政函件业务量3002万件，订销报纸业务量2223万份，订销杂志业务量84万份，包裹业务量149万件，特快专递业务量10万件。

全年电信业务收入34.34亿元，同比增长3.0%。年末全区程控电话用户53.99万户，同比下降6.0%；移动电话用户277.10万户，同比增长2.3%；互联网宽带用户43.03万户，同比增长14.8%。

全年城市接待游客3502.47万人次，同比增长16.3%，旅游总收入358.56亿元，同比增长27.6%。

八、财税、金融

全年一般公共预算收入84.47亿元，同比增长6.6%；一般公共预算支出124.85亿元，同比增长41.2%。税收总额（不含海关代征）267.30亿元，同比增长17.9%；其中，国税134.11亿元，同比增长27.8%，地税133.19亿元，同比增长9.5%。

年末金融机构人民币存款余额2196.47亿元，比年初增长5.5%；金融机构人民币贷款余额1438.28亿元，比年初增长6.5%。

九、科学技术和教育

科技创新能力增强。全年开发重点科技项目25项，全年共鉴定科技成果7项，推广及应用科技成果21项；全区市级以上科技型企业598家、区级以上研发中心68个，同比分别增长46.2%、15.3%。全区受理专利申请8455个，同比增长53.1%；批准专利授权5370个，同比增长46.4%；实施专利2059个，同比增长35.1%。

专业技术人才队伍不断壮大。年末已取得

（郭锦华摄影）

专业技术职称人数 6.18 万人，其中：高级职称 0.32 万人，中级职称 1.87 万人，初级职称 3.98 万人。

践行“上品教化”理念，教育事业优质发展。积极推动城乡教育一体化发展，推进义务教育标准化学校建设，深化“研学后教”课堂教学改革。高考高位实现“一五九”目标（即上重点本科率一成、本科率五成、总上线率九成），率先在全市实现特殊教育由义务教育阶段向学前和高中阶段延伸。全年教育财政预算支出 31.37 亿元，同比增长 17.0%。全区共有幼儿园 296 所，在园幼儿 7.71 万人。普通小学 133 所，在校学生 12.91 万人，毕业生 1.74 万人。普通中学 62 所，在校学生 7.07 万人，毕业生 2.33 万人。各类中等职业教育学校 3 所，在校学生 0.89 万人。目前，全区有广州市义务教育标准化学校 174 所，其中：公办学校 145 所，民办学校 29 所。

高考成绩稳居全市前列。全区报名普通高考人数 8523 人，其中：普通高校上线人数 7889 人 (未含非师范艺术类的上线人数)，上线率为 95.7%，同比提高 1 个百分点；录取总人数 8105 人，录取率达 95.1%，其中：本科生 4858 人，专科生 3247 人。

十、文化、卫生和体育

文化事业欣欣向荣。成功举办纪念冼星海诞辰 110 周年暨第九届星海艺术节、广东粤曲私伙局大赛、2015 年广州国际美食节，沙湾广东音乐馆顺利开馆，支持创作的舞剧《沙湾往事》、音乐剧《烽火 · 冼星海》受到社会各界广泛赞誉。农家书屋、绿色网园实现全覆盖。现有文化馆 1 间、广播电台 1 座，电视台 1 座，博物馆 2 个；公共图书馆 1 间，藏书 63.9 万册。全区共有 21 个镇街级以上文化广场，总面积 33.36 万平方米；镇街文化站有 16 个，其中省特级文化站 11 个，省一级、二级文化站 5 个。全区有 3 个国家级重点文物保护单位，4 个省级文物保护单位，38 个市级文物保护单位，19 个区级文物保护单位。

医疗卫生事业继续发展。健全城乡三级医疗卫生服务网络，组建区中心医院和何贤纪念医院牵头的两个医联体，建立完善基层首诊、分级诊疗机制。实施全民体检、妇儿关爱等健康工程，区中医院等改扩建项目有序推进，何贤医院获评省妇幼基本公共服务示范单位。全区共有各类卫生医疗机构 407 个（含计生服务机构 17 个），医疗病床 5777 张，卫生人员 12983 人，其中：执业医师 (含助理)3799 人，注册护士 4477 人。

群众体育活动蓬勃发展。成功举办了第十五届龙舟赛、传统醒狮高桩狮、篮球、轮滑、健身气功等群众体育赛事 27 项次，参加人数超过 10 多万人次。区属公共体育场馆的免费开放时段从每周的 10 小时增加到 14 小时，同时增加优惠项目和提高优惠幅度。番禺籍运动员参加国际比赛获金牌 5 块、银牌 2 块、铜牌 5 块；全国比赛获金牌 17 块、银牌 23 块、铜牌 14 块；省比赛获金牌 42 块、银牌 49 块、铜牌 25 块；市比赛获金牌 143.5 块，银牌 92 块、铜牌 78 块。

十一、环境保护

加大了环境保护工作的力度。全区有监测站 1 个，环境监测人员 50 人，全年总投资 2087 万元，完成环境污染治理项目 4 个，加强对沙湾滴水岩自然保护区的管理。完成河涌整治 4 公里，新建污水主管网 14 公里，全区城镇生活污水处理率达到 91.2%，同比提高 0.7 个百分点。汽车尾气达标率达 91.5%，区域环境噪声平均值上升 0.2%；全年空气质量优良天数有 295 天，空气质量优良率达 80.8%。

深入开展“六乱”整治，城乡环境得到进一步净化。全年共限改制止各类违章违法案件 12.63 万宗；实施行政处罚 2541 宗，其中：处罚市容环卫类案件 1661 宗，建设工地管理类案件33宗，建筑废弃物排放运输管理类案件13宗，其他案件834宗；清拆违法建设1324宗，拆除面积33.4万平方米。

十二、人口与人民生活

年末全区户籍人口85.57万人，比2014年末增加2.0万人；户籍人口出生率14.39‰，户籍人口死亡率4.33‰，自然增长率为10.06‰。流动人口122.74万人，其中居住满半年以上的流动人口99.99万人。

城乡居民收入继续提高。据城乡居民住户调查资料显示，全区城镇常住居民年人均可支配收入44655元，同比增长8.8%；农村常住居民年人均可支配收入27403元，同比增长9.4%。城乡居民收入差距进一步缩小，城乡居民收入比从2014年的1.64:1缩小到1.63:1（以农村常住居民人均可支配收入为1）。年末城乡居民储蓄余额1375.80亿元，比年初增长6.1%。

注：

1. 本公报数据为年度初步统计数，正式数据以《番禺统计年鉴》为准。

2. 本公报番禺区生产总值、各产业增加值和产值绝对数按当年价格计算，增长速度按可比价格计算。本公报中的各项增、降速度，除注明外均与2014年比较。

3. 人均GDP折算成美元，按2015年平均汇率计算。

4. 规模以上工业企业指年主营业务收入2000万元及以上的工业法人企业；限额以上批发企业指年销售额2000万元及以上的企业；限额以上零售企业指年销售额500万元及以上的企业；限额以上住宿餐饮企业指年营业收入200万元及以上的企业。

5. 从2011年起，固定资产投资统计起点从50万元提高到500万元，“全社会固定资产投资”指标改称为“固定资产投资”。

6. 本公报中对外经济、交通、邮电、旅游、财税、金融、科学技术、教育、文化、卫生、体育、环境保护、人口、人民生活、就业和社会保障等数据取自相关部门统计数据。

7. 部分数据因四舍五入的原因，存在着与分项合计不等的情况。

2011年至2015年番禺区主要经济指标增长率一览表

指标名称	2011年	2012年	2013年	2014年	2015年	2011年-2015年平均增长(%)
	比上年增长(%)	比上年增长(%)	比上年增长(%)	比上年增长(%)	比上年增长(%)	
番禺区生产总值(GDP)	13.1	11.6	12.8	9.2	8.5	11.0
第一产业	4.5	3.8	1.0	1.3	2.5	2.6
第二产业	12.9	11.7	9.0	8.4	8.8	10.1
第三产业	13.9	12.1	15.8	9.9	8.5	12.0
工业总产值	17.9	15.3	18.7	8.1	8.8	13.7
农林牧渔业总产值	3.9	3.2	2.2	1.4	1.1	2.4
社会消费品零售总额	18.1	15.2	15.3	14.2	11.1	14.8
外贸进出口总值	10.9	2.9	8.5	4.5	1.2	5.5
实际利用外资	8.0	13.7	2.0	4.8	20.8	9.7
固定资产投资额	10.2	12.3	22.3	15.0	15.4	15.0
一般公共预算收入	20.1	12.9	15.7	8.6	6.6	12.7
一般公共预算支出	3.7	23.1	1.3	5.7	41.2	14.1
城镇居民年人均可支配收入	12.5	11.8	10.8	8.9	8.8	10.5
农村居民年人均可支配收入	16.9	13.4	12.9	10.3	9.4	12.5

注：1. 2015年指标增速为初步统计数

2. 番禺区生产总值、工业总产值、农林牧渔业总产值增长速度按可比价格计算

3. 2012年12月番禺区将东涌镇、大岗镇、榄核镇划出，番禺行政区域面积变为529.94平方公里，下辖16个镇街。2013年开始为新番禺口径，2011-2012年数据为原番禺口径

4. 由于城乡住户调查一体化改革，从2014年起“农村居民人均纯收入”指标名称变更为“农村居民人均可支配收入”

2015年广州各区主要经济指标

单位名称	地区生产总值（亿元）		规模以上工业总产值（亿元）		一般公共预算收入（亿元）		外贸出口总值（亿美元）		实际利用外资（亿美元）		固定资产投资额（亿元）		社会消费品零售总额（亿元）	
	实绩	增长%	实绩	增长%	实绩	增长%	实绩	增长%	实绩	增长%	实绩	增长%	实绩	增长%
番禺区	1608.78	8.5	1747.14	9.6	84.47	6.6	113.44	5.8	3.44	20.8	579.72	15.4	1030.22	11.1
荔湾区	1011.88	7.2	307.13	0.1	42.16	7.4	18.51	54.9	2.69	26.0	334.85	63.8	716.68	5.2
越秀区	2694.88	7.3	37.86	2.2	50.81	5.6	93.66	2.0	4.25	10.0	397.37	11.3	1137.20	9.3
海珠区	1422.33	8.5	249.97	5.3	52.51	4.0	28.93	12.7	2.27	30.8	664.43	3.7	849.78	14.6
天河区	3432.79	8.8	1511.25	8.1	61.85	4.2	45.10	32.2	8.61	30.5	689.88	−19.4	1674.77	9.6
白云区	1538.01	7.7	847.57	5.6	58.21	6.3	46.47	−5.4	1.43	−20.3	448.97	−3.0	999.78	11.0
黄埔区	2878.19	8.3	7036.02	6.5	149.16	7.6	189.62	2.6	11.50	−30.3	790.40	15.5	534.07	17.5
原黄埔区	775.18	7.0	1642.95	2.4	22.78	27.8	18.88	7.5	0.61	−15.3	144.14	11.4	126.23	13.2
原萝岗区	2103.00	8.6	5393.07	8.0	126.51	4.7	170.74	1.8	10.86	−31.0	646.26	16.4	407.84	18.9
花都区	1084.83	8.3	1952.46	7.2	72.15	11.3	53.88	17.5	2.71	−31.8	276.21	6.0	391.44	12.5
南沙区	1133.07	13.3	2864.18	8.5	71.25	13.3	166.29	36.7	10.23	1.9	620.55	54.0	170.75	16.8
从化区	350.06	8.2	733.63	10.0	25.09	−19.5	19.81	2.9	1.00	1.7倍	208.01	13.1	127.48	13.8
增城区	945.60	7.5	1425.16	6.0	72.11	10.0	35.97	2.3	2.07	64.2	395.58	18.5	300.78	11.3

E：以上均为初步统计数

2015年番禺区部分指标排位前十名

2015年规模以上工业企业总产值前十名

序号	企业名称
1	广州番禺电缆集团有限公司
2	广州松下空调器有限公司
3	松下．万宝（广州）压缩机有限公司
4	日立电梯(中国)有限公司
5	广东日立工机有限公司
6	广州立白(番禺)有限公司
7	番禺珠江钢管有限公司
8	广州汽车集团乘用车有限公司
9	广东海大集团股份有限公司
10	广州小糸车灯有限公司

注：企业前十名名单按组织机构代码顺序排列（下同）。

2015年建筑业企业总产值前十名

序号	企业名称
1	广州市番禺区第五建筑工程公司
2	广州市番禺大石建筑工程有限公司
3	广州电力建设有限公司
4	广东盛瑞土建科技发展有限公司
5	广州番禺桥兴建设安装工程有限公司
6	广州振中建设有限公司
7	广州市番安交通设施工程有限公司
8	广州番电电力建设集团有限公司
9	广东冠生土木工程技术有限公司
10	广东厚普建设工程有限公司

2015年房地产开发企业投资额前十名

序号	企业名称
1	广东珠钢投资管理有限公司
2	广州中铁诺德投资有限公司
3	广州依云房地产有限公司
4	广州市番禺区沙湾房地产开发公司
5	广州融御置业有限公司
6	广州利合房地产开发有限公司
7	广州市万合房地产有限公司
8	广州市万舜投资管理有限公司
9	广州市番禺祈福新邨房地产有限公司
10	广州市良机投资有限公司

2015年限额以上批发企业销售额前十名

序号	企业名称
1	广州市番禺食品有限公司
2	广州市番禺南星有限公司
3	广汽传祺汽车销售有限公司
4	广东韶钢海工新材料有限公司
5	广州市海大饲料有限公司
6	广东物通实业投资有限公司
7	广州番禺粤星石油有限公司
8	广州市腾航金属材料有限公司
9	广州市轻艺进出口有限公司
10	广东新供销天保再生资源发展有限公司

2015年限额以上零售企业销售额前十名

序　号	企　业　名　称
1	广东鸿粤锐虎汽车销售服务有限公司
2	广州鸿粤星辉汽车销售服务有限公司
3	广州市宝骏汽车销售服务有限公司
4	广东粤奥汽车销售服务有限公司
5	广州海印又一城商务有限公司
6	广州穗田汽车销售有限公司
7	广东骏和通信设备连锁销售有限公司
8	广东骏佳汽车服务有限公司
9	广州沃尔玛百货有限公司
10	广州宝悦汽车贸易有限公司

2015年限额以上住宿餐饮企业营业额前十名

序　号	企　业　名　称
1	广州市番禺区大石四海一品美食酒家
2	广州市番禺中国旅行社
3	广州市番禺祈福新邨渡假俱乐部有限公司
4	广州市科尔海悦酒店有限公司
5	广州市星河湾酒店有限公司
6	广州市番禺区番禺大厦
7	广州渔民新村饮食有限公司
8	广州西贝餐饮有限公司
9	广州市海怡星河湾酒店有限公司
10	广州市番禺区南村四海一家美食城

在调整中发展

——番禺“十二五”发展成就

“十二五”期间，番禺区面临复杂多变的外部环境和经济下行压力，全区着力稳增长、调结构、促改革、惠民生、防风险、保稳定，发展规划目标26项指标总体完成情况良好。人均生产总值、第一产业比重、第二产业比重、第三产业比重、城镇居民人均可支配收入、农村居民人均纯收入、户籍人口、城镇化水平、教育水平、学龄儿童净入学率、小学毕业生升学率、初中升学率、万人升大学比率、年末城镇职工医疗保险人数、新型农村合作医疗保险参保率、城镇登记失业率、单位GDP能耗、森林覆盖率、城市生活污水处理率、工业固体废物处置利用率

万博中心　　（杨达超摄影）

等20个指标完成规划目标。

综合实力日益增强

2015年，番禺区地区生产总值1608.78亿元，人均生产总值10.81万元(常住人口)，农业总产值46.10亿元，规模以上工业总产值1747.14亿元，固定资产投资579.72亿元，社会消费品零售总额1030.22亿元，一般公共预算收入84.47亿元，出口总值113.44亿美元，城镇常住居民人均可支配收入44655元，农村常住居民人均可支配收入27403元，上述指标年均增速分别为11.0%、9.5%、2.4%、14.8%、15.0%、14.8%、12.7%、7.0%、10.5%、12.5%。

结构调整成效明显，高端产业加速集聚

2015年，番禺区三次产业增加值分别为26.42亿元、565.21亿元、1017.15亿元，年均增速分别为2.6%、10.1%、12.0%。三次产业结构由2010年的4.3:41.2:54.5调整为2015年的1.7:35.1:63.2。现代服务业加快发展，2015年现代服务业增加值493.22

番禺广州南站横幅全景

亿元，占服务业增加值的比重由2010年的47.8%上升为2015年的48.5%。长隆万博汉溪商贸旅游中心、市桥综合商贸中心等商贸组团发展，促进服务业向高端化迈进。房地产快速发展，2015年实现增加值195.78亿元，年均增长11.7%。先进制造业稳中提质，2015年先进制造业总产值961.20亿元，占规模以上工业总产值的比重由2010年的42.6%上升为2015年的55.0%。广汽等一批先进制造业基地加快建设，为区内制造业创新发展提供强力支撑。依托珠宝首饰、灯光音响、动漫游戏等基地，传统制造业提档升级取得明显成效。都市型农业优化提升，蔬菜、花卉、水产等稳步发展，畜牧业持续下降。科技创新持续发展，番禺区设立总规模10亿元、首期1亿元的区创业投资引导基金，扶持壮大战略性新兴产业；2015年年末拥有上市公司10家、新三板挂牌公司21家；区级以上企业研发机构158个；2015年全区专利申请8455个、专利授权5370个；“天河二号”超级计算机运算速度破世界纪录蝉联“六连冠”。

（杨达超摄影）

城市功能日趋完善

经过“十二五”的建设，番禺区初步形成“四区一轴”功能布局。基础设施建设成效显著，广州南站建成投入运营，地铁 7 号线一期、南大干线、南浦三桥等重大交通项目动工，广州南站、广州大学城等重点地区综合整治取得明显成效，城市综合承载力得到极大增强。15 个市级美丽乡村通过市检查验收，南村镇坑头村、石楼镇大岭村等 11 个村入选“广东名村”。

宜居环境优化

“十二五”期间，番禺区持续开展“六乱”整治和清洁番禺行动，节能减排工作成效显著，主要污染物排放总量得到控制，城乡环境质量持续改善。保护饮用水源，河涌水质有所改善，水环境综合整治取得新进展。环境监测预警体系进一步完善，环境监管能力迅速提升。空气质量优良率 80.8%。生态环境安全得到基本保障，宜居环境不断优化，可持续发展能力和生态文明建设水平进一步提高。

民生福祉持续改善　社会事业蓬勃发展

“十二五”期间，番禺区公共服务优质化、均等化水平稳步提升。顺利通过全国义务教育发展基本均衡县、全国数字化学习先行区、全国社区教育实验区以及省推进教育现代化工作先进区、市学前教育三年行动计划暨规范化幼儿园督导验收，学前教育、职业教育、社区教育、高中办学改革被定为全省的试点区和实验区；全区公办幼儿园占比 30.3%，规范化以上幼儿园占比 75.1%；全区义务教育阶段开办一年以上的公办学校

坑头村俯瞰

万博中心鸟瞰　　（杨达超摄影）

（郭锦华摄影）

番禺大道　　（杨达超摄影）

番禺节能科技园　　（杨达超摄影）

100% 达到标准化，中考成绩位居全市前列，高考全面实现“一五九”目标。文化广场建设、文物保护工作稳步推进，文化设施逐步完善，星海合唱节、星海艺术节、广州国际美食节、“莲花杯”和“禺山杯”龙舟赛享誉国内外。实施健康番禺行动计划，启动健康番禺十大工程，顺利通过全国基层中医药工作先进单位复审，大力推进妇儿关爱工程，实施少年儿童活动项目社区化工作，医疗服务体系日益完善，全区卫生医疗机构、病床、卫生人员等医疗卫生资

奥园广场　　（杨达超摄影）

海印又一城　　（杨达超摄影）

源大幅提升，综合医疗实力跃上新台阶。实施分类就业帮扶政策，创业带动就业工作成效显著，职业技能培训创新发展，期末城镇登记失业率0.8%，远低于全市2.2%的水平。城乡收入差距逐步缩小，由2010年的1.89:1调整为2015年的1.62:1。建立区级国民体质监测站，延长区属公共体育场馆免费优惠开放时段，每年成功举办区级全民健身活动20多项次。

广汽集团 （杨达超摄影）

广汽研究院 （杨达超摄影）

广汽集团 （杨达超摄影）

广州南站 （杨达超摄影）

重要改革不断深化

番禺区入选第三批全国发展改革试点区。政府机构大部制改革稳步推进，启动一批政府工作部门权责清单编制试点，构建统一的商事信息平台。稳步推进公务用车、居民办证制度改革，自来水价格改革。国企、投资管理、投融资体制改革步伐加快，非公有制经济发展环境明显改善。实施基层社会治理系列工程，“四个民生”工程获评为全省基层社会治理创新优秀项目。广州国际创新城成为全国首批中欧城镇化合作项目。国际经贸合作取得新成效，与台港澳和泛珠地区交流合作更加紧密，多次组团参加在香港、澳门举办的粤港经济技术贸易合作交流会、香港招商推介会、澳门国际贸易投资洽谈会。积极融入“一带一路”、珠江—西江经济带和粤桂黔高铁经济带等战略，省政府同意泛珠三角区域合作与发展论坛暨经贸洽谈会固定会址和泛珠合作园区落户广州南站商务区。